新世纪高等学校本科教材
首 都 师 范 大 学 资 助 出 版

教育心理学

田宝　戴天刚　赵志航　主编

首都师范大学出版社
CAPITAL NORMAL UNIVERSITY PRESS

图书在版编目（CIP）数据

教育心理学/田宝，戴天刚，赵志航主编.—北京：首都师范大学出版社，2010.6
ISBN 978-7-81119-998-7

Ⅰ.①教… Ⅱ.①田… ②戴… ③赵… Ⅲ.①教育心理学 Ⅳ.①G44

中国版本图书馆CIP数据核字（2010）第098448号

JIAOYU XINLIXUE
教育心理学
田宝 戴天刚 赵志航 主编

责任编辑 张成水
首都师范大学出版社出版发行
地 址 北京西三环北路105号
邮 编 100048
电 话 68418523（总编室） 68982468（发行部）
网 址 www.cnupn.com.cn
北京嘉实印刷有限公司印刷
全国新华书店发行
版 次 2010年6月第1版
印 次 2010年6月第1次印刷
开 本 787mm×1 092mm 1/16
印 张 26.75
字 数 423千
定 价 56.00元

编　委　会

主　编　田　宝　戴天刚　赵志航

编　委（按姓氏笔画排列）

陈灵珊　姜凌燕　孙　超　隋文青　魏丽娟

辛伟华　张翠琼　张　宏　张　毅　张智勇

前 言

这本《教育心理学》出版的宗旨是对学生如何学习以及教师如何有效地教学做出较全面而系统的说明，“第一编　教育心理学概述”反映了我们对教育心理学研究对象和框架体系的这种看法。“第二编　教育与人的发展”旨在了解学生的身心发展规律，把握教育对象的特点。“第三编　学习理论”介绍了各种心理学流派的学习观点。“第四编　学习心理”阐述学习的动力和策略两个主题。“第五编　教学心理”是为了教师有意识地教学。“第六编　学生、教师与课堂管理心理”意在揭示教学过程中唯一能动性因素以及他们之间的相互作用。内容上，本书对各种研究成果的合理成分兼收并蓄，为教师教学提供必要的心理学知识和实用技术。

本书的编写是在我们多年教育硕士、课程与教学论专业研究生《教育心理学》教学实践的基础上完成的。由田宝、戴天刚和赵志航任主编负责策划、组稿和统稿，其中各章分工如下：陈灵珊(第 4 章第 5 节，第 6 章 1、2、3 节)、戴天刚(第 5、8、15 章)、姜凌燕(第 3 章、第 4 章第 4 节、第 7 章第 4 节)、孙超(第 5 章第 1 节、第 7 章第 2 节)、隋文青(第 9 章)、魏丽娟(第 4 章第 2、3 节)、辛伟华(第 6 章第 4 节、第 7 章第 1 节)、张翠琼(第 11、14 章)、张宏(第 16、17 章)、张毅(第 12、13 章)、赵志航(第 1、2、10 章、第 4 章第 1 节、第 7 章第 5 节)、张智勇(第 7 章第 3 节)。

河北峰峰春光中学的张宏老师提供了丰富的教学案例。宁夏银川市西夏区教育局教研室的张毅老师从教学实践的角度撰写了教学设计和教学评价两章，使本书增色颇多。浙江省象山县第三人民医院副院长、精神科副主任医师、国家级心理治疗师戴天刚先生一直从事精神科和心理科的临床工作，擅长抑郁症、焦虑症、精神分裂症等精神疾病的诊治，他从客体关系理论和自体心理学角度诠释精神分析使本书有了相当的深度。石家庄学院的赵志航先生把对中国工商银行、中国建设银行等100多家企业的培训经验融入对教育心理学的理解使本书更具实用性。书中借鉴采用了同行大量的研究成果，在此表示衷心感谢！

编者

2010年5月

目　录　CONTENTS

第一编　教育心理学概述 /1

第一章　教育心理学的研究对象 /2

第一节　教育心理学的概念/2

第二节　教与学的结构/5

第三节　教育心理学的框架体系/8

第二章　教育心理学的发展/11

第一节　教育心理学的萌芽时期/11

第二节　教育心理学初创时期/37

第三节　教育心理学发展时期/51

第四节　教育心理学的成熟时期和完善时期/67

第五节　中国教育心理学的发展/79

第三章　教育心理学的研究方法/101

第一节　教育心理学研究的基本原则/101

第二节　教育心理学的主要研究方法/103

第三节　教育心理学研究的程序/109

第二编　教育与人的发展 /113

第四章　人的发展及其影响因素/114

第一节　人的发展的概念/114

第二节　遗传与人的发展/121

第三节　物理环境与人的发展/127

第四节　学校文化与人的发展/134

第五节　早期家庭环境与人的发展/139

第五章　人的发展的基本理论/146

第一节　皮亚杰的认知发展阶段理论/146

第二节　精神分析心理学/152

第三节　埃里克森的自我发展理论/169

第三编　学习理论 /179

第六章　行为主义学习理论/180

第一节　桑代克试误学习理论/180

第二节　巴甫洛夫条件作用理论/183

第三节　华生行为主义学习理论/186

第四节　斯金纳操作学习理论/189

第七章　认知主义学习理论/196

第一节　格式塔心理学的学习理论/196

第二节　布鲁纳认知结构学习理论/205

第三节　奥苏贝尔的认知同化学习理论/216

第四节　加涅累积学习理论/226

第五节　布卢姆掌握学习理论/237

第八章　人本主义学习理论/246

第一节　人本主义学习理论概述/246

第二节　促进自由学习的原则和方法/249

第四编　学习心理 /259

第九章　学习的动力机制/260

第一节　学习动机概述/260

第二节　情绪与学习/267

第十章　学习策略/272

第一节　学习策略概述/272

第二节　常用的学习策略/275

第三节　学习策略的掌握/283

第十一章　思维导图/288

第一节　思维导图概述/288

第二节　思维导图的制作/292

第三节　思维导图的应用/299

第五编　教学心理 /303

第十二章　教学设计/304

第一节　教学设计概述/304

第二节　教学设计的内容/306

第十三章　教学评价/319

第一节　教学评价概述/319

第二节　教学评价的类型/321

第三节　教学评价的过程与方法/329

第六编 学生、教师与课堂管理心理 /351

第十四章 个体差异/352

第一节 个体差异概述/352

第二节 智力差异/353

第三节 学习方式差异/358

第十五章 心理健康/369

第一节 心理健康概述/369

第二节 青少年的心理健康/371

第十六章 教师心理/378

第一节 教师的心理特征/378

第二节 教师的能力/381

第十七章 课堂管理心理/391

第一节 课堂管理概述/391

第二节 课堂管理艺术/394

第三节 师生互动与人际沟通/405

参考文献 /414

第一编

教育心理学概述

第一章　教育心理学的研究对象

教育心理学是教育活动与心理学相结合的产物，是探讨教育过程中学与教的心理规律的科学。教育心理学作为一门科学，仅有一百年的历史，还是一门年轻的科学。然而，在教育心理学百年的科学研究过程中，围绕着学习与教学已经提出了一系列的理论，揭示了学习与教学过程中的心理现象的基本规律，这些理论和规律在教育实践中已经显示出了越来越广泛的应用价值。

第一节　教育心理学的概念

一、教育心理学的研究对象

教育心理学的基本理论，主要涉及学科性质和特点。如教育心理学的学科性质、研究对象、教育心理学研究发展历史和研究方法。

关于教育心理学是什么，众说纷纭，有着各种各样的看法，而且差异比较大。有的学者认为教育心理学是研究教育、教学过程中的种种心理现象及其变化(潘菽，1980)；有的学者认为教育心理学是研究教与学的科学(邵瑞珍，1988)；有的认为教育心理学是研究在教育情境中，教师与学生之间的交感互动(张春兴，1996)；有的则认为教育心理学主要研究课堂学习的性质、条件、结果和评定(奥苏伯尔，1994)；也有的给出综合性的界定，认为教育心理学研究的对象是研究教育教学情境中，教与学的基本心理规律的科学，也就是研究教育教学情境中，师生教与学相互作用的心理过程、教与学过程中的心理现象(郭德俊，1998)。

在这众多的看法中，我们认为教育心理学是研究教育教学情境中的心理现象及其规律的科学。确立这一对象的主要的依据是：

（一）反映教育的本质

教育心理学的研究对象，必须反映这门学科的特殊性和它的实质。它研究的是教育情境中的心理现象。教育的目的是促进个体的社会化，把个体从一个生物的实体发展成为社会的实体。也就是把一个新生婴儿的生物个体，经过教育和社会实践成长为一个社会的人，具有参与社会生活的能力与品德。教育是个体社会化的途径之一，是通过经验传递实现的，通过教与学的人际交往实现的。教育、教学过程，也就是人际交往的过程。教育心理学也就是研究这一过程中的心理现象，揭示教与学的基本心理规律的科学。

（二）反映教育系统的基本结构

教育是一个系统，一般认为它包括三个子系统，即经验传授系统、接受系统和经验系统。经验传授系统是传授者通过一定的传授方式进行教育教学，也就是教；接受系统是接受者通过一定的接受方式进行学习，也就是学；经验系统就是传递的对象知识、技能和行为规范等。这三个系统是互相影响、互相制约的，教要从学习者的实际情况出发，要考虑学习者的身心发展特点、家庭社会背景以及已有的知识结构特点，有的放矢地进行教育和教学；学是在教的指导下进行，通过教育、教学过程获得知识、技能和行为规范的标准和要求。在教与学的过程中，教要发挥主导作用。教与学要受教材所制约，而教材又必须依据教与学的特点来编制。这个系统的核心是教与学及其相互关系。教育心理学正是研究教与学过程中的心理现象。

（三）反映当代教育心理研究的成果

从近20年来教育心理所研究的内容看，主要集中在这样几个方面：教育与发展的关系、学习理论、学习心理、教学心理、评定与测量、个体差异、课堂管理与教师心理等。由此可见，教育心理的研究主要集中在研究教与学的心理过程，如何促进教与学的效果。

（四）反映心理现象的独特性

这一研究对象的确定，有利于与其他心理学研究对象的划分。如普通心理学是研究一般人心理现象规律的科学，是所有心理学科的基础；发展心理学是研究个体从出生到消亡的心理发展的水平、特点及其变化的规律；而教育心理学则是研究教育教学过程中的心理现象及其规律，与其他心理学科所研究的对象有明确的区分。

二、三种不同取向的教育心理学

从研究取向上，台湾著名教育心理学家张春兴把自桑代克以来的教育心理学发展划分为三个阶段。

第一阶段为20世纪初至20年代末，是试图采用心理学的科学方法研究教育实际问题的阶段，目的是为了改进学校教育。弗里德曼为这一时期的研究做了比较客观的注解：回顾过去多年来教育科学运动的成就，教育心理学界的学者所付出的努力是令人感动的，但并未达到预期的理想，这可能是只触及教育问题的表象，而未曾深入核心探究教育历程中所发生的问题症结的缘故(Fredman，1938)。

第二阶段为20世纪30年代至60年代，直接应用并在教育情境中研究发现的纯心理学原理原则，以解决教育问题。美国教育心理学家盖茨(Arthur，J. Gates，1890－1972)曾搜集1920—1956年出版的重要教育心理学专著83种，经过对各书内容分析比较之后，提出了如下的评论：综观35年来教育心理学的成就，无论是在实证研究上还是在理论建构上，均未超越当年桑代克在对人性探讨、学习原理以及个别差异三方面的贡献。若仅从新近出版的教育心理学书籍的内容看，其所提供的心理学知识，固然远比桑代克时代丰富许多，但这并不代表教育心理学本身的进步。盖其所增加部分均系采自其他心理学科的现成资料，而非得自其本身在教育方面研究的成果(Gates，et al.，1956)。邵瑞珍在分析50年代之前的心理学时，认为“内容庞杂，未形成独立的理论体系；对人类的高级心理活动研究少，因而对教育实践作用不大”。华生(Wastson，1961)从历史发展的观点，对教育心理学提出两点批评：第一，由于教育心理学界普遍地将自己的专业学科视为心理学原理的应用，结果导致了对教育心理学自身理论建构的忽略；第二，由于教育心理学广泛采取其他学科的知识以充实其学科内涵，而其他学科的心理学知识，又是在理论和方法不同的情境中获得的，结果终于形成教育心理学系统不一和内容分歧的现象。美国《教育研究大辞典》(第四版)曾有专文《教师的角色功能》，对教育心理学的发展有如下批评：经过了半个多世纪的研究努力，教育心理学的成就仍属有限。不但对赖以改进国家教育质量的评价标准没有建立，甚至连如何设计一套可资依据以评价学校教学效果的准则，也没有发展出来(Frander & Simon，1969)。

第三个阶段是20世纪60年代以后，转变为教学心理学取向。

然而，教育心理学不只是某一学科知识教学的问题，而是学校教育多方面促进学生发展的问题。“学校教育如果长此下去，只注意实用知识与科学技术教学，而不注意情意为基础的人格教育，势将使国家未来陷入另一种更严重的危机（Taber，1989）。”邵瑞珍（1988）指出：翻开70年代教育心理学教科书，不论是属于哪一派的，几乎没有一本不批评过去的教育心理学脱离实际。

三、教育心理学的学科性质

关于教育心理学的学科性质，早期人们认为教育心理学是普通心理学的知识、原理在教育、教学中的应用。近年来，许多教育心理学家认为教育心理学是一门独立的学科，有独立的研究对象、理论体系和研究方法。张春兴教授指出“现代教育心理学，虽然也跟心理学一样采取科学研究取向，但其基本理念却是从古代哲学教育心理学演变而来的。”“教育心理学原本即因教育需要而产生，并非由心理学中分化出来的一个分支。”因此，目前大多数教育心理学家认为教育心理学既是一门理论性的基础学科，同时也是具有实践性的应用学科，强调它的综合性特色。也就是说，教育心理学既要研究教育、教学情境中的基本规律、概括理论、原理为解决教育、教学中的问题提供理论依据；同时，也要关注教育教学情境中的具体问题，并为解决这些问题提供具体的原则、操作的模式、策略和方法。所以教育心理学既是一门基础理论学科，也是一门应用学科。既要重视教育的基础理论研究，也要重视应用开发的研究。

第二节　教与学的结构

我们来说一说教与学的宏观和微观结构。

不管你是否能意识到，身为教师，你心目中总有一套有关教与学过程的假设和观念，这些假设和观念在无形之中支配着你的课堂决策和行为。学生也同样有一套自己的“读书哲学”，如动机、学习习惯、学习策略、兴趣、自我感觉等，时刻左右着他们的课堂行为。

关于教与学的过程，西方教育心理学家们曾经提出各种不同的模式。综观各种模式，我们认为，教一学过程可以从宏观和微观两个层次来分析。

从宏观上看，它包括四个变量和三个过程。

（一）教学过程的四个变量

教学过程的四个变量是教学内容、学生特点、教师特点和教学环境。教学内容是教学过程中传递经验或信息的主要部分，是教学中的客体，是由社会发展所提出的要求所决定的。心理学把它作为外部刺激的组成部分；学生特点是教学过程中最活跃、最丰富、最重要的变量，是教育心理学研究的最主要的内容，其核心是学生的学习过程和个别差异；教师特点是指教师在教学过程中的主导作用，这并不否定学生是学习过程的主体，教育心理学研究的是教师如何把教材内容、根据学生的心理特点传授给他们，并帮助他们学习。同时，教师要懂得在教学过程中进行决策、选择和评定；教学环境指物理环境和心理环境，物理环境指教学媒体、教室的布置与温度等，心理环境指班级气氛、同学之间的关系以及校风等。

教学模式就是由这四个基本因素相互作用、相互影响形成统一的整体，对这四个变量赋予不同的含义，便形成了各具特色的不同的教学模式。一般而言，教学内容的要求是以最有利于学生的形式呈现教学内容。以学生为中心，确切地说，以学生的发展为中心，一切为了学生，为了一切学生，为了学生的一切。有了这一理念，在教学过程中才能把学生放在教育教学的最前沿。教师应该扮演组织者、帮助者、促进者、伙伴、研究者的角色。创设有利于学生发展的物理环境和心理环境。

（二）教与学的三个过程

教学的三个过程是学习过程、教学过程和评价与反思过程。学习过程指学生获得、保持、应用知识技能和道德规范的过程；教学过程指教师把知识技能和道德规范等，以有效的方法传授给学生，引导学生建构自己知识结构的过程；评价与反思过程指在教与学的过程中或教学过程后，对学习和教学效果进行评定和反思，以进一步改进教学的过程。这三个过程相互作用，相互影响。学习过程受教学过程的影响，教学围绕着学习过程进行并通过它起作用，评价和反思则是为了促进教与学这两个过程。这四个变量与三个过程的关系呈现于图 1-1：

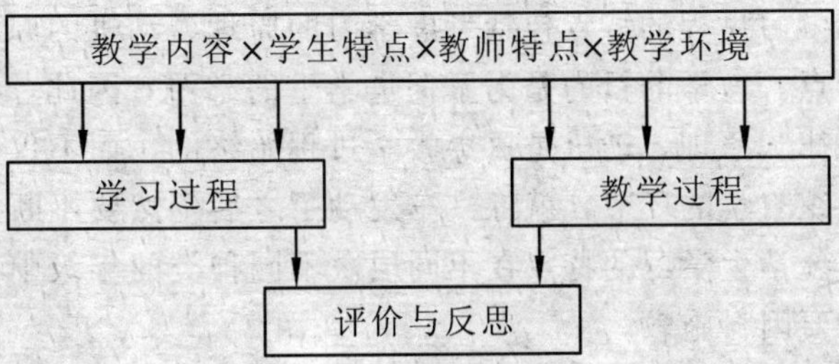

图 1-1　教与学宏观模式图

从微观上来看，具体到某一教师教某一节课或某一知识单元，教学过程的模式可用以下动态图表示：

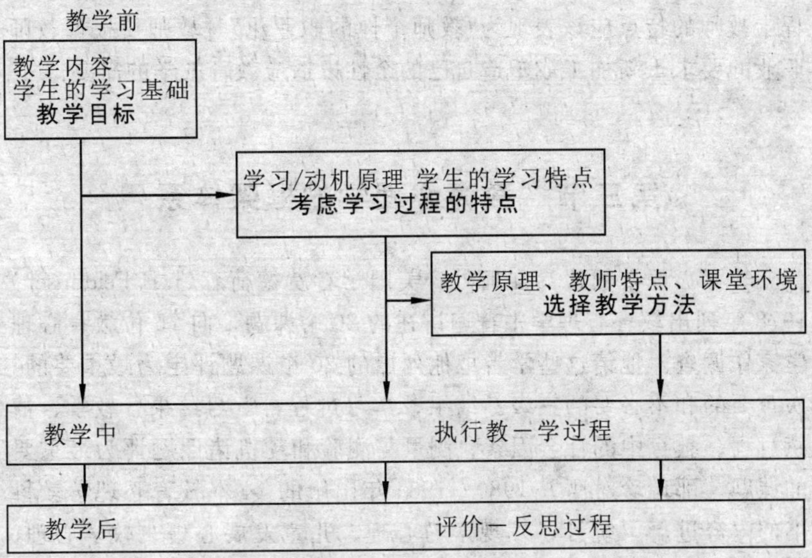

图 1-2　教与学微观模式图

教学前要考虑教学目标、学习过程的特点，并选择教学方法。

教学目标制定的心理学依据是维果茨基的“最近发展区”，学生已有的基础相当于“学生现有的水平”，教学内容的难度和数量相当于“学生可能的水平”，两者之间的区域是最能够促进学生发展的区域。如果教学内容的难度，是学生在已有学习基础上，经过努力无法达到的，这样的教学目标属于过难了；如果凭借学生的已有基础，不能努力轻而易举能够达到，这样的教学目标太容易了，也不能促进学生的发展。科学恰当的教学目标是学生依据其已有基础，通过能力能够达到。教学目标不恰当在教学过程中时有表现，例如，有的教学设计与教学目标无关的内容，该下课时没有完成预期的教学内容，未到下课时间课程已经结束等表现。

考虑学习过程的特点包括考虑学习的原理、动机的原理和学生学习的特点。教学的目的是为了促进学生的学习，因此，必须遵循学习的规律和原理。动机是贯穿教学过程始终的，而不仅仅是出现在开始组织教学的环节，就像汽车发动了之后仍然要不断加油才能前行一样。学生学习的特点在不同层次不同种类的年级中有不同的表现，需要因材施教。

选择教学方式，首先要遵循教学原理，教学原理是多层次的理论体系，包含了教学思想、教学规律、教学理论、教学模式、教学原则、教学方式等很多级别的内容。遵循教学原理即是通过一个人的教学方式可以推知其背后的教学思维等多层次内容。教育教学过程中教师的特点应该表现为“教师个性的职业化”，教师要根据教师职业的要求重新加工或塑造自己的个性以适应教育教学的需要。

第三节　教育心理学的框架体系

教育心理学的边界在何处？美国学者费德荷森(J. F. Feldhusen)1978 年列出教育心理学中普遍讲述的 20 个课题，向 75 位教育心理学家作调查。他请这些学者把他列出的 20 个课题评定为最重要的、次重要的和不必要的三级。结果，学习过程、学习结果、教学、情感过程、教育中的社会因素、测量与测验和动机诸课题评为最重要的课题。邵瑞珍对西方 1980—1984 年出版的 14 本教育心理学教科书的内容进行了统计，发现学习心理、儿童发展心理、教学心理、课堂动力以及管理与纪律、学习动机、学习的测量与评价等课题所占的章数最多。

张春兴(1998)对教育心理学的研究取向、框架体系及其作用有这样的评述：教育心理学自 20 世纪之初成为心理学中的一门学科以来，其研究取向曾几度转折，其学科之独立体系迄今未建立，以致始终未能充分发挥其应有的角色功能。

教育心理学是一门独立的学科，有自己的理论和研究方法。主要研究的内容有对教育、教学和学习过程的理解，以及如何从各方面改进教育、教学和学习过程。也就是说不仅研究学生是如何学的，也研究教师是如何教的；不仅研究如何向学生传授知识，还要研究如何帮助或促进学生形成健康的人格和良好的道德品质。根据学科的研究对象、性质以及近年来教育心理学的发展，教育心理学的研究内容主要包括以下几个方面：

一、绪论

教育心理学是干什么的？为什么要学习和研究教育心理学？如何研究和学习教育心理学？具体介绍教育心理学的研究对象、发展历史和研究方法。

二、教育与人的发展

教育与人的发展的关系是教育心理学的基本理论问题。本部分主要包括：人的发展应该包含哪些内容？影响人的发展有哪些因素，这些因素是如何影响人的发展的？对于人的发展不同的学者有哪些理论？

三、学习理论

教师的教是为了促进学生的学习。对于学生的学习，不同的心理学理论流派具有不同的理论观点，从而形成了不同的学习理论。本部分主要介绍行为主义、认知主义和人本主义的学习理论。学习理论是教育心理学的核心或基础。

四、学习心理

学习心理是指学生学习过程中的具体心理现象及其规律。学习心理的内容主要有不同类型的学习，如概念、原理学习，问题解决和创造性，动作技能的学习以及品德的形成与培养。同时，学生是学习的主体，是能动的学习者，所以学习动机、学习策略、学习迁移等也是重要的内容。

五、教学心理

教学心理是教育心理学的一个重要组成部分。教学设计、教学的测量与评价是教学心理的重要内容。教学设计决定了学生将要学什么，教师通过教学设计将课程的目标转变成学生的活动、作业和任务。这主要涉及教学目标、教学形式的选择和教学环境的设置等。同时，在教学过程中，影响教学效果的因素非常多，如学科的特点、教师的特点、学生的特点等。如何根据这些因素进行教学设计，提高教学的有效性，也是教学心理所研究的内容。教学评价涉及对教学要达成的目标和结果及测评手段的看法，是教育心理学的组成部分之一，对于促进教与学有着重要的作用。一个完整的测量评定过程包括测量与评定两个方面。教师通常使用的测量方法有测验、等级评定、面谈和观察等。

六、学生、教师和课堂管理心理

学生与教师是教学过程中唯一能动性的因素。本部分包括：学生的个别差异、学生的心理健康、教师心理与课堂管理心理等内容。

学生在智力、个性等方面存在着个别差异。个体差异是教育心理学研究的重要组成部分之一。在教育、教学中必须从学生的实际情况出发，针对个别差异有的放矢、因材施教，使每个学生得到适宜的教育，更加和谐的发展。

学生心理健康涉及生理、心理、社会适应以及道德等多个层面。保持健康的心理有利于充分地发挥潜能，妥善处理和适应人与人之间、人与社会组织之间的相互关系。

教师心理是教育心理学的重要内容。教师在师生双边活动中起着主导作用。研究表明，教师的特点比任何其他因素，对学生的学习态度和成绩有重大影响。教师对学生的影响除了教师的个性，还有教师的角色、专业品质以及师生之间关系等。

课堂管理是教师最关心的问题之一。课堂的性质、教学内容和学生特点等都影响课堂管理。课堂管理的目标是为学生创造更多的时间投入学习，帮助学生进行自我管理。要实现这样一个目标，同时要形成一个良好的班级集体，良好班集体的形成对儿童健康的个性良好道德品质的形成起着极其重要的作用。在管理中，要使学生理解，在班级里他们不仅面对教师，而且处于群体——准社会环境中，要接受其制约和影响。

第二章　教育心理学的发展

教育心理学的历史就是心理学与教育相结合并逐步形成一个独立的心理学分支的历史。

德国心理学家艾宾浩斯有一句名言，心理学有一个长期的过去，但仅有一个短期的历史。这句话虽然是针对一般心理学的发展而言，但是也同样适用于描绘教育心理学的发展特点。

教育心理学的发展，大致可分为四个时期，即萌芽时期、初创时期、发展时期和成熟完善时期。

第一节　教育心理学的萌芽时期

在教育心理学作为一门独立的学科产生之前，西方的一些哲学家、思想家、教育家就曾在他们的著作中对教育问题进行过论述，特别是把古代欧洲文明推向最高峰的古希腊思想家苏格拉底、柏拉图和亚里士多德。这便是早期的教育心理学思想。

近代西方教育思潮倾向于把教育学理论建立在心理学研究成果的基础上。

从17世纪到19世纪，欧洲的一些著名教育家，如夸美纽斯提出“人只有凭借教育才能成其为人”的著名论断，他强调在教育的过程中，要注意儿童的年龄和个性特征，有目的地去发展儿童的才能。法国思想家卢梭提出了“自然主义”的教育主张，对后世影响巨大。

19世纪瑞士的教育家裴斯泰洛齐主张“教育心理学化”。他倡导将儿童的学习与生产劳动结合起来，发展学生的人格和道德品质；运用将心理学与教育学紧密结合的方法训练教师。他认为，教育的意义在于帮助儿童合理地正常化地发展，要做到这一步，教育者就必须懂得儿童心理，因而他曾设想建立一门教育心理学。裴斯泰洛齐在教育实践和教育思想上，对启发后来的教育理论家重视心理学在教育上的作用，产生了较大的影响。

德国的教育家赫尔巴特受到裴斯泰洛齐思想的影响，认为教育方法应以心理学为基础。他的著作《普通教育学》《心理学教科书》等，对教育心理学的建立起到开拓作用。虽然当时尚未使用“教育心理学”这一名称，但实际上已把教育学与心理学结合成为一个不可分割的统一体。

一、苏格拉底的教育心理学思想

苏格拉底(前469—前399)是古希腊著名的哲学家和思想家。

在教育上，苏格拉底重视道德教育。他认为美德作为知识是绝对的，因为善是绝对的。不知道善就决不会为善，道德即知识，道德是通过教育培养发展起来的。

苏格拉底根据他的哲学观，主张真理就存在于人的心灵里，寻求真理必须从探求个人内心世界开始，知识探索的过程就是自我认识的过程。然而，知识和美德在人的心灵中又处于睡眠状态，需经教育唤醒。教育的目的就是发展人的智慧，使人的道德完善。而教师的任务就是帮助人们去发现存在于自己内心的真理，即知识。

苏格拉底创造了一种问答式的教学方法，在外国教育史上被称为“苏格拉底法”。所谓“苏格拉底法”，就是一种在师生共同讨论问题的过程中，通过辩论、讨论，揭露矛盾、克服矛盾，最终获得知识的方法。该方法分为四个步骤：第一步是“讽刺”，即通过问答从对方的观点中引出矛盾，使其否定所肯定的东西。苏格拉底认为这是使人变得智慧的必然步骤，因为除非一个人很谦逊并“自知其无知”，否则，他是学不到知识的。第二步为“助产术”，即在否定已有观点以后，引导学生自己进行思考，自己发现新问题，得出新结论。他说自己虽然无知，但能帮助别人获得知识，正像做助产士的母亲一样。所不同的是，母亲是生命的接生者，而自己是智慧的接生者。“助产术”由此得名。第三步为“归纳”，即通过讽刺否定个别、偶然、错误的东西，通过助产术找到正确的东西，也就是由个别到一般。第四步为“定义”，即对发现的真理加以表述。

苏格拉底法无论在教育史上还是在哲学史上都具有很重要的意义，被看作是西方启发式教学的渊源。然而，苏格拉底法的前提是“真理存在于人心中”，只适用于某些已经了解的东西，缺乏应有的知识基础，难以使问题深化。

二、柏拉图的教育心理学思想

柏拉图(前 427—前 347)是古希腊最著名的思想家和教育家。柏拉图的教育思想博大精深，具有丰富的理论基础。他总结和发展了古希腊教育，是第一个提出比较系统的教育理论的人。

(一)教育的作用与目的

柏拉图从其哲学观出发，阐述了教育的重要作用。他认为，认识理念，达到理想目的最高境界主要依赖教育的实施。因为只有理念世界才是真实的，认识和把握理念的过程又是一个回忆的过程，回忆过程就是启发教育的过程。只有通过教育才能使人认识理念世界。要实现理想国的设想，还须培养出理想国的统治者(哲学家)、保卫者(军人)和劳动者(农民和手工业者)。教育的最终目的是培养哲学王和军人。由此可见，教育成了实现理想国的工具。另一方面，教育又是改造人性的手段，通过教育才能使人成为有理性的人。鉴于此，柏拉图主张教育应由国家掌握和控制，应当建立统一的教育制度。在具体的教育组织和内容方面，他吸取了古希腊，特别是雅典教育实践的做法。

(二)教育体系

柏拉图重视早期教育，甚至认为教育就是对儿童的习惯所给予的影响和培养，主张及早教育儿童。他强调儿童的教育与国家的发展有很大关系，儿童的教育应当由国家负责。由国家设立专门的养育院，挑选端庄的女仆照顾儿童。柏拉图认为，儿童的教育是通过游戏和讲故事来进行的。他非常重视游戏在教育中的作用，赋予游戏以政治意义。他还指出，讲故事可以发展儿童的想象力，并要求挑选故事的内容，讲述那些激发儿童坚毅、快活、勇敢心情的故事。在教育史上，柏拉图第一个详细论述了公共的学前教育思想。

柏拉图主张，满 7 岁的儿童应开始接受初级教育，学习年限为 10 年。该阶段的教育属于情感教育，使灵魂的低级部分得以发展，从而形成节制的美德。初级教育带有强迫性，无论贫富子弟，无论男女儿童均要入学。学校主要是文法学校、弦琴学校和体操学校。学习内容有读、写、算、唱歌、音乐、体操、骑马和射箭。他强调指出，音乐和体育是直接为情感教育服务的。音乐可以深入儿童的心灵，经久不灭，使人的心灵达到美、善，抒发豪迈的情感，培养良好的德行。体育可以发展健美的体格，达到和谐完美。此阶段结束后，农民和手工业者的子女不再继续学习，成为顺服的劳动者。

柏拉图认为，17—20 岁属于意志教育阶段，需进入“埃弗比”学习，只有奴隶主子弟才能享受中级教育。此阶段，教育的目的是培养军人，学习内容主要是军事体育以及作为一个军人所必须具备的文化知识，包括算术、几何、天文、音乐，即“四艺”。20岁以后，不喜爱理性活动的学生就去担负保卫国家的责任，而少数具备发展潜力的学生则接受更高级的教育。

柏拉图认为，20—30岁为发展智慧的阶段，属于高级教育，学习年限为10年。只有那些具有金质并且对抽象思维表现浓厚兴趣的奴隶主子弟才能继续学习。高级教育的培养目标就是造就一批哲学家和国家官吏。本阶段主要学习哲学，使灵魂更接近于理念的最高层次——神。哲学是统率其他学科的领袖，只有学习哲学，才能把其他学科融会贯通。“四艺”仍然要学习，但目的有所不同。学习算术只是为了观察、思考数的性质，唤起思维的能力，从而把握神旨；学习几何学是为了引导心灵接近真理和激发哲学情绪；学习天文学是为了使人思索宇宙的无穷，承认宇宙的无限；学习音乐是为了探求美和善的根源，从而接近了神。30岁以后，大多数人或从事哲学研究工作，或成为官吏，极少数天赋特厚的学生继续研究辩证法5年，然后才能成为哲学家，担任国家的最高统治者。个别经过各种“考验”，在哲学上有高深造诣，能用理智衡量事物的人，再探索15年，则成为哲学王。

柏拉图的教育思想是在总结古代希腊教育实践的基础上，结合其哲学思想和社会政治伦理观而形成的，内容几乎涉及教育领域的所有重要方面的问题：教育与政治的关系，学前教育，教育的和谐发展，丰富的教育内容，完善的教育体系等。柏拉图的教育思想的理论基础是唯心主义，是为奴隶主贵族政权服务的。理想国的教育构想脱离实际，也为文化知识蒙上了神秘色彩。但他的教育思想中消极的和积极的因素都对其同时代和后世的教育家、教育理论与实践有很大的影响，成为西方教育思想史上的一座里程碑。

三、亚里士多德的教育心理学思想

亚里士多德(前384—前322)是古希腊著名的哲学家和博学的思想家。亚里士多德一生著作非常丰富，涉及的领域也非常广泛，与教育有关的主要有《政治学》《伦理学》和《论灵魂》。

(一)教育的作用与目的

根据形式与质料相统一的思想，亚里士多德认为，人是由身体和灵魂组成的，而灵魂有三种形式：一是植物灵魂，表现为营养与繁殖；二是动物灵魂，表现为感觉和欲望；三是理性灵魂，表现为理智与沉思。前两者为非理性灵魂，具有道德的美德，后者为理性灵魂，具有理智的美德，其产生与发展都有赖于教育。理性灵魂生活于沉思之中，即纯理论的思辨活动，这是一切美德中最好的。理性活动就是行善，是人生最高的目的，也是教育的最终目的。所以，教育的目的在于发展人的理智。亚里士多德还认为，教育具有政治意义，认为教育是加强统治者政权的工具。他说，如果没有精神教育，任何法律都没有用处。因此，应该像斯巴达人那样由国家管理教育。但亚里士多德反对女子受教育，认为女子在天性上与男子差异甚大，不宜接受教育。奴隶是会说话的工具，更不能接受教育。

(二)适应自然(天性)的和谐发展教育

亚里士多德是西方教育史上最早提出教育适应人的自然发展的思想家之一。他认为，形式与质料的关系就是一种潜能与现实的关系。潜能是尚未实现的现实；现实是实现了的潜能。这样，每一种物质都有发展的可能性，人有自然所赋予的发展的可能性，这种可能性的实现依赖于教育。

从灵魂观出发，亚里士多德认为，不同的灵魂所含的质料与形式是不同的，越高级的灵魂质料越少，形式越多；越低级的灵魂质料越多，形式越少。它们各自表现的时间与方式也不尽相同。植物灵魂最先发展，表现为儿童身体的发育；然后是动物灵魂的发展，表现为本能和情感的出现；最后是理性灵魂，表现为儿童思维、理解力、判断力的出现。教育必须顺应儿童的发展。故此，他将儿童的教育分为三个年龄阶段：0—7岁，儿童在家中接受以发展身体为主的教育；7—14岁，以学校教育为主，重在发展非理性灵魂，以情感道德教育为主；14—21岁，主要在于发展人的理智灵魂，以智育为主。亚里士多德关于教育的年龄分期是一个具有创举性的尝试。

人的理性发展取决于教育，而教育应顺应灵魂发展的顺序和人的心理特点，因此，亚里士多德主张人的教育必须是一种多方面的和谐发展的教育。具体内容包括体育、德育、智育和美育。在教育上应遵循自然，把四育结合起来。

在体育方面，亚里士多德强调要考虑四个方面的问题：第一，适合于不同体质的训练方法是什么？第二，最理想的训练方法是什么？第三，普遍适用于大多数体质的训练方法是什么？第四，如何安排那些从事体育但又不是为准备参加竞赛的人的训练课程？可见，他已经注意到因人不同而采用不同的教育方法。体育训练还应适度，避免像斯巴达教育那样，仅仅培养头脑简单的军人。体育是为理性发展创造条件的，是达到目的的手段。

在德育方面，亚里士多德把德育看作是实施情感教育的途径，单靠理性指出什么是美德、什么是恶习是不够的。培养德行必须通过善良行为的练习、道德习惯的养成。道德教育的目的就是通过实际锻炼和练习，养成“中庸”、“公正”、“节制”、“勇敢”的美德。

关于智育，可从吕克昂的教学中发现，其内容包括几何学、物理学、天文学、哲学和辩证法。

美育是亚里士多德和谐发展教育中着重论述的部分。这里的美育实际上指的是音乐教育。音乐可以供人娱乐、文化消遣、陶冶心智，最重要的是陶冶心智。

亚里士多德还把全部课程分成实用学科和文雅学科两类。实用学科是为实际需要服务的，具有实用性，是不高尚的；文雅学科是专供闲暇消遣和享受之用，是理智的享受。因此，只有音乐教育才能更好地发展人的理性。

亚里士多德是第一个从理论上论证和谐发展教育的思想家。

亚里士多德的教育思想对于教育理论和实践的发展具有巨大的影响。如果说，柏拉图创造并奠定了西方教育学的理论基础，那么，亚里士多德则继承和发展了这一理论基础。他首先指出了教育和人的心理特征的关系，论证了适应自然的和谐教育思想，并且带有辩证法的色彩。不过，亚里士多德单纯追求理性发展，忽视实用知识的作用，其教育观点带有明显的阶级性。他的唯心主义思想内核被中世纪宗教神学所利用，成为神学的附属品。

四、夸美纽斯的教育心理学思想

夸美纽斯(1592—1670)是捷克著名教育家。他总结了文艺复兴时期以来的人文主义教育成果，阐述了教育要适应自然的思想，提出了一套全新的教育理论。他的教育理论中含有丰富的教育心理学思想。

(一)人的自然本性与教育

教育心理学的基本任务之一就是要探索心理的基本特性，以便把教育与教学方法建立在一个可靠的基础之上。夸美纽斯在此方面有独特的贡献。

夸美纽斯强调教育要适应自然。而“自然”的含义是什么呢？他认为“自然”指的是“我们的最初的，原始的状况，我们应当回复这种状况，如同回到一个起点一样。显然这里所说的自然是指人与生俱来，未经触动的本性，是人的先天素质。”

就人的自然本性来讲，人具有接受教育的巨大潜力，夸美纽斯指出：“人心的能量是无限的，它在知觉方面像个无底的深渊。身体被一个小小的界限限制住了；声音的领域较广一点，视觉只受天空的限制；但是心理就不然，天内天外都找不出一个界限。”“假如人能活到1000岁，在这1000年当中一件一件事情去学，他仍旧可以不断地学到新鲜的事物，仍旧可以找到一些地方，使他的悟性从那里获得新鲜的知识对象。”

受经验主义哲学的影响，夸美纽斯认为人心具有可塑性。他把人心“比作一张白板，板上什么都没有，但是什么都能写上。”他又把人脑看成蜡一样的物品，“因为蜡能变成各种形状，能照任何方式再三加以铸范，人脑也是一样，它能接受万物影像，能够接纳整个宇宙中的任何事物。”“总之，就自然本性讲，人的心灵具有极大的可塑性，这种可塑性是教育的自然基础。”

在先天素质的个别差异方面，夸美纽斯认为，就一般意义上讲这种差异并不十分显著。他指出：“我们差不多找不出一块模糊的镜子模糊到了完全反映不出任何形象的地步，我们也差不多找不出一块粗糙的板子粗糙到了完全不能刻上什么东西的地步……事实上，才智极低的人是很少的，和生来肢体不全的人一样少见。”

但是，在强调人的先天素质差异不大，每个人都有接受教育的潜力的同时，夸美纽斯并不否认人与人之间的个别差异。事实上，为了使每个儿童都能受到适合个人的教育，夸美纽斯认为在教学中必须十分重视这种差异。他指出：“知识如果不合于这个或那个学生的心灵，它就是不合适的，因为人心的不同和植物、树木或动物之各不相同一样大；这个必须这样去对付，那个又必须那样去对付，同样的方法是不能够用在所有的人身上的。有些人的心理能力确实是很大的，他们能在每门学科上面有成就，但是也有许多人，连某些基本的东西都极难掌握。有些人对于抽象的科学显得很有能力，但是对于实用的科学才力很小，就像一匹驴子不会玩七弦琴一样。有些人除了音乐之外，什么都能学会，有些人却不能够精通数学、诗词或逻辑学。”所以，夸美纽斯认为教育工作者应了解儿童心智发展的差异性特点，对不同的儿童采用不同的方法，顺其自然倾向而培育之，“就不会有发生厌恶和智力受到抑制的情形了”。（夸美纽斯，《大教学论》，1984）

（二）教育、教学与儿童年龄特征

夸美纽斯把自然适应性原则应用于教学领域，认为教育与教学应根据儿童生理和心理发展的特点进行设计和实施。在《大教学论》中，他提出把人从出生至成年划分为婴幼儿期、儿童期、少年期和青年期4个发展阶段，各6年，共24年。夸美纽斯认为，由于每一阶段儿童具有不同的生理和心理特点，因而每一阶段都应有相应的教育机构和相适合的教学目标。

在教学的组织上，夸美纽斯认为应依照儿童的年龄、心理特点和理解能力，由易到难，由简到繁，由近及远，循序渐进，切不可揠苗助长，使学生负担过重。

夸美纽斯指出："无论什么事情，除非不仅是青年人的年龄与心理的力量所许可，而且真是他们所要求的，都不应该教他们。"因为"自然不强迫任何事物去进行非它自己的成熟了的力量所驱使的事……比如，一只小鸟在它的肢体合适地形成并巩固以前，并不被迫离开蛋壳；在它的羽毛长好以前并不被迫去飞；在它飞得好以前并不被掷到巢外。""教学必须顺应儿童的'自然'"。"教师和医生一样，是自然的奴仆，不是自然的主人。"

(三)教学与学生的学习动机

学生学习的动力问题是教育心理学研究的焦点之一。夸美纽斯在《大教学论》中探讨了这个问题。他斥责传统经院式的教学方法，认为那种方法不管儿童的学习愿望，强制儿童呆读死记，其结果是事与愿违，大大伤害了儿童学习的自觉性与主动性，造成不良后果。

夸美纽斯认为儿童的发展是自内向外的，是儿童自然本性的外化过程。人的心理犹如一颗种子，植物的形状和特性已经存在于种子里面。所以"我们不必从外面拿什么东西给一个人，只需把那暗藏在身体内的固有的东西揭开和揭露出来"。"万物确乎都已存在人的身上：灯、油、火绒，以及一切用具都已具备，只消他善于擦出火星，着上火，点好灯，他便立刻能够看见……倘若内心的灯没有点燃，只有奇思异想的火炬在身外旋绕，结果便如一个关在黑暗的土牢里的人身外有火光旋绕一样，光线确乎可以透进罅隙，但是全部光亮并不能够进去。"因此教师应依据儿童的本性，启发学生的积极性与主动性，激发学生自己的学习愿望。

有无学习的愿望其结果是大不一样的。这就像一个人有无食欲而进食一样，"一个人没有食欲，却又被迫去吃食物，结果只能是疾病与呕吐，至少也是消化不良。反之，假如一个人饿了，他就急于要吃食物，立刻可以把食物加以消化，容易把它变成血肉"。所以夸美纽斯认为应该用一切可能的方式调动学生求知的欲望，以求获得最佳教学效果。

（四）感觉经验与教学

在直观性教学原则中，夸美纽斯论证了感觉经验与教学的关系。他指出："知识的开端永远必须来自感官。"换句话说，夸美纽斯认为人的知识是从感觉而来，只有通过感觉器官，人才能获得真实可靠的知识。

从感觉论的观点出发，夸美纽斯要求教师"在可能的范围内，一切事物都应该尽量地放到感官跟前，一切看得见的东西都应该放到视官跟前，一切听得见的东西都应该放到听官跟前……假如有一件东西能够同时在几个感官上面留下印象，它便应当和几种感官去接触……科学愈是依赖感官知觉，科学的可靠性就越成比例地增多。所以，假如我们想使我们的学生对事物获得一种真正和可靠的知识，我们就必须格外当心。务使一切事物都通过实际观察与感官知觉去学得"。

把感觉论的原则应用于教学，并把直观教学作为教师的"金科玉律"，对于反对经院主义脱离实际的教学方法是有积极作用的。但是过分强调感觉经验忽视理论学习的重要性必然失之偏颇。

（五）记忆与教学

夸美纽斯反对那种使学生不求甚解，囫囵吞枣，死记硬背的经院主义教学方法，但是他并不反对让学生记忆学到的知识。事实上，他认为好的教学应有利于学生的记忆，而记忆的巩固可促进教学。

怎样才能有利于学生的记忆，从而巩固教学效果呢？夸美纽斯提出了几种方法：①教学要有系统性，前后知识应有联系，新教材应建立在旧教材的基础上，循序渐进。②要让学生理解。首先应当理解事物，然后再去记忆它们。③激发求知的欲望，鼓励学生主动记忆而不是强迫学生记忆。④教给学生有用的知识。在讲解知识时把它在日常生活中的用途告诉学生。⑤经常的学习和反复地练习。

夸美纽斯认为利用这些方法就可以使学生的对学过的东西印象深刻，从而能长期保持不忘。

夸美纽斯是一位杰出的教育家。他以适应自然为原则，反对经院主义迂腐的教学方法，力图依照人的自然本性组织教育与教学过程。这种自然主义教育思想影响深远，它不仅使教育工作者意识到教育必须符合人的本性，而且促使教育工作者力图发掘人的本性，探索学生的先天素质与心理特征，以便把教学建立在科学的基础之上。这必然促进了教育与心理学的结合，对后世的许多教育家产生影响。

五、卢梭的教育心理学思想

卢梭(1712—1778)是法国18世纪启蒙运动中激进的思想家和教育家。他同夸美纽斯一样，竭力倡导教育必须顺应儿童天性的自然发展，强调教育方法必须服从儿童发展的自然规律，从而把自然主义教育运动推向了一个新的高潮。

(一)自然主义的教育观

卢梭的自然主义教育“要以天性为师，而不以人为师”，意即使人成为天性所造成的人，而不是人所造成的人。他指出，教育若不符合人的自然本性，则不如不要教育；教师若不懂得依据自然规律来教育儿童，则不应成为教师。教育应顺应自然，顺应儿童的本性。这一思想构成了卢梭教育心理学思想的基本特征。

卢梭把教育的来源归结为三类：自然的教育，人的教育和事物的教育。他指出：“我们的才能和器官的内在的发展，是自然的教育；别人教我们如何利用这种发展，是人的教育；我们对影响我们的事物获得良好的经验，是事物的教育。”后两种教育应服从前一种，即自然的教育。唯有自然的教育非人力控制，因而最符合人的天性。

卢梭的上述观点表明他已意识到遗传、环境、教育对人的发展的作用以及三者之间的关系。但是他的关于自然教育决定一切、事物与人的教育服从自然教育的观点显然夸大了遗传因素(自然、天性)的作用，贬低了环境和教育的价值，因而是有偏颇的。

(二)教育与儿童的年龄特征

卢梭从尊重天性和顺应自然的理论出发，主张教学方法的运用应符合儿童身心发展的规律，不能把儿童当成成人，不顾天性的要求而揠苗助长。他批评那种把儿童看作缩小的成人，甚至把儿童看成学问家、道德家和宗教家，以便把成人的知识、品德早早地加之于儿童的错误倾向。他指出：“大自然希望儿童在成人以前就要像儿童的样子。如果我们打乱了这个次序，我们就会造成一些早熟的果实，它们既不丰满也不甜美，而且很快就会腐烂。我们将造成一些年纪轻轻的博士和老态龙钟的儿童。儿童是有他特有的看法、想法和感情的。如果想用我们的看法、想法和感情去代替他们的看法、想法和感情，那简直是最愚蠢的事情。”所以，卢梭呼吁要依据儿童的年龄特征选择教育内容和教育方法，“把儿童当儿童看待”。

为使教育工作者在选择教学内容与方法时有据可依，卢梭依据儿童身心发展的特点，把其受教育的时期划分为 4 个阶段，分别是：

1. 婴孩期(从出生至 2 岁)

婴孩期的典型特征是婴孩的软弱无能，其生命的维持依赖父母或他人。此时婴孩有多种生理需要，但需要的满足完全取决于他人。他唯一的呼声使是哭喊和落泪。另外，就身体素质来讲，婴孩关节灵活、肌肉柔韧，容易接受锻炼。就认识能力来讲，感知能力逐渐发展，而理性活动尚未出现，还意识不到自己的生存。鉴于以上种种特征，卢梭认为这一时期教育的主要任务是促使婴孩身体的健康发育，因为健康的体魄是智慧的基础。此外，卢梭认为应给婴孩提供多种看、听、触摸的活动机会，以便促进婴孩感知的发展。

2. 儿童期(从 2 岁至 12 岁)

从 2 岁至 12 岁是人的“理性睡眠时期”。这一时期儿童身心发展的特征是：①语言能力较为发达，儿童已可以自由地表达自己的思想；②感觉能力进一步发展，视、听、嗅、味、触等各种感觉机能趋于成熟；③身体活动能力发达，儿童已可以在户外自由运动；④理性能力不发达，尚不能形成观念，判断和记忆还处在较初级的水平上，所以把这一时期称为“理性睡眠时期”。

卢梭认为对这个阶段的儿童不宜进行知识教育，他主张对这个阶段的儿童采用“消极教育”的方法。卢梭指出：“最初几年的教育应当纯粹是消极的。它不在于教学生以道德和真理，而在于防止他的心沾染罪恶，防止他的思想产生谬见。如果你能够采取自己不教也不让别人教的方针，如果你能够把你的学生健壮地带到 12 岁，这时候，即使他还分不清哪只是左手哪只是右手，但你一去教他，他的智慧的眼睛就会向着理性睁开的。”在这里，卢梭强调教育方法应适合儿童身心发展的特征是正确的，但由此反对 12 岁以前进行的知识教育无疑是低估了儿童智慧发展能力。

3. 青年期(12 岁至 15 岁)

卢梭把 12 岁至 15 岁作为人生的青年期。他认为这一时期“这个成长中的人，从绝对意义上讲虽然是很柔弱，但从相对的意义上说来，已经是变强了。他的需要还没有全部发展，他现时的体力除满足他所有需要外，还绰绰有余”。就是说，卢梭认为此时儿童的体力发展达到最大时期，体格的发展快于需要的发展。

在这一时期，儿童的理性开始觉醒。他们不仅具备了感知能力，也具备了判断思维的能力，不仅能观察眼前的事物，而且能想象未来的事物；好奇心与求知欲也随之产生了。这些发展上的特点决定了这一时期的主要任务是知识教育。

在知识教育中，卢梭重行以求知，强调学生在活动中求得知识。他特别重视动机、兴趣在学习中的作用，认为“问题不在于学各种学问，而在于培养他有爱好学问的兴趣”。此外，他主张在知识教育中，教师要根据儿童的理解水平选择教学内容，而不要把儿童不理解的东西强行灌输给儿童。

4. 青春期(从16岁至20岁)

16岁至20岁是人的青春期。卢梭把青春期的来临比作人的第二次诞生。第一次诞生是为了存在，第二次诞生才开始了真正的生活。

卢梭认为，作为青春期的第一特点是儿童性情的巨变和情欲的出现。卢梭指出：“这狂风暴雨似的巨变也用了一阵日益增长的欲念的低鸣宣告它的来临，一种暗暗无声的骚动预告危险即将到来了。性情的变化，愤怒的次数的频繁，心灵的不断的激动，使他几乎成了一个不守规矩的孩子了。他对我向他说的话以前是乖乖地服从的，而现在则充耳不闻了；他成了一头发狂的狮子，他不相信他的向导，他再也不愿受人的管束了。”卢梭以他特有的洞察力，远在200多年前，就发现现代教育心理学所研究的青少年“危险期”的各种心理特征，这是难能可贵的。

青春期的第二特征是开始意识到社会关系的存在。青春期之前，儿童只爱自己，他同关怀和照顾他的人的那种依依之情并非是爱，而是习惯，因为他需要他们，他可以从他们那里获得益处，随着他的成长，他的需要，他的交往的发展，他开始意识到他同别人的关系，进而产生了对他人的爱和恨。卢梭认为：“一到人觉得他需要一个伴侣的时候，他就不再是一个孤独的人，他的心就不再是一个孤独的心了。他同别人的种种关系，他心中的一切爱，都将随着他同这个伴侣的关系同时发生。”

针对青春期的这两个特征，卢梭认为应开始对育少年进行道德教育和宗教教育。他认为顺应人的自然发展绝不是要人善恶不分，是非不辨。善良的天性不会自然而然地形成优秀的道德品质，教师应采用适当的方法，引导儿童成为能克服情欲，顺从理智与良心，主宰自己而不受邪恶诱惑之人。

(三)道德教育上的自然后果法

卢梭继承了夸美纽斯的“教育适应自然”的思想。强调教育与教学必须符合儿童身心发展的特点，把自然主义教育运动推向了一个新的高潮。由于夸美纽斯在《大教学论》中阐述的自然主义教育思想被埋没200多年后才被学者发现，故卢梭的自然主义教育思想影响更广，更为深远。教育心理学化运动的先驱人物，如裴斯泰洛齐、福禄倍尔等人都受到卢梭自然主义教育思想的深深影响。

在科学的教育心理学创立之前，卢梭首次对不同时期儿童身心发展的特点进行了精心描绘。他把人从出生至20岁划分为4个发展时期，并对每一时期的身心特征作了细致分析，要求教育工作者根据这些特点来安排教育内容。尽管在今天看来这些描述是肤浅的，有些甚至是不科学的，但在科学的教育心理学产生之前，这些思想确实是难能可贵的，给了后代的学者以有益的启示。

六、裴斯泰洛齐的教育心理学思想

裴斯泰洛齐(1746—1827)是瑞士著名的教育实践家与教育理论家。他深受卢梭的影响，并在卢梭自然主义教育思想的基础上，提出教育心理学化，即教育以心理学为基础的设想。

(一)教育心理学化

在教育科学的发展史上，裴斯泰洛齐首次提出了“教育心理学化”的设想。所谓教育心理学化，就是把教育与教学建立在心理学的基础上，以使教育与教学符合人类智慧发展的规律。在《论教学方法》一文中，裴斯泰洛齐开宗明义地指出，“我探索使人类教育心理学化”。在裴斯泰洛齐看来，教育可以以心理学为基础，也必须以心理学为基础。因为只有以心理学的原理为基础，教育者才能了解教育对象即儿童，从儿童的实际出发，按照儿童的天性进行教育。他指出：“我……寻求人类心智的发展必须服从的规律。我认为这些规律一定如同物质的大自然的那些规律一样，并且确信初等教育的心理学方法，可以在这些规律中寻求可靠的思路。”

裴斯泰洛齐提出教育心理学化是对卢梭自然主义教育思想的继承和发展。卢梭“以天性为师，而不以人为师”的自然主义教育观的核心就在于强调教育要顺应儿童身心发展的自然规律。不过由于当时心理学发展条件的限制，使卢梭不可能提出“教育心理学化”的口号。裴斯泰洛齐则在卢梭的基础上更进一步，明确提出了教育心理学化的口号，开创了教育心理学化的时代先声，从而对当时以及后世的教育工作者产生重要的影响。

(二)心智教育

把教育心理学化的原则应用于教育与教学领域，裴斯泰洛齐提出要对儿童实施以心理学为基础的心智教育。传统上，智育被看成是教师传授知识，学生简单地接受知识。在这一过程中，学生盲诵枯记，被动消极，思维处在一种抑制状态。裴斯泰洛齐认为这样是违反心理学的原则的。

裴斯泰洛齐认为，人生来就蕴藏着各种能力和力量的萌芽，而这些萌芽渴望获得发展。正像他指出的那样；眼睛要看，耳朵要听，脚要走路，手要抓物，心要信仰和热爱，智力要进行思维。心智教育的根本任务，就在于激发和培养儿童的这些天赋的才能和能力。在《与友人谈斯坦茨经验的信》一文中，裴斯泰洛齐明确地谈到这个见解，他指出："我相信，即使最穷苦和最没有人照顾的孩子，上帝也给他们天生的能力。我已经观察了一个长时期，在孩子们的粗笨、怕羞以及显然的无能的背后，蕴藏着最优秀的才能，最珍贵的能力……启发他们的天赋的智慧，形成他们的判断，激发他们的才能……通过这样的途径，有可能几乎完全按照我的愿望去塑造儿童的心智。"

根据"智力要进行思维"的要求，裴斯泰洛齐认为心智教育的根本任务是帮助儿童在积累一定范围知识的基础上发展他们的智力。他极力反对督促学生死记硬背式的教学方法，而主张在教学中重视智力发展，把发展思维能力放在首要的地位。裴斯泰洛齐所说的思维能力，主要包括"思考的能力"和"判断的能力"，以及表达的能力和接受印象的能力。正是从发展学生思维能力这一基本主张出发，裴斯泰洛齐强调心智教育应采用符合自然的方法，以儿童的兴趣、需要和爱好为基础，通过观察和练习，促进儿童智力的发展。

(三)道德心理及其教育

裴斯泰洛齐认为儿童道德心理的发展应建立在母爱的基础上。母爱是形成儿童诚实、善良、公正、人道和关怀等道德品质的基础。儿童自出生之日起，便感受到母亲的慈爱、关怀和爱抚，因而产生了对母亲的信任和热爱。随着身心的发展，儿童从与父亲以及兄弟姐妹的接触中形成了一种隶属于家庭的成员感，他感到家庭中其他成员也是可靠的，值得信任的，这时他对母亲的那种信任和热爱的情感就扩展到父亲和兄弟姐妹的身上。随着交往范围的扩大，这种情感逐渐扩展，由家庭成员扩展到邻居、伙伴、同学和老师。所以，母爱作为最基本的动力因素，是儿童形成许多道德品质和道德情感的基础。

裴斯泰洛齐描绘在母亲的照料下，儿童心理发展的4个阶段：

第一阶段是情感发展阶段。儿童的许多道德情感，如爱、关怀、信任等都是在这个时期发展起来的。对于这个阶段来说，母爱是最重要的，母亲提供给儿童的爱抚与关怀，是儿童道德情感发展的基础。

第二阶段是意识发展的阶段。随着儿童活动范围的扩大，儿童的感知能力逐渐获得发展，对周围环境的认识更进一步。在这一时期，母爱仍是不可缺少的。有了母爱，就有了安全感，缺乏母爱往往使得儿童在探索周围环境的过程中退缩、胆怯。

第三个阶段是知识和能力的发展阶段。在少年时期，儿童在教师的指导下，学习知识，发展能力，参与社会生活，使各方面的能力和天赋和谐发展。裴斯泰洛齐主张“母爱教育”，他要求教师要像母亲那样，从儿童的实际出发，满足儿童的兴趣和需要，给儿童以爱与关怀。

第四个阶段是行为的发展阶段。经过前三个阶段后，儿童进入青年期。此时儿童发展了一种自己的道德力量的内在意识，可以自己调节和控制自己的行为，自觉排除各种不良影响。裴斯泰洛齐强调培养儿童的道德意志，他认为善良的行为取决于善良的意志，意志将决定一个人的行为的方向。但裴斯泰洛齐也指出意志的作用依赖于教育形成的道德情感和道德认识，所以他要求把道德教育和心智教育结合，提出了教学要有教育性的主张。以后，赫尔巴特发展了他的这一思想。

（四）以心理学原理为基础的教学原则

从“教育心理学化”的观点出发，裴斯泰洛齐阐述了他的以心理学原理为基础的教学原则。这些教学原则是：

1. 直观性原则

夸美纽斯、卢梭等人都提出过教学的直观性原则。不同的是，裴斯泰洛齐尝试以心理学原理解释直观性原则的必要性与可行性。在裴斯泰洛齐看来，人的认识过程是一个由低级到高级、由混乱模糊的感觉印象上升到清晰观念的过程，这一过程存在着三个明显的阶段：①模糊的感觉印象。此时对客体的印象混乱模糊，令人捉摸不定，有如波涛起伏的海洋。②清楚明晰的感觉印象。模糊的感觉印象逐渐明显，某些客体的印象从模糊的印象海洋中突出出来，并变得清楚明白，此时，人们可以在想象中或使用语言描绘这种感觉印象。③确定的观念。此时人们可给它下定义，了解它的性质及其与其他客体的关系。

裴斯泰洛齐从上述他对认知过程的理解出发，认为只有建立在感觉印象基础上的概念才是正确可靠、真切持久的。所以他要求教学从事物的观察开始，亦即从感性观察开始，因为“正确地看和听是获得实际知识的首要步骤”，“你追究一个事物的性质或外表所用的感官越多，你对这事物知道的也愈正确”。裴斯泰洛齐以心理学原理阐述教学中直观性原则的必要性，符合了教育心理学化的要求，是他对教学理论的一个贡献。

2. 循序渐进原则

裴斯泰洛齐指出，教学必须符合儿童的“心理秩序”，亦即儿童心理发展的连续性与渐进性的特点，循序渐进、由近及远，由简单到复杂，由个别到一般，由部分到整体。他指出：“智力和才能的发展，要有一个适合于人类本性的、心理学的、循序渐进的方法。”

无论是观察力与记忆力的训练，还是判断与推理的训练，都必须在严格的顺序中进行，采用一系列由最简单到最复杂的练习，有条不紊，逐步深入。这样才能达到发展心智的目的。

循序渐进原则的提出并非裴斯泰洛齐的创造。在他之前，夸美纽斯与卢梭都从适应自然发展的秩序的角度论述了教学的循序渐进原则，但他们由于受科学发展条件的限制，没能明确提出循序渐进原则的心理学基础。裴斯泰洛齐则继承了他们的思想，在教育心理学化设想的指导下，把循序渐进原则奠定在心理学的原理上，这就给了这一原则以更为牢靠的基础。

3. 自主性原则

自主性原则指的是教学过程中发挥学生的主动性与积极性，使学生自发地、积极地提出问题与解决问题，经过自己的努力，达到获得知识与发展能力的目的。

自主性原则的提出是对经院主义教育的挑战。传统上，教学过程被看成是教师讲授、学生被动接受的过程。特别是在经院主义教育占统治地位的时期，由于要向儿童灌输各种宗教信条、封建传统道德，因而教学中只要求儿童死记硬背，机械地服从教师的训导，完全忽视儿童学习的积极性与主动性，抹杀了儿童自我能动性的发展。前面我们曾提到，这种错误倾向曾遭到夸美纽斯与卢梭等自然主义教育家的强烈反对。

裴斯泰洛齐从“教育心理学化”的要求出发，认为心智的发展“根源必须出自儿童自己”。他指出，能力的发展“来自我们自己获得观念、知识和能力的强烈欲望，来自获得感觉印象的自发努力”。因此，为了发展儿童的能力，教师不应该代替学生决定一切，而应让学生通过思维和判断，自己为自己设定目标，通过自己的努力解决问题。他认为培养儿童学习上的自主性与独立性是符合儿童心智发展的基本规律的。

在教育心理学思想的发展史上，裴斯泰洛齐可算得上一位承上启下的人物。他上承夸美纽斯和卢梭的自然主义教育思想，下启福禄培尔和赫尔巴特，他所开创的"教育心理学化"运动对教育心理学的创立无疑具有重要意义。

七、福禄培尔的教育心理学思想

福禄培尔(1782—1852)是德国著名教育家。他继承和发挥了卢梭的自然主义教育思想和裴斯泰洛齐的"教育心理学化"思想，通过长期的教育实践，建立了一套幼儿园教育体系，创办了世界上第一所幼儿园，被尊称为"幼儿教育之父"。在他的理论中含有丰富的教育心理学思想。

(一)儿童的本性与教育

福禄培尔认为儿童天生具有种种发展的可能性，他把这些可能性称之为"本能"。福禄培尔描述了儿童的 4 种"本能"：①活动的本能。活动本能的展开遵循从简单到复杂的原则，最初表现为简单的动作反应，如单纯的模仿。尔后渐趋复杂，可表现为创造活动。②认识的本能。具体表现为认识世界万物的倾向，这种倾向又表现在儿童对自然界充满了好奇、急于了解他所看到和听到，以及想到的一切。这是对儿童实施启蒙教育的基础。③艺术本能。表现在追求完整、对称的物体形式，喜爱音乐、舞蹈和唱歌等艺术活动。④宗教的本能。受时代的限制，福禄培尔把儿童的天性归于上帝的安排并导向对神的爱慕，并认为这是儿童宗教本能的表现。福禄培尔探索儿童的天性，以便给教育打下坚实的基础，这反映了时代的要求，是对传统教育泯灭儿童天性这一倾向的挑战。

但是福禄培尔却在探索儿童天性的同时把先天素质与后天经验的影响相混淆，并把宗教影响当成是儿童的天性，这是时代条件给他造成的局限。

在论述了儿童的种种本能之后，福禄培尔强调指出：教育必须适应儿童的天性。他说："良好的教育、正确的教学和真正的训练，必然应该唤起自由。法则唤起自决，外在的强制唤起内部的自然意志，外部的恨唤起内部的爱。……为了避免前者采用后者，一切规章必须适应学生的本性和需要，并得到它的协作。"

从教育要适应儿童天性的思想出发，福禄培尔主张要让儿童不受干扰自然发展。他反对采用强制性与命令性的教育措施，认为那种方法会阻碍儿童身心的自然成长。他说，"按照神圣影响的法则及人性本是完善的观点来看，一切专断的、命令的、绝对的干涉的教育、教学和训练，都足以起毁灭、阻挠和破坏作用。以自然的教训为例，葡萄的被修剪是必要的，不过这种修剪，并不能产生葡萄。反之，修剪葡萄，纵然出于好心好意，如果园丁不能很好地把工作适应植物的本性，就可能完全破坏葡萄或至少损害它的发展和降低产量。我们对待自然界事物时，往往遵循了正确的道路，但在对人当中，却不免走入歧途。”福禄培尔这种重视儿童的天性，反对以强制的方法干扰儿童自然发展的主张对于当时德国的那种封建专制式的教育具有革新的意义。

（二）身心发展的阶段性与连续性

福禄培尔认为儿童身心的发展具有阶段性的特点，这几个阶段是：

1. 婴儿期

福禄培尔认为人的心智发展的历史，人的意识的成长，从他降生到这个世界的时候就开始了。在婴儿期，儿童的听觉首先得到发展；然后视觉在听觉的指导下也获得发展。由于这两种感觉能力的发展，婴儿可以在物体与物体之间、物体与词之间建立联系，从而引起婴儿观察事物，促进了认识能力的发展。

就身体的发展来讲，婴儿通过身体和四肢的运用，逐渐发展了坐、卧、抓、握的能力，并学会直立行走。在这一阶段，婴儿也开始运用四肢进行游戏，如利用双手、手指、嘴唇、舌头、双脚以及眼睛及表情进行自乐活动。但是福禄培尔认为，这一时期婴儿的活动是无目的的，即“没有任何追求结果的思想”。

2. 儿童早期

福禄培尔以“对立融合”解释身心的发展。他认为儿童在发展的过程中，精神、意识作为一种冲动从内部向外部发生作用，自然作为一种刺激从外部向内部发生作用，而活动使得两者得以融合，从而使得儿童的身心获得发展。

在婴儿期，由于婴儿的活动“没有任何追求结果的思想”，故婴儿的动作并不是内部的东西表现于外部。而当儿童的感觉和四肢活动达到表现内部冲动的水平，婴儿期就中止了，儿童早期也就开始了。

语言的发展是儿童早期最重要的事件之一。由于语言的发展，儿童可以表达和表现自己的内部存在。随着语言的发展，儿童认识了目的和手段的关系。此时，儿童“力图使自己被人知道，在外部宣布内部的存在……通过外部来表现内部，使内部和外部统一起来，并找出联系两者统一性的倾向和努力显露出来了。真正的人的教育就开始了”。福禄培尔认为，这一时期的教育应更多地注重儿童心智的发展。

3. 儿童期

如果说儿童早期发展的特征是把内部的东西变为外部的东西，那么儿童期的特征则是通过学习，使外部的东西变成为内部的东西。

福禄培尔把人的发展看成是一个连续不断、持续前进的总体。他认为儿童期的孩子在婴儿期和儿童早期所形成的冲动和倾向的基础上，产生了智慧和意志。同时，通过家庭生活，儿童发展了同情心。在此时期，儿童认识了某些特殊的关系和个别的事物，他感受到对许多外在隔离着的事物寻求内在统一的必要。教育者的任务就是要引导儿童发现不同事物内在统一的一面。在事物与事物之间、事物的不同性质之间建立内在联系。

对于儿童来说，以往的活动仅仅是为了活动而活动，在这一时期，活动有了明确的目的，活动是为了活动的结果或活动的产品。儿童的活动本能已不仅仅是简单的模仿活动，而成为创造的本能。

4. 学生期(少年期)

经过儿童期以后，儿童进入了学生时期。之所以如此称呼是因为这一时期的儿童主要是在学校中度过的。在这一时期，儿童认识能力有了较大发展。“他离开了对事物的外部的表面的观察，进到对事物的了解、洞悉和意识的内部理解；他已从家庭环境过渡到扩大的包含更多事物的世界秩序，这就使得儿童成为学生，学校成为真正的学校。”

以上是福禄培尔对儿童发展阶段的论述。需要指出的是，福禄培尔从整体联系的观点出发，强调各个发展阶段之间的连续性。他反对以分裂的观点看待各个发展阶段。他指出：“把人的各时期继续不断地发展划为截然不同的界限，并在其过程中分出若干固定的部分，不注意经常持续的发展、活生生的联系、内部生长发展的实质，那是非常有害的，并具破坏影响的。”福禄培尔的这种发展的阶段性与连续性统一的观点直到今天仍有启迪意义。

八、蒙台梭利的教育思想

玛丽亚·蒙台梭利(1870—1952)是意大利著名的幼儿教育家。蒙台梭利是一位成功的教育实践家，毕生致力于幼儿教育的研究。她运用其广博的知识研究儿童及对儿童的教育，她的研究成果引起了世界教育界的关注。蒙台梭利的教育理论在实际与教学环境中能自由运用。她的教学方法简单，所用的教学仪器要求不高，便于掌握。

(一)幼儿的发展

蒙台梭利在论述儿童的心理发展时提出了“敏感期”这个概念。所谓“敏感期”，就是在环境的交互影响的过程中，感受能力得到加强的各个阶段。按照这一理论，儿童的发展存在着几个特殊的阶段，在这期间，儿童天生容易接受某些环境影响，他必须利用这些影响以控制掌握某些与生俱来的功能，使自己更趋成熟。经过她的观察与研究，她提出幼儿心理发展经历过以下几个敏感期：

①秩序的敏感期。幼儿对秩序的敏感从出生第一年就出现了，并持续到2岁左右。这期间儿童对秩序有强烈的要求。当儿童刚能够走动时，就喜欢把东西放回到原来的地方。甚至当他们刚刚能移动时，也常常为所看到的一些东西放乱了地方而吵闹。

②细节的敏感期。幼儿在1—2岁时会表现出对细节的敏感，他们的注意往往集中在细小的细节上。例如我们拿图画给他们看，他们似乎不顾画面上的主要物体(那是成人认为重要的)，却盯住背景上的细微物体。这种对细节的关心，是儿童心理发展中起变化的信号，它表明幼儿的精神生活的存在，以及幼儿和成人具有两种不同的智力视野。

③行走的敏感期。这是幼儿发展中最容易观察到的一个敏感期，通常在1—2岁期间。这时，似乎有一种无法抗拒的冲动驱使幼儿去行走。在他们学习行走时，带着最大的豪气心理走来走去。儿童的行走不同于成人，他没有距离观念，幼儿的蹒跚迈步，只是为了迈步而迈步。蒙台梭利认为，这是儿童的第二次降生，使之从一个不能自助的人变成一个能动的人。

④手的敏感期。这个时期，幼儿会朝着外界的物体伸出小手。这一举动最初的推动力代表幼儿“自我”要进入外部世界之中，大约在18个月到3岁期间。幼儿经常抓住物体，特别喜欢把东西打开再关闭，或把东西放进容器里，又倾倒出来。正是通过手的活动，幼儿才能发展“自我”，发展自己的心灵。随着年龄的增长，幼儿的手将能按照他所看到的成人那样，以一种清晰的和合乎逻辑的方式行动。

⑤语言的敏感期。蒙台梭利认为儿童有一种天赋的语言接受能力，或称为“技巧”的机制。这种机制，与大些的孩子和成年人是极不相同的。成年人学习第二种语言时，总要反复地思考，有意识地记住有关的时态、前缀、修辞等等规则，而幼儿则是无意识地吸收语言。从生下来的头几个月到2岁半或3岁，幼儿就有从周围环境

中吸收声音、词汇和语法的天赋。“孩子获得这些印象，并不靠他的头脑，而是靠生命本身”。(威廉·格莱因:《儿童心理发展的理论》，1983)蒙台梭利认为，“声音创造了难以置信的强度和情绪的印象；所产生的印象，必定来到孩子身体的可运动而看不见的纤维中，这些纤维便开始振动，以尽力再发出那些声音”。但成年人很难想象这种体验。这种特殊的对语言的敏感力，在大约3岁以内的孩子中，一直是起着主要的作用，以后就渐渐地消失了。

蒙台梭利提出，语言的获得，既然是由天赋和成熟的因素所支配，那么，儿童语言发展的阶段，在任何地方都应是相同的。例如：孩子都经历过咿呀学语的阶段，然后说单词，接着将两个单词组成句子，再就是模仿更复杂的句子。这些阶段是以连续的方式出现的，不会截然分开。

大约在3—6岁期间，孩子仍处在通常的语言敏感期，但他们不再是无意识地去吸收单词和语法了，而是有意识地去理解语言。敏感期是蒙台梭利理论的中心环节，她强调；“正是这种敏感性，使儿童用一种特有的强烈程度去接触外部世界。在这时期，他们对每样事情易于学会，对一切都充满活力和激情。”儿童不同的内在敏感力使他能从复杂的环境中选择适合其成长及成长所需要的事物。这种敏感力使儿童对某些事物敏感，而对其他事物漠视。

当特殊的敏感力由儿童内部激发时，它如同一道光芒，只照射在儿童注意的事物上，使之成为儿童的整个世界。假如人们对这些敏感期给以适当的注意，就可以用来促进各阶段紧张而有效的学习。若不能利用其优势，就会错失良机而不可复得。

蒙台梭利的儿童发展观是建立在生物学的本能理论基础上的。她对生命潜力的过分强调导致了某种神秘的色彩。但她强烈要求必须尊重儿童的特点和个体差异，这对无视儿童的旧教育来说，确实是一个挑战，故而她被誉为“儿童世界的代表”。

(二)幼儿教育的原则及环境

蒙台梭利提出，儿童教育是人类最重要的一个问题。它的目的有两个：生理的和社会的。从生理的目的来看，是帮助个人的自然发展；从社会的目的来看，是使个人为适应环境做好准备。为了促使儿童生理和心理的发展，儿童的教育应始于诞生时。

在教育过程中，要注意两个原则。

一是自由选择。幼儿的内在冲动是通过他的自由活动表现出来，并根据自己的心理需要和倾向自由地选择物体，依据自己的特殊爱好选择各种学习活动。蒙台梭利观察到，儿童在自由选择之后，常常能全神贯注地去操作。为此，她改变了儿童之家的环境，努力使孩子们的需要能够得到满足。在儿童之家，孩子能够自由地选择满足他们内心需要的教具，儿童由于他们独立获得的自我实现而表现出极大的满足感。

但是蒙台梭利又指出，幼儿在自由选择中不会选择所有的教具，往往总是选择同样的东西和一些自己明显偏爱的东西。为了使幼儿更好地进行选择，教师应有计划地安排教具，每一样东西不仅存放秩序井然，而且应该跟儿童的需要相适应，只有消除了教具混乱的情况和去掉不必要的教具，儿童的兴趣和专心才会油然而生。由此可见，蒙台梭利的自由原则是以理性为基础的。自由选择是给予儿童智力的自由，这种自由并非放任或为所欲为，而是由理性所引导和控制的、有纪律的自由。

二是重复练习。蒙台梭利认为，幼儿在敏感期如果能做满足内心需要的事情，他就能聚精会神地独自反复地进行练习，一些儿童往往能重复练习几十次也不会感到厌倦。在反复练习的过程，不仅使儿童得到心理上的满足，也使他获得了独立的能力。在幼儿的活动中，这种重复练习的现象经常不断地发生，但是并非任何的环境可以让儿童产生重复练习的现象。因为重复练习的产生是发生于专心之后，因此，如欲让儿童产生重复练习的行为，教师应该提供一个适宜的环境，让儿童能自由选择教具操作。教具应具有一定意义，并使儿童能了解教具的意义，教具的刺激性应符合儿童内在的需求。

蒙台梭利还指出，儿童内在生命力的发展需要一个适宜的环境。正如儿童出生前是在母体子宫这样一个适宜的环境中发育成熟一样，儿童的发展既不是成人所能强加的，也不是由遗传直接赋予的，而是在外部环境的帮助下形成的。但成人社会的生活环境并不符合儿童的特点，所以应该提供一个适宜儿童发展的环境就显得格外重要了。儿童的活动经验是来自于个体与环境接触所产生的相互作用，因此环境成为影响儿童发展的一个主要因素，儿童只有在成人或教师事先为他安排好的环境中活动，才能迈向正常发展之路。

(三)幼儿教育的内容和方法

1. 肌肉训练

蒙台梭利很重视幼儿的肌肉训练。她认为，肌肉训练不仅可以有助于幼儿的身体发育和健康，而且有助于幼儿动作的灵活、协调和正确，可锻炼幼儿的意志，发展幼儿之间的合作精神。幼儿的肌肉训练可通过自由游戏、放风筝、滚铁环、手推车和有音乐伴奏的韵律活动等来实现。蒙台梭利为帮助幼儿肌肉训练，还设计了一些专门器械，如平行木栅、摇椅、绳梯、跳板、螺旋梯等。

2. 感官训练

蒙台梭利认为，3—6 岁的幼儿不仅是心理、生理迅速发展的时期，也处于各种感觉的敏感期，同时也是进行感官训练，发展感觉的最佳时期。为此，她设计了一系列教具用于感官训练。

训练触觉的有：长方形木板，一半贴上粗糙的纸，另一半贴上平滑的纸，或是交错地贴上两类纸。一只木箱里面分成若干个格子，每个格子里装有粗细程度不同的布片。

训练触觉与视觉的有：各种几何图形的嵌板(儿童可以边看边触摸其边缘)，三组圆柱嵌板，其中一组高度相同但直径不同，一组直径相同而高度不同，一组高度与直径均不相同，目的主要是训练儿童将不同的圆柱插入不同的孔中。

训练视觉的有：彩色线板，共分 8 种颜色、8 个色度，计 64 块，混放在一起，儿童按一定顺序排列好。

训练手指肌肉的有：小框架，在框架上系有各种带子。儿童可以通过较大的肌肉运动的实践掌握如何系带子，以便能正确地系鞋带、纽扣等。

另外还采用谷物、果实、液体、花朵、沙、石等实物训练儿童的嗅觉、味觉和听觉。

3. 实际生活练习

蒙台梭利将儿童的实际生活练习分为两大类：一类是与儿童自己有关的，另一类是与环境有关的。它包括穿、脱衣服、清洗室内用具、餐桌服务、饲养小动物、园艺活动和手工作业等。通过实际生活练习，可以培养幼儿独立生活和适应环境的能力，也有益于培养儿童的友爱合作精神。

4. 初步知识教育

蒙台梭利认为，3—6 岁的儿童天生具备学习初步知识的能力，完全可以教他们学习阅读、书写和计算。而且，初步知识教育与感官训练是相联系的。正确的感官训练有助于初步知识的教育。

初步知识教育包括认识周围的事物，学习语言、阅读、计算、写字和唱歌等，蒙台梭利特别探讨了儿童的读法和书法。她发现，3 岁半至 4 岁的儿童可以教授写字。通常书写的练习先于阅读的练习，这是因为书法比较具体有形，是一种有感觉的活动。这时不能要求儿童边写边读，应分开练习。练习应该分三步进行：首先是教授如何握笔，可以通过几何图形或涂颜色来完成。然后是摹写，用硬纸板做成手写体的字母，让儿童用手触摸，孩子非常喜欢闭着眼睛用手指去描摹。在描摹的基础上，儿童会“爆发”出写字的能力。最后是练习写字。从装字母的匣子里挑出字母，拼写成单词或短句，由儿童用笔任意书写。

书法为读法铺平了道路，5—6岁的儿童只需得到很少的帮助便可以阅读了。当孩子喜欢读出他们看到的一切东西时，应予以鼓励。用字母教具教儿童书写和阅读既有趣味又不费力，而且效果显著。教师应想出帮助孩子增进技能的方法以代替逐条驳斥的批评方法。

九、赫尔巴特的教育心理学思想

赫尔巴特(1776—1841)是德国哲学家、教育家和心理学家。他受裴斯泰洛齐“要使教育心理学化”思想的启发，一生致力于以心理学的原理为基础建立教育科学。他的努力使他成为教育心理学化的最著名代表和科学的教育心理学建立之前教育心理学思想之集大成者。

(一)统觉学说与教育

统觉学说是赫尔巴特教育心理学思想中的一个重要学说。正如美国心理学史家波林所说的那样：“赫尔巴特的著名尤以他的统觉说为主因……这个统觉说之所以重要，乃因为它为教育历程的一种心理的描写。”(赫尔巴特：《普通教育学》)

若要理解赫尔巴特的统觉学说，首先要理解他的“观念”和“意识阀”两个概念。

“观念”指事物呈现于感官而在意识中留下的印象。由于事物性质的不同和作用于感官的方式不同，我们便有了性质各异的观念。这些具有不同性质的观念可相互吸引或排斥，其联结的方式有两种：一是融合，当两种观念性质不同，但彼此之间不相抵抗，而属于一致的连续体时，两个观念可融为一体，就像红蓝可融为紫色一样；二是复合，若两个观念的性质不相对抗，但分属不同的连续体，如声音与颜色，两者的结合便为复合。

“意识阀”的含义是：一个观念若要由一个完全被抑制的状态进入有意识的状态，便需要跨过一道意识的分界线，处在界限之上的观念是有意识的，而处在界限之下的观念则为无意识的，这道意识的分界线便是意识阀。

赫尔巴特认为，升入意识的任何观念便可引起统觉。统觉是意识观念由无意识中选择那些能通过融合或复合而与自身合为一体的观念同化过程。由统觉过程所形成的观念的统一体称为“统觉团”。

“统觉团”具有重要意义。因为任何观念的存在都不是孤立的，而总是与其他观念相互联系，组成一个观念团，这个观念团通过统觉过程把与之一致的新观念吸收进来。观念团随着统觉过程不断扩大和完善，以致形成观念的体系，最终形成“思想之环”。思想之环是观念体系的完善形式，是认识发展的高级阶段。

统觉学说在教育上具有重要意义，是赫尔巴特对教育心理学的独特贡献。依据统觉学说，教学上应把新的知识与学生原有的知识结合起来，通过统觉过程把新知识纳入学生原有的知识体系中，才可进入学生的意识领域，从而为学生所理解。学生原有的知识观念越多，新旧知识结合得越紧密，巩固的程度也就越高。

（二）四段教学法

赫尔巴特把他的观念心理学理论应用于教学领域，提出了著名的“四段教学法”。

他认为教学就是给儿童提供适当的观念，并通过一定的方法使这些观念相互联系，形成“思想之环”。这就要求教师运用心理学的知识，使教学程序符合心理学的规律。

赫尔巴特依据认识过程的特点，主张教学过程应包括四个形式阶段：

1. 明了

这个阶段的主要任务是清楚明白地了解知识。对于教师来说，应把知识讲得一清二楚；对于学生来说，要对学习内容进行静态地钻研和学习，即把所学内容分解，清楚地了解内容的每一个部分，形成知识的完整表象。赫尔巴特认为，在这一阶段，教师应利用各种手段激发学生的兴趣和注意。学生只有“专心”于教材，才能对教材有清楚地了解。

2. 联合

通过“明了”阶段后，学生获得了许多个别的观念，“联合”的作用就在于通过统觉的作用把观念综合起来，使个别的观念形成一般的观念团。赫尔巴特强调，教师应把新知识和学生已有的知识联系起来，把新知识建筑在已有知识经验的基础上。在这一阶段，学生在心理上的特殊状态是“期待”，教师应通过无拘束的谈话，调动学生创造性的思维与想象活动，使学生的认识由特殊到一般，形成概念或观念团，为“思想之环”的形成打下基础。

3. 系统

经过“联合”的阶段后，学生对教材的认识由个别上升到一般，新旧知识之间建立了一定联系，观念团初步形成。但是赫尔巴特认为，任何一个系统的思想中不只包含一个或几个观念团，而是多个观念团之间相互联系的结果。所以，在经过联合的阶段后，观念团之间还必须在更大的范围内联合，使之系统化。教师应把教学内容与整个课程的结构与目的联系起来，把相关的新旧观念联合成一个系统，并训练学生从不同角度在观念之间建立联系，使学生从广泛的系统中发现更多的联合因素，这样才能使所学的知识得以巩固。

4. 方法

在这个阶段，学生应通过实际的练习，把系统化的观念与知识应用到“个别”情况中去，根据实际条件，把所学的知识重新加以组合，以使知识变得更为熟练和牢固。

总之，由清楚明白地了解到观念的初步联合，再由系统和联合到实际运用，是教学过程所应遵循的心理顺序。赫尔巴特的这一理论反映了他力求把教学过程与学生的认识发展规律联系起来的思想倾向。这是他对裴斯泰洛齐“教育心理学化”思想的发展，是他对教育心理学的贡献。赫尔巴特之后，他的弟子继承和发展了这一思想，把赫尔巴特的“四段教学法”发展为“五段教学法”，把教育学与心理学进一步结合，这对于教育心理学的产生必然有着积极的作用。

(三)兴趣与教学

赫尔巴特认为，教学必须考虑学生智力活动的强度、范围和统一。所谓智力活动的强度，指的是学生对所学事物兴趣的大小，智力活动的范围指的是兴趣的多面性，而智力活动的统一则是指多方面的兴趣是否构成了一个统一的整体。智力活动的这三个观点都是有关兴趣的。依照赫尔巴特的观点，兴趣与教学有着紧密联系。

赫尔巴特把兴趣看成是一种与漠不关心相对立的智力活动状态。依照他的观点，兴趣是意识的“内在动力”，它能产生“专心的活动”，使学生的注意维持在所学的对象上。学生具有了这种内部动力，便为理解和掌握新的知识、观念打下了基础，特别是当学习的过程中出现困难和障碍时，兴趣就成为克服困难、排除障碍的心理动力。

在论证了兴趣的大小对教学的意义后，赫尔巴特又指出，教学过程所依赖的并不是单一的兴趣，实际上，单一的兴趣对教学并不能产生多大影响。教学中如果只是培养单一的兴趣，或者几个方面的兴趣，那么，这样的教学同完全缺乏兴趣的教学没有什么两样。因此赫尔巴特强调应培养学生多方面的兴趣，并且使多方面的兴趣构成一个统一的整体。

赫尔巴特把兴趣分为两大类：一是知识的兴趣，二是同情的兴趣。前者指认识和探索周围自然环境的兴趣，后者指认识社会生活的兴趣。这两大类兴趣又可以细分为：①经验的兴趣，探讨"是什么"，它涉及自然现象方面的知识；②思辨的兴趣，思考"为什么"，以探索有关自然规律性的知识为目的；③审美的兴趣，即在认识的基础上对事物的评价；④同情的兴趣，在人类交往中产生的，它涉及对他人情感的体验；⑤社会的兴趣，是同情兴趣的扩展与延伸，同情的兴趣是个人之间的，而社会兴趣则是个人与群体、民族和人类的；⑥宗教的兴趣，即把个人的信仰同教会的要求统一起来，服从上帝的旨意。

这 6 种兴趣构成了兴趣的"多面体"，它虽然是多面的，但也是统一的。"所有的兴趣应该从一点出发，或者，宁说是多方面应该代表同一个人的各个方面，正像同一体系的各方面一般。属于整个意识的所有兴趣都在那个人身上有它的地位，我们决不要失去这种统一性。"

赫尔巴特把多方面兴趣的培养与教学中知识的传授看作是同一过程。他认为多方面兴趣本身是通过对事物的认识而获得的，认识又因多方面的兴趣而得以深入，两者可相互促进，共同发展。

赫尔巴特作为教育心理学化的最重要代表，对教育心理学的发展作出了重要贡献。

第二节　教育心理学初创时期

教育心理学作为一门独立的学科的形成是同实验心理学的发展密切相关的。它的初创期在 20 世纪 20 年代以前。

19 世纪末 20 世纪初，德国心理学家冯特于 1879 年在德国的莱比锡大学创立了世界上第一个心理学实验室，将实验法引入心理学研究，形成完整的心理学体系，并针对感觉开展了广泛的大量的实验研究，培养了一批心理学人才。冯特的许多学生都曾为教育心理学作出了自己的贡献。如他的德国学生梅伊曼在 1907 年著《实验教育学入门》，列出了教育心理学应该研究的七个领域：儿童的身体发展；儿童的各个心理机能的发展；儿童的个性；个别差异；儿童的学校生活；各科的学习；教师的活动、教学、学校制度。他的美国学生霍尔于 1904 年发表博士论文《青少年：心理学及其与生理学、人类学、社会学、性、犯罪、宗教和教育的关系》。他的另一位美国学生卡特尔对个别差异和心理测验的研究作出了重要贡献。

教育心理学成为独立学科的另一重要条件，是实验教育学的出现。

实验教育学是教育心理学的先驱，是实验心理学与教育学结合的产物。德国的拉伊和梅伊曼都把实验心理学的理论广泛地与教育和教学理论相结合。拉伊所著《实验教学论》一书，实际上是以教育心理学为内容的著作，为教育心理学成为心理学中的独立分支奠定了理论基础。

19世纪末期，在美国出现了一批与教育心理学有关的著作：1886年，霍普金斯的《教育心理学》出版。1887年鲍尔文出版了《心理学初步与教育》，1892年，鲍尔文又出版了《在教育中的应用心理学》。1897年，亚当斯出版了《在教育上应用的赫尔巴特的心理学》。1898年赫黎斯出版了《教育心理学的基础》。1899年，詹姆斯出版了《对教师的讲话》。在日本，1886年，贺长雄的《实用教育心理学》出版。1899年，汤原九一的《教育心理学》一书出版。

在教育心理学的著作纷纷问世的同时，与学习心理有关的研究也在进行中：德国心理学家艾宾浩斯率先进行了学习和记忆的实验研究，并于1885年出版了《记忆》一书。在美国，卡特尔开展了心理测验方面的研究，并于1890年发表了《智力测验》。

一、桑代克的教育心理学思想

教育心理学的奠基人是桑代克。

桑代克是致力于人类学习和动物学习领域研究的先驱。他创立了第一个完整的学习理论，使学习成为教育心理学的中心领域。桑代克从1896年开始用小鸡进行了动物学习的实验，随后又用猫和狗做了一系列的实验，并于1898年发表了《动物的智慧：动物联想过程的实验研究》。1903年，桑代克出版了他的第一本《教育心理学》，以学校情境详尽说明学习的概念，这是近代教育心理学的真正开端。1905年，他出版了《双生子的测量》。1906年，他又出版了《教育原理》。到了1913—1914年期间，他又把最初的《教育心理学》扩展为三大卷出版，即《人类的本性》《学习心理学》《工作与疲劳以及个性的差异》。1914年，桑代克又出版了《教育心理学概论》，西方教育心理学的名称和体系由此开始确立。

在这一时期，随着心理学体系的建立，实验法的引入，为运用科学的心理学观点和方法解决教育实践中的问题提供了可能，桑代克的研究及对教育心理学体系的看法为这一时期的代表。在研究方法上，他摆脱单纯内省和思辨，采用严格的自然科学的方法进行研究，科学的教育心理学从此开端。桑代克也因此成为教育心理学的开山鼻祖，并被誉为“教育心理学之父”。

桑代克的教育心理学包括三个部分，即关于人之本性的研究，学习心理学和个性差异。

(一)桑代克论人之本性

1. 原始趋向及其意义

桑代克以“连结”这一概念为出发点，论述了人之本性。他认为在人身上存在着两种反应趋向：即先天就有的原始趋向和通过学习获得的习得性趋向，而先天的原始趋向也就是人之本性。桑代克特别重视人的先天趋向。他指出：“任何一个人在他的生命开始时——亦即在产生他的精子和卵子结合的那一刻——就已经具有无数有关未来行为的确定倾向。在他将要遇到的情境和他将要发生的反应之间存在着预先形成的连结。这两个细胞的结构已确定了他在某种条件下将以某种方式去听、去看、去感觉、去行动。他的智慧和道德、身体器官和动作，部分是在他生命之初，胚胎所具有的特性的结果。一个人终生是什么和怎样做乃是他在生命开始时所具有的结构和在生前生后影响他的各种力量共同作用的结果。”在桑代克看来，遗传因素在人的发展中起着决定的作用。他指出：“事实上一个普遍的公律是：对任何情境所发生的反应必是依照本性就是同这一情境或类似的情境相连的反应。在其他条件相同的条件下，任何神经细胞在接受刺激后，将依照天生的组织构造，把刺激传输给联系最紧密的神经细胞。人的智慧和性格都以这种非习得性的倾向为基础。”(桑代克：《教育心理学简明教程》，1914)

桑代克强调原始倾向的本意是给人类的教育和行为的控制提供一个基础，使教育与教学有据可依。但是他过于强调了先天因素的作用，以至于无形中贬低了环境的影响和教育的作用。遗传因素是人的身心发展的生物前提，它提供了身心发展的可能性，制约着身心发展的过程及其阶段。但是，遗传因素在人的身心发展中不起决定作用。它仅仅是一种可能性，这种可能性必须在一定的环境和教育的影响下才能转化为现实性。因此，贬低环境的影响，抬高先天的原始倾向的作用无疑会陷入“遗传决定论”之中。

2. 原始趋向的不同名称

原始趋向随不同的情境而有不同的表现形式，分别可称为反射、本能和天赋能力。

若一个原始趋向涉及对一个非常简单的感觉情境的确定而一致的反应，且情境与反应的连结是稳定而难以改变的，即每当产生这一情境时，反应就随之而至。这个连结就称为反射。如膝腱反射就是一个典型的例子。

本能不同于反射，它的反应不像反射那么确定。导致本能反应的情境也较复杂，情境与反应之间的连结比较容易改变。例如，人受侮辱后感到悲伤就是一种本能。这种本能不能称为反射，因为情境与反应之间的连结不是那么确定，人受侮辱后可能会有其他更复杂的反应。

关于天赋能力，桑代克认为是一种更复杂的原始趋向。他指出："假如一个趋向是对于一个极其复杂的情境而发生的极难确定的一个反应或一组反应，又假如那种连结的最终的力量通常大部分依赖于训练，此时似乎以'能力'、'倾向'或'潜力'等名词代替反射或本能更为合适。"例如，人有一种以学业上的成功对学校教育作出反应的原始趋向，这种原始趋向似乎很难称为反射或本能，而应称为天赋能力。

桑代克又指出，在反射、本能和天赋能力之间并没有一个确定无疑的界限，有时我们很难断定一个先天的反应趋向究竟是反射、本能，还是天赋的能力。原始趋向是如此复杂，范围如此之广，有时在不同人身上表现为同一种反应形式，有时又表现为不同反应形式；有时这种先天的连结是易于改变的，有时又是不易改变的。因此，明智的做法是避免这种明确的界定。在下面关于原始趋向种类的论述中，我们将会看到，桑代克正是交互使用着本能、天赋能力和原始趋向这些名词的。

3. 原始趋向的活动方式

桑代克认为，原始趋向的基本作用有两个方面，一是能感受某种情境，二是能发出某种反应，且能使情境规定反应。但是桑代克又指出，原始趋向只能规定个体以某种方式反应，而不能规定个体究竟做什么；只能规定个体会做出反应，却不能规定个体在什么时候反应。

那么，这是否意味着由原始趋向规定的反应是不可预测呢？桑代克认为事实也并非如此。他认为在同一个体身上，同一原始趋向的活动总是导致同样的结果，同一种情境总是导致同样的反应。若实际情况与上述事实相反，那么一种可能是情境看起来相同，实则不相同。例如，幼儿在母亲怀里看见狗和单独行走时看见狗就是表面相同而实则不同的两种情境；另一种可能是，情境相同而个体本身变化了。如同一个人处在不同的生理或心理状态，对同一情境就会做出不同的反应。

在探讨原始趋向的活动方式时，桑代克提出可以 S—R(S 指情境，R 指反应)的抽象格式进行研究。S－R 有三种形式(见图 2-1)：

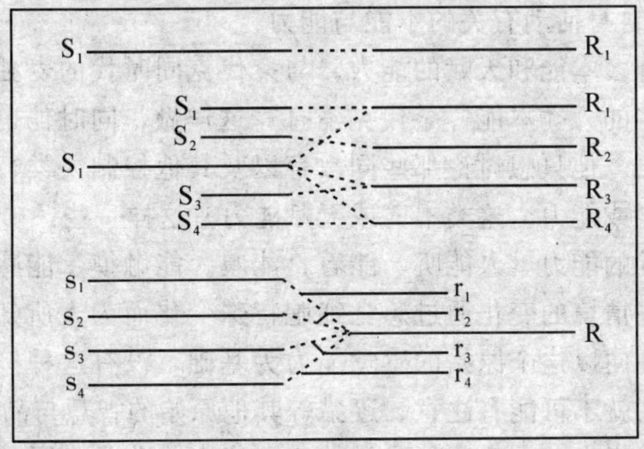

图 2-1　S—R 的三种形式

第一种形式是情境一导致反应一，情境与反应之间的连结是特殊的、固定的，反射大部分以这种形式进行活动。

第二种形式是情境一可能导致反应一，也可能导致反应二、反应三或反应四，这依赖于情境中其他什么样的因素存在。例如，幼儿见狗，是哭还是不哭？若母亲在场，幼儿可能不哭，母亲不在，则因害怕而哭喊。

第三种形式是情境一导致某一反应加上微弱反应一；情境二导致某一反应加上微弱反应二，情境三导致某一反应加上微弱反应三，以此类推。实际上，人的反应不可能是单一孤立的，伴随主要反应的还有其他附带的反应。这些附带的反应就是桑代克所说的微弱反应。

桑代克的 S—R 公式给了早期的行为主义者以重要的启示。行为主义的创始人华生正是以 S—R 公式去解释人的行为的。正是由于这个原因，一些心理学家称桑代克为行为主义者。但是我们必须看到，桑代克的目的不是探索行为，而是探索原始趋向的活动方式；不是探讨情境怎样决定反应，而是探讨原始趋向怎样规定情境与反应的关系。这同行为主义的观点是有差别的，因此不能把桑代克称为行为主义者。桑代克本人也不承认自己是行为主义者，他更喜欢称呼自己为连结主义者。

4. 原始趋向的种类

桑代克把原始趋向分为两大类。第一类是仅与个体自身的活动相关的本能或能力，包括感觉能力、原始注意力、粗率的身体控制能力和获取与占有、逐猎、恐惧与愤怒等本能反应；第二类是与他人有关的社会性本能，如母性行为、群居、注意他人且有意吸引他人的注意、支配与顺从、反抗与竞争等等。

(1)与自身活动有关的本能与能力

人有许多本能和天赋的能力。与桑代克同时代的麦独孤曾列举了许许多多的人类本能。桑代克不打算这样做，同时他也认为没有这样的必要。他只想讨论那些同教育以及其他控制人类行为的学科相关的本能或能力。这类本能或天赋能力有这样一些：

①感觉的能力。人能听、能看、能嗅、能触摸、能感觉情境的变化，这些情境的变化通过感觉细胞特殊变化而为人所知晓。人的其他原始趋向以这个原始的感觉能力为基础，没有这种接受感觉印象的能力，就不可能有注意、逐猎等其他原始的智慧与品性。

桑代克指出，人的这种最初的感觉能力是非常有限的。成人具有完善的感觉能力是因为经验的作用，换句话说，成人的感觉能力已具有了后天的影响，并非原始的感觉能力，这是在教育儿童时应该考虑到的。

②原始注意力。人能在情境中挑选一些事物给予特殊的感知，这种能力也是生来就有的，桑代克称之为原始的注意力。引起原始注意力的事物随人的性格和年龄的差异而有别，但是一般的规律是：第一，突然的变化和鲜明的对照能唤起注意；第二，非但能引起人的注意，而且继而能引起其他反应，如逃避、追逐、拒绝的事物易于唤起注意。

③粗率的身体控制能力。人能行走，奔跑，改变体态，搬运重物。这种能力究竟是天生的，还是后天训练的结果？桑代克持天赋论的观点，认为这类反应是先天就有的，训练的作用微乎其微。他举行走为例，认为儿童随生理的成熟而学会行走，父母的教导与训练只起到激励作用，并不能在儿童身上创造这样一个本能的趋向。行走这类身体控制能力是儿童的原始趋向内在发展的结果，并非训练的作用。当然，这种控制能力只是粗率的。精细的控制，如体操运动，还有待于后天的训练。

④获取与占有。这类趋向在儿童身上表现最明显，当任何一个可获取的事物置于儿童的面前时，他的本能反应就是一把抓住，而后放入口中。见有人走近或受到阻碍时，这种获取与占有的冲动表现得更加明显。

⑤逐猎。逐猎是人的一种本能。当人看到大大小小、不具威胁

的动物时，人总是起而追之。在社会中，见到弱小的人就想以强凌弱。对于那些恶意对待自己的人，就想制服之。凡此种种，皆属逐猎之本能。

⑥愤怒与恐惧。当人占有和逐猎的反应受到阻碍，人的本能反应就是愤怒。恐惧则是外物引起的一种内心的纷扰，同时兼有逃避的趋向。表现为心惊肉跳、木僵惊叫、毛发直立、口眼大张等反应。这些反应均是一种先天形成的连结，是一种本能的反应。

⑦争斗。桑代克认为，争斗也是一种本能的反应。引起争斗的原因有：身体受到束缚，由此引起的争斗又称为逃避束缚的本能；行动受阻碍，由此引起的争斗称为克服障碍的本能；为保护自身，不得不反抗，这类争斗称为反攻的本能；痛苦无处发泄，转而攻击身旁任何一个游动的人或物，这类本能称为对痛苦的非理智反应；两个同类之间争夺支配地位，这种本能称为竞争的本能。此外，桑代克认为愤怒的情绪也是导致争斗的原因之一。

(2)与他人行为有关的社会本能。

桑代克把人的社会性行为也归结为本能。他指出："正像人为食物和安全向自然界斗争的本能一样，人类的交往和风俗习惯无疑也根植于人的本性。"而在人的一切社会性本能中，最根本的、最主要的本能乃是母亲对于儿女的原始的母性行为。

①母性行为。母性行为指女性对儿女、婴孩天生具有慈爱与关怀。桑代克指出："一切女性，从幼年到老死，对于儿童无不具有某种原始的兴趣，婴儿期与幼儿期的音容、笑貌、姿态易于引起她的反应。女性一听见儿童的笑语，一见可爱的姿态就有一种满足之感，当发现儿童有痛苦、忧愁或悲伤的迹象时就本能地上前安慰他们。"桑代克认为，这些都是母性本能的表现。

母性本能在男性身上也有一定的表现，只不过同女性的表现有所不同。女性的表现常为爱抚和亲昵，男性的表现常为鼓励和赞扬。桑代克认为，在母性行为表现上，女性强于男性，因为男性主要是受竞争和逐猎的本能支配的。

②对他人的存在、对他人的赞赏与讥讽作出反应的本能。这一本能包括这样几个方面：

第一，喜爱交往。人有一种本能倾向，不愿独居，而愿成为群体的一分子。当周围有同伴时，就感觉适意，当身边无伴时，便倍感烦恼。

第二，注意他人。人们对于他人的行为有一种本能的兴趣。他人的一举一动，他人的面部表情似乎对我们有特殊的意义。这一点在幼儿身上表现得非常明显。

第三，引人注意。人们不仅注意他人而且还希望吸引他人的注意，儿童有时为获得他人的注意，甚至会破坏、攻击，这是一个显而易见的事实。

第四，对他人的赞赏与讥讽行为作出反应。若能得到自己素来尊敬的人的赞赏或他人的敬仰，就会体验到满足。若自己素来尊敬的人拒绝了自己，或遭到他人的讽刺，则会增添烦恼。

第五，以赞赏或讥讽对他人作出反应。人不仅对他人的赞赏与讥讽作出反应，人们也以赞赏或讥讽对他人的行为作出反应。人以微笑、亲切的注目或鼓励对待善意的称心的行为，而以皱眉头、讥笑，斥责对待恶意的不称心的行为。当然，这类行为的性质是复杂的，后天的影响已掺杂其中。同时，桑代克认为，这类行为的整体效果单单以环境的影响是不能解释的。

③支配与顺从行为。桑代克把豪强、争霸等支配他人的行为和顺服、依从等行为也归结为本能。

他认为人有一种本能倾向，总想在他人的心目中占据一个至高无上的地位，总想让他人俯首帖耳、言听计从，若得不到满足，就使出各种策略和手段制服对方，这一倾向在男子身上表现得最明显。

同这种支配本能并存的，是顺从、依赖的本能。若对方足够强大，单凭自己的本领不足以制服对方，自己既会向对方屈服，俯首称臣，接受对方的支配。

④其他社会性的本能。除上述社会性本能外，桑代克还论述了下列人的社会性本能：

竞争。包含两个方面：一是见他人参加同一活动，自己从事这一活动的力量就会增加；二是因超过他人而感觉到满足和适意；

妒忌。看到他人成功，而这一成功本应是自己获得的，人们就会感到难过。妒忌在本质上是他人成功而自己落后所导致的烦恼；

拥有。也包含两层意义：一是凡自己已得到的东西，不允许他人夺取；二是当无人干涉自己所拥有之物时，就会觉得满足。

慈爱。他人的饥饿、哭泣、痛苦会引起人的不适之感，若能减轻他人的痛苦则会觉得满足。桑代克认为，慈爱乃是人的天性，即使一个残忍的人，除了在盛怒和施虐之时，也不喜欢看到他人痛苦，而喜欢看到他人欢乐。

除了动物行为研究的影响外，导致桑代克把人的行为归结为本能的另一个原因是当时的学术趋势。在桑代克之前，詹姆士曾详细讨论了本能的作用和本能的分类，桑代克的许多观点都来源于詹姆士。此外，霍尔的复演说也强调了本能的作用。麦独孤更是把行为的动力归结为本能，并开列了一个本能的清单，这使他的本能论成为本能研究领域最富代表性的理论。

正因为如此，桑代克的本能论没有为学术界所注意。他之所以为历史所记载，主要是因为他的学习理论。

(二)桑代克论个性差异及其成因

桑代克把有关个性差异的研究也作为教育心理学的重要组成部分。因为“人类的个体并非像一个模板里印出来的复制品一样，一成不变地表现出共同的本性；相反，每个个体具有自己的特点，或强于这种本能，或强于那种本能。在讨论学习的定律及学习后心理功能的变化时，我们认为不同的个体，其学习的速度是不同的；而且即使本性是相同的，如果受到不同的情境或环境的影响，个体也会产生不同的特点”。所以桑代克认为应重视个性差异的研究，以便教育和教学方法能真正适合个体的特点。

桑代克认为，任何一种心理能力都是三种因素影响的结果。这三种因素是：本性、成熟和后天的训练，而影响人之本性的因素又有性别、种族、家庭。所以，形成个性差异的原因可归纳为5个方面，即性别、种族、家庭、成熟与环境。

1. 性别的影响

桑代克认为男性与女性天生具有性格与能力上的差异，如男性数学才能较强，有独立性，果断，保守，喜欢批评他人，教训子女严厉，脾气暴躁，感情善变，情绪不稳定，缺乏同情心和自制力；而女性记忆力好，脾气和善，胆小怕事，依赖性强，观察细致，善于辞令，有同情心，自制力较强，守礼守约等等。

依照桑代克的观点，两性之间本能天赋的最大差异是，男性斗争本能强于女性，女性慈爱与关怀的天赋超过男性。男性争强好斗，无论在生活中，还是在工作中，男性都希望获得他人的注意和尊重。有时为获得支配地位，争斗甚至达到你死我活、不共戴天的地步。女性则弱于此，强于母性行为，关心自己与他人的婴儿，喜爱儿童，男性在此方面是远不及女性的。

在我们看来，桑代克在论述性别差异时，混淆了先天与后天的影响。男女的确存在着性别上的个性差异，但这种差异更多的是后天社会文化因素影响的结果，而不是天赋本能使然。社会文化中的角色期待使得男性与女性分别扮演不同的角色，从而产生了行为上的差异。忽视社会文化因素的影响，把男女之间个性上的差异完全归于本能天赋的影响，无疑是一种“遗传决定论”的观点。

2. 种族的影响

不同种族对人的能力的形成具有不同的影响。桑代克列举梅郁1902年的一项研究用以说明这种差异的存在。在那项有关美国黑人心理能力的研究中，研究者选择了纽约城里150名进过中学的黑人和150名白人学生进行比较，发现存在下述差异：①黑人的入学平均年龄比白人大；②在校时间长；③黑人学生的在校成绩比白人差，只有30%的黑人学生的成绩能达到白人学生的中等成绩；④英语成绩上的差别更加明显，只有24%的黑人学生能达到白人学生的中等水平。以上述研究为依据，桑代克认为，黑人和白人在心理能力上存在着种族差异。

上述观点的可靠性是令人怀疑的。黑人和白人之间固然存在着种族差异，但这种差异更多地表现在体能上面而不是心理上。现代的研究证实黑人擅长跑步、弹跳，而白人则擅长较为灵活的技巧运动，如游泳、体操等。至于学习能力上的差异，那是殖民主义统治和种族歧视的产物，并非种族差异本身的结果。

3. 近祖或家庭的影响

家庭遗传因素是影响个体本性发展的一个重要因素。桑代克主张个人的本性受家庭遗传因素的制约。但是桑代克并不认为个人的本性完全决定于家庭的遗传。他指出：“我们所说的人之本性依赖于人的祖先并不意味着人的本性是他的任何一个祖先的精确复制品，或几个祖先遗传的结合物。没有任何理由使我们相信同一父母的四个儿子或同家庭的子女会有同样的本性……祖先的作用只是减少了子孙差异的范围，并决定了他们产生变异的中心点。”在这里，桑代克既承认了家庭遗传的制约作用，又把家庭遗传的制约作用限制在一定的范围之内。

4. 成熟的影响

桑代克承认成熟或内部心理生长对个体心理特点的影响。他指出：“任何一位有能力的学生都不会否认，在某种心理特性上，成熟或内部心理生长导致个体不同于他以前的自我，而不必依赖于所有的训练。”但是桑代克认为成熟仅仅是影响个体心身发育的因素之一。成熟为儿童心身发展奠定了某种条件，使某些外部刺激产生导致内部变化的可能。仅仅靠内部的成熟并不能决定个体心身的发展。

在成熟的作用问题上，桑代克反对那种把成熟与能力发展看成是线性关系的简单化观点。依照这种观点，除了少数“极端的天才”

和“发育迟缓”的儿童外，大部分儿童在成熟上有多少进步，在能力上也就有多少增加。桑代克认为这种观点过于简单化，忽视了个体在本性上存在的差异，因而是错误的。

5. 环境的影响

桑代克把学校、家庭和社会机构等能对人产生影响的力量统称为环境的影响。依照桑代克的观点，如果人的本性是相同的，那么人与人之间的差别必为环境影响所致，但人的本性并非相同。这样一来，环境的影响对于具有不同本性的人会产生不同的作用。

桑代克承认环境影响的作用，但他认为环境影响与本性的影响有时相互交织，难以区分。一些研究者往往把由本性决定的差异归之于环境。例如，大学生中日后成为国会议员的居多，有人认为这是大学这个环境所造就的。但是桑代克却不这样看，他认为大学生之所以能成为大学生，已证明他的本性优于常人。就是说，成为国会议员并非大学训练的结果，而是本性产生的效力。所以桑代克主张，那种通常认为是环境产物的个性差异实际上既受到环境的影响，又受到人的本性的制约。

环境对人的智慧与道德的影响方式有下列几种：①给脑的健全发育提供生理条件；②给脑提供刺激，唤起大脑进行它的本性所能从事的活动；②依照效果律，强化或消除某些活动。

桑代克特别重视效果律的作用，他认为环境对人的影响主要是通过效果律而产生作用的。正如在动物界有许多变异因不能适合环境，给动物带来无穷的烦恼，从而导致这些动物的消亡，人的思想、行为也有许多因不能适合环境的需要，或不能随环境变化而改变，其结果是令人痛苦，从而导致这些思想与行为不是变化就是消亡，可见效果律的作用。

在谈到环境的影响时，桑代克并非机械论者。他认为环境虽能影响人，但人也能选择环境。他指出：“每个人可部分地选择他的环境；手里有书可以不看；即使眼睛盯着书本，也可心不在焉；或许可被书本内容感动一时，却又可能不进入记忆……正像自然界选择那些适合生存的动物一样，人也通过活动、注意、记忆和满足，从环境里选择某些特点，以作为他智慧和性格的决定因素。”

桑代克的上述观点强调了个人的能动性，这同他在学习论方面的机械论观点是大相径庭的。

二、乌申斯基的教育心理学思想

康士坦丁·德米特利耶维奇·乌申斯基(1823—1870)是19世

纪60年代俄国资产阶级民主教育派的主要代表人物。他热爱教育事业，在教育理论和教育实践方面都作出重大贡献，对俄国教育的发展产生过深远影响，在世界教育史上也占有重要地位。

教学理论在乌申斯基全部教育思想中占有重要地位。他明确提出，教学理论就是关于教学的科学。在教学理论问题中，他提出并论证了教学过程的本质规律、教学的心理学基础，及教学任务、教学原则及教学组织形式、教学方法等一系列重要问题。

（一）教学过程

乌申斯基对教学本身作了深入研究。他明确提出，教学过程包含着不可缺少的两个方面，一方面是教师把知识技能传授给学生的过程，另一方面也是学生掌握知识和形成技能技巧的过程，是学生由不知到知，由不会到会的过程。因此，他认为教学过程既包括教师的活动，也包括学生的活动。他既要求学生尽可能地从事严肃而艰巨的独立劳动，克服困难，努力学习，也要求教师很好地领导这一独立劳动，并严格要求学生进行智力劳动，但也必须要尽可能地去考虑学生的兴趣，忽视任何一方面都是不正确的。

乌申斯基对教学过程本质的见解是很正确的。这一见解是与他的心理学观点紧密联系的。正是从教与学这一不可缺少、不可分离的关系出发，乌申斯基进而提出了教学过程的阶段和步骤的见解。他确定，教学的过程要经过两个主要阶段：

第一阶段，是学生在教师指导下对事物或现象进行观察、感受，进而构成关于这些事物或现象的概念。具体包含三个步骤：第一个步骤，是教师或者用语言的形式，或者把事物的对象直接呈现在学生面前，让学生直接感知事物、现象；第二个步骤，是学生在教师的指导下，把已经获得的关于事物或现象的形象（观念）加以互相区分、对照、辨别、比较，从而形成关于对象、现象的初步概念；第三个步骤，是由教师对于这些概念加以补充讲解、说明，特别是要指出它的主要和次要的特征，并使概念系统化。

第二个阶段，是在学生参加的情况下，教师对他所讲授的教材做出概括，并让学生进行适当作业以巩固所获得的知识，使之成为熟练技巧。

乌申斯基特别强调，教学理论既然是教学的科学，那么，教学本身也必须要建立在一定科学基础之上。他认为教学必须建立在心理学基础上。如果教学理论不是建立在心理学之上，它就不能成为科学。他确认心理学应该是教学理论的一个重要源泉。而心理学又是建立在生理学和人体解剖学的基础上的。因此，也完全可以说，教学论是建立在心理学和生理学及人体解剖学的基础上的。

乌申斯基把人的心理理解为处于生物发展最高阶段的、作为社会生物的人所特有的精神过程的统一。他把整个神经系统中枢——人脑看作心理过程的器官。正是从这一观点出发，乌申斯基要求教师在教学时，必须根据心理学、生理学和人体解剖学的科学原理组织教学，必须了解学生的本性及其特点，要求教学必须要适应学生的心理和身体发展的水平和特点。乌申斯基强调“如果教育学想从各方面去教育人，那么它就应当首先全面地了解人”。所以在教学过程中，考虑儿童的心理特点，即考虑以神经系统为基础的心理过程和心理机能，是正确地组织全部教学工作的最重要的条件，而正确地组织教学，则有赖于教师对儿童的意志、注意、记忆、思维等心理过程的正确了解及其在教学过程的正确利用。

第一，意志。乌申斯基认为教学过程首先是一个意志过程，学习是要以意志为基础的。如果没有或缺乏坚强的意志，那就很难克服在学习过程中所碰到的困难。因此，教师必须注意培养和发展儿童的意志。同时他也指出，在教学过程中，应该尽可能考虑儿童的兴趣。但完全从兴趣出发不能培养儿童的意志，对于那些应该学习的东西，即使学生暂时没有兴趣，也还要学习。当然，作为教师应尽可能考虑到儿童的兴趣，并设法引起学习的兴趣。

第二，和意志相联系的是注意。乌申斯基认为注意对于教学活动有非常重大的作用，他把注意比作外界事物进入人的心灵的唯一门户，意识中的一切东西，都必须首先通过这个门户。他还强调，注意是学习成功的必要条件，学习成效的大小，与学习时的注意程度有直接关系。教师必须培养儿童的注意力，使之不仅能集中注意于他感兴趣的地方，同时也使他能积极地集中注意于暂时还不感兴趣的东西。乌申斯基指出，注意有消极的注意和积极的注意两种，教师应逐步培养和发展儿童的积极注意，以便减少消极的注意。因为积极注意是人掌握对象而不是对象掌握人，学习显得更主动。

第三，和注意相联系的是记忆。记忆的作用就在于要把过去感受的印象保存起来。乌申斯基认为记忆也是教学的基础，他要求教师要注意培养和增强儿童的记忆。在发展人的记忆中，意志和注意具有重大的意义。为了习惯和巩固某些记忆，复习也是很重要的，“复习是学习之母”，复习可以恢复记忆，更可以预防遗忘。

第四，思维。乌申斯基认为，思维既是教学的基础，又是教学的对象。思想的培养和发展，可以使儿童对于各种事物加以分析、比较，找出主要的和次要的，把已学的和正在学习的加以联系、对比等，这不但有助于进一步提高认识，提高学习效果，而且还可以增强、扩展儿童的思路、丰富儿童的语言。这样，乌申斯基又把思维和语言紧密的配合起来。这也是乌申斯基所以特别重视本族语教学，并把本族语教学放在特别重要的地位的原因之一。

可见，乌申斯基不仅强调要把心理学作为整个教学理论的基础，而且还要求把心理学作为建立教学过程的重要基础。在他看来，教学过程必须要考虑儿童身体的和心理的特点，考虑儿童的心理发展水平。他认为只有当教育和教学能够适应儿童的自然，适应儿童的心理特征，才能得到预期的效果。只有当教师具有关于人的本性(心理过程)的全面的知识时，才可以从人的本性中找到如何正确地进行教育的有效途径。这种重视和强调教育、教学要适应学生的心理特点，适应学生身体的发展水平，特别是适应学生的本性的观点，就是乌申斯基的自然适应性原则。

(二)教学原则

在揭示教学过程本质的基础上，乌申斯基进而论述了教学原则。

乌申斯基重视学生自觉掌握知识和积极地理解教材在教学过程中的作用和意义。这就要求教材本身是“明晰”的，教师传授知识也是“清楚”的，以及学生在掌握教材时要充分发挥“独立性”、自主性。乌申斯基认为，学生的“独立性”在自觉掌握知识方面有重大意义。学生应该在教师指导下，在从不知到知的道路上克服某种困难，以增强他们的意向和毅力。教师应教会学生自觉地掌握教材，使之善于从教材中找出主要的和主导的思想，并特别注意对它的基本原理能够逻辑严密地进行表述。乌申斯基指出，判断知识质量应以学生对教材的理解程度为依据，而不应以他们是否会背诵为标准。他还提出，在教学时既要注意发展学生的思维和语言，又要发展学生把知识运用于实际生活的技能，他认为这是培养学生主动性和独立性不可缺少的。

乌申斯基认为要使教学取得好的效果，还应注意知识的连贯性和系统性。

实现教学的连贯性原则，首先必须按照学科的体系讲授科学的基础知识。一味迷恋于各种事实而不进行任何系统和概括，或一味迷恋于系统和概括而又没有充分的事实依据的教学，都是片面的。教学开始时，可以讲一些不连贯的自然界的事物，然后对它们进行比较，最后要尽可能从这些细节中综合出一个系统。根据教学连贯性原则，乌申斯基提出在教学时应做到“从具体到抽象”，“从已知到未知"，"从简单到复杂"，"从个别到一般又从一般到个别"，等等。因为认识发展的过程要求人们从具体的现象开始，然后进入到抽象。教材也必须先积累各种各样材料，然后形成完整体系，最后达到逻辑、哲学原理的抽象。此外，他还提出，要实现连贯性原则，建立稳定的教学组织形式和各种相应的制度，如定期招生等等，也是很必要的。

直观性原则在乌申斯基的教学理论中，占有重要地位。在他看来，直观教学并不是以抽象的观念和文字为基础，而是以学生直接感知的具体形象为基础的。这是从具体到抽象不可缺少的条件。他把直观性看成保证学生获得牢固而有充分价值的知识的条件之一。他根据儿童的心理特征，论证了直观教学的必要性。他说："一般说来，儿童是依靠形状、颜色、声音和感觉来进行思维的"。为使直观性教学原则能很好实现，他主张要通过自然界的对象(实际事物)和利用模型、图画、图片以及其他反映对象和现象的直观教具。直观教具不但能引起学生的兴趣，也能唤起学生积极的思维活动。应用这些实物和教具，必须根据学科的特性和学生的年龄等条件来决定。一般说来，学生年龄越小越应越广泛使用直观性。但同时他又提醒教师不要过分迷恋于直观性，必须注意使教学从具体过渡到抽象，培养学生抽象思维能力。

要深入掌握知识必须重视巩固性原则。除了真正领悟了东西以外，不要强迫学生死记硬背地学习任何东西。他很重视复习、练习对巩固知识的作用，认为自觉的积极性是复习的基础。复习的主要任务不是在记忆中再现已经忘记了的东西，而是预防遗忘。乌申斯基把复习分为消极和积极的两种。消极的复习在于重新感知已感知过的东西，看已经看过的，听已经听过的，从而使感觉的痕迹更加深化；积极的复习，不是要学生去感知外界的印象，而是要独立地自己再现以前所感知的各种表象痕迹，如在复习功课时，把书本合起来，努力凭记忆念出来。乌申斯基更重视积极的复习，确信积极的复习比消极的复习的效果更好，因为它更能把注意力集中起来。教师应经常组织复习和练习来巩固学生的知识，并发展其独立的工作能力。

第三节　教育心理学发展时期

自20世纪20年代到50年代，教育心理学进入了快速发展时期。这一时期的主要特点是广泛吸取心理学各分支学科与教育有关的内容，使研究范围不断扩大。

自法国心理学家比奈和精神病医生西蒙首创智力测验之后，各种类型的测验，如智力测验、成就测验、能力倾向测验、人格测验等都先后开展起来，并广泛运用于教育教学之中。教育心理学吸取了心理测验和儿童心理研究的成果，扩大了自身的内容。

从20世纪20年代起，对动物和人的学习研究取得了许多重要成果，并形成了各个学派，除了桑代克的联结理论，斯金纳的操作行为主义学习理论和强化理论，格式塔学派的顿悟学习理论，托尔曼的符号学习理论及皮亚杰的认知建构与发展理论等也日趋成熟。这些理论以及学派之争，对教育心理学的发展起了促进作用。20世纪30年代以后，学科心理学的发展很快。到40年代，弗洛伊德的理论广为流传，有关儿童的个性和社会适应以及生理卫生问题，也进入了教育心理学领域。50年代，程序教学和教学机器兴起，同时信息论的思想为许多心理学家所接受，这些成果也影响和改变了教育心理学的内容。

这一时期，美国出版的教育心理学教科书及教育心理文选之类的书籍多达上百种，但由于没有统一的理论指导，版本种类繁多，体系五花八门，内容大多取自普通心理学和儿童心理学等各科心理学，受行为主义影响，只有“学习”这一课题是各书共有的。

尽管内容范围在扩大，但这一时期的教育心理学还有不少缺陷：

第一，内容庞杂，不系统，未形成独立的理论体系。教育心理学的主要内容取自普通心理学、儿童心理学、动物学习理论、人格心理学、心理卫生、心理统计与测量及学科心理学等分支学科，并与这些学科相互重复。

第二，教育心理学的研究对教育实践的指导作用不大。这一时期，行为主义心理学占优势，对动物的学习行为研究较多，并倾向于用动物的学习行为去推测人类的高级学习过程，对人类在课堂教学中的学习研究较少。

一、杜威的教育心理学思想

杜威主张儿童中心主义的教育心理学，其内容丰富，涉及面广。儿童中心主义作为主线，贯穿于其中，其主要内容包括生长论（儿童发展观）、课程与教材心理、学习心理、道德教育心理等方面。

（一）生长论

在杜威的著作中，经常可见到“生长”(Growth 或 Growing)一词。由于生长的概念在杜威的思想中占有重要的地位，以至有人称杜威是现代科学时代的“生长哲学家”与“生长教育家”。

1. 生长是一个连续性和阶段性相联结的动态的心理发展过程

杜威认为，对“生长”这一名词通常可以有不同的理解并导致性质相反的观念。一种是传统教育普遍认可的观念，即生长乃某物由不完全而达到完全之变迁。这种观念认为儿童在身心两方面都极不完全，生长的历程就是要填凹补缺，用外铄的方式，使儿童从不完备达到完备方面的发展。

杜威认为，他所主张的生长观是与上述观念根本不同的。他声称：“向着一个后来的结果，逐渐发展的运动，就是生长的意义。”在他看来生长是一个无止境的动态发展过程。他指出：人的生长表现为两个方面：物质的(或曰身体的)方面和心理的(或曰智力的)方面。一方面，身心两方面的发展“相辅而行”，另一方面，身体的生长有一定限定，而心理方面的生长则在一个人有生之年中继续向前，永无止境。杜威的所谓生长无止境，正是就心理的意义而言的。

同时，杜威又强调，儿童的生长具有明显的阶段性和节律性。他认为，儿童的天性、能力的正常的生长有一定的程序，甚至“一天有一天的特殊式样”。人的长成是各种能力慢慢生长的结果，成熟要经过一定的时间。“为了成人生活的造诣，而不管儿童的能力和需要，是一种自杀的政策。”如果不重视儿童生长的需要及时机，急于要得到生长的结果，以致忽视了生长程序，必然导致揠苗助长的不良后果。在他看来，这正是传统教育的主要弊病之一。

2. 教育必须以儿童的本能和能力为依据

根据经验的相互作用原则，杜威指出：“教育过程有两个方面：一个是心理学的，一个是社会学的，它们是平行并重的，哪一个也不能偏废。否则不良的后果将随之而来。这两者，心理学方面是基础。儿童自己的本能和能力为一切教育提供了素材，并指出了起点。”除教育者的努力同儿童不依赖教育者而自己主动进行的一些活动联系以外，教育便变成外来的压力。这样的教育固然可能产生一些表面的效果，但实在不能称它为真正的教育。因此，如果对于个人的心理结构和活动缺乏深入的观察，教育的过程将变成偶然的、独断的。如果它碰巧能与儿童的活动相一致，便可以起到作用；如果不是，那么它将会遇到阻力、不协调，或者束缚了儿童的天性。

“心理的和社会的两个方面是有机地联系着的，而且不能把教育看作是二者之间的折衷或其中之一凌驾于另一个之上而成的。”教育者必须确信：“受教育的个人是社会的个人，而社会便是许多个人的有机结合。如果从儿童身上除去社会的因素，我们便只剩下一个抽象的东西；如果我们从社会方面舍去个人的因素，我们便只剩下一个死板的、没有生命力的集体。因此，教育必须从心理学上探索儿童的能量、兴趣和习惯开始。”

杜威认为，儿童生来便具有从事各种社会活动的冲动和倾向，这些冲动和倾向为教育提供了素材和基础。而且儿童经验的形成、知识的积累、能力的发展的根本原因是儿童的活动，由于儿童的活动才有可能使主体与客体发生相互作用，也只有主体意识的参与，才有可能完成教育的进程，实现经验的改造、改组。因此在教育中忽视儿童的作用是错误的。

在杜威的著作中，本能和天性、能力、兴趣冲动、倾向属于同一概念。他认为儿童的本能应该分成 4 种：①社交的本能。表现为儿童很有兴趣地把自己的经验尽可能详尽地说给别人听，也有足够的兴趣去听取别人经验的谈话。②制造的本能。儿童在开始时对游戏活动做出各种姿态和手势，进而可以把各种材料做成各种具体的形状和定型的实物。这正好表现了儿童喜好活动，对各种活动感兴趣的冲动。③探究或发现的冲动。儿童总是喜欢做做这个，干干那个，还很注意观察，看看会发生些什么。利用这一特点，有可能引导到使之得出有价值的结果。④艺术的本能。比如让儿童绘制一种纺织用的图案，或画一幅一个年龄较大的儿童正在纺织的画。从这些图案或绘画中，可以看出他们是根据一定技术资料或仿照一定样品绘制的。但无论就色彩、形状或制作技巧方面，又都表现了工作的耐心、彻底、坚持以及适应表达某种观念的艺术才能。“这 4 方面的兴趣是天赋的资源，是未投入的资本，儿童的生动活泼的生长是依靠这些天赋资源的运用而获得的。”杜威在其著作中，反复强调了儿童本能及兴趣的重要，认为儿童的生长、发展及发展得好坏，与是否善于及充分利用这些能力有直接的关系，而教育的任务主要是要把这些潜在的能力和天赋的资源“索引”出来，“挖掘”出来。

杜威一方面强调了儿童生长发展的主动性，同时也指出，生长并不意味着“放任儿童的兴趣。”他认为，所谓生长，可以表现为将能力引导到养成各种习惯。习惯是心理学上的一个普通名词，通常指通过简单的反复练习巩固下来的行动方式。杜威则在完全不同的意义上使用这个词，习惯是生长的表现，习惯有两种形式：一种是

“有机体的活动和环境取得全面的、持久的平衡”；另一种形式是“主动地调整自己的活动，借以应付新的情况和能力”。杜威称此为“主动的习惯”，其中“包含思维、发明和使用自己的能力应用于新的目的的首创精神”。

3. 教育即通过经验改造而体现的生长

杜威认为，“教育即儿童本能、能力的生长”。教育的目的在于促使儿童的本能、兴趣的不断生长，而“生长的理想归结于这样的观点，即教育是经验继续不断地改组或改造”。其意即：儿童的本能、能力的生长，是通过经验不断改组改造的活动而得以完成和实现的。在这个过程中，儿童的本能、能力、兴趣得到充分的尊重、利用和发展，儿童增长了才干，培养了能力。

个性化与社会化的紧密结合，或试图化解个人本位与社会本位的矛盾，实现教育心理学化，堪称杜威生长论的最重要特色之一，也是区别于同时代浪漫派的儿童中心论者的特征。可见，杜威的生长论主要是反对忽视儿童身心特点、脱离儿童的本能、需要、兴趣、经验对生长过程强加目的的传统教育及传统的生长观，并为其倡导儿童主体，培养儿童首创精神的教育观提供依据并进行论证。正是由于杜威以儿童为主体的生长的口号及其倡导的教育心理学化，使杜威成为20世纪上半叶儿童中心主义教育运动的代表人物。

(二)学习心理

杜威对学习心理的研究主要集中在思维能力的培养和“做中学”两方面。他指出：“就学生的心智而论，学校所能做和必须做的一切就是培养学生思维的能力”。而学生思维能力的培养则是通过“做中学”来实现的。

杜威非常强调培养儿童的思维能力。他对传统教育中过分重视传授前人知识的教学不以为然。他认为，堆积在儿童脑中的知识是“静止的”、“冷藏式的”死知识，这种知识“是智力进一步发展的巨大障碍”，它会“败坏思维的能力”。他把思维能力的发展看作教学的首要任务。他说：“持久地改进教学方法和学习方法的唯一直接途径，在于把注意集中于要求思维、促进思维和检验思维的种种条件。”

杜威对思维的理解，不同于古典理性主义和近代形式教育的理论。他从更广泛的意义上理解思维能力，他要求的思维发展，并不简单是属于纯粹精神领域中的理性活动，而是包括学习、操作和为适应环境、安排个人生活、善于解决当前各种疑难问题的总能力的发展。

杜威提出了思维五步法。他认为，思维起于直接经验到的疑难和问题。而“思维的功能在于将经验到的模糊、疑难、矛盾和某种纷乱的情境转化为清晰、连贯、确定和和谐的情境”。思维就在这两端进行，这两端之间包括五个步骤：①疑难的情境；②确定疑难究竟在什么地方；③提出问题的种种假设；④推断每个阶段可能的结果，看哪个阶段能够解决这个困难；⑤进行试验、证实、驳斥或改正这个假设。在他看来，五步思维过程中涉及以下能力的运用：①观察能力。“反省一开始，他必然地开始观察，把情境作一番检查。”问题情境需要观察，而且检验提出的观念和假设是否与实际相同、是否正确也涉及观察。②想象能力。杜威指出，并非审美经验才含有想象力，一切有意识的经验必定具有某种程度想象的品质。③抽象和概括能力。“科学的方法把观察所得的粗糙的事实，分析为许多不能直接观察的精细的过程，从而发现一个概括的事实。”这个过程就是抽象的过程。只有通过抽象，才能摆脱具体经验的束缚，上升到理论的高度，才能有效地指导行动，而概括是指对抽象出来的理论和观念的运用。可见杜威的经验改造论并非直接经验的简单相加，而是含有抽象概括等理性的因素。

“思维就是方法，思维就是明智的学习方法”。基于此，杜威把思维五步法直接运用到教学方法上，认为“教学法的要素和思维的要素是相同的”。这些教学法的要素是：①学生要有一个真实的经验的情境——要有一个对活动本身感到兴趣的连续的活动；②在这个情境内部产生一个真实的问题，作为思维的刺激物；③要占有知识资料，从事必要的观察，对付这个问题；④他必须负责一步一步地展开他想出的解决问题的方法；⑤他要有机会通过应用来检验他的想法，使这些想法意义明确，并且让他自己去发现它们是否有效。可见，他提出的教学法的五个步骤，主要解决通过“做中学”使儿童各方面能力得以自由发展的问题。

一般说来，教学方法上的基本错误往往在于把思维视为经验隔绝的东西，于是不考虑个人对情境的某种直接经验，就授予各门科目的现成教材。杜威认为，如果要激发学生的思维，那么任何科目开始的教学法应尽可能有一个引起学生思维的经验情境。而引起学生思维的经验情境是要学生做一些事情，不是要他们学一些东西，而做事又属于这样的性质，要求进行思维或者有意识注意事物的联系，结果他们自然地学到了东西，这就是机械的“做中学”。

“做中学”是学校顺应和发展儿童生产、创造、建设等本能，获得知识和技能的一种教学方式，它包含从做中求学问，从调查研究中得学问，由经验里面学习的含义。通过各种作业，各种活动获得知识和技能。在“做”的过程中，创造性地发展思维，既要培养解决问题的能力，又要寻求到对付事物和应付人的各种知识，使知行合一。可见，“做中学”对适应儿童的兴趣、爱好及个性差异，起到了积极作用。

杜威还将以作业和活动促进儿童思维的发展，归纳为不同水平的三个阶段：

①婴、幼儿初期。这是他为学前儿童设计的。包括各类感觉器官的练习、运用口头语言、模仿成人的活动等。使儿童通过这些最初的活动把看到、听到、接触到的事物连贯起来，觉察它们之间极简单的联系，进而通过注意、观察、选择、实验，使儿童注意比较较复杂的事物与问题，逐步启迪思维。

②学龄前期。这一阶段，儿童活动的特点是已经能在周围情境中找到各种东西和工具，并通过丰富的想象，把这种东西和工具变成符号，如各种“过家家”游戏。杜威设想利用儿童这些特点，开展各种有娱乐性又有社会性的游戏，进行各种有真实情境，“使用工具和材料的表现活动和建造活动”，使儿童从中体验事物间的相互适应，相互关系，从而了解事物的规则程序，培养他们的自由态度和想象能力。并且通过有趣的“游戏”和有目的、有成果的“工作”紧密联系，引发天真的好奇心和动手探究的热忱，以超脱出传统的习惯和陈旧的信念，激发儿童研究问题的兴趣，以形成良好的思维习惯。

③学龄期。这一时期，儿童已入校学习。随着儿童年龄的增长和环境的改变，杜威指出，这一时期学校应开展各种“更富理智价值的活动”——建造作业(如园艺、烹饪、纺织、金工、木工等)，以便更多地“供给理智发展的机会”。可见，杜威的“做中学”把各类建造作业当作理智学习的起点，作为手段，最终还是想使学生获得科学理论知识和科学研究能力。

由此可见，杜威依据儿童的年龄特征，组织儿童参加力所能及的活动，的确以发展思维能力为目的，包含理智因素的。应当指出，杜威这一思想是深刻的。恩格斯在《自然辩论法》中说：“自然科学和哲学一样，直到今天还完全忽视了人的活动对他的思维的影响，它们一个只知道自然界，另一个只知道思想。但是人的思维最本质和最切近的基础，正是人所引起的自然界的变化，人的智力是按照人的如何改变自然界而发展的。”

(三)道德教育心理

在《教育中的道德原理》中，杜威将道德教育分为社会方面和心理方面。道德教育应有一个社会性的情境和社会性的内容及目的，这属于社会方面；心理方面是指道德教育若想取得成效，就必须建立在学生本能冲动和道德认识、道德情感的基础上。如果漠视这些心理条件，道德就可能会变成机械的模仿或外在的服从。应晓之以理，动之以情，导之以行。

1. 学校对儿童天赋的自发的本能和冲动应有足够的重视

杜威认为："一切行为归根结底都是从天赋的本能和冲动来的。"这种本能和冲动乃是人的品德的源泉，是行为的原始动力。我们的任务就是应当知道这个原动力或"天赋能力"是什么，它们是怎样在儿童发展的每个特殊阶段上表现出来，以及我们应当如何加以注意和适当地加以引导。实际上，这就是教育所面临的最基本的问题。他说："教育问题在这方面就是要发现这种天赋能力是什么，并且要利用它(通过刺激和抑制)，把它组织起来，变为确定的、保存起来的行为方式——习惯。"如果我们忽视了这种天赋能力，道德行为有可能变为机械的模仿，使道德变成死的道德。同时，这种能力需要加以控制使它不至于胡乱地发泄出来或走入歧途。用"单纯"的抑制是没有价值的。他曾严厉地批评当时学校常用消极方法来抑制儿童能力的正常发展，把重点放在矫正错误行为，而不是着重培养积极的习惯。他认为，这是一种教育上的"病态"，不利于品德的培养。学校注意多用积极诱导方法，如为儿童树立理想的服务模范，高尚的工作目的等。他认为这是一种更有效的"抑制"的方法。

2. 学校应当注意发展儿童"智慧的判断"

单纯依靠本能冲动的力量是不够的，"它可能是残忍的，侵犯别人利益的"，所以必须发展智慧的判断力来指导这种原始力量，使它能"顺着社会的渠道加以组织，它必须隶属于价值的目的"。

杜威所说的智慧，其实质无非是一种高级的本能活动。它是本能在活动或经验中，在环境的刺激与个体的反应不断地相互作用关系中发展起来的。他说"智慧与从前的理性的概念不同，它生来就含蓄在行为之中，不仅如此，智慧与情绪之间没有矛盾。"智慧与本能在本质上没有区别，它们是"孪生的一对"，都是人类本性中主要的因素，是一对"敞开个人心理活动的钥匙"。本能提供活动的基础和发展的动力；智慧指导本能的活动或发展的路线。如果由智慧的判断在活动上获得成功，那就是"真理"或善的行为。真理不是客观存在的反映，而是靠主观的智慧判断，是心理的产物。这就是实用主义“有用即真理”在心理方面的依据。

3. 学校还应当注意儿童敏感的情绪反应

杜威认为要达到道德教育的社会目的，指导本能的原动力“顺着社会的渠道”和“隶属于有价值的目的”，只靠单纯的智慧判断是不够的，还须注意感情或敏感的反应，因为它能提供材料给智慧的判断并给予判断去克服实行上的困难的力量。他说：“意识到目的只靠单纯的智慧还是不够的，我们可以想象到一个有最好的判断力的人，但是他不能按他的判断去行事。他不仅需要力量去克服实行上的困难，同时也还需要有个人敏感的反应——感情的反应。”感情的反应是一种“感受性和感应性方面的天性”，“对环境、对别人的目的和利益有本能性的识别”，学校应对此加以适当的引导。

总之，杜威的道德教育心理研究强调道德教育必须以儿童的本能冲动、道德认识、道德情感为基础，重视儿童的兴趣、年龄技巧和智力发展，鼓励多用积极的诱导，少作消极的批评，其实质也是儿童中心主义的。

二、维果茨基的教育心理学思想

维果茨基(1896－1934)，苏联心理学家，维果茨基学派的创立者、组织者、领导者，形成了著名的文化历史学派。

(一)人的高级心理机能

维果茨基关于人的高级心理机能起源的社会历史观点为教育心理学中的一系列重大问题的解决作了理论奠基。

维果茨基特别区分了人与动物共有的低级心理机能和人所独有的高级心理机能。认为高级心理机能是个性的基本核心，符号作为人的精神与心理活动的特殊工具，具有自身固有的特点。例如：人们为了记忆，可利用打绳结、做砍痕等辅助手段和符号，这时，人改变的似乎只是外部物质，但随后这些变化则作用于人的内部心理过程。心理过程受这种特殊工具中介的特性，决定了人能够在改变环境的同时，控制自己的行为和心理过程，从而使人的行为具有理性和自由度，人也因此形成了有别于动物的高级心理反应形式——意识。由此出发，维果茨基提出，从心理学的角度研究意识问题，应该从研究被中介的心理过程的发展规律开始。维果茨基及其同事正是采用这一方法，通过一系列系统研究，初步揭示了人的心理发展的一般规律。

1. 人的心理与行为是从直接的、自然的形式向间接的、文化的心理机能转变的规律。即“直接的—间接的”(或“自然的—文化的”)

的转变规律。人所特有的被中介的心理机能不是从内部自发产生的，它们只能产生于人们的协同活动和人与人的交往之中。因为，任何一种心理“手段”首先是由一人为他人建立的，随后，该手段被人用于掌握自己的心理过程。由此，维果茨基将人的集体活动(或社会活动)概念引进了自己的理论，以区别于19世纪人文学科中形成的旧的“文化历史”观点。他认为，人的个体活动是由集体活动派生的，集体活动或外部活动又是与“外部心理过程”相联系的，而人的个体活动或内部活动则是与“内部心理过程”相联系的。最初，个体被吸收参加某个集体中的社会活动，该活动具有外部的展开的表现形式并借助于各种物质的和符号的手段来实现。个体在掌握这一活动的完成方式的同时，形成着外部心理过程。然后，起初从外部掌握的这一活动的方式，被改造为内部的心理过程。

2. 个体的高级心理机能最初是从集体的、社会的方式中产生出来，而后才转变为个体的适应方式的规律。人所特有的新的心理过程结构最初必须在人的外部活动中形成，随后才可能转移至内部，成为人的内部心理过程的结构。这种从外部心理过程向内部心理过程的转化，实质上就是“内化”过程。据此，维果茨基提出了儿童文化发展的一般发生法则：“在儿童的发展中，所有的高级心理机能都两次登台：第一次是作为集体活动、社会活动，即作为心理问题的机能，第二次是作为个体活动，作为儿童的内部思维方式，作为内部心理机能。”正是在活动外部的、展开的、集体的形式向着完成活动的内部的、精简的、个体的形式的转化中，实现着人的心理发展。

3. 动作由外部向内部转变的规律，也就是“外部的—内部的”的转变规律，或内化的规律。这就意味着行为的社会形式在向个人行为系统转变的初期，行为的高级形式都带着外部操作的性质。记忆、注意、计算等内部智力活动最初都是一种外部操作方式，都是利用外部工具与符号来完成的。

维果茨基高度重视符号在高级心理机能发展中的作用，这是与符号的特殊性质与功能分不开的：符号既是影响他人的工具，以后又变成影响自己的工具。符号既有它的外部形式，又有它的内部对应形式。此外，语言及其他各种符号标志的运用，使人的心理活动得以超出直接感知经验的范围，越来越带有间接的、概括的性质。这就决定了符号可以充当人的心理机能实现“直接的—间接的”“个人间—个人内”“外部的—内部的”转变的有效工具。班杜拉就曾谈到“人类应用符号的非凡能力”，并说：“人若没有符号能力就不可能有反省思维”。动物虽有信号作用，但信号不同于符号。虽然语言符号也是一种信号(第二信号)，但并不是所有的信号都是符号。其不同之处表现在，信号作用是由于信号刺激与无条件刺激在时间上反复地同时或先后出现而建立起来的；而符号与其所指代的事物之间的关系可以是约定的。信号活动是个体的产物，符号系统从总体上说，则是人类历史形成的。信号作用的泛化与符号的概括功能也有本质上的不同。此外，符号活动(特别是词语活动)通常具有自觉的、有意识的特点，而信号活动(经典条件反射)经常是无意识活动。

维果茨基所揭示的心理发展的规律与原理对于当时的心理科学具有重大意义。它们的进步意义首先在于，它们不同于把心理过程(感觉、知觉、记忆、注意)看作一次性定性的、永不变化的“心理机能”的落伍观念，提出了另一种动态的观念，根据这一观念，这些机能本身产生于儿童心理发展过程之中并随着心理生活形式的复杂化而改变着机能间的关系。虽然，维果茨基当时还没有达到把心理过程看作人的活动的复杂形式发展的产物的彻底的唯物主义的理解，不过，上述原理的提出对克服关于心理机能一成不变的观点，仍具有极为重要的意义。此外，这些规律与原理的进步意义还在于，它们明确提出了“意识”问题的研究在心理科学中的重要地位，强调把“意识”问题作为研究人的心理过程独特结构的具体形成问题。这样就彻底否定了人为地把“意识”作为完全特殊的问题面将其排斥于心理学之外的做法，同时，也排除了以个别心理机能的研究取代对作为整体系统的“意识”的研究的做法。

(二)教学与儿童发展理论

维果茨基认为，如果儿童的全部心理生活是在交往过程中发展的话，这就意味着，是交往和它的最有计划性、系统性的形式，即教学，造就了发展，创造着新的心理形成物，发展着心理生活的高级过程。因此，曾被看作发展的尾巴的教学，事实上，乃是发展的决定性动力。随着发展而改变的只不过是教学的形式。维果茨基认为，正是教学造成心理的发展并创造着完全特殊的新形式的心理活动，发生于教学过程中对全人类经验的掌握，是人的重要的特殊的心理发展形式。这是维果茨基提出的有关心理发展问题的极其重要的新观点。据此，维果茨基对心理生活各个不同阶段典型的教学与发展关系作了说明，并紧接着对学前教育和中小学教育特有的教育作用形式进行了认真分析。他的有关研究为具体地科学论证众多的教学论原理，提供了必不可少的珍贵的材料。在这些原理中，具有重要意义的当首推关于学前教学的心理特点的原理，关于“教学的敏感期”的原理，关于学龄儿童对科学概念和日常概念的掌握特点的原理，等等。

1.“走在发展前面”的教学

维果茨基等所开展的研究表明：教授阅读、书写、算术、自然等科目并不是在相应的心理功能已经成熟时才开始的；相反，教学开始前相应心理功能的不成熟性倒是普遍的和主要的规律。即使对于成绩优秀的儿童来说，也没有任何迹象表明，他们在开始学习时就存在先于教学的心理前提成熟性。

例如：儿童在学前主要是学习口语的运用，但当他进入小学以后就要学习阅读和书写(即语文科)，也就是要学习书面语的运用了。然而，书面语的运用所依靠的(作为学习书面语的前提的)心理功能与口语的完全不同：口语的理解和运用有声音、表情和动作的帮助；有交谈对象并与其接触，口语的运用中省略了大量对话双方都能意会到的共同熟悉了的背景性信息；并且生活中有多种因素促成了口语运用的动机——对某种东西的需求和请求、问题和回答、发表意见和提出异议、不理解和解释……但对于书面语的理解和运用，却没有这些有利的条件，因此书面语的理解和运用需要依靠一些更高发展水平上的心理功能，如：书面语的运用要求儿童能详细地设想并恢复对话情境，更多地理解说话过程本身，口语中被省略的部分，书面语中应当被提到；这要求儿童具有更大的自觉性，以最大限度地被人理解为目标；由最大限度紧缩的、为自己的内部言语，过渡到最大限度展开的为别人的书面语，要求儿童进行自觉构造有意义的篇章的复杂活动。

维果茨基等的研究发现，在儿童在教师的指导下，开始学习语文教材上的书面语时，书面语的理解和运用所依靠的(作为学习书面语的心理前提的)上述心理功能，不仅尚未发展成熟，甚至尚未开始自己发展的真正过程。

因此，我们是在儿童尚没有保证学好书面语所有心理功能时，就开始教儿童学习书面语了。而且，正是在书面语教学的引导和引发下，这些心理功能才逐步发展起来：在教学的促进下，他能自觉地运用自己本人的技能；他的技能也由无意识的、自动的层次向有意识的、自觉地层次转化；他开始自觉地做以前在口语领域里无意地做的同样的事。这样，教学促使儿童在言语的发展中能提高一个梯级。

维果茨基总结说，教学所依靠的心理功能在学龄期开始时并未成熟。与其说教学所依赖的是已经成熟的功能，倒不如说是正在成熟的功能。学校任何学科的教学总是建立在未成熟的基础上的，从儿童还未成熟的东西开始，是教学促进了这些尚未成熟或正在成熟的心理功能逐步发展并走向成熟。因此，教学能干预发展过程，以一定的方式组织这些功能的发展过程，对它施加自己重大的影响，从而决定它们的命运。这正是教学的意义和价值所在，教学在发展中的最主要作用就在于此。维果茨基说："在学校里儿童学的并不是他已经会独立地做的东西，而是他还不会做，但是在与教师的合作中，在他的指导下能做到的东西。""学校教学是发展的源泉。"

维果茨基指出，旧的教学仅以所依靠的心理功能的成熟性为前提，以已经完成的现实发展水平为依据，是无所作为的，它不会带来新的发展过程，自己只会在发展的尾巴后面爬行。维果茨基的学说坚持一个与旧教学相反的观点："只有跑到发展前面的教学才是好的教学。"正是在这种走在发展前面的教学，才促进了儿童的心理在低级心理机能的基础上，逐渐向高级心理机能转化，从而引起、唤醒、启发了一系列没有教学根本就不可能实践的发展过程。只有这样的教学才"创造着"并"决定着"儿童智力的发展，这种决定作用既表现在智力发展的内容、水平和智力活动的特点上，也表现在智力发展的速度。

2."最近发展区"

"如果教学只能利用发展中已经成熟的东西，如果教学自身不是发展的源泉，产生新东西的源泉，那么根本就不需要教学。"因为只有在相应的发展尚未结束时，教学才能对发展产生影响。发展一旦结束，同样的教学便无所作为了。这里，维果茨基提出了教学的最高阈限的问题，即某一内容的教学开始的最晚时间。

教学并不是在它所依靠的心理功能成熟了以后才开始的，而是在儿童相应的功能尚未成熟时就开始教学的。因此，教学所依靠的心理功能的成熟性，并不是教学成为可能的必要条件。但是，这并不是说，在教学所依靠的心理功能尚未成熟的任何阶段，都可以开始相应的教学，并非教学可以提早到它所依靠的心理功能尚未成熟的任何阶段。因此，这里也有一个教学的最低阈限(即教学所依靠的心理功能必须达到的最低发展水平)的问题，也就是教学可以开始的最早时间。根据维果茨基的观点，如果教学所依据的心理功能虽然尚未成熟，尚未发展到一定水平，尚不能独立地或随意地行使其功能，但在教学的情境中，在与教师和同伴的合作、指导和帮助中，可以发展到可以在某一水平上发挥其作用、完成其任务，这时，相应的教学就可以开始了，这就是教学可以开始的最早时间。

由此可知，只有在这两个阈限之间的教学才能对发展起作用，低于最低阈限(即教学所依靠的心理功能尚未达到某一最低发展水平)，或高于最高阈限(即教学所依靠的心理功能已发展到它的最高水平)，教学对发展都将是徒劳无益的。用维果茨基的话说，即："只有在这两个阈限之间教学才能取得成效。教学一门课程的最佳时期就在这两者之间。"教儿童不能学的东西和教他已经能独立地做的东西(对发展)都同样徒劳无益。"对前者来说……是因为学习对他来说太难了，而对后者则是因为学习对他太容易了。"

由最低阈限和最高阈限所构成的这个最佳发展区间，就是广为人知的维果茨基所首倡的"最近发展区"。他说："我们至少应该确定儿童发展的两种水平，如果不了解这两种水平，我们将不可能在每一个具体情况下，在儿童发展进程与他受教学可能性之间找到正确的关系。第一个水平我们称为儿童的现实发展水平，这是指一定的已经完成的儿童发展周期的结果和由它而形成的心理机能的发展水平。儿童在成年人指导和帮助下演算的习题的水平与他在独立活动中便能演算的习题的水平，二者之间存在差距，这个差距就是儿童的最近发展区。"

维果茨基认为：教学只有在由最近发展区决定的一定时期的界限之内进行时，才能最有成效。对于最大限度地依靠认识机能和随意机能的学科，学龄期是教学的最佳时期，或者是敏感期。

例如，如果儿童已会自发地运用比如说"因为"一词，那么他就能在与成人的合作中认识它和随意地使用它。这时，概念的认识性和随意性就完全处于最近发展区里，因而有关的教学就可以开始了。在这时通过开展教学，"儿童今天在合作中能做的事，明天他将能独立地完成"，这样，教学实现了原有的最近发展区，并进而创造了新的最近发展区。但是，如果他甚至在自发思维中也未掌握比如说用连接词"虽然"表示的关系，那么在合作中他也无法认识它并学会随意地使用它。这时，有关的教学尚不能开展。

总之，教学应该在最近发展区决定的一定区间之内的某一时间开始进行。但是，选择这一区间中的哪一时间开始教学才最好呢，换句话说，在教学的最早时间与最晚时间(即教学的最低阈限与最高阈限)所规定的最近发展区间内的哪一时间是教学的最佳时间？这一问题要从社会学方面、从智慧方面、从情感方面综合考察后才能决定：如果在某一时间开始教学既是可能的(由于这一时间处于最近发展区内)，也是必要的(由于社会学方面、智慧方面、情感方面等原因)，那么这一时间就是教学的最佳时间。

3."概念的形成"

在最近发展区中开展的教学，最有效地促进了儿童的发展，并进一步创造着新的最近发展区。但是，在教学促进发展的过程中，教学的进程与它所促进的发展的进程是不是完全一致、一一对应的同一的过程呢？或者说，是否教学前进一步，它同时也就相应地促进发展前进一步？

维果茨基的研究给出了否定的答案。

"教学过程其自身的循序性、逻辑和复杂的组织。……它由教学大纲和课程表调节。如果认为，这些教学过程结构的外部规律和由教学产生的发展过程的内部结构规律是完全一致的，那就大错特错了。如果认为这学期学生学了算术的某个内容，所以在自己发展的内部结构中也获得了同样的成绩，那也是不正确的。如果尝试以曲线象征性地描绘教学过程的顺序，并且对心理功能的发展曲线也作同样的处理，正像我们曾在试验中试着做过的那样，这两条曲线永远也不会重合，而只是显露非常复杂的相互关系。……教学和发展中各有自己主导一系列前后的成分的关键成分。这些关键性的转折点在两条曲线上是不重合的。……发展不服从教学大纲，它有自己的内部逻辑。教学基本上走在发展的前面。发展过程跟随着建立最近发展区的教学。"

由于科学概念的教学而促使儿童思维中的概念体系得到发展，这一点具有重大的意义。维果茨基的这一研究成果，对于我们认识和处理教材编排体系中学科知识的逻辑体系和学生心理发展顺序之间的矛盾，具有重要意义。

维果茨基指出，任何概念都是概括，而概念要概括地反映现实，就必然要反映现实间的复杂的联系、从属性和其他各种关系。这样说来，每一个单个概念的本质都要求具备一定的概念体系，孤立于这个体系之外的概念是不存在的。另一方面，学龄儿童在学习一个个个别的概念时，这些个别的概念是不能像倒进袋子的豌豆那样在儿童的脑海里产生的，它们并不是杂乱无章地、毫无联系地并列、重叠在一起的；相反，作为个别的概念，只能是被编织入儿童的概念体系，在这个体系的内部产生、生存和发展的。否则也就不可能进行要求概念相互关系的任何思维活动，不可能存在儿童的世界观，简言之，不可能存在一切复杂的思维生命。在儿童的每一个发展阶段上，都有自己完全独特的和专门的关系系统。

例如，对于年幼的儿童，他们概念体系的发展还很不够，结果导致儿童思维不够连贯，演绎不足也是直接来自于概念体系纵向和横向线路不够发达，缺乏避免矛盾的需要(对冲突的不敏感、对并列状态的倾向性)也是由于在儿童此时的概念体系中，个别概念尚不从属于位于它们之上的较高级的概念。因此，儿童自发概念与成人概念之间的差异在于前者的非系统性和后者的系统性。皮亚杰也说，儿童是很少有系统性的，他的思想联系不足，演绎不够，总的来说缺乏避免矛盾的需要，倾向于判断的平面状态而不是加以综合，满足于混合性的图式而不加分析。

由于年幼儿童缺乏系统性，在他们所习得的系统之外的自发概念中，只可能有物体本身之间确定的联系，也就是经验联系。这些自发概念与客体的关系比成年人的概念更接近和更直接，由此产生了童年早期根据印象的动作逻辑和混合性联系占主导地位的状况。随着系统的出现，产生了概念对概念的关系，也产生了通过一些概念对其他概念的关系而产生的概念对客体的间接关系。总之，产生了概念对客体的另一种关系。在概念中超经验的联系成为可能的了。

然而，正是在教学的作用下，儿童才在无系统自发概念的基础上逐渐发展，随后按照自己的模式改变它们，从而在儿童的概念范围里首次建立一定的系统。这样，系统便是中心点，学龄期间一切概念的发展历史都围绕这个中心点而转动。系统是在教学的促进下随着儿童的科学概念的发展在儿童思维中产生的，也是使他的智力发展提高到高一级阶段的新东西。

儿童在教学过程中得到的新的概念结构为他的思维转入新的和较高级的逻辑操作层次创造了可能性。旧的概念参加比以前较高级类型的思维活动，同时它们也改变着自己的结构。

根据的这一研究成果，我们在设计教材的组织顺序或编排体系时，就要牢记：儿童通过学习我们所编制的教材，要能够逐步发展起愈发科学的概念体系。我们所设计的教材组织顺序或编排体系，要有利于不同年龄阶段的儿童不断形成科学的概念体系。这当然不是说教材要照搬学科知识的逻辑体系，我们仍要根据不同年龄阶段儿童的心理特点来设计教材的组织顺序或编排体系。但另一方面，我们也不能忽视教材的系统性，不能认为，对于童年早期的儿童学习的教材可以毫无系统性。有些小学教材采用综合的而不是分科的编写方式来设计教材的组织顺序或编排体系，这就必然打破了学科知识本身的逻辑体系。但这决不意味着教材可以是毫无系统的、杂乱无章的大杂烩。对于中学尤其如此，在初中或高中编写综合型教材，必须要设计一个与分科型的教材体系不同的教材体系，而不是不要体系。

维果茨基早在20世纪30年代就在自己的著作中阐述了教学与发展问题，提出了“教学必须走在发展的前面，促进学生的发展，这样的教学才是好的教学”这样一个著名的命题。然而，在随后近二十年的时间内，这个问题并没有引起人们充分地重视与深入地研究。直至50年代，随着社会的进步和科学技术突飞猛进的发展，整个社会生产力的发展越来越取决于人的各种能力的发展水平。因此，无论是在苏联还是在西方及世界其他国家，教学与发展问题都受到广泛注意与关切，维果茨基的思想也随之受到推崇。

第四节　教育心理学的成熟时期和完善时期

20世纪60年代开始，西方教育心理学的内容和体系出现了某些新的变化和趋势，教育心理学的理论建设进一步加强，并实现了理论成果的实际应用。具体表现为以下两点：

第一，内容日趋集中，大都是围绕有效的教与学而组织的。尽管不同的教科书对如何教或如何学的问题各有侧重，但有几个方面的研究为大多数人所公认，如教育与心理发展的关系，学习心理，教学心理，评定与测量，个别差异，课堂管理和教师心理等。教育心理学作为一门具有独立的理论体系的学科正在形成，同时，各理论流派之间的分歧日趋缩小，相互之间吸收着对方的合理内容，学派界限趋于模糊。

第二，比较注重结合教育实际，注重为学校教育服务。尤其是60年代初，由布鲁纳发起的课程改革运动，把这种热情推向了高潮，研究者纷纷转向对学校教育实践的分析，并提出了不同的教学模式。自此，西方教育心理学逐渐重视探讨教育过程和学生心理，重视教材、教法和教学手段的改进，人本主义思潮也掀起了一场教育改革运动。同时，教学中的社会心理因素也日益引起人们的研究兴趣，不少教育心理学家开始把学校和课堂看作是社会情境，注意研究其中影响教学的社会心理因素。如有人用社会心理学理论研究学习动机，还有人重视教学组织形式中的社会心理问题，如班级的大小、学生的角色等。随着信息科学技术尤其是计算机的发展，美国教育心理学对计算机辅助教学(CAL)的研究也方兴未艾，特别是对计算机辅助教学的教学效果和条件作了大量的研究。

一、布鲁纳的教育心理学思想

布鲁纳是美国著名的教育心理学家和认知心理学家。布鲁纳的思想和研究主要受到皮亚杰的认知发展心理学的影响，同时也受到詹姆士、杜威、格式塔心理学家拉施里、托尔曼以及各种社会人类学家的影响。布鲁纳主要从事人的知觉、学习、思维、记忆等领域的研究，为教育心理学中的认知观点的确立作出了重要贡献。

（一）认知学习观

布鲁纳反对行为主义观，主张认知学习观。他认为学习的本质不是被动地形成刺激—反应的联结，而是主动地形成认知结构。学习者不是被动地接受知识，而是主动地获取知识。无论是认识一个式样，还是掌握一个概念，无论是解决一个问题，还是发明一个科学理论，都是一个主动过程。学习者通过把新获得的信息和已有的认知结构联系起来，积极地构成他的知识体系。正如他自己所说："被试者并不是机械地把特定的反应同特定的刺激联系起来，而是倾向于推断形成以模式为基础的原理或法则，使他们能够把他们的学习迁移到不同的问题上去。"

布鲁纳十分强调认知结构在学习过程中的作用，认为认知结构可以给经验中的规律性以意义和组织，并形成一个模式。但究竟什么是认知结构，他并没有一个统一的说法。他或称"再现表象系统"(system of representation)，或称"内部模式"(internal model)，或称"推理框架"(frames of reference)，或称"编码系统"(coding system)。不过，他更倾向把认知结构看作是编码系统，认为认知结构的主要成分是"一套感知的类目"，学习就是类目及其编码系统的形成。布鲁纳对类目有两种理解，一是指有相似属性的对象或事物，例如鸟是一个类目，它是指有羽毛、双翅、双腿和喙的动物。二是指一种规则，类目作为规则，包括：①对象或事物必须具有的属性；②属性联合的方式；③不同属性的单独或联合的重要性；④对不同属性变化的限定。根据规则，我们可以将对象或事物置于相同的类目中。例如，我们可以把苹果、梨子、香蕉置于水果类目中。将事物置于类目中的活动，布鲁纳称为类目化，它与概念化同义。

学习过程实际上就是类目化过程，类目化有五种认知功能：①对表面不同的事物作出相同的反应，使复杂环境简化；②使人认识事物。不能分类，则不能认识事物，也不能交流知觉经验；③减少必要的经常性学习，其方式有二，其一不必有实际的新学习便能认识对象，其二个人可以超越给定的信息；④为工具性活动提供方向。例如，能将猎物归类，就认识了猎物，从而进行适当的狩猎活动；⑤有助于将事物相互关联，进行分类。这就是布鲁纳所提出的类目编码系统。

布鲁纳认为，所有的类目的概括水平并不相同，有的类目较为具体，详细地描述了其成员的属性，如梨子、苹果、柠檬和橘子；有的类目较为一般，因而范围广，如消费品。一般的类目包括几个具体的类目，如消费品包括梨子、苹果、柠檬和橘子。在两种类目之间可能还有其他的一些类目，类目愈是一般，其范围愈大，界定其具体属性愈少。图 2—2 表示了上述提到的消费品的编码系统。

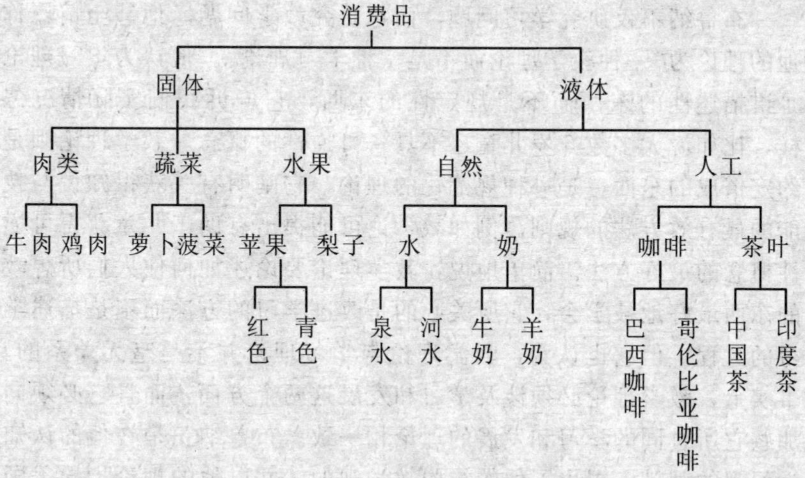

图 2-2　消费品的编码系统图解

布鲁纳认为，一般类目编码的形成对人的思维过程是十分重要的，因为它具有保持、发现、学习和迁移的作用。人要记住一些具体类目，通常有必要回忆其所属的编码系统。在布鲁纳看来，一切知识都是按编码系统排列和组织的，这种各部分存在联系的知识，使人能够超越给定的信息，举一反三，触类旁通。他主张，应当向学生提供具体的东西，以便他们“发现”自己的编码系统。

布鲁纳研究了学生学习活动的过程。他认为：“学习一门学科看来包含着三个几乎同时发生的过程。”这就是：①新知识的获得；②知识的转化；③评价。学习活动首先是新知识的获得。布鲁纳认为新知识可能是学生以前知识的精炼或相反，例如，在讲循环系统的详情时，学生可能已经模糊地知道了血液循环；在教牛顿的运动定律时，会同学生已有的感性知识相违背。但不管新旧知识关系如何，都会使已有的知识进一步提高。获得了新知识以后，还要对它进行转化，我们可以超越给定的信息，运用外推法(extrapolation)

或内推法(interpolation)或变换法(conversion)将它们变成另外的形式，以适合新任务。转化的作用在于获得更多的知识。评价是对知识转化的一种检查，通过评价可以核对我们处理知识的方法是否适合新的任务，或者运用得是否正确。因此，评价通常包含对知识的合理性进行判断。总之，在学习任何一门学科时，常常有一连串的情节(episode)，每个情节都涉及获得、转化和评价三个过程。学习情节运用得最好时，可以反映以前已经学过的东西，而且可以举一反三，超过前面的学习。

(二)结构教学观

布鲁纳不仅研究学习问题，而且研究教学问题。他甚至情愿称他的理论为“一种教学理论而不是一种学习理论”。他认为学习理论是讲描述性的东西而不是规定性的东西，它告诉我们实际情况怎样，比如说大多数 6 岁儿童还不具备可逆性的概念。教学理论则是约定俗成的东西，是一种规范化的理论，它阐明有关获得知识与技能的最有效方法的规则。例如教学论可能提出有助于儿童获得可逆性概念的最好方法。简单地说，教学理论要论述如何使人们所想教的东西最好地被学会，它所关心的是改进学习的方法而不是描述学习的过程。但它也认为，教学理论与学习理论并不是毫无关系的。事实上，教学理论必须涉及学习和发展这两个方面，而且它必须同那些它所赞同的学习和发展的理论相一致。布鲁纳正是在他的认知学习观的基础上提出了他的结构教学观的，并以他的理论指导美国五六十年代的中小学教育改革，在国际上产生了广泛的影响。

由于布鲁纳强调学习的主动性和认知结构的重要性，所以他主张教学的最终目标是促进“对学科结构的一般理解”。他要求“不论我们选教什么学科，务必使学生理解该学科的基本结构”。教学与其说是使学生掌握学科的基本事实和技巧，不如说是教授和学习结构。什么是学科的基本结构呢？它是指学科的基本概念、基本原理及其内部规律。例如，生物学中的向性，代数学中的交换律、分配律和结合律三项基本法则，英语中句型、结构规则等。布鲁纳特别强调内部联系和内部规律。他说：“掌握事物的结构，就是允许很多别的东西与它有意义地联系起来的方式去理解它。简单地说，学习结构就是学习事物怎样相互关联的。”当学生掌握和理解了一门学科的结构，他们就会把该学科看成是一个相互联系的整体。因此，布鲁纳把学科的基本结构放在设计课程和编写教材的中心地位，成为教学的中心。

学生为什么要理解学科的基本结构呢？布鲁纳认为有以下 5 种

理由：

第一，学生理解了学科的基本结构，就容易掌握整个学科的具体内容，因为“懂得基本原理可以使学科更容易理解”。例如，学生一旦掌握了解方程式所包含的三个基本法则（交换律、分配律和结合律），那么要解一个新方程式就完全不是新的，它只不过是一个熟悉的题目的变形罢了。

第二，学生理解了学科的基本结构，就容易记忆学科知识。他说：“关于人类记忆，经过一个世纪的充分研究，我们能够说的最基本的东西也许就是，除非把一件件事情放进构造得很好的模式里面，否则就会忘记。详细的资料是靠简化的表达方式保存在记忆里的。这些简化的表达方式，具有一种特性，可以叫做‘再生的’特性。”学科的基本概念或基本原理在他看来其形式是简化的。所以，“学习普通的或基本的原理的目的，就在于保证记忆的丧失不是全部丧失，而遗留下来的东西将使我们在需要的时候把一件件事情重新构思起来。高明的理论不仅是现在用以理解现象的工具，而且也是明天用以回忆那个现象的工具”。

第三，学生理解了学科的基本结构，能够促进学习迁移。他说：“领会基本的原理和观念，看来是通向适当的‘训练迁移’的大道。把事物作为更普遍的事情的特例去理解——理解更基本的原理或结构的意义就在于此——就是不但必须学习特定的事物，还必须学习一个模式，这个模式有助于理解可能遇见的其他类似的事物。”布鲁纳认为，学习迁移不仅是基本的原理和观念的迁移，还包括学习态度和方法的迁移，也就是要使学生学会怎样去学习。

第四，学生理解了学科的基本结构，可以提高学习兴趣。布鲁纳指出：“学习的最好刺激，乃是对所学材料的兴趣，而不是诸如等级或往后的竞争便利等外来目标。”布鲁纳认为，使学生对一个学科有兴趣的最好办法，是使这个学科值得学习，也就是使获得的知识能在超越原来学习情境的思维中运用。“一个人越是具有学科结构的观念，就越能毫不疲乏地完成内容充实和时间较长的学习情节。”

第五，早期学习学科的基本原理可以促进儿童智慧的发展。布鲁纳认为，儿童的智力是按阶段发展的，在每个发展阶段，儿童都有自己观察和解释世界的独特方式，给任何特定年龄的儿童教授某门学科的任务，就是按照这个儿童观察事物的方式去表现那门学科的结构。向成长中的儿童提供难题，激励他们向下一阶段发展。相反，“不能达到掌握一般原理的学习，从激发智慧来说，不大有效果”。所以，布鲁纳提出一个大胆的假设：“任何学科都能够用在智育上是诚实的方式，有效地教给任何发展阶段的任何儿童。”

为了让学生学习和掌握学科的基本结构，布鲁纳提出了4条教学原则：

1. 动机原则

动机是指个体学习的心理倾向。布鲁纳认为几乎所有的学生都具有内在的学习愿望，内部动机是维持学习的基本动力。他的动机概念不包括强化，强化或外在奖赏仅对驱动一定的行动或保持重复性的行为起作用。可见，布鲁纳强调的是内在动机而不是外在动机。这一点与行为主义的观点是根本不同的。

他指出儿童具有三种最基本的内在动机：①好奇的内驱力。这种内驱力是天生的一种生物因素，它是种族生存所必需的。儿童的好奇心导致他们不断从一事物转向另一事物，从一活动转向另一活动，从而开拓了他们努力求知的途径。因此，好奇心实即一种求知欲。②胜任的内驱力。布鲁纳认为儿童总是对于胜任的活动越来越感兴趣，而且总是在自动改造环境和顺利解决问题中赢得真正的满足。实际上儿童不可能从事他们没有胜任能力的活动。③互惠的内驱力。布鲁纳认为，人总有一种与人和睦共处的需要，并强调这一基本动机在学习中的重要性。而且他认为社会本身发展也是人的这种最基本动机的结果。

总之，在布鲁纳看来，以上三种基本的内在动机都具有自我奖励的作用，因而其效应不是短暂的而是持久的。教师如能善于促进并调节学生的探究活动，便可激发他们的这些内在动机，有效地达到预定的学习目标。

2. 结构原则

为了使学习者容易理解知识，教师必须采取最佳的组织形式进行传授。布鲁纳说：“任何概念、问题或知识都可以用一种极其简单的形式来呈现，以便使任何一个学习者都可以用某种可认知的形式来理解它。”

他认为任何学科的知识结构都可以用三种形式来表示，即呈现的形式(modes)，呈现的经济性(economy)和呈现的效力(power)：①呈现的形式，是指提供知识的技术或方法。布鲁纳认为人有三种成功理解知识的手段，即动作(enactive)、图像(iconic)和符号(symbolic)三种再现表象。动作再现表象是借助动作进行学习，无需语言的帮助；图像再现表象是借助表象进行学习，以感知材料为基础；符号再现表象是借助语言进行学习，经验一旦转化为语言，逻辑推导便能进行。为了促进学习，教师究竟选用哪一种呈现为好，则视学生的年龄、知识背景和学科性质而定。②呈现的经济性，表现某种知识是否经济，取决于学习者为了继续学习而必须记住的信息量的多少。在有利于学习的前提下，信息量越少，需要记住的事实越少，就越经济。使教学符合经济性的最好办法是给学生作简明扼要的概括。③再现的效力，布鲁纳相信自然界是简单的，对自然界某些方面的有效呈现就是反映其简单性。知识的有效呈现就是简单的呈现，也就容易理解，能让学习者发现初看是十分孤立的许多知识之间的新关系，找出其间的联系。

3. 序列原则

布鲁纳认为，教学就是引导学习者通过一系列有条不紊地陈述一个问题或大量知识的结构，以提高他们对所学知识的掌握、转化和迁移的能力。换言之，序列是学习者在某知识领域内所遇到的材料的程序，它影响着学习者在达到熟练掌握时将会发生的困难。通常每门学科都存在着各种不同的序列，它们对学习者来说，有难有易，不存在对所有学习者都适用的唯一的序列。而且在任何特定的条件下，任何具体的序列总是取决于许多不同的因素，包括过去所学习的知识、智力发展的阶段、材料的性质以及个别差异等。布鲁纳指出，如果智力发展的历程通常确实是从动作再现表象阶段经过图像再现表象阶段而达到符号再现表象阶段，那么最理想的序列就很可能按照同一个方向进行。这显然是一种保守的观点，因为学习者具有发展完善的符号系统时，就很可能跨过前面两个阶段。同时，安排序列必须认真考虑任何人在处理信息能力的局限性。从这个意义上说，根据经济原则着手安排序列是可取的。最后，各种选择探索必然也要受这种序列的影响，因为在此序列中已学的材料已变成对学习者可利用的材料。

4. 强化原则

为了提高学习效率，学习者还必须获得反馈，知道结果如何。因此教学规定适合的强化时间和步调是学习成功重要的一环。知道结果应恰好在学生评估自己作业的那个时刻。知道结果过早，易使学生慌乱，从而阻挠其探究活动的进行；知道结果太晚，易使学生失去受帮助的机会，甚至有可能先就接受不了正确的信息。同时，不但正确安排强化时间是重要的，而且强化本身也必须是学习者要理解的一种形式。例如，如果学习在动作水平上，那么给予其图像水平或符号水平上的强化就没有用。要想强化有用，反馈必须被学习者所理解。当然，布鲁纳也指出，教学是一种暂时状态，其目的是促进学生自我学习。所以学习者不能老是依赖教师的强化，必须逐渐形成自我矫正的能力。

（三）发现法

“发现法”并不是布鲁纳首创，主张学生通过自己发现而学习的教育家可追溯到18世纪的第斯多惠和卢梭，后来斯宾塞和杜威也都提倡过发现法。但布鲁纳比任何人都善于抓住“发现法”的精神实质，为之提供理论基础，并把它传播开来，使之成为课堂教学中的重要的学习与教学方法。

布鲁纳认为“发现是教育儿童的主要手段”。学生掌握学科的基本结构的最好方法是发现法。他主张“在提出一个学科的基本结构时，可以保留一些令人兴奋的部分，引导学生自己去发现它”。

什么是发现法呢？布鲁纳说：“发现不限于只是寻求人类尚未知晓的事物的行为，确切地说，它包括用自己的头脑亲自获得知识的一切形式。”学生所获得的知识，尽管都是人类已知晓的事物，如果这些知识是依靠自己的力量去引发出来，那么对学生来说，仍然是一种“发现”，准确地说是一种“再发现”。所以他指出，发现法“与其说是引导学生去发现‘那里发生’的事情的过程，不如说是他们自己头脑里的想法的过程”。在他看来，发现是人类生活的最独特之点，不论是在学校儿童凭自己的力量所作出的发现，还是科学家努力在日趋尖端的研究领域所作出的发现，就其实质来说，都不过是把现象重新组织或转换，使人能超越现象再进行组合，从而获得新的顿悟而已。

布鲁纳认为，教学不应当使学生处于被动地接受知识的状态，而应当让“学生自己把事物整理就绪，使自己成为发现者”。在教学中运用发现法，其灵活性和自发性都较大。

一般来说它是没有固定的模式的，要根据不同学科和不同学生的特点来进行。可资参考的步骤是：①提出和明确使学生感兴趣的问题；②使学生对问题体验到某种程度的不确定性，以激发探究；③提供解决问题的各种假设；④协助学生搜集和组织可用于下断语的资料；⑤组织学生审查有关资料，得出应有的结论；⑥引导学生运用分析思维去验证结论，最后使问题得到解决。总之，在整个问题的解决过程中，要求教师向学生提供材料，让学生亲自发现应得的结论或规律，要使学生成为发现者。

教师的工作方式是：①鼓励学生有发现的自信心；②激发学生的好奇心，产生求知欲；③帮助学生寻找新问题与已知事物的联系；④训练学生运用知识解决问题的能力；⑤协助学生进行自我评价；⑥启发学生进行对比。

在教育心理学发展史上，布鲁纳是一位举足轻重的人物。从他的理论开始，教育心理学领域内发生了许多重要的转变。无论在理论建设上还是在实践应用上，他都为教育心理学的发展作出了杰出的贡献。

二、苏联教育心理学的发展

长期以来，苏联的心理学研究在世界范围内独树一帜，特别是在教育心理学方面，取得了很大的成就，苏联教育心理学的发展史，是在继承十月革命前俄罗斯心理学家与教育家的宝贵遗产的基础上，不断地研究新问题、探索新方法、取得新进展的历史。

（一）十月革命前俄国教育心理学的产生

俄国教育心理学的产生，可以追溯到18世纪上半叶的俄国学者塔季舍夫，他倡导认真研究人的本性，并对各个年龄期的儿童作出心理描述，并试图把心理学知识同教学和教育的任务联系起来。这些思想对后来俄国教育心理学的形成起了启蒙作用。

苏联心理学界认为：乌申斯基是“俄罗斯教育心理学的奠基人”，他的名著《人是教育的对象》，被认为“奠定了俄国教育科学的科学研究基础”。这部著作的第一卷(1867)叙述了必要的生理学材料以及从感觉、注意、记忆、想象到思维的整个意识过程；第二卷(1869)叙述了情感、意志和各个年龄期儿童的心理特征，并从中引申出教育学上的结论；第三卷还打算专门论述这些结论，但因著者早逝而中断。乌申斯基对教育工作者说，如果想支配一些心理现象，就得研究这些心理现象的规律，就得凭着对这些规律及其应用的实际情况的深思熟虑去做工作，“如果教育学希望从一切方面去教育人，那么就必须首先也从一切方面去了解人”。

俄国最早正式以教育心理学命名的著作之一，是卡普切列夫1877年出版的《教育心理学》。此书成书甚至早于桑代克的《教育心理学》。在十月革命前，对教育心理学的发生、发展有较大贡献者，除前面提到的乌申斯基外，拉祖尔斯基也是一位实验心理学家，是“俄罗斯实验心理学的一位伟大代表”。他深信心理学应像自然科学一样把它的结论建立在研究具体事实的基础上。同时，他力图使心理学接近实际，成为对实践有益的科学。他制定出的能在个体的生活的自然情况下来研究个性的“临床观察法”和“自然实验法”，是有一定贡献的。

苏联教育心理学有一个较明显的特点，就是比较重视教育心理学的特殊性以及教育条件下的特殊研究。1906～1916年间，俄国召开过五次教育心理学代表大会，1910年以后，教育心理学改称为实验教育学，会议主要是宣传贯彻涅恰耶夫所倡导的思想：用实验心理学解决学校的一切教育、教学问题，以实用的心理学代替教育学。会议讨论了有关实验在心理学研究中的形式和地位、教育学与心理学的相互关系、教育心理学的任务和方法、在一般天资和能力的领域中确定个别差异的方法等问题。

一些俄罗斯心理学家，对于教育心理学的对象、人物与方法等问题，曾有过激烈的争论。鲁宾斯坦曾强调，应当重新审查教育心理学的对象，他认为教育心理学应以校内外的具体生动的条件下发生的心理为研究对象(1913年)。聂察耶夫曾强调反对“教育学的空谈”，主张应用现代的心理实验法来研究学校的教学问题(1909年)。拉祖尔斯基则提倡教育心理学研究中应用自然实验法。这些问题与建议，都是针对当时教育心理学著作中存在的缺点，“以普通心理学研究中获得的资料，用纯粹演绎的方法去解释学校生活的事实”而提出来的。但是，这些正确意见，在当时并没有得到实际贯彻。

(二)十月革命后苏联教育心理学的发展

1917年十月革命后，苏联的心理学家们尝试以马克思主义的基本观点发展教育心理学。其发展大致可分为三个时期：

第一个时期是20世纪30年代以后，以理论探索为主，目的是争取在马克思列宁主义哲学理论的基础上，建立教育心理学体系。这一工作在十月革命后的几年即开始进行，贡献较大的是维果斯基、布隆斯基和鲁宾斯坦。

1921年，布隆斯基发表了《科学的心理学概论》；1925年科尔尼洛夫发表了《现代心理学与马克思主义》。苏联心理学界认为，他们在反对心理学的唯心主义思潮的斗争中，起了积极的作用。但他们所倡导的心理学理论，也包含有机械主义的错误。维果茨基和他所领导的一些青年心理学家，在创立心理学的“文化—历史发展的理论”，用独创的实验研究方法探讨高级心理过程，提出“最近发展区”的观点等方面，作出了贡献。马卡连柯在总结自己丰富的教育经验的基础上，提出了关于儿童个性在集体中形成和发展的学说。1934年，鲁宾斯坦提出：心理过程不仅在活动中表现出来，而且也在活动中形成。这个论点为列昂节夫进一步加以发挥，成为苏联心理科学中解释人的意识的一般原则。1936年7月4日，联共(布)中央《关于教育人民委员部系统中儿童学的曲解》的决定，批判了儿童学的唯心主义和机械主义的立场，批判了儿童学用缺乏科学根据的

"智力测验"决定儿童天资智力水平的原则性错误。可是，这些批判后来在事实上导致了全盘否定对儿童心理发展、年龄心理特征等问题的研究及其积极的成果。

第二个时期是20世纪40年代到第二次世界大战结束，这是苏联教育心理学在严重困难中奋力前进的时期，对儿童学的批判所遗留的副作用，妨碍着一些教育心理学家积极性的发挥；德国法西斯的侵略也给教育心理学的教学与科学研究工作增加了极大的困难，但苏联教育心理学在这种条件下仍然取得了一些成绩。

重视结合教学与教育实际进行研究，广泛采用自然实验法，综合性研究的科学性提高，是这一时期的特点。在基本理论的建设上，1940年出版了鲁宾斯坦的《普通心理学原理》。在这本书中，作者充分发挥了他早年提出的"心理与活动相统一"的论点。他认为，儿童不是发展了而后才学习、才受教育的；儿童是在学习中发展，又在发展中学习的。根据苏联人民委员会1943年10月的决定，在莫斯科成立了俄罗斯联邦教育科学院，加强了教育科学的研究工作。列维托夫和包若维奇在组织教育心理研究人员在学校班级集体活动中研究儿童个性的形成和发展方面，以及波戈亚夫连斯基和梅钦斯卡娅在组织教学心理研究人员在学校各科教学活动中研究儿童的学习心理方面，都取得了一定的经验和成绩。在研究聋哑儿童的教育心理学问题方面，赞科夫和索洛维约夫所指导的心理实验研究工作，也取得了良好的成绩。

这一时期存在的问题是：忽视理论研究；对西方全盘否定；创造性运用马列主义理论不够，机械照搬。

第三个时期是第二次世界大战之后，这是苏联教育心理学蓬勃发展并逐渐形成自己的特点的时期。这个时期又可以分为两个阶段：

1. 大力恢复阶段(1946～1959)

1950年，苏联科学院和苏联医学科学院联合召开了巴甫洛夫生理学说问题讨论会。会议提出了在巴甫洛夫高级神经活动学说的基础上改造心理学的要求。这对后来苏联教育心理学的发展产生了深远的影响。20世纪50年代，苏联教育心理学重要的理论有：包若维奇的关于个人心理发展的"外部影响通过内部条件折射而起作用"的理论；加里培林的"智力动作按阶段形成理论"；梅钦斯卡娅的"教学过程中从内化过渡到外化"的理论；埃利康宁的"除按从个别到一般的方式外，还可以按从一般到个别的方式来组织教学"的理论。这些理论为研究工作开拓了广阔的天地，在探讨学生的生活条件与学生个性的形成、道德知识在学生个性形成中的作用、道德习惯在学生个性形成中的意义等方面，都取得了不少成绩。这些研究的特点主要是“目的在于揭示儿童生活条件与儿童个性特点之间的规律性关系”，“教育心理实验……成为基本的研究方法之一”。在探讨儿童在不同学科的学习活动中理解教材、掌握概念和形成熟练与技能、儿童在学习过程中的个别差异、个别心理过程在学习活动中的作用等方面，也取得了一定的成绩。这些研究的特点主要是“发展了学习心理学领域内具体的特殊的研究”，“贯彻了发展原则”，采用“教学实验”方法，“阐明掌握知识和熟练中的本质不同的阶段”，但“忽视了学习心理一般理论的探讨”。

2. 蓬勃发展阶段(1960～苏联解体前)

20 世纪 60 年代后，由于苏联心理科学以活动观点为基础的系统理论的日臻成熟，采用现代心理学中形成实验、教育心理实验、教学实验等研究方法的逐渐完善，以及因此对待西方心理学的正确态度开始形成，从而苏联教育心理学进入了蓬勃发展的新阶段。

这一时期，教育心理学出现了一些重大变化：①理论思想活跃。对学习问题的理论探讨加强了。在智力活动和教学方面出现了加里培林的“智力活动按阶段形成的理论”和达维多夫的“教学中的概括类型”理论。②加强了同学校教育工作的联系，其中比较著名的是赞科夫的改革传统的小学教学体制的实验教学研究，提出了三条教学论的“新原则”，即以高难度进行教学的原则；以高速度进行教学的原则；理论知识起主导作用的原则。③对西方教育心理学的态度明显变化，吸取了心理测验等方面的研究成果。

70 年代以来，苏联教育心理学的蓬勃发展主要表现在：组织普通心理学、社会心理学、年龄心理学、教育心理学和差异心理学的专家，用人际关系层次测定的观点，对个体获得系统的(个性的)特征的规律性、人格化过程的规律性，从理论和实验两方面进行深入的综合研究；在埃利康宁的“年龄阶段—主导活动类型”的理论和包若维奇的“活动—动机系统”的理论的指导下，用现代技术设备、管理和实验的方法，对学龄前儿童与周围人们的交往，对低年级学生的学习活动形成的规律性，对少年参加社会公益活动的动机、态度以及这些活动对儿童自我意识、儿童集体的形成和发展的影响，对创造儿童心理发展的诊断方法等问题，进行着富有成果的研究。

苏联教育心理学在长期发展的过程中，形成了一门具有自己特点的“年龄和教育心理学”，努力贯彻了苏联心理科学的普遍指导原则。这些原则主要是：①人的心理(意识)，是在人的社会生活实践活动中形成和发展起来的；②人的心理是客观世界在人脑中的主观反映；③人的心理的物质本体是人脑的神经过程；④人的心理发展有其具体—历史的性质；⑤人的活动、意识和个性的科学研究应当用客观的方法进行。

随着苏联解体，教育心理学的研究也出现了停滞，许多研究工作受到了影响。近几年，随着俄罗斯国内的稳定和经济、文化事业的发展，教育心理学的研究也逐渐恢复并有所发展。

第五节 中国教育心理学的发展

与西方一样，在教育心理学作为一门独立的学科产生之前，中国的一些哲学家、思想家、教育家就曾在他们的著作中对教育问题进行过论述。

一、我国早期的教育心理学思想

我国古代的教育家、思想家，如孔丘、孟轲、荀况等人的教育思想中都具有一定的心理学观点。例如，“学而时习之，不亦乐乎”。“吾尝终日不食，终夜不寝，以思，无益，不如学也”。——论述了学习的重要性；“博学之，审问之，慎思之，明辨之，笃行之”。——论述了学习的过程；“学而不思则罔，思而不学则殆”。——论述了学与思的辩证关系；“不愤不启，不悱不发。举一隅不以三隅反，则不复也”。——论述了启发式教学问题；“知之者不如好之者，好之者不如乐知者”。“不积跬步，无以至千里；不积小流，无以成江海”，“锲而舍之，朽木不折，锲而不舍，金石可镂”，——论述了学习中的非智力因素的作用，等等。

(一)孔丘的教育心理学思想

孔丘，字仲尼，鲁国陬邑(今山东曲阜)人。孔丘是我国古代的伟大教育家、思想家，是儒家学派的创始人，也是私学的创始人。

1. 学、思、行结合

“学而知之”是孔丘进行教学的主导思想，学是求知的途径，也是求知的唯一手段。学，不仅是学习文字上的间接经验，还要通过见闻获得直接经验，两种知识都需要。他提出“博学于文”、(《论语・雍也》)“好古敏以求之”，(《论语・述而》)偏重于古代文化、政治知识这些前人积累的间接经验。他提出“多闻择其善而从之，多见而识之”，(《论语・学而》)要多听、多看，还要多问，扩大知识的来源和范围，以获得一些直接的经验。

知识的来源是多方面的，学习知识的方式也是多种的，而且在不同程度上深化。他主张对学习过的知识要时常复习、练习，才能达到牢固地掌握，曾说："学而时习之，不亦说乎?"(《论语·学而》)他要求弟子每天检查所传授的知识复习了没有。在他的影响下，弟子们很重视复习，曾参就把是否复习作为每天反省的三方面内容之一，子夏则说："月无忘其所能(《论语·雍也》)，个人的学习安排虽有不同，但重视复习却是一致的。"

孔丘提倡学习知识面要广泛，并且强调要在学习的基础上认真深入进行思考，把学习与思考结合起来。在论述学与思关系的时候说："学而不思则罔，思而不学则殆。"(《论语·述而》)如果只是读书记诵一些知识，而不通过思考加以消化，这只能是抽象的理解，抓不住事物要领，分不清是非；如果光是左思右想，而不通过读书学习以吸收实际知识，那也会心存疑惑，不能解决问题。单纯的学或单纯的思，都存在片面性。在学习过程中，必先掌握丰富的知识材料作为依据，才可能凭借这些材料进行有效的思考。因此，在学与思两者关系中，学习居先，它是基础，是主要方面。在有了知识材料的条件下，需要进一步思考，才能使认识深入和提高，抓住事物的本质。学习和思考两者不宜偏废，应当结合起来，这种见解符合人的认识规律，已初步揭示学习和思考的辩证关系。

教师根据学思结合的要求，不仅要鼓励学生努力学知识，还要引导学生积极思考，培养思维能力，对所学习的事物，要多问几个为什么，要弄清事实和形成这种事实的原因，不但要知其然，还要知其所以然。如学礼，要知道三代礼制的实际规定，还要知道礼制发展变化的原因，对夏商周进行历史比较，找出共同点和差异点，这样去思考问题，有助于培养学生的思维能力。

孔丘还强调学习知识要"学以致用"，要将学到的知识用于社会实践之中，如学《诗》，不仅要学懂记牢，还要将其实际应用在政治上、社交上，如果不能应用，学得再多也没有意义。学习道德也一样，知道社会道德规范，就要"笃行之"，体现于生活实践中，如当仁不让、闻义能徙、择善而从、知之能改等等都是积极地行动，把自己的道德认识和道德实践统一起来，这才是孔丘所要求的躬行君子。

他说："君子耻其言而过其行。"(《论语·子张》)夸夸其谈而言行脱节是可耻的事。他要求学生们说话谨慎一些，做事则要勤快一些，"君子欲讷于言而敏于行"(《论语·为政》)，应当更重视行动。

学习是为社会实践服务的，能够行，也就证明已有学。他的弟子子夏说："贤贤易色，事父母，能竭其力；能致其身；与朋友交，言而有信。虽日未学，吾必为之学矣。"(《论语·学而》)这里体现的就是能够行等于已有学的观点。从学与行的关系来看，学是手段而不是目的，行才是最终目的，行比学更重要。

由学而思而行，这就是孔丘所探究和总结的学习过程，也就是教育过程，与人的一般认识过程基本符合。这一思想对后来的教学理论、教学实践产生深远的影响。《中庸》把学习过程分为学、问、思、辨、行五个阶段，显然是继承孔丘学、思、行结合的思想并加以发展的。

2. 启发诱导

孔丘是世界上最早提出启发式教学的教育家，比古希腊教育家苏格拉底提出引导学生自己思索，自己得出结论的"助产术"早几十年。

孔丘认为不论学习知识或培养道德，都要建立在学生自觉需要的基础上，应当充分发挥学生的主动性、积极性。自己对问题能加以思考，获得切实的体会，才是可靠和有效的。为了帮助学生形成遇事思考的习惯，培养善于独立思考的能力，他反对机械灌输，提倡启发式教学。

他主张："不愤不启，不悱不发。举一隅不以三隅反，则不复也。"(《论语·述而》)愤与悱是内在心理状态在外部容色言辞上的表现，朱熹《论语集注》说："愤者，心求通而未得之意，悱者，口欲言而未能之貌。启未开其意，发谓达其辞。物之有四隅者，举一可知其三，返者还以相证之义。复，再告也。"孔丘说这段话的意思是：在教学时必先让学生认真思考，已经思考相当时间但还是想不通，然后可以去启发他；虽经思考并已有所领会，但未能以适当的言辞表达出来，此时可以开导他。教师的启发是在学生思考的基础上进行的，启发之后，应让学生再思考，获得进一步的领会。比如一个四方的东西，已说明一个角的样子，如果这个学生不能类推其余三个角的样子，这表明他未开动脑筋去思考或者是他的接受能力还不够，教师就暂不必多讲，否则就是包办和硬灌，难于达到培养学生思考能力的目的。

这种启发教学包含三个基本要点：①教师的教学要引导学生探索未知的领域，激发起强烈的求知欲，积极去思考问题，并力求能明确地表达。②教师的启发工作以学生的积极思考为前提条件，其重要作用就体现在"开其意"、"达其辞"。③使学生的思考能力得到发展，能从具体事例中，概括出普遍原则，再以普遍原则类推于同类事物，而扩大认识范围。

孔丘在日常教学中注意训练学生的思考方法，他提出："君子博学于文，约之以礼。"(《论语·雍也》)简称为"由博返约。"博学以获得较多的具体知识，返约则是在对具体事物分析的基础上进行综合、归纳，形成基本的原理、原则与观点。博与约两者是辩证的统一，学生具有了这种思考能力，对掌握知识就能起重要作用，最明显的就是能把复杂的知识系统化，把握住知识的核心。孔丘问子贡："赐也，女以予为多学而识之者与?"子贡答："然，非也。"孔丘说："非也。予一以贯之。"(《论语·卫灵公》)所谓"一以贯之，"是在多学广识之后，综合各事物的本质特征形成一个基本的思想观点，然后又以它为指导，贯穿于一切处世接物的言行中，颜回所以能"闻一知十"，就是他善于思考，掌握基本观点并能运用推理方法来说明同类现象。

孔丘还提出："扣其两端"的思考方法，从考察事物的不同方面，辨明是非，进而解决问题。他有应用这种方法的实际经验，"有鄙夫问于我，空空如也。我叩其两端而竭焉。"(《论语·子罕》)用反问的方式，引导对方从事物正反两方面进行分析，找出解决矛盾的方法。孔丘常用这种方法来训练学生的思考能力，他曾和自贡讨论对人进行评价的问题。自贡问："乡人皆好之，何如?"孔丘说："未可也。"子贡又问："乡人皆恶之，何如?"孔丘又说："未可也；不如乡人之善者好之，其不善者恶之。"(《论语·子路》)评价一个人不可简单片面，盲目从众，失去准则，"众恶之，必察焉。"(《论语·卫灵公》)把握好人的准则，从反面考虑他，只有全乡的好人喜欢他，全乡的坏人痛恨他，才能证实是好人。这种思考方法，注意事物对立面，在分析其矛盾基础上作出正确的判断，是合乎辩证法的。

孔丘善用启发式教学方法培养学生思考能力，广为学生们称赞。颜回说："夫子循循然善诱人，博我以文，约我以礼，欲罢不能。"(《论语·子罕》)孔丘能循序渐进，巧妙诱导启发人思考，既使学生学习广博的知识，又使学生掌握基本的思想观点，在学习上不断前进。颜回的好学和很强的独立思考能力，与启发式教学是分不开的。

3. 因材施教

孔丘在教育实践的基础上，创造了因材施教的方法，并作为一个教育原则，贯彻于日常的教育工作之中，取得了成效。他是我国历史上首倡因材施教的教育家。

因材施教的提出，有其客观的历史条件。孔丘适应社会变革对人才的需要，开办私学，其众多学生的情况颇为复杂：就年龄来说，多数是青年，也有部分是成年，年龄差距较大；社会成分也各式各样，贫民、小生产者、商人、地主、贵族都有；他们来自不同的国家和地区，每个人的文化水平、道德素养、性格特征存在很多差别；要求也不一致，有的请教几个问题就走，有的则长期追随左右，流动性很大。在这种情况下要进行集中统一的教学是不可能的，只有从个人的实际情况出发，根据个性特点和具体要求来进行教育，才能达到一定的教育目的。因材施教是适应这种需要的最好方法，有利于加速各种人才的成长。

实行因材施教的前提条件是承认学生间的个别差异，并了解学生的特点。孔丘了解学生，最常用的方法有两种。第一，通过谈话。有目的地找学生谈话，有时个别谈，有时二三人或四五人聚集一起谈，方式较为灵活，他了解学生的志向，就是通过与几位学生自由交谈而达到的。第二，个别观察。注意从学生的言论来了解学生思想特点是重要的，但也要避免单凭言论作判断的片面性，因此要“听其言而观其行”；只凭一时的行为作判断还有片面性，还应对行为的全过程进行考察，要“视其所以，观其所由，察其所安”，(《论语·为政》)就是要注意学生的所作所为，观看他所走的道路，考察他的感情倾向，这就可以把一个人的思想面貌了解透彻。他在考察人的方面积累很多经验，认为不同的事务不同的情境都可以考察人的思想品质。

通过了解，孔丘熟悉了学生的个性特征，并作出了评价。《论语》中有许多处记述，如：“由也果”、“赐也达”、“求也艺”，(《论语·雍也》)这是从品格有点方面作的评价；“柴也愚，参也鲁，师也辟，由也喭”(《论语·先进》)这是从缺点方面来分析；“师也过，商也不及”(《论语·先进》)“求也退”、“由也兼人”(《论语·先进》)，这是从两者的比较来区分特点。他对学生了解透彻，仅用一两个字就概括了某一学生的个性特点。

在了解学生的基础上，根据学生的具体情况，有针对性地进行教育。《论语》中记载许多学生提问什么是“仁”，孔丘根据樊迟未知仁德基本思想、颜回未知仁与礼的关系、仲弓与子贡不知实行仁德方法、司马牛为人多而言躁、子张为人较为偏激等情况，作了不同的回答，这些回答的角度不同，但都围绕着仁道这一中心原则。

《论语》中还有一个针对学生缺点进行因材施教的事例。子路问："听到一个很好的主张，要立即就去做吗?"孔丘答："家里有父兄，怎能自作主张就去做呢?"冉求问："听到一个很好的主张，要立即就去做吗?"孔丘答："当然应该立即去做。"公西华对此很不理解。孔丘说："冉求遇事畏缩不前，所以要鼓励他去做。子路遇事轻率，所以要抑制一下，使他审慎些。"(《论语·先进》)这一具体的生动事例，表明他能区分不同特点，有意识、有目的地因材施教。

孔丘实行因材施教，培养了一批有才干的人才。其中尤其杰出的有10人："德行：颜渊、闵子骞、冉伯牛、仲弓。言语：宰我、子贡。政事：冉有、季路。文学：子游、子夏。"(《论语·先进》)朱熹注："弟子因孔子之言，记此十人，而且目其所长，分为四科。孔子教人，各因其材，于此可见。"所谓"四科"，并非社教之时分设四个专业，而是因材施教的结果，培养了四方面的人才。

4. 好学与实事求是的态度

孔丘认为教学需要师生双方配合协助，学生端正学习态度，是教学成功的重要条件：

(1)要有好学、乐学的态度。学生好学应当表现于实际行动，孔子说："君子食无求饱，居无求安，敏于事而慎于言，就要道而正焉，可谓好学也已。"(《论语·学而》)求学的人对于吃住问题不必过多计较，重要的是要勤敏做事，慎于言论，向有道德学问的人学习，这才算得上是好学。好学还不够，进一步还应乐学，他说："知之者不如好之者，好之者不如乐之者。"(《论语·雍也》)知道学问有用而学的人不如为了爱好学而问的人，为爱好学问而学的人不如以求学为乐的人。以学为乐的人有强烈的求知欲，对学习存在浓厚兴趣，名利引诱不能动其心，对饥寒威胁能置之度外，颜回就是乐学忘忧的人，为此受到老师的称赞。

(2)要有不耻下问的态度。有的人盲目自满，"亡而为有，虚而为赢"，孔丘认为有这种思想作风的人，难以保持一定操守和忠于仁道的原则。他要求学生"敏而好学，不耻下问"(《论语·公冶长》)即能够虚心向比自己社会地位低的人请教而不认为是羞耻的事。在孔丘教导下，颜回既是最好学也是最虚心的好学生，"以能问于不能，以多问于寡；有若无，实若虚"(《论语·泰伯》)，这种虚心求教的态度受到肯定。

(3)要有实事求是的态度。学是为了求知，知是由学而得，要知得多知得全知得真，需要有实事求是的态度。孔丘曾对子路说："由！诲女知之乎！知之为知之，不知为不知，是知也。"(《论语·为政》)知道就是知道，不知道就是不知道，不强不知为知，这才是真正的明智。研究任何问题，都有重视证据，如研究夏礼、殷礼，文献不足，证据不足，就不可勉强而随意作论断。对问题的认识还不充分，没有把握作判断的时候，应当存疑，不可想当然，贸然去行动。他说："多闻阙疑，慎言其余，则寡尤；多见阙殆，慎行其余，则寡悔。"(《论语·为政》)有阙疑的精神，甘做老实人，不强不知以为知，就可以少犯错误。研究任何问题，还有尊重客观事实，避免主观成见。他主张"毋意、毋必、毋固、毋我。"(《论语·子罕》)看问题不要从个人私意猜测出发，不要主观认定必然是怎么样，不要固执自己的成见，不要自以为自己的意见绝对正确。四个不要是从反面提问题，当然还有正面的四个要：要重视客观实际根据，要穷究事物多方面的因果联系，要吸收一切合理的意见，要服从真理以求得真理为目标。以上这些方面，都是实事求是的态度的具体表现，在学习上都有重要意义。

（二）孟轲的教育心理学思想

孟轲，战国时鲁国邹邑人。他在哲学上发展了孔丘的思想，建立了一整套理论体系。他认为人性生来就是善的，仁义礼智四种道德是出自人的本性，教育就是为了使人发展、恢复或扩充这种善良的本性。

在教育方面，孟轲继承并发展了孔丘的教育思想，对后代有巨大影响，在我国古代教育史上占有重要地位。孟轲的扩充人所固有善性的思想，蕴含着他对教育过程的基本要求，即教学活动要体现理性特点，要遵循和发展人的内在能力。这一基本要求贯穿在他的整个教学思想中。应当说明的是，孟轲思想倾向的内向，并不意味着他反对从外界获知。相反，他同样认为知识的获得离不开感知，只不过他特别强调学习中个体认识的自觉罢了。

1."深造自得"

在思维与感官之间，孟轲更倾向于强调思维。他以为扩充善性就应"从其大体"，"大体"即"心之官"。因此，人们的学习就应有一个基本要求："深造自得。"孟轲指出，深入的学习和钻研，必须要有自己的收获和见解，如此，才能形成稳固而深刻的智慧，遇事则能左右逢源，挥洒自如。(《孟子·离娄下》)据此，孟轲尤其主张学习中的独立思考和独立见解。他有一句名言："尽信《书》，则不如无《书》。(《孟子·尽心下》)"对前代文献典籍、对已有之见，不轻信，不盲从，经自己的思考而有所弃取。在谈到读《诗》时他又说："不以文害辞，不以辞害志，以意逆志，是为得之。"(《孟子·万章上》)要求读书不拘于文字和词句，而应通过思考，去体会深层意蕴。所以，学习中特别重要的是由感性学习到理性思维的转化。

2.“盈科而后进”

“盈科而后进”指出了学习和教学过程的循序渐进。孟轲以为“其进锐者其退速”，(《孟子·尽心上》)进程的过于迅疾，势必影响实际效果，致使退步也快。正确的进程应当像源源不断的流水那样，注满一个洼坎之后再注下一个洼坎，未注满时决不下流，由此渐次流入大海。这就是“不盈科不行”，“盈科而后进”的道理。他还通过“揠苗助长”的预言告诫人们必须注意到教学时一个自然有序的过程，人们应当关注并促进教学过程的实现，但决不能用“揠苗”的方法去助长，否则，“非徒无益，而又害之”。(《孟子·公孙丑上》)

3.“教亦多术”

孟轲很强调对不同情形的学生采取不同的教法。他说：“君子之所以教者五：有如时雨化之者，有成德者，有达财(材)者，有答问者，有私淑艾者。”(《孟子·尽心上》)对学生，有的应及时点化，有的应成就其德行，有的要发展其才能，有的可答其所问，不能及门者则可以间接地受教。甚至“予不屑之教诲也者，是亦教诲之而已矣。”《孟子·告子下》拒绝教诲，足以成为人的警策，事实上也成为一种教导。所以说：“教亦多术矣”，一切因人而异。

4.“专心致志”

孟轲以为，学习必须专心致志，不能三心二意。他说，以下棋这样不算太复杂的小技艺来说，也非专心致志而不可得。如果请围棋高手奕秋教两个学生下棋，一个专心致志，唯奕秋之言是听；一个耳虽听之，而心中却老想着有鸿鹄将飞来，随时准备引弓而射。同样是学习，后者必不如前者。这难道是由于他们智力上的差异吗？显然不是，所以孟轲认为，人们学习上的差异取决于其在学习过程中专心致志与否，而不是其天资的高低。

(三)荀况的教育心理学思想

荀况，字卿，又名孙卿，战国末期赵国人。荀况是中国教育史上占有重要地位的大教育家，他对于学习过程的分析相当完整而系统，在先秦教育家中是少见的。

荀况说：“不闻不若闻之，闻之不若见之，见之不若知之，知之不若行之，学至于行之而止矣。行之明也，明之为圣人。圣人也者，本仁义，当是非，齐言行，不失毫厘，无他道焉，已乎行之矣。故闻之而不见，虽博必谬；见之而不知，虽识必妄；知之而不行，虽敦必困。不闻不见，则虽当，非仁也，其道百举而百陷也。”(《荀子·儒效》)这段话表达了学习过程中阶段与过程的统一，和学习初级阶段必然向高级阶段发展、而学习的高级阶段又必须依赖于初级阶段的思想。荀况以为，闻、见、知、行每个阶段都具有充分的意义，由此构成一个完整的学习过程。

1. 闻见

荀况以为闻见是学习的起点、基础和知识的来源，人的学习开始于“天官之当簿其类”，即耳、目、鼻、口、形等感官对外物的接触后，就形成了不同的感觉，又使进一步的学习活动成为可能，所以说：“闻见之所未至，则知不能类也。”(《荀子·正名》)但是，感官和闻见又是有缺陷的。首先，感官有“各有接而不能”(《荀子·天论》)的特点，它们只能分别反映出事物之“一隅”，而无法把握其整体与规律。其次，荀况主张“善学者尽其理”，(《荀子·大略》)在闻见基础上学习必须向“尽其理”阶段发展，这就是“知之”。

2. 知

荀况说：“知通统类，如是则可谓大儒矣。”(《荀子·儒效》)学习而善于运用思维的功能去把握事物的“统类”和“道贯”，即事物的本质与规律，就能自如地应对前所未遇的事变，措施对于事变的合宜一如符节相吻合。这就是知——思维这一学习阶段的意义。荀况重视思维作用，还具体提出了一些发挥“心”的功能的方法。

其一，“兼陈万物而中悬衡。”荀况认为，人们常犯的错误是“蔽于一曲而阇于大理”，这是由于客观事物存在着诸如远与近、始与终、博与浅等等差异与矛盾，易使人仅见一隅而不见其他，而人们又往往受到自身知识、经验的局限，这样就产生了“蔽塞”。于是，荀况提出“解蔽”。如何“解蔽”？靠“无欲、无恶、无始、无终，无近、无远，无博、无浅，无古、无今，兼陈万物而中悬衡焉”，(《荀子·解蔽》)不偏执于某一事物和事物的某一方面，对事物作全面、广泛的比较、分析、综合，择其所是而弃其所非，以求如实地把握事物及其关系。

其二，“虚壹而静”。荀况认为，“心”是藏与虚、两与一、动与静的统一。首先，心能接受与储存来自外界的知识，这就是藏；但又不能让已获得的知识成为成见，妨碍新知识的接受，这就是虚。其次，心能辨别差异，同时兼知多种事物，这是两或多；但心一旦专注于此物，就不能被为心所感的他物干扰思索，这就是壹。第三，心始终在活动着，这是能动；但是又要不让无关思考的心的活动扰乱正常的思索，这是能静。心的既能藏，又总是虚；既能两——兼知众物，又能壹——潜心一物；既能开动思考，又能宁静如水，这就是达到了“大清明”的状态——既在积极活动，同时又在更高水平上清醒地把握它，使思维成为广则能兼，专则能深，亦动亦静的活动过程，就可以“坐于室而见四海，处于今而论久远……”(《荀子·解蔽》)

“大清明”是为了“知道”，但“大清明”不是终结，还存在更高水平的“知道”，那就是“体道”——行。

3. 行

荀况以为，行是学习必不可少的也是最高的阶段。他说：“君子之学也，入乎耳，著乎心，布乎四体，行乎动静。”(《荀子·劝学》)又说：“学至于行之而止矣，行之明也……”(《荀子·儒效》)在荀况看来，由学、思而得的知识还带有假设的性质，它的最终是否切实可靠，唯有通过行方能得到验证，只有到此时，“知”才能真正算“明”了。而荀况所谓行，也同样是指人的社会实践，如个人的品德修养、教人、从政治国等。

荀况的学习过程是以行为目的和归宿的完整步骤序列，对此作如此明确而系统的表述，这是荀况的贡献，但把学习终止在行，则给中国古代学习思想的人文、社会特点的形成带来极大影响。

(四)《礼记》中的教育心理学思想

《礼记》是儒家的重要典籍之一，它是对据说由孔丘删定的周代典籍《仪礼》各篇的传解，今传《礼记》，又称《小戴礼记》，它是西汉戴圣所编，共有 49 篇，主要出于孔门弟子。它不仅阐述了儒家的礼教思想，并且也记述了古代的学校制度和教育思想。

《礼记》中教育思想颇为丰富，《文王世子》《内则》等篇记载了教育内容、教育要求、儿童教育、女子教育。但教育思想集中反映在《大学》《中庸》《学记》《乐记》中。后代封建教育与它们的关系特别密切。

1.《大学》

《大学》和《中庸》经朱熹的编订和注解，和《论语》《孟子》合称为四书，成了宋代以后封建社会教育的基本教科书。

《大学》是儒家论大学教育的文章，它提出了进行大学教育的完整体系，从目的到程序，特别在政治教育和道德教育方面提出了详细的要求。

(1)“三纲领”

《大学》所提出的体系，包括所谓三纲领、八条目：“大学之道，在明明德，在亲民，在止于至善。”明明德、亲民、止于至善三点就是大学教育的三个目标，或叫做三纲领。

《大学》的思想，一般认为用于思孟学派。它从性善论出发，认为“明德”是人天生的善性，大学教育的首要目标就在于“明明德”，把天生的“明德”发扬光大，以达到修己的目的。修己是为了治人，所以《大学》教育的第二个目标是“亲民”，这是仁政思想的反映。第三个目标是“止于至善”。朱熹是这样解释的：“为人君，止于仁；为人臣，止于敬；为人子，止于孝；为人父，止于慈；与国人交，止于信。”这是《大学》所要求教育的最高目标。

(2)“八条目”

为了实现《大学》教育的三个目标，《大学》提出：格物、致知、诚意、正心、修身、齐家、治国、平天下八个条目，或说八个步骤。

格物：接触事物而搞通它的道理；

致知：应该掌握的知识全部掌握；

诚意：不自欺欺人；

正心：不为忿怒、恐惧、好乐、忧患所动摇，做到定、静、安、虑，不偏不倚；

修身：加强修养，自我完善；

齐家：治家，(“其家不可教，而能教人者，无之”)；

治国：治理好一个地区；

平天下：公正、正确地对待一切，整个中国就治理好了。

实际上前五条在于“明明德”，在于修己，后三条在于治人，在于“亲民”和“止于至善”。其中关键是“修身”，以“修身为本”。

《大学》原文说：

“古之欲明明德于天下者，失治其国；欲治其国者，先齐其家；欲齐其家者，先修其身；欲修其身者，先正其心；欲正其心者，先诚其意，欲诚其意者，先致其知，致知在格物。格物而后知至，知至而后意诚，意诚而后心正，心正而后身修，身修而后家齐，家齐而后国治，国治而后天下平。”

儒家认为，修己才能治人，所以欲齐家、治国、平天下的统治者，必先修其身。君主也还需要所有的臣民都能明明德而修其身，都能做到孝、慈、忠、信而不犯上作乱。所以《大学》说：“自天子以至于庶人，壹是皆以修身为本”。

《大学》把个人、家庭、国家三者紧紧联系在一起，从理论上进行论述，反映了家庭教育与社会教育、自我修养三者的密切关系。

总的看，《大学》教育思想可取之处在于强调“修身”，而自身修养、家庭教育是社会教育的基础，所以三者必须结合起来，才能达到教育目的。

2.《学记》

《学记》是《礼记》中的一篇，是中国古代最早的一篇专门论述教育、教学问题的论著，因此，有人认为它是“教育学的雏形”。(毛礼瑞，1985)《学记》是先秦时期儒家教育和教学活动的理论总结，它主要论述教育的具体实施，偏重于说明教学过程中的各种关系。从教育理论阐发的集中与专门而言，先秦诸子的论著中当首推《学记》。即使在《学记》诞生之后的漫长年代里，像《学记》这样专论教育并达到较高理论水平的教育论著也不多见。

《学记》的作者一般认为是思孟学派，甚至可以具体说是孟轲学生乐正克。但《学记》也吸取了儒家内外其他派别的思想。《学记》全文不过1200多字，但内容却颇为丰富，主要包括关于教育作用和教育目的、教育制度和学习管理、教育、教学原则与方法等几个大部分。

(1)教育作用与教育目的

《学记》本着儒家的德治精神，认为实现良好的政治的最佳途径是“化民成俗”，即兴办学校，推行教育，培育人才，以教化人民群众遵守社会秩序，养成良风美俗。因此，它用格言化的语言说道：“建国君民，教学为先”，“君子如欲化民成俗，其必由学乎!”《学记》承袭了先秦儒家的一贯思想，把教育视为政治的最佳手段，表现了对教育作用于目的的基本看法。

为何说“建国君民，教学为先”呢?《学记》认为，“玉不琢，不成器；人不学，不知道。”玉材不会自然成为美器，人也不会自然懂得立身处世之道。如同对玉的雕琢一样，教育通过对人有目的、有计划的培养，使每个人都形成良好的道德和智慧，懂得去维护国家利益和社会安定。

可见，首先，《学记》将教育与政治高度结合起来，使教育成为政治的手段。其次，尽管也说明了教育在人的发展中的作用，但人的发展问题是服从于政治与社会的发展的。因此，教育与人的关系只是一个中介。《学记》对教育的这种看法就成为以后历代学者看待教育的基本出发点。

(2)教育制度与学校管理

《学记》关于教育制度和学校管理的设想包括两部分内容。

①学制与学年

关于学制系统，《学记》说：“古之教者，家有塾，党有庠，术(遂)有序，国有学。”以托古的方式提出了从中央到地方按行政建制建学的设想。这个设想产生于古代学校制度的传说，但对后世封建国家兴办学校有很大影响。有些重大的教育改革和发展计划，就以此为历史根据。

关于学年，《学记》把大学教育的年限定为两段、五级、九年。第一、三、五、七学年毕，共四级，为一段，七年完成，谓之“小成”。第九学年毕为第二段，共一级，考试合格，谓之“大成”。由此可以看到古代年级制的萌芽。

②视学与考试　《学记》十分重视大学开学和入学教育，把它作为教育管理的重要环节来抓。开学这天，天子率百官亲临学宫，参加开学典礼，祭祀“先圣先师”，还定期视察学宫，体现国家对教育的重视。

新生入学，“官其始也”，使学生明确为日后从政而学习的目的。学习还重视学业的训诫仪式：听见鼓声，打开书箧上课，以示敬业；备有戒尺，以作训诫，维持严肃秩序。

学习过程中，规定每隔一年考查一次，以表示这一阶段学业的完成。考试常由主管学校的官员亲临主持。考查内容包括学业成绩和道德品行，不同年级有不同要求。

第一年“视离经辨志”，考查阅读能力方面能否分析章句，思想品德方面是否确立高尚的志向。

第三年“视敬业乐群”，考查对学业的态度是否专心致志和与同学相处能否团结友爱。

第五年“视博习亲师”，考查学识的广博程度和对老师是否亲密无间。

第七年“视论学取友”，考查学术见解和交友择友。合格者为“小成”。

第九年要求“知类通达，强力而不反”，考查学术上的融会贯通和志向上坚定不移。合格者为“大成”。

整个考试制度体现了循序渐进，德治并重的特点。

(3)教育、教学的原则与方法

《学记》这一部分的价值很大，在整篇《学记》中所占篇幅、字数也最多，叙述了教育实施过程中的一系列问题，涉及教育教学原则、教学方法和教师等方面。

①教育教学原则

a. 预防性原则。《学记》说：“禁于未发之谓预，”要求事先估计到学生可能会产生的种种不良倾向，预先采取防止措施。否则，“发然后禁，则扞格而不胜。”当不良倾向已经发生甚至积习已深时再作教育引导，就会格格不入而倍感困难。

b. 及时施教原则。“当其可之谓时”，掌握学习的最佳时机，适时而学，适时而教。否则，“时过而后学，则勤苦而难成。”这已涉及教学中学生的年龄特征，心理准备、教学内容和顺序等问题，要求寻找诸因素的最佳组合点，使教学显见成效。

c. 循序渐进原则。“不陵节而施之谓孙”，教学必须遵循一定的顺序(“孙”)。可以理解为内容的顺序和年龄的顺序。如果“杂施而不孙”，杂乱施教而无合理的顺序，其效果将适得其反。因此要“学不躐等。”

d. 学习观摩原则。“相观而善之谓摩，”学习中要相互观摩，相互学习，取长补短，在集体中学习，借助集体的力量进行学习。否则，“读学而无友，则孤陋而寡闻”。

e. 长善救失原则。《学记》认为，“学者有四失，教者必知之。人之学也，或失则多，或失则寡，或失则易，或失则止。此四者，心之莫同也。知其心，然后能救其失也。”指出了学生学习中存在的四种缺点，即贪多务得、片面专精、浮躁及轻心、畏难不前。这四种缺点又是“心之莫同”——个体的心理差异造成的。因此，教师要掌握学生的心理差异，认识到它的两重性，即“多、寡、易、止，虽各有失，而多者便于博，寡者易于专，易者勇于行，止者安其序，亦各有善焉，就其失则善长矣。”所以《学记》揭示了学生中长短、得失的辩证关系，要求“教者也，长善而救其失者也”。教师要注意学生的个别差异，帮助他们发扬优点，克服缺点。

f. 启发诱导原则。“君子之交，喻也”，教学要注重启发。一味让学生死记硬背，或者频繁发问、只顾赶进度，而不顾学生的兴趣、接受能力和学习效果，学生就会以学习为苦差事，甚至怨恨老师，并很快地把所学的东西丢得一干二净。因此，教学要重启发诱导，注意“道(导)而弗牵”，教师引导，但又不牵着学生鼻子走；“强而弗抑”，督促勉励，又不勉强、压抑；“开而弗达”，打开思路，但不提供现成答案。《学记》以为，懂得启发的教师，才算是懂得教学的教师。

g. 藏息相符原则。“藏焉修焉，息焉游焉”，“时教必有正业，退息必有居学。”是说既有计划的正课学习，又有课外活动和自习，有张有弛，让学生感到学习的乐趣，感受到老师、同学的可亲可爱，使学习成为学生的一种内在需要。

②教学方法

《学记》对一些教学方法也有精当的阐述。

a. 讲解法。它提出：“约而达”(语言简约而意思通达)，“微而臧”(义理微妙而说的精善)，“罕譬而喻”(举少量典型的例证而使道理明白易晓)。

b. 问答法。教师的提问应先简易，后难坚，要循着问题的内在逻辑。而答问则应随所问，有针对性地作答，恰如其分，适可而止，无过与不及。

c. 练习法。如学诗须多诵读吟唱，学乐则须多操琴拨弦，学礼则多按规矩去做。根据学习的内容，来安排必要的练习，练习需要有规范，并且应逐步地进行。

③教师

《学记》十分尊师，它说：“三王四代唯其师”。为什么夏、商、周都要重视择师呢？首先，社会上每个人，从君到民都是教师教出来的，尤其是以教育为治术就离不开好老师。所以要能够“师严”——尊师，“师严然后道尊，道尊然后民之敬学”。社会要尊师，君主应当带头。当人成为教师时，君主就不能以臣下之礼待之。其次，《学记》以为：“能为师然后能为长，能为长然后能为君”，把为师、为长、为君视为一个逻辑过程，使为师实际上成为为君的一种素质、一项使命，就使尊师具备了更加丰富的内涵，而与《大学》的三纲领、八条目取得了一致。

教师的作用既然如此重要，《学记》对教师提出了一些要求，如上述种种教学原则与方法，此外，它还概括出一条教师自我提高的规律——“教学相长”。它说：“虽有嘉肴，弗食不知其旨也；虽有至道，弗学不知其善也。是故学然后知不足，教然后知困。知不足，然后能自反也；知困，然后能自强也。故曰教学相长也。”

“教学相长”的本意并非是指教与学双方的相互促进，而是仅指教这一方的以教为学。它说明了教师本身的学习是一种学习，而它教导他人的过程更是一种学习。正是这两种不同形式的学习相互推动，使教师不断进步。因此，《学记》引《尚书·兑命》说：“学(教)学半”。但后人在注释“教学相长”时，有人望文生义，做了引申，将其视为教学过程中的教师、学生双方都互相促进、共同提高的过程。因此就将其也作为《学记》所提出的一条重要教学原则。“教学相长”有本义与引申意之分，但无论如何，“教学相长”的概括毕竟是《学记》对教育理论的一大贡献。

《学记》为中国教育理论发展树立了典范，其历史意义和理论价值十分显著。它的出现意味着中国古代教育思维专门化的形成，是中国教育理论发展的良好开端。

(五)朱熹的教育心理学思想

朱熹(1130—1200)，祖籍安徽婺源。朱熹继承了程颐的客观唯心主义哲学思想并有极大发展，成为宋代理学思想的集大成者。他的理学思想在我国封建社会后期占统治地位。

1. 关于教育目的、作用的主张

朱熹的教育思想是以他的“理”一元论的客观唯心主义哲学体系为基础的。理学教育思想在其关于教育作用和目的的主张上，体现得尤为充分。

朱熹承袭儒家学者的一贯主张，认为教育的目的、作用就在于“明人伦”。他说：“父子有亲，君臣有义，夫妇有别，长幼有序，朋友有信，此人之大伦也。庠、序、学、校皆以明此而已。”(《孟子集注》卷五)在《白鹿洞书院揭示》里，他明确把“父子有亲”等列为五教之目，指出：“学者，学此而已”，还认为，若能做到“明人伦”也就是圣贤一类了。朱熹在阐述理学的基本理论时，把“存天理、灭人欲”的“复性”之说，与“明人伦”的教育目的、作用等同起来。他说：“古之圣王，设为学校，以教天下之人。……必皆有以去其气质之偏，物欲之蔽，以复其性，以尽其伦而后已焉。”(《朱文公文集》卷十五)把儒家传统的教育观点，用理学作了新解释。

朱熹认为，“理”或“天理”是宇宙的本源。天理“挂搭”在人身上，叫做“性”。他说；“性者，人之所得于天理也”，“性即理也”。他采取“二程”和张载把“性”区分为“天命之性”和“气质之性”的说法，认为具有“天理”的人性，叫做“天命之性”；“理”与“气”相杂的人性叫做“气质之性”。“理”是最高最完美的；“气”有清浊、昏明的差别，所以气质之性有善有不善。清明至善者即为“天理”，昏浊不善者即为“人欲”。既然“气质之性”中，理和气，善与不善，杂然并存，就要通过教育把“气”与“不善”清除干净。这个清除过程，就是“复性”的过程，就是“存天理、灭人欲”的工夫。

朱熹还认为，“性”和“心”有相互关系。他在“天命之性”和“气质之性”的基础上，又把“心”相应地分为本体和作用两方面。本体“心”叫做“道心”；“心”的作用，叫做“人心”。这是由于禀气不同所致，来源于“性命之正”而出乎“义理”的是“道心”；来源于“形体之私”而出乎“私欲”的则是“人心”。但是“道心”在“人心”之中，只能通过“人心”而显现，所以难免要受“人心”私欲的牵累和蒙蔽，而难以显露出来。朱熹根据《尚书·大禹漠》“人心惟危，道心惟微，惟精惟一，允执厥中”之说，要求人们通过修心养性，使“人心”转危为安，“道心”由隐而显，“人心”变为“道心”处于支配地位，而把

“人心”变为“道心”的过程，即是“复性”的过程，也就是“存天理、灭人欲”的过程。这里所说的“复性”、“存天理、灭人欲”也就是朱熹所主张的教育的作用和目的。朱惠说：“革尽人欲，复尽天理，方始是学……圣人千言万语，只是教人明天理，灭人欲。”(《朱子语类》卷十三)

朱熹针对不同人禀受“天理”和蒙受“人欲”的不同情况，提出了不同的教育目标。

朱熹认为，“圣人”先天生来是由“清明之气”形成的，因而没有丝毫昏浊的混杂。他说：“天下至诚，谓圣人之德之实，天下莫能加也。尽其性者，德无不实，故无人欲之私，而天命之在赶者，察之同之，巨细精粗，无毫发之有尽也。”(《中庸章句》第二十二章)因此圣人是不需要教育的。“贤人”则次于“圣人”，必须通过教育，才能达到“亦无异于圣人”的地步。他说：“先明乎善，而后能实其善者，贤人之学。由教而人者也，人道也。诚则无不明矣，明则可以至于诚矣。”(《中庸章句》第二十一章)至于“中人”的培养，教育则起重要作用。他引荀况的话说：“教化之行，挽中人而进于君子之域；教化之废，推中人而堕于小人之涂。”(《朱子语类》卷一〇八)在他看来，“中人”由于“气质”之偏，“物欲”之蔽，因而介乎于“君子”与“小人”之间，是很不稳定的，如果施以教育，“存天理，灭人欲”，就可使其成为“君子”；如果不加以教育，也可以推中人为“恶人”。

2. 关于教育阶段的划分和教育内容的安排

朱熹把教育分成“小学”和“大学”两个阶段。他说：“大学者，大人之学也。古之为教者，有小子之学，有大人之学。”(《朱子文集》卷十五《经筵讲义》)划分教育阶段的根据是年龄和智力发展水平，因此在学习内容和培养要求上，也有所不同。两个阶段对于人的成长，分别有其意义和作用，然而又是有机联系的。他说：“古之教者，有小学有大学，其道则一而已。小学是事，如事君事父兄等事。大学是发明此事之理。”(《小学辑说》)“古人由小学而进于大学……特因小学已成之功。”(《小学辑说》)又说：“古人之学，固以致知为先，然其始也，必养之于小学……圣人开示后人进学门庭，先后次序，极为明备。”(《小学辑说》)朱熹认为，8岁至15岁是小学阶段，是打基础的阶段，教学内容是“学其事”，即须从洒扫应对进退开始，将礼教教给儿童，进而教他们诗、书、礼、乐之文，使儿童在日常生活上，具体行事上，熟悉伦理纲常，达到存养已熟、根基已深的程度。他说：“人生八岁，自王公以下，至于庶人之子弟，皆入小学，而教之以洒扫、应对、进退之节，礼、乐、射、御、书、数之文。”(《朱子文集》卷七十六《大学章句序》)儿童通过“学其事”而知其然并养成习惯，形成封建教育所要培养的人格。

朱熹非常重视“小学”阶段教育，他曾专门编著《小学》作为这个阶段的教材。在书里，他把古人贤人的“嘉言懿行”汇集起来，分为内外篇，共385章，以立教、明伦、修身、稽古为纲，以君臣、父子、夫妇、长幼、朋友、心术、感化、衣服、饮食为目，引用许多格言故事，具体形象地给学生举出榜样，使学生即读、即教、即知、即行，通过行动，学习榜样，达到“习与智长，化与心成”。朱熹的这些主张，是符合教育心理规律的。

大学阶段，是15岁以后。在此期间则要“教之以穷理、正心、修己、治人之道”(《朱子文集》卷七十六《大学章句序》)。就是要在小学“学其事”的基础上，以“明其理”，按照格物、致知、正心、诚意、修身、齐家、治国、平天下的步骤，使其“明明德”，最后达到“止于至善”的目的。正因为大学阶段使人明理的重要性，朱熹精心为此规划了教学内容和学习步骤，尤其是在浩繁的儒家著作中，提出《论语》《孟子》《大学》《中庸》四书，作为大学的基本教材，并亲自用理学观点，对各书进行重新解释，对于封建社会后期官学教育，产生深远影响。“四书”经他提倡，成为大学的基础读物，只有学完“四书”，才可再读“五经”，甚至其地位和作用竟超出“五经”，对于巩固封建统治，起到极为重要的作用。

朱熹以“小学”、“大学”划分教育阶段及其教育内容的主张，自是封建伦理之教，以培养“君子”、“圣贤”为目的。但这种由近及远，由简单到复杂，由具体到抽象，考虑到年龄特点的意见，在古代教育理论中值得重视。

3. 教学的原则和方法

朱熹在教育活动中，非常重视讲求教学方法，他在《四书集注》里，提出“道有定体，教有成法”，要采取“非难非易”的适当方法，引导学生有所得。还提出“事必有法，然后可成。师舍是则无以教，弟子舍是则无以学。曲艺且然，况圣人之道乎”(《孟子集注·告子》)。正因为朱熹强调教学有法，因而在他多年的教学实践中，积累了许多教学的原则和方法，论述十分丰富。归纳起来，主要有以下几点：

(1)居敬穷理

朱熹的理学教育中心是道德修养或道德教育。他从“性即理”出发，提出了“居敬穷理”的为学之方，这是其教育原则的总纲。

朱熹继承程颐“涵养须用敬，进学则在致知”之说，提出“致知必须穷理，持敬则须主一”的为学原则，而在二者中“持敬又是穷理之本”。所谓“居敬”就是正心、诚意、存养收敛的工夫，也就是静的工夫，也可以说是“专一”。既然“性即理”，因此要去掉气质之性中不善的成分，就必须具有这种精神状态，才能“致精之本”，体会到“天理”。所以“穷理”就是通过格物致知工夫达到穷尽事物之理的目的。要达到致知的目的，读书是主要途径。他说，“天下之物，莫不有理，而其精蕴，则已具于圣贤之书，故必由是以求之”，所以他说的“格物穷理”，实有“读书穷理”之意。“为学之道，莫先于穷理，穷理之要必在于读书；读书之法英贵于循序而致精，而致精之本，则在于居敬而持志，此不易之理也。”(《性理精义》卷七)

(2)学思力行

朱熹在《白鹿洞书院揭示》中，引用《中庸》的“博学之，审问之，慎思之，明辨之，笃行之”教学五步为“为学之序”。前四个步骤总的意思是“格物穷理”，思辨达到穷理；最后一步则为“笃行”，就是要认真实行。这里反映了朱熹的知行观，也是他所主张的一个教学原则。朱熹认为，知行二者互相依赖，缺一不可，“如目无足不行，足无目不见”。(《朱子语类辑略》)但他又说：“论先后知为先，论轻重行为重”(《朱子语类辑略》)，既强调“行为重”，又强调“知为先”，理论上呈现矛盾。然而纵观朱熹理学教育思想，毕竟有强调“行”的一面。他说：“苟知其理之当然，而责其身以必然”，要求学者不能满足于学得博杂的知识，用来沽名钓誉，争权夺利，而是要用来“修己治人”。他的“行”主要含义是封建道德的实践，但他把力行作为教育的一个原则，是有一定意义的。

(3)因材施教

朱熹对于先秦儒家因材施教的论述是很赞同的，通过他的教学实践，对此原则有所发展。他在《四书集注》中多处表达了因材施教的主张。《论语》载，孔子将其十大弟子分为“德行”、“言语”、“政事”、“文学”四科，朱熹注释说：“目其所长，分为四科，孔子教人，各因其材，于此可见。”《孟子集注・尽心》“有成德者，有达材者”，朱熹注云：“此各因其所长而教之者也。”“圣贤施教，各因其材，小以小成，大以大成，无弃人也。”他把这种“因材施教”的方法，比喻为草木之生，如得及时之雨，“草木之生，播种封植，人力已至，而未能自化。所少者，雨露之滋耳，及此时而雨之则其化速矣，教人之妙，亦犹是也”。《四书集注》反复提到“因材施教”原则，着重在说明“各因其所长而教之”。这个原则，经朱熹提倡，被后世教育家所重视，在教学中长期应用。

(4)循序渐进

朱熹十分强调教学有序，不可躐等。他说："事有大小，理无大小，故教人有秩而不可躐等。"又说"君子教人有序，先传以小者近者，后传以远者大者。"这正是他"小学"、"大学"教学内容安排的依据。他在《四书集注》中多处表达了这个观点：《论语集注·宪问》"不怨天不尤人，下学而上达"句注云："此但言其后已自修，循序渐进耳。"在《孟子集注·尽心》"孔子登东山而小鲁"章注曰："此章言圣人之道，大而有本，学之者必有其渐，才能至也。"这里的"学以渐而至"，所指就是如流水盈科而后进那样，学习要在前一段学习基础上，才能有新的发展。

和"循序渐进"相联系，朱熹认为学业进步的关键在学者的主观努力。他在《论语集注·子罕》"譬如为山"章注说："学者自强不息，则积少成多；中道而止，则前功尽弃。"从此观点出发，他提出"鲁能深造"的见解。在《论语集注·先进》"柴也愚"章注说："曾子之学，诚笃而已。圣门学者，聪明才辨，不为不多，而卒传其道，乃质鲁之人尔。故学以诚实为贵。尹氏曰：曾子之才鲁，故其学也确，所以能深造乎道也。"从而他反对才高志小、好高骛远的学风，他说："学问虽不可安于小成，而不求造道之极致；亦不可骛于虚远，而不察切己之实病也。"

二、20世纪中国教育心理学的发展

教育心理学思想在我国起源很早，春秋战国时期的一些著名教育家的著作中就有不少教育心理学观点，但把教育心理学作为一门学科而加以专门研究，却是20世纪初的事。

我国教育心理学的发展可分为三个阶段：

(一)自20世纪初至1949年新中国成立之前

这一时期主要是译介国外的教育心理学。我国出版的第一本教育心理学著作是房东岳译日本小原又一所著的《教育实用心理学》(1908年版)，除此以外，还有陆志韦译桑代克《教育心理学概论》(1926年版)，陈德荣译盖茨《教育心理学》(1933年版)，吴绍熙译何林华《教育心理学》(1939年版)等。

1924年，廖世承编写了我国第一本《教育心理学》教科书，此后，潘菽、陈选善、肖孝嵘等，也分别于1935年、1938年和1940年先后编著了教育心理学的教科书，并结合我国的实际对学科心理、教育与心理测量进行了一定的科学研究，为我国教育心理学的创立和发展做了不少工作。但当时研究问题的方法与观点，大都模仿西方，很少创见，没有自己的理论基础。

根据自己的研究成果写成的第一本教育心理学著作的人是陈鹤琴。1925 年他在对自己的孩子进行了 808 天追踪研究的基础上，写出了著名的《儿童心理之研究》一书，该书是我国儿童心理学的一本开拓性和奠基性的著作。同年，在此基础上，他又写出了《家庭教育》一书，该书被誉为儿童心理学理论与教育实践结合的典范。在该书中他提出“我们教育小孩子必须要了解小孩子的心理，若能依据小孩子的心理而施行教育，那么教育必有良好的效果”的思想。之后，肖孝嵘于 1933 年出版了《实验儿童心理学》，黄翼于 1942 年出版了《儿童心理学》。此外陆志韦与吴天敏一道于 1929 年、1936 年两次对比奈－西蒙智力量表进行修订。

(二)从新中国成立到“文化大革命”开始

20 世纪 50 年代初，我国主要是学习和介绍苏联的教育心理学理论和研究成果，并试图以马列主义的原理和方法论对以前的教育心理学加以改造，以明确我国的教育心理学的发展方向。同时也结合当时的教育改革，对儿童入学年龄问题、学科教学改革问题、品德和劳动教育中的心理学问题作了一些实验研究。巴甫洛夫学说的传入，对教育心理学也产生了较大影响。他的两种信号系统学说，给教育心理学提供了新的理论根据，也为其找到了与自然科学相联系的纽带。第二信号系统学说的提出，使儿童言语与思维的问题成为教育心理学研究的主要对象。

1949 年以后，中国教育心理学曾经取得了一定的成绩。但 1958 年一度兴起的“批判心理学资产阶级方向”的运动，几乎使我国的教育心理学濒临夭折。1962 年，由中国心理学会召开了教育心理学专业会议，成立了教育心理学专业委员会，我国的教育心理学又重新得到发展，研究范围也有所扩大，包括学习心理、德育心理、学科心理、个别差异、学习阶段的划分以及教学方法的改革等诸方面。1963 年潘菽主编的《教育心理学》(讨论稿)内部印行使用，各师范院校教育系也相继重开教育心理学课程。但是从 1966 年开始一直到 1977 年，因历史的原因，中国教育心理学的发展处于停滞状态。

(三)“文化大革命”结束后

20 世纪 70 年代后期，教育心理学的研究工作得到恢复和发展，研究队伍不断扩大，研究课题逐渐展开，对学习心理问题，教育心理学的基本理论问题，教育与发展问题，品德心理学问题，教育与心理测量，教师心理以及教育社会心理学问题等方面都着手进行探讨。

1980年出版的潘菽主编的《教育心理学》教科书，反映了我国教育心理学界的一般观点和一些研究成果。在该书中潘菽明确提出："教育对儿童的心理发展起主导作用。但是，只有当教育工作符合儿童心理发展的规律时，才能起到它应有的积极作用。"此后，一些有关教育心理学方面的译著、专著和教材相继出版，教育心理学空前繁荣。代表性的有张德琇的《教育心理研究》(1981)，邵瑞珍的《教育心理学——学与教的原理》(1983)，冯忠良的《学习心理学》(1983)，邵瑞珍和皮连生的《教育心理学》(1988)，韩进之主编的《教育心理学纲要》(1989)，邵瑞珍等的《学与教的心理学》(1990)，冯忠良的《结构——定向教学的理论与实践》(1992)，林崇德的《学习与发展》(1992)，张必隐的《阅读心理学》(1992)，李伯黍、燕国材主编的《教育心理学》(1993)，章志光主编的《小学教育心理学》(1996)，皮连生的《智育心理学》(1996)，陈琼、刘儒德主编的《当代教育心理学》(1997)，张大均主编的《教学心理学》(1997)。

目前我国教育心理学工作者们正在不断地吸收国外先进的科研成果，结合我国教育教学的实际，开展理论和应用研究。

第三章　教育心理学的研究方法

和所有学科的研究一样，作为一门独立学科的教育心理学，也有自己特有的研究方法。

自从科学的心理学诞生之后，心理学一直努力遵循自然科学的研究范式，对各种心理现象进行精确的、定量的研究。但心理学又不同于一般的自然科学，相比之下，心理现象更为复杂，而且具有明显的社会性和历史文化特征，因而，心理学的研究方法又有很多独特之处，这在教育心理学的研究中表现得尤其突出。为更好地理解教育心理学的研究成果，同时以一定方式进行关于学习、教学的研究和探索，了解教育心理学的研究方法是很必要的。

第一节　教育心理学研究的基本原则

所谓研究原则，实际上就是方法论问题，即指教育心理学研究的指导思想。教育心理学的方法论是唯物辩证法。为了贯彻唯物辩证法，在教育心理学研究中要坚持客观性原则、系统性原则和理论联系实际的原则，只有这样，才能对教育过程中的心理现象作出科学的解释。

一、客观性原则

客观性原则，就是遵循实事求是的原则，按照客观事物的本来面目予以揭示，以研究心理的本质、规律、机制和事实。心理现象作为一种反映过程，它是由客观事物引起的，通过个体内部一系列的心理生理变化，表现为人的外部活动。因此，客观地研究心理现象是完全可能的。教育心理学的研究过程，尤其在实验设计、材料收集上要注意尊重客观事实，从心理现象所依存的客观条件和外部活动表现去揭示规律；从客观事实到研究结论的推论也要建立在逻辑规则上，要注意全面分析，不可任意取舍。

客观性原则主要包括两层含义：一是尊重客观事实，而不凭臆测加以歪曲；二是在实验中要严格控制无关变量，平衡或消除各种影响因素，真正而准确地反映实验研究的变量关系。例如，研究中学生的智力发展水平以及学习策略，我们可以采取这样的方法：要求学生把一系列数字加起来，观察他们给出什么答案，记录他们的作答时间，就可以间接推知其智力发展水平情况。如果让儿童在做题时说出头脑中进行的所有活动，详细记录，然后进行分析，还可以了解到在解题时所使用的策略。在这里，需要遵循的客观性体现在：一是在整个实验过程中，要客观正确地记录实验进程和结果；二是在实验控制上，要切实控制好实验的环境、被试的人口学变量等，真正做到标准化。

为了更好地贯彻客观性原则，在研究中要做到以下几点：第一，研究设计要从客观实际出发，坚持实事求是的态度；第二，收集资料要如实地记录被试者的外部刺激、机体反应、行为表现及口头报告，不能用推断、臆测代替客观事实；第三，要对所获得的全部资料，包括相互矛盾的事实，进行全面的分析，在此基础上，才能做出最后结论。

二、系统性原则

所谓系统性原则，就是用系统论来考察心理现象，把人的心理作为一个整体的、动态的系统加以考察。要求研究者以系统的观点多层次、多侧面进行研究，不能孤立片面地看问题。研究要取得可靠的结果，需要全面考虑、深入分析研究对象各系统、各要素的关系。

人的心理是具有各种机能的有机整体。无论我们对人的心理现象作怎样的分类，这些分类在一定程度上都是有条件的。在特定个体身上，各种心理现象总是相互联系而成为一个统一的整体。离开了人的心理的整体性，各种心理现象的特性及其相互作用便无法理解。同时，人的心理又处于各种不同的关系(心理与环境刺激的关系、心理与生理、心理与行为活动的关系)之中，因而又表现出具有不同的质的特点。在教育心理学中，教一学过程的各个因素和环节都是紧密相联的，真可谓牵一发而动全身。例如，教学效果、学习动机、学生需要、学生归因、学生期望、学生自我效能感、教学内容、教学方法、教师的期望学习环境、课堂管理等因素都是相互影响着的。因此，在研究工作中就应全面地考察心理的各种关系。

贯彻系统性原则，在研究中要做到：第一，研究设计要考虑心理的发展、变化，要考虑被研究的心理现象与其他心理现象之间的关系；第二，在研究过程中，要善于发现处于萌芽的心理特点，切忌用固定的眼光看待学生。

三、理论联系实际的原则

教育心理学的研究，从选题到具体研究过程，都要做到以教育心理学的理论为指导，避免研究的盲目性，增强自觉性，提高研究的效率和水平，并从教育实际需要出发，最终要解决教育教学实际中的问题。

理论联系实际原则要求在研究中要做到：一是教育心理学研究要从教育实践出发，特别要注意教育改革中的心理学问题，结合教改开展研究；二是研究的成果要应用于教学实践，接受实践的检验。

在重视理论指导的同时，要重视对于教育实践的考察和研究，从教育实际需要出发，解决教育、教学中的实际问题，与学校的教育、教学改革联系起来，这样才会有所发现，有所进步，也才可能形成具有中国特色的研究成果。

四、教育性原则

教育心理学的研究应注意贯彻教育性原则，也就是说，研究者进行研究要符合学生身心发展规律，具有教育意义，有利于学生的正常发展。一切不利于学生身心健康的研究都是不允许的，这是进行教育心理学研究不容违背的一条基本原则。

研究教育过程中的心理活动及其规律是为了更有效地学与教，而不是为研究而研究。在教育心理学研究中坚持教育性原则，不仅要在选题上考虑教育意义，使其结果有助于教学、教育质量的提高，而且要在研究设计和研究过程中注意对学生有良好的教育影响，不能有损学生身心健康。这就要求研究者必须保持教育者的意识，把促进学生心理发展与所进行的研究协调一致起来。

第二节　教育心理学的主要研究方法

教育心理学主要是研究教育教学过程中，学生的心理过程。主要通过学生的所作所为、所思所想以及学习成果来表现。教育心理学的研究方法是多种多样的，一般来说，普通心理学的方法都适用于教育心理学，同时教育心理学也有自己独特的研究方法，如自然实验在教育心理学中的应用范围较广。针对教育心理学不同方面的研究，其研究方法也存在较大差异。

总体而言，教育心理学的研究方法可以分为两大类：质的研究方法和量的研究方法。

由于在教育、教学过程中的心理现象是十分复杂的。因此，在研究中既要重视定量的研究，也要重视定性的研究。

一、质的研究方法

质的研究，是以研究者本人作为研究工具，在自然情境下，采用多种资料收集方法，对社会现象进行整体性探究，使用归纳法分析资料和形成理论，通过与研究对象互动，对其行为和意义建构获得解释性理解的一种活动(陈向明，2000)；是通过深入的体验、调查和分析而获得对事物的认识，结果用文字叙述。具体到教育心理学中，就是对学生在不同教学方式下动机行为的具体特征、注意力集中的表现、参与教学的状况、兴趣性表现、师生互动的情况、课堂气氛以及学生的主观报告等内容进行分析。

质的研究方法，旨在通过观察并记录教育过程中某些心理活动的表现或行为变化，来揭示研究对象的心理与行为特征。这种策略用于收集资料的主要方法有观察法、个案法、访谈法、产品分析法等。

(一)观察法

观察法是在自然条件下，对表现心理现象的外部活动进行有系统、有计划的观察，从中发现心理现象产生和发展的规律性。在教育心理学中，通过观察学生在课堂上的所作所为，捕捉所需要的信息并记录下来，从而对学生心理进行了解并对其做出科学解释。

在学校教学、教育活动中，教师经常采用此法观察学生在课堂中的行为，这可以获得多方面的资料。如通过观察，随时注意学生学习进步的情况，或学习的困难所在，作为辅导学生学习与调整教学方法的参考，教师可以发现学生对自己的反应，借此加强或改进师生间的关系。

观察法是教育心理学中方便易行，最基本、最普遍的研究方法，它可以直接使用，也可以结合其他方法进行。采用观察法要求做到：①有明确的目的和计划；②做好全面而细致的记录，以备反复观察和分析。除了文字记录外还可以利用录像、录音等现代化手段。③研究者要有一定的经验，熟悉所研究的教育过程以及其中的心理现象，能够在繁杂的现象中抓住所需要观察的事实和材料，并发现各种现象间的联系。④对所获取的资料做出切合实际的推论或结论。

观察法所观察的行为发生在自然环境中，被观察者的行为比较自然。尤其是当需要了解行为的自然状态或对一些隐秘行为进行研究时，其他方法难于取代。

但是观察不是一种很严密精确的方法，应用观察法只能了解学生心理活动的某些自然的外部表现，观察者处于被动状态，而不能对心理活动的进行施加影响，从而更深入地了解它的过程。观察积累的资料只能说明“是什么”，不能解释“为什么”。同时，观察者所获得的资料，难免带有主观的色彩，因而影响其准确性。

为了使观察客观、准确，观察者宜注意下列几点：①每次观察不宜太广泛，最好只观察少数或一种行为；②所观察的行为须事先明确规定；③观察时应随时记录，或利用录音、录像帮助；④每次宜用较短的时间，对同一类行为，可做多次重复观察，即采用“时间取样”(time sampling)方式进行。

（二）个案研究法

个案研究法，简称个案法。是对单一研究对象的某个或某些方面问题，进行广泛深入研究的方法。

个案法是对少数人或个别人进行追踪研究的一种方法，它可以对一个人的心理发展过程进行比较系统、全面的研究；也可以对一个人某一心理活动的发展进行研究；或对某几个人同一心理活动的发展进行研究。

个案法是儿童心理学、教育心理学和医学心理学中经常采用的一种研究方法。比较适合进行特例研究，如对智力落后儿童、智力超常儿童、学习困难儿童、品德不良儿童等进行研究。

个案研究由于研究的是个别学生，特别是针对那些学习上有困难或行为上有问题的学生进行研究，需要深入地了解。因此，对个案本人的有关资料，必须搜集齐全，除学校现成资料以外，其他如教师、同学的意见以及对学生的直接观察和与学生本人的交谈，更是非常重要的资料。

要使个案研究顺利而有效地进行，研究者除深入了解被试的各种情况以外，还应与学生多接近，建立友谊，保持良好关系，能给学生解决一些困难，使其充分信任研究者的帮助和关心，这样，个案研究才会取得良好的效果。

(三)访谈法

访谈法是通过与被研究者的交谈来收集有关资料，可以了解学生在课堂上的所思所想。教育心理学研究通常将访谈法作为一种辅助手段来使用。访谈法是指与被调查者面对面地以口头言语的方式就某些特定问题进行交谈，从而获得资料的方法。这种方法适合对单个被试进行深入调查，尤其适合无法进行问卷调查法的情形。

深入访谈法是一种非结构式访谈，在访谈的过程中调查者无须按照预定的访谈结构和问题机械地提问，被调查者也无须按备选答案对问题做出回答，是就某一主题与被调查者进行自由、深入的交谈。

(四)产品分析法

对被试完成的产品进行心理学分析，是指通过对学生在学习生活过程中积累的有关文件进行分析，来了解心理活动的过程及其特点的方法。所谓的产品，包括学生的信件、作文、图画、算草、考卷、日记、平时的作业、考试成绩以及以往在校的行为记录等。

活动产品的心理分析是观察的一种变式。学生的产品，都表现着学生的心理活动过程及不同的心理特点。通过对活动产品的心理学分析，可以了解学生的观察、记忆、想象和思维的某些过程和特点，也部分地可以作为评定学生的兴趣、性格等特点的一种材料。

二、量的研究方法

所谓定量研究，是通过对事物可以量化部分的测量、分析来把握事物，结果以数字呈现。量的研究方法是一种运用数学工具收集、处理研究资料的方法。量的研究方法，主要包括：实验法、问卷调查法、测量法。

(一)实验法

实验法主要包括实验室实验法和自然实验法。

实验室实验通常是在实验室内进行，采用一定的实验设备或仪器，严格控制实验条件，以探索心理活动规律的方法，可以研究感知、注意、记忆、思维等简单的心理活动。实验室实验的优点是采用精密的实验仪器，实验结果精确地数量化；其缺点是实验室的环境与真实生活环境存在一定的差距，因而实验结果可推广性存在一定的问题。

自然实验是介于实验室实验和自然观察之间的一种方法，就是在教学条件下观察学生行为变化。在实际的教育教学情况下，根据研究的目的有计划地变更某些条件、控制其他条件，以观察被试的心理活动表现的一种方法。

自然实验是教育心理学最常用的一种研究方法。由于在实际的教育情况下进行的，所得结果比较接近于实际，能较真实地反映教育过程中的心理现象。由于影响教育、教学过程的因素是很多的，同时学生的个性、道德品质的形成以及对知识、技能的掌握，都是非常复杂的过程。因此，在进行教育、教学实验时要明确划分实验因素和无关因素，充分估计各方面的条件，尽可能控制无关条件，周密地设计实验程序，制订可靠的指标，全面地分析所得到的材料，以求得到可靠的结果。在教育、教学实验中，通常都设置实验组和控制组，使实验组的实验条件发生作用而其他条件则与控制组保持均等，以考查两组被试表现的异同。为了保持两组被试条件相等，可以采用配对或者随机取样的方式确定被试，也可以选择条件相近的平行班来满足这种要求。

比如，为了研究利用发现法进行教学对学习过程的影响，研究者选择两个条件相近的平行班，分别应用发现法和传统教学方法进行教学，其他条件尽量相等，以考查两个班教学的效果的异同。

同样，也可以利用同一个实验样本，在实施实验措施期间所取得的教学效果，同实验前后的教学效果进行对比，以观察和分析学生学习过程的变化。学生道德品质的形成和知识的掌握是一个较长期的连续过程，因此在某一教育实验中所观察到的被试的变化和它的短时效果往往带有一定的局限性。因此研究者需进行重复的实验和比较长期的追踪观察，以便提高研究结果的可靠性和有效性。

由于自然实验法是利用实际的生活情景来研究心理活动的变化规律，因此，被试处于自然状态被研究，所得的结果比较切合实际，可以有效地应用于实践。然而，自然实验法的实验情景不易控制，容易受无关变量的影响。

（二）测量法

测量法是采用专门的标准化测验，对被试的某些或某方面的心理属性做出测定、鉴别和分析，使之数量化并加以研究的方法。标准化测验是指那些经过标准化过程的，用来测量个体差异的工具，如智力测验、特殊能力测验、创造能力测验、人格测验等等。

测量法的使用关键是测量材料的制订或选择是否得当。测验量表的质量可从难度、区分度、信度、效度几个方面进行分析。测验法所使用的标准化测验编制必须严谨，才可保证效果可靠。测量法的实测简单、结果处理十分方便。但测验法对施测者要求较高，他们应该具有一定的专业知识和较熟练的测验技能，熟悉测验手册的各种要求。并且需注意，测验成绩只表明“结果”，不能反映过程。

（三）问卷调查法

问卷调查法是根据某一特定的要求，以书面语言的形式，让被试回答问题，获得整理所得资料，从而了解被试心理活动的方法。问卷调查法是教育心理学研究中经常使用的方法之一。

运用调查法必须注意两个问题：一是问题的设计。所提问题要有针对性，应能反映所要调查的对象的要求。同时问题的形式、用词、语气以及问题序列也要适当；二是被调查对象的取样。取样时有随机性才能保证研究结果有代表性。

问卷法有许多优点，主要是简便易行；取样大，研究的被试具有广泛性与代表性；由于样组扩大，可以抵消一些中间变量的影响；研究结果的统计处理具有科学性等。但也有某些很难克服的缺点，如问卷中题目的用语有时容易表露某种期待的答案；被试对问题的回答常有猜测，不易真实；统计处理较简单，难于进行质的分析等。由于问卷法可以扩大样组使用，在大面积研究中确有许多优点，因此，目前采用它的较多。

为了使问卷法发挥它的优点，应用时可作如下改进：①问卷试题不宜过多，可以适当加大，但必须紧紧围绕主题拟题；②问卷题目内容应生动有趣，使被试愿意回答，回答须简单；③被试应根据自己的实际情况回答，尽量避免明白主试的意图；④一套问卷题，中间应加入一定量的测试被试回答是否真实的题目；⑤问卷材料的选择须严格和客观，应通过预测进行效度和信度的检验。

关于定量研究和定性研究，各有优缺点。定量研究是通过搜集事实资料来检验已有的理论假设；定性研究采用“自下而上”的思路，从原始资料中归纳出经验概括，寻找其中的核心维度，“扎根”于经验资料来建立理论。定量研究用数量来表现研究结果，以客观性、系统性和可验证性作为科学研究的标准(张春兴，1998)；定性研究强调从被研究者的角度来真实地反映他们的做法、看法和体验，强调事件的整体性和情景性，强调动态地调整研究问题和资料收集方法。研究者更希望从被试的反应中获得真实的、更详细深入、更有意义的定性的资料，以形成更丰富、更深入的理解。

近年来，越来越多的研究者注重将定性分析与定量分析结合起来。比如在教育心理学研究中，可以通过运用各种定性方法如上述的调查法、观察法对教育过程中的心理活动进行充分地观察、了解，对其性质意义作出定性分析，然后再运用实证方法对定性分析的结果进行量化分析，这样容易获得较为全面的主客观数据，挖掘出材料的深层含义。

研究者在选择研究方法之前，应明确研究问题的特点，明确要收集的是何种资料，以便选择最合适的方法。胡德尔森(1998)对定性与定量方法的适用场合做了对比(见表3-1)。

表3-1　适用定性和定量方法的场合

定性研究	定量研究
对研究对象的情况不清楚时	对研究对象的情况非常清楚时
进行探索性研究时，相关的概念和变量不清楚，或定义不清楚	测量方面存在的问题不大，或者问题已经解决时
进行深度探索性研究时，试图把行为的某些特定方面与更广的背景联系起来	当不需要把研究发现与更广泛的社会文化背景相联系，或对这一背景已经有了清楚的了解时
当所考察的是问题的意义，而不是次数或频率时	当需要对代表性样本进行详细的数学描述时
当研究需要灵活性以便随时发现预料之外的深层问题时	当测量的可重复性非常重要时
需要对所选择的问题、个案和事件进行深层的、详细的考察时	需要把结果加以推广，或需要把不同的人群加以比较时

从上面对研究方法的具体阐述可看出，每一种研究方法都有其优点、局限和不足，若仅采用单一方法，往往难以作出全面、准确的结论。在一项具体研究中，综合采用观察、调查、实验等方法，对不同的结果进行相互比较，往往可提高研究结果的可靠性。张春兴的“方法本土化”的核心意思，也即是根据研究问题的性质与目的，用量的研究发现问题，质的研究解决问题，各取所长，各得其所。

第三节　教育心理学研究的程序

一、选定研究课题

选题是进行教育心理学研究的起始环节。根据理论联系实际的原则，在选题时既要考虑其理论意义，也要考虑其实践意义。同时，也应考虑课题的可行性和新颖性。

题目来源主要有：①在实践领域中选择课题。从日常教学情境中确定、评价和形成有意义的问题。选择实际教育教学过程中还需要进一步科学证明改进的问题。例如课堂提问技巧。②在理论领域中选择课题。根据不同理论观点的争论或对现有理论观点质疑来提出课题。例如早期环境对儿童智力发展的影响。③从学科交叉或相邻学科中选择课题。利用其他学科的内容、方法或手段来确立课题。例如网络学习条件下学生进行探究式学习的研究就是一个交叉性的课题。

在确定研究课题时，还应查阅有关文献，系统全面地了解该课题的研究历史、现状、已取得的成果和发展趋势，并与有关专家进行咨询，形成初步的意向对形成认识，为研究设计打下基础。

二、制订研究计划

制订研究计划是整个研究工作的关键性阶段。制订计划时主要考虑下面几个方面：

(一)确定变量及测量方法

课题形成后，就要找出研究变量，即能在不同条件下变化的个人或环境的某些特性。接着给变量下可操作的定义，即用可感知、可量度的具体事例、现象、外在表现来说明、界定某种变量，以使研究结果具有客观性和可比性。同时还应查明课题的无关变量及控制措施。

要想系统地研究某些变量，就必须有一种方法去测量变量的变化或变量之间的不同水平。基本的测量方法有四种：①自我报告。如果使用自我报告法，我们就要用书面或口头形式向学生提一些问题，如他们自我感觉注意力如何。②直接观察。如果使用直接观察方法，我们就要走进课堂观察学生，评判他们的注意，观察时可以使用一些工具，如用五级量表(从非常不注意到非常注意)作出简单评判，用计点器记下学生每秒钟观看教师的次数，甚至还可以使用录像机录下课堂情景，然后反复查看，以核查每个学生的注意水平。③测验。在这里如果使用测验法，设计就有些难度，因为测验最适合那些涉及学习和成绩的变量，而注意是一个过程而非产品。④教师或同伴的评判。如果使用教师或同伴评判法，我们可以向教师或同学提问有关某学生的注意情况。

(二)形成假设

假设就是对研究变量之间关系的一种表述，也就是带有推测和假定意义的较为具体的理论假解释或设想。假设可以用不同形式表述，但必须具备科学性、预测性和可靠性三个基本特征。例如“词汇学习策略的使用能明显促进英语的学习水平”。

(三)选择研究方法

如前所述，研究方法一般有两种，一种是定量的研究方法，它描述实际生活中发生的特定情境中的事实和关系，主要有观察法、访谈法、个案研究法、产品分析法等；一种是定性的研究方法，它在严格控制的条件下，改变情景的某一方面而注意其效果，主要包括实验法、问卷调查法、测量法等。

在选择方法时，必须要考虑如下几个问题：①该项研究要解决的是什么问题；②该项研究的条件能否控制和操纵；③该项研究结果的概括程度有多大。

具体使用哪种方法取决于研究类型和研究条件。如果许多条件无法控制和操纵就不能使用实验法。进行某种研究往往需要多种研究方法的综合使用。

(四)确定研究对象

研究对象的选择，取决于研究的性质和目的以及研究结果的推论范围。不论使用随机取样还是不随机取样，都应保证所选择对象有足够的代表性，即能代表全部对象的特点。

(五)制订研究步骤

制订研究计划时，应对研究步骤加以具体规定。采用实验研究，需要详细规定实验中对自变量的操纵措施、因变量的测量手段和无关变量的控制措施；采用调查研究，需列出调查提纲、调查程序和调查指导语等。同时还应对收集资料的要求和步骤进行具体说明。

三、进行实验研究，收集资料

这是执行研究计划的阶段。该阶段需要花费一定数量的人力、物力与时间，才能得到大量数据及典型材料。这包括展开教学、收集资料、监视评价、反馈改进、资料的分类分析等。在这一阶段，实时地根据教学反馈提出进一步改进的措施是很重要的。同时，应重视对各种无关变量的控制或消除，如研究环境的布置不当、实验时间的安排以及各种意外事件的出现等。

四、整理与分析研究结果，得出结论

研究得到的资料应先进行整理。需要先对材料进行检查核对，确定是否完整、准确。然后进行必要的筛选，去除虚假、错误的材料。另外需要对材料进行初步的编码、归类，使之系统化。

对经过整理后的资料需要进行进一步的分析。根据所得资料的性质和选择进行定性或定量分析。定性分析是应用分析、综合、比较、归类、演绎等逻辑分析方法，对所得描述性资料进行思维加工。定量分析是运用统计方法对所得数据进行处理，以揭示数据特征，并做出合乎规律的推论。在具体研究中，经常是综合应用定性和定量分析以真正揭示研究对象的内在本质。

在此基础上，需要对研究结果做出解释。要分析与假设符合的程度，还应分析结果的准确性、可靠性和可推广性以及值得进一步探讨的问题等等。通过对研究结果适用范围和可能存在的问题的科学分析，就可以做出结论了。

五、撰写研究报告

撰写研究报告是课题研究的最后阶段。教育心理学中的研究文章大体可分为定性研究和定量研究。

定性研究报告常用于情境分析、现场分析和生态学等方面，它一般有几个基本的特征：①定性研究通过在自然条件下观察、提问和阅读个体日记等方式获取材料。②定性研究收集的材料一般都是言语的，而不是数字的。③定性研究一般倾向于注重活动的过程而不是活动的结果。④定性研究的研究手段是分析言语材料，而不使用统计检验。

定量研究比较关心变量的数值，结论建立在统计分析的基础之上。定量研究文章一般包括以下几个部分：

●题目　主要说明研究对象或主题。

●摘要　常常位于文章的题目之下，以 150 字左右简述研究的目的、过程、结果和结论。摘要是对文章内容的浓缩，方便读者搜索相关文献。

●引言　综述了同类课题近来的研究，提供进行本研究的理由。这一部分的最后通常包括本研究的问题和假设。

●方法　描述本研究的实验过程，包括被试、仪器设备、实验设计、程序等。

●结果　对所收集的数据进行统计，描述用于验证假设的统计检验，说明假设是被接受还是被拒绝。

●讨论　检查和解释研究结果，常常要讨论本研究所达到的结果、研究意义及存在的不足。

●结论　介绍本研究所得出的结果。

第二编

教育与人的发展

第四章 人的发展及其影响因素

教育是培养人的活动，人的发展是指人的各个方面的成熟、完善与进步。人的发展受遗传、环境等多方面的影响，其中教育在人的发展中起着至关重要的作用，它涉及教育与个体发展的关系，如个体的认知发展、言语发展和个性的发展等。

第一节 人的发展的概念

一、人的发展的含义

人的发展是指人的各个方面的成熟、完善与进步，包括身体发展与心理发展两个方面。

身体发展包括机体的正常发育和体质的增强。机体的正常发育是指身体的发展水平和速度与其年龄相当，体质是指身体发育的质量。机体的正常发育有利于体质的增强，反过来，体质的增强也有利于机体的正常发育，两者是相互促进、相互影响的关系。身体发育的程度可以用身体素质来衡量。身体素质是指一个人在活动中所表现出来的力量、耐力、速度、灵敏和柔韧性等身体活动特点。

心理发展是指组成心理的各个部分的发展。组成人的心理的有意识、前意识和潜意识三部分。从意识层面来看，心理发展的内容有经典的看法和现代的看法。按照经典的看法，心理发展是指心理现象所包括的各个方面的发展。心理现象包括心理过程与个性心理两部分。心理过程又包括认知过程(感觉、知觉、记忆、思维、想象、注意等过程)、情绪与情感过程和意志过程。个性心理包括个性心理特征和个性倾向性。个性心理特征有能力、气质与性格等方面，个性倾向性有需要、动机、兴趣、理想、信念和价值观等。按照现代的看法，把心理现象的内容分为两个大的方面：智力因素

(认知因素)和非认知因素(非认知因素)。认知因素的发展水平用知识与智慧(智力)来衡量，非认知因素的发展用个性与社会化(人格)来衡量。近年来，有人将智力与非智力因素两个方面的发展概括为智商、情商、创商、逆商、财商五个方面，并称之为成功人士必备的五种智慧，这种说法虽缺乏实证，却对实践有相当的解释力。

人的心理发展的程度可以用心理素质来衡量。心理素质是指个体在特定条件下心理的强度和耐受性。心理强度是指心理发展的水平是否能匹配特定活动的要求，如果低于活动要求心理强度低，则不足以应对该项活动；如果心理水平等于或高于活动要求则能应对该项活动。耐受性是指心理活动的持续时间是否能满足完成任务的需要，如果心理活动的持续时间短于活动所要求的时间则不足以完成活动；如果心理活动的持续时间高于活动所要求的时间则能胜任该活动。

对人的心理发展及其影响因素有各种各样的看法，形成了很多心理发展的理论，本书将重点介绍皮亚杰的认知发展理论、弗洛伊德的人格发展理论、艾里克森的人格发展理论等。

二、身体部位的象征意义

中国古代医书《黄帝内经》中有这样的记载："心者，五脏六腑之主也……故悲哀忧愁则心动，心动则五脏皆摇。""喜伤心、怒伤肝、思伤脾、忧伤肺、恐伤肾。"身体的各个部位是整个身体系统中的部分，每个组成元件都有其位置和意义。我们身体的形态，如功能、障碍、疾病、化学和生物不平衡等等，都与我们具体的内在状态相关。我们的身体在持续地映射出来我们是谁、我们怎么样、我们的生活中发生了什么。身体所表露的一些事情甚至经常是我们没有觉察到的。

身体部位依据个人的感受和潜意识的感知，可以有不同的象征意义，也可以因为语言差别或文化常识存在文化差异。

症状在身体的左侧还是右侧？我们左侧身体与大脑的右半球相关，与我们的深层自我、潜意识记忆关联，这一部分比较不容易联结、更直觉敏感、更偏阴性的，与任何超越我们意识逻辑思维的东西相关。我们身体的右侧与大脑的左半球相关，即我们的逻辑思维、基于实际的想法、阳性能量和意识。扩展开来，身体左侧可能总体上与母亲、女性关联，妻子、女儿、姐妹……在社会水平上，与家庭、团队、公司(母性元素)有关系。身体右侧可能与父亲、男性、丈夫、兄弟、儿子、权威、等级、政府等关联。左侧与右侧间的任何不平衡都可以从这个视角来看待。一个症状经常会与其出现在哪一侧有关。症状出现在左侧经常表示问题还未被有意识地认识觉察，而出现在右侧则表明个体已经意识到了。

症状出现在上半身还是下半身？我们的头是个人的内在领地，胳膊与腿是我们与外在世界相联的部位，用胳膊来行动，腿用来联结与他人的关系。肩膀和上身与我们的潜意识思维关联，肚脐以下(包括手)倾向于与我们的意识思维关联。我们的这两个维度通过这些不同的能量点彼此关联。

骨架、骨骼代表了我们的基本结构，即我们整个生命所依赖的承载我们的所在。它表达了我们确定的信念、深层的认知系统及原型、自我同一性和基本的自信。不论什么撞击到我们的骨骼上，就是撞到了我们是谁、我们的心理结构这个最为私密的问题。抵触改变，难以接受变化，可能会影响到我们身体的某些部位(可能会骨折)。我们的关节代表了改变方向及适应环境的能力。

脊椎是允许我们保持直立与内在力量的骨骼。脊椎骨分为三个部分：最上面的颈椎与我们的思维有关，中间的胸椎与我们的情绪有关，下面的腰椎与我们的身体有关。每一节椎骨都有其特别的功能、联结和意义。某个椎骨出现问题，就表明与之关联的器官或身体部位出现问题或缺乏某些东西。7 节颈椎是向上身发送信息的中心：头部(1)；眼睛和耳朵(2)；脸和牙齿(3)；鼻子和嘴巴(4)；喉咙(5)；颈部、肩膀和上臂(6)；肘和小指(7)。12 节胸椎是向身体的中部发送信息的中心：胳膊、手腕、手(1)；心脏(2)；肺部和乳房(3)；胆囊(4)；肝脏和腹腔神经丛(5)；消化系统、胃和腹腔神经丛(6)；脾脏和胰腺(7)；横厢膜(8)；肾上腺(9)；肾脏(10)(11)；小肠、淋巴系统(12)。腰椎是向下身发送信息的中心：大肠(1)；腹部和大腿(2)；性器官和膝盖(3)；坐骨神经和腰部肌肉(4)；坐骨神经和小腿(5)。

脊椎侧弯(脊椎侧凸)可能是由于骨盆(与母性—阴性能量相关)与肩膀(与父性—阳性能量相关)之间的冲突导致，源于对成人生活或成为成人的恐惧害怕。儿童拒绝从以母性为基础的儿童期进入到以父性为基础的成人期，脊椎在这两者之间受到压制。

肌肉代表了我们的驱动力、动机、身体能量和行动的意愿决心，这些都与努力有关。如果肌肉紧张，则反映了我们的压力；如果肌肉虚弱无力，则反映出我们的抑郁或缺乏动机愿望。所有的紧张压力都会以某种形式影响我们的肌肉。

后背和肩膀背负了生活的重担。后背还与我们的尊严有关，感觉到丢脸羞耻会影响到后背。僵硬的后背可能表示个体自我形象与其社会环境之间的冲突，反映出缺少灵活性。如果我们必须担负很多的责任，感觉无法应对，后背上方会让我们知道。后背下方与我们的深层资源、我们面对生活的能力、我们笔直站立的能力相联结。

筋部是我们运转的基础，它们是与我们基本的认知模式、安全感相关的最为关键的点。如果筋部无法支持我们，我们也许被迫要放弃一些对我们来说很基本的东西。被亲人遗弃或者背叛可能导致筋部有一定症状。

腿能够让我们移动行走，或者是走向他人建立关系。腿部有症状可能与在生活中进展有困难或担心恐惧有关，抵触变动。膝盖提醒我们需要灵活、谦卑和接纳，它们反映出我们低调屈服的能力。脚踝表示出我们应当选取哪个方向，这可能与坚定性或承诺有关。脚后跟与我们的过去、个人、社会和文化背景关联，代表任何我们所要依赖的。它们同时帮助我们开启运动，可能与我们的计划有关。

脚表达根基稳定性，我们存在的特质。它们与我们站立的能力有关，把握我们在生活中的位置，保持我们的立场，维护我们深信不疑的观念。它们也可能表达无法移动的感受，感觉陷入在某种情境中。从这个角度来看，我们行走的方式同样表明了我们如何把握自己的生活。脚趾使得我们可以适应具体的环境。它们让我们知道我们可以把脚放在哪里，也让我们具体感知站立的土地是怎样的。五个脚趾与五个手指一样蕴含着相似的意义。

腿使得我们可以移动，胳臂使得我们可以行动，拥抱生活，敞开面对人们。在胳臂上的躯体症状可能与采取行动困难、受到抑制以及阻碍的恐惧有关。肘关节是我们的愿望与实现愿望的能力之间的主要联结，我们必须要在面对可以达到的与无法达到之间保持灵活性。肘关节疼痛可能表明在达成我们想要的目标方面有困难，或者是我们在寻找生活中理想的位置时碰到困难。肘关节同样可能告诉我们关于野心或懒惰方面的信息。腕关节与权威和灵活性有关系，它告诉我们这两方面特质在我们行动中的平衡性以及生活的一个正确节奏。

手使得我们可以命令指挥、进行交换、拿取和给予、驾驭生活、操作具体的事情，它们显示出我们与占有物之间的关系，我们是怎样抓住或放下事物。右手与我们的阳性力量、意志力量有关，与我们敢于站出来采取清晰的立场有关，这是给予的手。左手与我们的阴性力量有关，是接受的手。手指使得动作精细。手指可能会告诉我们一些出错的小地方。如果手指变得僵硬，可能表示我们在以僵化的方式把握日常生活。拇指与权力、力量及压力有关，与我们掌控事情的能力有关。食指可以命令、批评、指方向。中指可以拿取、占有，与创造性、愉悦和性有关。无名指与我们的爱情关系、联结感相关，也有观点认为还与肝脏、过滤清洁功能相关。小指与直觉、洞察力及内在倾听相关。指甲指我们自我保护防卫的能力与安全感，咬自己指甲的人基本上是在表达一种深层潜在的不安全感。

皮肤是我们身体与外在世界接触的部分，皮肤要么是在保护我们，要么显示出我们缺乏保护。皮肤也是显现在表面以及有关自我形象的东西。我们的皮肤可能表达与触摸、不想要的亲密、感觉肮脏等方面相关的创伤，缺乏爱、害怕拒绝、被抛弃的焦虑等也可能导致慢性皮肤病。超重可能是发展延伸保护的一种方式，添加额外的保护层以保持距离。

头(脑)与我们的思维、意识中心和意愿关联。我们的思想通过颈部下行与心联结，通过喉咙表达，通过胳臂行动。如果这个联结受阻，就会有紧张和疼痛出现。皮肤提供了与外在世界联结的界面，而脑是与内在世界以及我们其他层面或维度(情绪、思维、灵性)联结的界面。

头发表现出我们的生命力和活力。尽管头发有明显的遗传特性，但同样也与我们的自我形象、内在力量、决策能力和说服能力有关。某些头发的症状可能与自我存在、自我同一性表达方面的困难有关。

脸是自我身份、自我形象最清晰的表达，它是我们的“面具”。脸部的变化改造，不论什么原因导致我们的脸变得不同(甚至是因为一场事故)，这可能都显示出我们自我形象的深层改变，我们需要以新的眼光来看待自己……

脸部的不同器官，如眼睛、耳朵、鼻子、嘴巴和舌头等，都明显与它们特定的用途相关：视、听、嗅、味、说等。这些部位的症状可能表达了这些方面与外在世界的关系出现了挑战。远视、近视以及其他方面的视力变化告诉我们，我们看待生活及他人的方式在发生变化。耳朵问题也许显示出抵触倾听、抵触接收和接纳。舌部的疼痛可能与我们无法言说及正确的表达有关。

唇在言说我们的愿望，我们如何品尝生活，我们如何敞开进行亲密的接触或者可能的拒绝。嘴唇易干可能表示在敞开面对情绪

(水)方面有困难，情绪在身体里受阻出不来。嘴唇干裂(或任何部位的皮肤干裂)表示生活的断裂，被分割的痛苦。

牙齿与全身有着非常复杂的关系，每一颗牙齿都与特定的器官联结，与生活的具体领域相联结。一般而言，我们的牙齿表示我们如何咀嚼生活，我们的生命力如何表现自身。它们表现出我们拥有力量感或缺乏力量。

喉咙可能会表示内在的某些东西在没有得到表达时持续受困的状态。压抑或潜意识的愤怒会影响喉咙，与喉咙相关的症状也可能表示某些“难以下咽”或难以应对的事情或经历。喉咙也是我们可以停止和拒绝那些必须吞咽的事情的地方，它在谈论着我们的防御机制，象征着我们感觉到的保护或者匮乏。

消化系统告诉我们，我们自身在如何吸收经验、如何在加紧和抵抗、如何从自身经验中得到滋养、如何在保持或去除。可能的厌恶或渴望同样可以看做一种象征：我们想要拒绝的或我们所渴望的，我们更喜欢甜的或咸的，还是辛辣的或自然口味……对甜食或巧克力的依赖显然显示出对温柔与爱的渴望。

胃是我们消化食物的地方，与我们如何应对外在环境特别是工作情境有关，这对我们的收入、生活方式、物质资源都有影响。很多胃方面的问题都与物质层面的担心焦虑有关。不过，不要忘记胃与“腹腔神经丛”这一情绪能量中心密切相关，位于它的右前方。因此，任何情绪都会对我们的胃口以及消化食物的能力造成冲击。不要混淆“腹腔神经丛”部位的疼痛(情绪痛苦)和胃部疼痛(医生甚至也经常做出错误的判断)。尽管在同样的部位，但是，这两种疼痛有着不同的性质。

脾与怀旧有关，与未处理完成的痛苦悲伤有关。悔恨遗憾会影响到脾，耻辱蒙羞也会对脾有所影响。

胰腺会调节控制我们的胃口。它可能会告诉我们，我们自身对匮乏与不安全的恐惧，因为我们缺乏爱及任何我们需要支持自身和快乐生活的东西。

肝脏的复杂功能主要是把食物转化为“生命存在”，它调节拥有和存在之间的平衡。它会告诉我们，我们自身关于匮乏的恐惧关于占有的愤怒憎恨。肝脏还与自我形象和身份关联。

胆囊去除肝脏过滤出来的毒素，它显示出我们的战斗精神、征服的欲望以及憎恨、攻击性和愤怒。感觉不公平、憎恨、报复的欲望都会影响胆囊。

肠显示出我们如何吸收并处理当前的经验。大肠去除废物，与放下有关，显示出我们前行、摆脱过去束缚的能力。便秘是一种抑制阻止、收紧的倾向，害怕放下。这与过度的害羞有关，担心丧失，害怕被评判。这也可能表示在日常的生活节奏被打乱后，生理上的不安全感，比如在旅行当中可能会出现。

肾脏调节体内的水，这与我们的情绪经验有关。肾从我们不想要的情绪障碍中纯净我们的存在。因而，它们与做选择、平衡和智慧有关。水也代表着中间媒介，通过水我们彼此相连。肾脏可能在言说我们与祖先或后代的关系，可能是我们所缺乏或缺失、感觉到不连贯的一些参考点。

膀胱和泌尿系统在我们识别自我的界限中扮演着重要的角色。这些与我们对空间的安全感相关。哺乳动物用尿来划定它们的领地界限。在尿液调控方面出现困难，清晰地显示出与不安全家庭环境的压力有关。童年时期遭受侵入、强奸或任何威胁性的事件，可能会发生泌尿系统容易感染发炎的慢性症状。这也会发生在那些在婚姻中难以找到适当位置的女性身上，她们感觉无力，就像受到侵犯。

生殖器显然与性的特性有关——女性对她们自身母性的感觉，男性对自身父性的感知与认同。子宫是巢或家，与一个人在家里的位置有关，如果受到威胁，会出现不平衡。女性的月经周期显示出其对女性特征的接纳或拒绝。卵巢与种族的永存、幸存及繁殖有关，丧子或相关的愧疚感受会影响卵巢。乳房同样与女性特征和母性关联，乳房方面的病症表达出在女性角色即母亲或者是爱人方面的失败感。女性通过阴道取得和接受(或拒绝)，通过乳房她给予、提供和喂养。男性生殖器(睾丸)与男人的雄性力量关联，与他作为一个爱人和给予者的信心相关。勃起或射精有困难可能显示出缺乏信任、担心失去控制、害怕被拒绝。

心脏反映出我们整个身体与我们参与的活动之间的关系：适当的节奏，工作与休息的平衡。心脏与我们作为一个整体有关，向我们全身所有部分传递分配能量。

血液是我们整个身心存在的真正精髓，它携带必要的元素以及维持良好机能需要的所有信息。它就是生命本身，是渗透在每一处的本性。因而，血液与我们的同一性相关，表达我们与深层内在资源的联结。与血液相关的疾病可能显示出这种联结的丧失、意义感的丧失以及希望的缺失。血液循环与发送、给予和接受有关。

肺与外在交换能量有关，不仅在生命力(气)方面，也通过讲话表现出来。任何我们未能表达的都将在我们的呼吸器官上留下痕迹。咳嗽是从我们的系统中去除愤怒的方式之一。引起咳嗽的根源越深，与之关联的愤怒也越深。

第二节　遗传与人的发展

一、遗传与智力

智力又称为智能，是人们对周围环境事物认识、反应和处理的能力。人类的智力决定于遗传的物质基础，主要是与遗传决定的大脑及神经系统的结构和功能有关。同时，智力与环境也有着不可分割的关系。环境条件可以促使智力最大限度地发展，也可以限制智力发展使其处于相当低下程度。一般认为，智力是一种受遗传因素和环境因素双重影响的数量性状。由于人类的遗传基础赋予个体极其复杂的神经系统，尤其是高度发达的大脑，因而人类在发育成长过程中获得别的动物难以比拟的高度发达的智力。

人类具有较强的观察分析能力、记忆能力和思维能力等三大智能特征，所以，人不但能够回忆和总结过去，而且能分析和预见未来，在适应环境的同时又能因势利导地改造环境，满足人类日益变化、增长的需要。

(一)遗传与智商

人类中不同个体间智力的差异，主要决定于遗传控制的脑的微细结构的差异，以及在不同的社会及家庭环境中所受的文化教育的影响。

智力是一种属性，是可以人为地进行测量的。测定的结果，可用智商(IQ)来计算智力的能量，并表示智力能力的大小。

智力作为一种数量性状，可以计算其遗传率，经典的方法为双生子法。

一卵双生的遗传基础完全相同，其智力水平差异可认为主要由环境因素造成的。二卵双生的遗传基础只有1/2相同，其智力水平的差异有遗传基础的作用，也有环境因素的影响。对比一起生活的一卵双生子和二卵双生子间智力水平的差异。

我们可以根据各种不同的方法计算出智力遗传率大都在0.5—0.7左右，这说明遗传因素在决定智力方面起着较大的作用。同时，环境因素在决定智力方面也起到作用。环境对智能的影响是多方面作用综合，如社会地位，家庭及经济条件，种族、职业和文化教育等。一般分析，家庭人口越多，子女的智力通常越差，父母离异或家庭不和对儿童智力发育都会带来一定影响。经济条件好的家庭，其子女受教育机会多，智商一般较高。社会环境对智商的影响也是显而易见的，例如黑人由于社会地位低下，贫穷，其平均智商低于白人，但这绝不是种族优劣造成的。

(二)遗传病与智力

某些遗传病会造成患者智力低下，原因是患者的遗传基因受到不同程度的损坏，对大脑的发育或功能带来原发或继发性影响。遗传病造成的智力低下与哪些基因有关，这些基因如何决定行为异常，目前还了解得不深入。另外，也存在某些与上述情况相反的例证，有的遗传病患者出现某种程度的"高智力"，如视网膜母细胞瘤、高尿酸血症及某些肌力障碍遗传病患者的智商高于其他人。苯丙酮尿症患者的正常兄妹，孤僻症患儿的父母均表现出高的智商。这些令人费解的现象与患者的遗传基因及环境有何关系目前均不清楚。

(三)智力落后

智力落后是重要的残障类型。行为遗传学对智力落后病因的了解要多于行为遗传学内其他任何一个领域。研究已经发现许多单基因和染色体的异常对智力落后的影响。尽管大多数异常很罕见，但是合并起来可在很大程度上说明智力落后，尤其是严重的智力落后。

我们采用美国精神病学会的《心理障碍的诊断和统计手册—IV》(DSM—IV)的术语，这也与《国际疾病分类—10》(ICD—10)相一致。DSM—IV 界定智力落后为智力功能低于平均水平，出现于 18 岁前，以及适应技能存在有关的缺陷。智力落后被分为四个水平：轻度(IQ 为 50 到 70)，中度(IQ 为 35 到 50)，重度(IQ 为 20 到 35)和极重度(IQ 为 20 以下)。大约 85％的智力落后者属于轻度智力落后，他们大多数能够独立生活并且拥有一份工作。中度落后的个体通常有着良好的自我照料技能，能够进行简单的谈话。尽管他们一般不能独立生活，过去常常被送进专门的社会公共机构，但是现在他们常常生活在特殊社区，或者和家人生活在一起。重度落后的个体能够学习一些自我照顾技能并且理解语言，但是他们讲话有困难并且需要相当多的监护。极重度落后者可以理解简单的交流，但是通常不能讲话，往往被安置在专门的机构。

智力残疾的原因，可以分为以下两类：

1. 非遗传因素：多由母孕期间病毒感染、胚胎缺氧、甲状腺功能低下、低血糖、低钙、妊娠毒血症及孕期母体服用有害药物，接触有害物质和射线等原因引起；也可因分娩过程异常，新生儿或婴儿期感染疾病（如脑炎，脑膜炎等）损伤神经系统和脑引起。此外，新生儿高烧惊厥，癫痫发作或抽风，化学物质和药物中毒也可导致智力受损。

2. 遗传因素：国内外对智能发育不全的大量研究资料表明患者中遗传因素的作用是非常明显的。其中有一部分由染色体病造成，一部分由基因突变所致。同时，多基因遗传的先天畸形也会引起智能发育的缺陷。

二、遗传和学习行为

大量研究资料表明，所有的行为包括学习行为的能力都是能够遗传的。威廉·迪尔格用两种不同的鸟进行杂交试验，一种鸟有这样一种习性，即在筑巢时把撕碎的草叶或树皮用喙衔着塞进尾部羽毛里，然后再搬运回去垫巢；另一种鸟则只是用喙去衔这些材料回去垫窝。这两种鸟杂交出生的后代，在运送垫巢材料中会使用两种方法，但即使用喙衔、叼材料，也在开始搬运时，它们仍然要翘起尾巴，做一个把材料塞进尾羽的动作。

Tryon 做了一个大鼠走迷宫的试验。他先训练大鼠走迷宫，然后选择一些走得快的“聪明”大鼠，让它们交配繁殖；另选择一些走得慢的“笨拙”大鼠，也让它们交配繁殖，并一代一代选择下去。最后，聪明大鼠到了第七代变得更加聪明，而笨拙大鼠在第七代变得更加笨拙，走迷宫更慢。这表明，这一学习走迷宫的能力是可遗传的。

Wing 以果蝇为材料做了同样的实验。他设计了一套实验装置，是一系列的一个套一个的漏斗。他将一组 50 只果蝇放进去，有的果蝇能很快穿过这个装置找到食物，称为快系；有的果蝇则很慢穿过这个装置，称为慢系。快系果蝇和慢系果蝇分别自行交配，10 代以后，快系和慢系的果蝇穿过这个实验装置的速度有了非常显著的差异，这也是学习行为遗传的一个例证。

目前成人学习不良（adult learning disability，ALD）已成为心理学、教育学、认知神经科学与行为遗传学等多门学科共同关注的问题。ALD 有很多亚型，比如阅读不良（reading disability 或 dyslexia，RD）、数学学习不良（mathematical disability，MD）、写作不良（writing disability，WD）等等，因为 ALD 可能有神经或遗传方面的形成机制，所以关于 RD 和 MD 的研究多数使用的是神经心理，包括核磁共振(MRI)、正电子发射断层扫描(PET)和事件相关电位(ERP)等等，或行为遗传学的方法。

目前越来越多的研究发现，成人RD有一定的遗传和神经基础。近年来在行为遗传学上最令人兴奋的发现是，首次成功地使用成对同胞的QTL(Quantitative trait locus)连锁设计方法查明和复制了第6对染色体的短臂上RD的连锁。Sally等人研究了223对同卵双生子和168对异卵双生子，在每对双生子中至少有一个被诊断为是RD。使用多重回归分析等综合方法发现，RD的遗传力在0.58左右。

家族研究表明，RD在家族中发展。例如，最大的一项家庭研究考察了1044个人，包含125户有RD的家庭和125户控制组家庭后得出结论：有RD的孩子的同胞和父母的成绩显著落后于控制组家庭的同胞和父母。大量双生子研究都证实了遗传对RD的影响。在200对双生子中，同卵双生子同时出现RD的概率是66%，异卵双生子同时出现RD的概率是43%，表明存在中度的遗传影响。

作为双生子研究的一部分，现在有人创造出一种新方法来估计遗传对RD者与正常人群平均数之间的差异的影响作用。这种方法依据发明者的名字而命名为DF极端分析法。对RD的DF极端分析预测：RD者与正常人群的平均数的差异，大约有一半可由遗传来解释。

对于RD的传播方式，研究者提出很多设想，其中主要是常染色体的显性传播(autosomal dominant transmission)和与X联系的隐性传播(X—linked recessive transmission)。常染色体的显性传播假说考虑到家庭相似性高发生率，但是不能解释大约有1/5的RD者的亲属没有患病的事实。X联系的隐性传播假说是为解释发病率男性高于女性的障碍而提出的，RD就是如此。现在人们普遍接受这样一个观点，即同许多复杂的学习不良一样，RD是由多基因和多环境因素引起的。

关于遗传对MD的影响的研究是1995年开始的。一项有关MD的双生子研究表明，遗传对MD有中等程度的影响；另一项研究则发现MD与RD在遗传上有相当程度的重叠。诊断这些不良的依据是，这些MD者的成绩明显低于人们期望其应有的数学认知能力。此外，Olson等发现，那些常与事实提取问题共存的语音困难至少在部分上是遗传的，因此数学事实提取和言语缺陷也很可能具有遗传性，而且反映了某种潜在的语义一记忆问题。

三、遗传与人格特征

社会心理学关注的是群体行为，而人格研究的核心则是个别差异。因此，与社会心理学有关的遗传学研究要少于人格的遗传学研究。然而，社会心理的一些领域与人格相近，并且这些相邻之处开始萌生了遗传学研究。其中三个具体方面就是关系、自尊和态度。

(一)关系

父母与子女的关系在他们的关爱(如慈爱和支持)与控制(如监控和管理)上有着很大的不同。父母和子女关系受到的遗传影响能在多大程度上解释这种关系？如果同卵双生子与父母的这种关系实质上比异卵双生子更为相似，那么这种差异就表明遗传对亲子关系有影响。例如，首次进行的相关研究了解了青春期的双生子对他们与父母关系的看法。有两项取样不同、测量方法也不同的研究，发现双生子对母亲和父亲的关爱的看法受到了遗传影响(Rowe，1981，1983a)。相反，青少年对父母控制的看法并没表现出遗传影响。可能的一种解释就是，父母关爱反映出孩子具有受遗传影响的特征，但是父母控制则不一样(Lynon，1991)。其后所进行的大量双生子和收养研究所得结果相似，可以说明种种关系中的绝大多数，不仅包括亲子之间的，还包括同胞和朋友之间的关系，所表现出来的大量的遗传影响(Plomin，1994a)。

亲子关系发展研究的一个主要领域就是婴儿和照料者之间的依恋，一般采用陌生情境法对之进行评估(Ainsworth，1978)。依恋分类研究报告了同胞间大约有60%的一致性。第一个运用陌生情境法进行的系统双生子研究发现只有中等程度的遗传影响，但有大量的共享环境影响。110对双生子中，同卵双生子和异卵双生子依恋类型的一致性分别为70%和64%；对依恋安全进行了连续测量，发现同卵双生子之间和异卵双生子之间的相关分别为0.48和0.38。另一项双生子研究没有采用陌生情境法而采用了观察法，发现存在较大的遗传影响(Finkel，Wille&Matheny，Jr，1998)。

关系的另一个成分就是同感。一项婴儿双生子研究采用录像观察了双生婴儿遗传与人格对家庭和实验室中出现的痛苦刺激的同感反应(Zahn—Walxler，Ronnson，&Emde，1992)。有证据表明婴儿同感反应的某些方面存在遗传影响。

(二)自尊

自尊是一个与调适有关的关键变量，又指自我价值感。对自尊的个别差异的病因学研究主要集中在家庭环境上(Harter，1983)。

令人奇怪的是，以前没有考虑过遗传影响的可能性，因为看起来人格和精神机能障碍(尤其是抑郁，低水平的自尊是抑郁的一个核心特征)所受到的遗传影响也会影响到自尊。对自尊进行的双生子和收养研究中，有的是由教师和父母对儿童中期的自尊进行了评定(Neiderhiser&McGuire，1994)，有的是由教师、父母以及自己对青少年的自尊进行了评定(McGu，1994)。这些研究指出自尊受到中等程度的遗传影响，但是没有受到共享家庭环境的影响。

(三)态度和兴趣

社会心理学家长期以来热衷于研究群体过程对态度和信念的改变和持久性的影响。尽管已经认识到社会因素不是影响态度的唯一因素，但是令人觉得惊奇的是，遗传是造成态度个别差异的主要因素。态度的核心特征是传统主义，就是指对诸多方面的论题持保守的看法。人格的收养研究把态度的这一特征作为控制变量进行了测量，因为事先假定传统主义是不可遗传的(Scarr Weinberg，1981)。然而，结果表明传统主义的测量结果和人格测量一样是可遗传的。几项双生子研究中(Eaves，Eysenck，1989)，其中也包括一项双生子分养研究(Tellegen，1988；Mc Court，1999)，同卵双生子相关0.65，异卵双生子相关约为0.50。这就意味着遗传率约为30%，共享环境影响约为35%。然而传统主义特征的选型交配要高于其他任何一种心理特征，因为配偶间在传统主义特征上的相关约为0.50，而不像人格那样几乎没有表现出选型交配。选型交配扩大了异卵双生子在兴趣上的相关，从而降低了遗传率估计，提高了共享环境的估计。如果考虑到选型交配，遗传率的估计值大约为50%，共享环境影响大约为15%(Eaves，Eysenck，&Martin，1989)。最近的一项双生子家庭分析证实了传统主义特征的遗传率约为50%，对性和宗教的态度的遗传率与之一样高，而对税收、军队和政治的态度的遗传率则低一些(15%到30%)(Eaves，1999)。社会心理学传统上采用实验的方法而不是调查来研究自然发生的变异，现在需要将这两种研究传统综合起来。例如，社会心理学家Tesser(1993)将态度划分为更具有遗传性的(如对死刑的态度)和更不具有遗传性的(如对男女同校和圣经真理性的态度)这两类。研究发现，在标准的社会心理学实验情境下，遗传性更高的项目对社会影响不太敏感，但对人际吸引来说更为重要。

与之相关的一个领域就是职业兴趣，其中包含了类似于人格的特征，如现实的、智慧的、社会性的、进取的、传统的以及艺术性的。职业兴趣的双生子研究结果与人格问卷的结果相似，同卵双生子的相关约为 0.50，异卵双生子的相关约为 0.25 (Roberts&Johansson，1974)。职业兴趣的收养研究也发现中等大小的遗传影响(Weinberg，1978a)。双生子和收养的综合研究表明绝大多数职业兴趣的遗传率约为 35%(Betsworth，1994)。工作价值(Keller，1992)和工作满意度(ArVey，1989)的双生子研究也发现了遗传影响的证据。职业兴趣和满意度研究发现一些证据说明有少量的共享环境影响(约为 10%)(Gottfredson，1999)。

第三节 物理环境与人的发展

环境是指人们生活的所有外部条件的总和，这一外部条件的总和，可以看作人在社会生活中条件和社会关系的总和，也可以指人们生活的自然条件的总和。

一、光线

(一)照明

“光健康”强调的是一种更加科学的照明方式。人们对于照明的要求主要有三方面：功能性要求，即满足最基本的照明要求；装饰性要求，要求美观；生理健康和心理健康要求，比如，要防紫外线，防眩光等。

从功能性要求看，如果光线品质差，容易使人疲劳。例如，电感镇流器的日光灯发出的光线，每秒产生 100 次明暗变化，长时间工作在这种光照环境下，人的眼睛极易疲劳，容易产生近视，对于运动物体的照明和摄影也不利。此外，如果在灯光下使用电脑，通常电感镇流器日光灯的频闪和荧光屏的帧幅闪动重叠，形成光共振，对人的视觉系统伤害更大。正因为如此，欧洲电工委员会早在 1997 年就禁止在有电脑荧光屏的办公室安装使用电感镇流器的日光灯，以保护电脑操作人员的健康。同时，室内照明必须避免或减少眩光的干扰。如果灯具的亮度比室内一般环境的亮度高得多，人们就会感受到眩光。眩光产生不舒适感，严重的还会损害视觉功能，所以室内照明必须避免或减少眩光的干扰，让“柔和”的光进入人的视野。

一般而言，在暗处看书写作容易对眼睛产生不良影响。当人们由于光线太暗而使眼睛看不清楚所看或所写的东西，人们会本能地为看清目标而靠近目标，时间一久，自然会使眼睛的屈光系统产生变化，导致近视的发生。

光线必须正确对物体颜色还原。太阳光辐射连续光谱，物体在太阳光的照射下，显示出它的真实颜色，但当物体在电光源的照射下颜色就会有不同程度的失真。所以，光源的显色性也相当重要。《建筑照明设计标准》规定，在居室和办公场所，要求灯光的显色性在80Ra(太阳光的显色性为100Ra)。

(二)日照

理想的光环境是自然光和人造光的有机组合，两者缺一不可。科学研究表明，光线不但能够照明，同时能帮助人们预防疾病。

众所周知，阳光可以杀灭室内空气中有害微生物，室内每天有两小时日照是维护人体健康和发育的最低需要。究其原因，光线与维生素D也有很大的关系。研究发现，当前很多人的体内缺乏维生素D，是因为他们为避免患皮肤癌而尽量减少了暴露在阳光下的时间，一般长期从事室内工作的人体内都会缺乏维生素D。采用光线疗法可以降低患结肠癌、前列腺癌的风险。

光线对人类健康的影响常发生在生物钟上。研究发现，人类的视网膜细胞是直接与超视束神经核相连的，同时影响褪黑激素的分泌产生。褪黑激素是一种被称为“血液清洁者”的抗氧化剂，一般在人进入睡眠状态后大量分泌。在夜间，灯光会阻止褪黑激素的分泌，破坏生物钟，甚至会加大长期上夜班的妇女患乳腺癌的几率。

光线对老年痴呆症患者会产生益处。这些患者的作息时间常常很不固定，在接受一段时间的光线疗法之后，他们的作息又慢慢变得有规律了。有趣的是，光线的波长也会对治疗结果产生影响。

二、色彩

我们眼睛视网膜上的锥状细胞，除了能够感光认知外，还有感觉分辨色彩的功能。锥状细胞分感红色素、感绿色素和感蓝色素三种。它与美术绘画色彩学上的三原色相类似。感红色素对红光最敏感，感绿色素对黄绿光最敏感，感蓝色素对蓝光最敏感。其余颜色的感受均由这三种细胞按不同比例分解它所含色素中得出，犹如绘画艺术中的色彩均由“红”、“黄”、“蓝”三原色调和得出一样道理。

(一)色彩与情绪

色彩影响情绪的本领令人吃惊。在英国，过去常常有人在伦敦一座黑色的伯列费尔桥跳河自杀。当用蓝色粉刷过桥之后，跳河自杀的人减少了一半。在美国，一座监狱的看守长为犯人寻衅闹事而苦恼。有一次，他偶然把一伙狂暴的犯人换到一间浅绿色的牢房里，奇迹就发生了：那些原来暴跳如雷的犯人，就好像服用了镇静剂一样，渐渐平静下来。看守长由此受到启发，便把囚室漆成绿色，于是犯人闹事事件随之减少。由于蓝色、绿色使人感到幽静、安详，故有“心理镇静剂”之称。

色彩对情绪的作用，还直接影响食欲和睡眠。美国颜色专家约翰·密尔纳在他所撰写的《颜色参考手册》一书中指出，红色环境兴奋神经，促使多吃快吃；白色给人洁净和安定的感觉，促使细嚼慢咽，尽情品味，自然不会少吃；黄色会使顾客愿意掏钱来大享口福；而绿色和蓝色等冷色则使人愉快地减少食量或倾向于多吃青绿色蔬菜。卧室是睡觉的场所，在卧室里着装上一只蓝色的灯，床上盖着绿色的被子，则能使人产生安静的情绪，对改善睡眠非常有益。

（二）色彩与学习

研究表明，浅蓝色、淡黄色和橙色能使学生精神集中，情绪稳定，尤其是橙色，还能影响学生的行为，减少同学之间的对立情绪。白色、黑色和棕色对学生的脑神经有刺激，易产生负面影响。

在德国，他们对于学校教室色彩布置的要求是，向窗子的一侧采用亮绿色，放黑板的一侧是白色，天花板是淡黄色，地板用棕色机织地毯，课桌用洁白塑料板贴面。这些不同色彩的组合，对保护学生视力，保持课堂安静是非常有益的。

（三）色彩与健康

色彩既能使人致病，也能为人治病。据研究，长期生活在红色环境中的人，他的视力和听力将会受到影响，脉搏跳动会加快。尤其是粉红色，被称为“健康的陷阱”，粉红色的波长与紫外线的波长非常接近，研究证明，人体如果经常接触紫外线，极易诱发皮肤癌。如果身着粉红色的衣服或鞋、袜以及装饰品时，体内要释放出相应的能量来“反击”紫外线波长的“进攻”，长此以往就会削弱体能而使身体变弱。粉红色初看给人以平静、温柔与安详的感觉，但久而久之便会使人烦躁不安。如果人置身于绿色或蓝色的环境里，皮肤温度可降低 1 至 2.2 度，脉搏每分钟减少 4～8 次，呼吸减慢，血压降低，心脏负担减轻。绿色能缓和紧张，使人安静。

德国的专家在研究中还发现，房间的颜色对某些病人颇有影响：淡蓝色对于发高烧的患者能起良好作用；紫色可使孕妇镇静；赭石色能帮助低血压病人升高血压。

另据研究，某些职业性疲劳症和心理障碍，可在家庭居室中，通过色彩疗法，产生药物起不到的功效。如纺织工人长年累月接触的都是白色的棉纱织品，眼睛会产生疲劳和“冷凝”心理，居室等采用暖色调（红、橙、黄等）则可起到心理调节和消除眼睛疲劳的作用。煤矿工人每天都和黑色煤炭打交道，容易造成视线模糊和产生自闭心理，他们的居室若以明亮色彩为主，是颇为有效的“防疾”之举。自动流水线操作工、打字员、排字工要求精力高度集中、手疾眼快，久而久之地形成“复视”和紧张感，他们的居室最好采用浅绿或淡蓝色调。冶炼和司炉工人因长期注视红色和身处高温，眼睛易被红外线灼伤，且红色会使大脑不断兴奋，容易疲劳，他们的居室应选用青、蓝、绿等冷色调。

在俄罗斯，他们经常用紫色光线照射煤矿工人，借以预防矽肺病。在美国，近些年兴起的彩色医院已遍及全国。医学界人士研究认为，环境色彩单调枯燥对病人的康复不利，根据不同的情况安排丰富多样的色彩，可大大改善病人的心理状态，加速疾病的痊愈。

（四）色彩与性格

色彩还是一面神奇的“折射镜”，能一定程度地反映出人的性格特点。喜欢红色的人，性格开朗而外向；爱好黄色则勤奋而勇于进取；蓝绿色的追求者善于作细致的观察、鉴别能力强；蓝色的倾慕者感情深蕴而善于克制自己的情绪；橙色的追求者好交际；混杂而无较突出某种颜色的爱好者则性情浪漫，喜欢游乐。

哥伦比亚某杂志的一篇文章中，有关色彩的论述更为有趣：红色代表灵魂、心脏。大凡勇敢者、男子汉、报复性强、乐观者、感情易冲动的人和田径运动员都喜欢红色；绿色是多愁善感者的色调，喜欢绿色的人，思想往往根深蒂固，很难改变；蓝色是当选者和领导者的颜色，它象征着对美好事业的热爱，是许多知识分子所宠爱的色调；黄色被东方人用来驱鬼避邪，喜欢黄色的人往往胆子较小，但不少艺术家和科学家偏爱这种颜色；橙色是爱虚荣的人和自私者比较喜爱的色调，喜爱这种颜色的人往往具有雄心大志，渴望成名，但对他人漠不关心；玫瑰色象征着博爱与仁慈，多愁善感者喜好这种颜色，他们没有嫉妒心，乐于为他人服务；咖啡色是那些勇于战胜各种逆境的人所偏爱的色调，但这种人同时也比较好斗，有时还有点自私；喜欢灰色的人大多安于现状，比较懒惰，缺乏主动性。

三、声音

声音向来让人们又爱又恨，因为和谐的声音比如音乐能激励人、也抚慰人，对人的健康心理有很大作用。然而不和谐的声音比如噪音，则会影响人的健康。

（一）音乐

假如你是一位网球爱好者，而又急于提高球艺，那么你首先想到的一定是去求教于名师高手吧？但是，音乐研究家尼斯特却不这样认为，他建议你先去欣赏一段他编制的奇特的音乐。这段音乐含有可对人体产生高兴、平衡和镇静三种不同情绪的不同作曲家的作品。运动员听过这段音乐之后，比赛时的紧张情绪可明显减轻，有助于他们进入最佳竞技状态。对弗吉尼亚·韦德等世界网球名将在实验室的测试表明，听音乐时，他们的心率减慢，体温下降，大脑活动增加。音乐的结尾是一阵高能量音响的爆发，使听者的肾上腺素剧增。一位被测试过的运动员事后说："音乐使你自省。你变得更能意识自我，更能意识到你在做什么。其结果是你更乐观。"

音乐的作用并不仅限于此。意大利医生扎帕洛通过研究认为：巴赫的音乐能减轻消化不良，莫扎特的音乐能减少风湿关节疼痛，舒伯特的音乐能帮助失眠者入睡，亨德尔的音乐则能解除失恋以及其他感情上的痛苦。

"音乐治疗"这一术语是在20世纪40年代才正式出现的，50年代在美国首次有"音乐治疗家"的文凭。现代的音乐治疗是把音乐作为一种活动疗法，即通过具体的音乐活动来求得治疗的效果。这不仅是把音乐看做一种艺术，而且是作为一种科学来对待。音乐治疗是针对病理的治疗而不是病态的治疗，它注重的是人的整体而不是某一部分。通过对人的整体乃至生活环境的调整，使其取得协调一致，从而消除心理的与身体的病态。音乐对于人来说不仅是一种单纯的声音，而且是一种有一定意义的声音的组合，是人与人之间交往的一种工具。因此在音乐治疗过程中，不仅需要音乐治疗者的努力，而且也要病人发挥其主观能动性，通过双方的合作才能取得治疗效果。近年来，欧美各国音乐治疗已被广泛使用，许多医院、养老院和康复机构，都采用音乐治疗。临床实践证明，高血压症患者听一首小提琴协奏曲，能使血压降低10—12mmhg；让产妇听音乐，能解除产妇烦躁不安的心情，有利于分娩；英国剑桥大学的口腔治疗室还用音乐代替麻醉药，成功地为二百多个病人拔去病牙；在治疗忧郁型和狂躁型的精神病患者中，音乐更是被广泛运用。

音乐甚至能使人的体重下降。肥胖症治疗医生海姆斯博士所做的实验表明，进行某种"音乐饮食"疗法的人，体重每星期能下降两磅。这种疗法是在饭前播放几分钟使人兴奋的音乐，这使人体胃液分泌放慢，食欲受到抑制；另外，在两顿饭之间播放一些轻快的音乐，就能排除人在想吃甜食时的那种紧张和烦躁。

从某种意义上讲，人类早就熟悉音乐的某种作用了。例如，从远古时代起，母亲们就懂得用催眠曲使孩子静静地入睡。但是，只是在最近几年，人类才真正意识到音乐对人类行为所能产生的影响。

（二）噪音

噪音通常指妨碍人们正常休息、学习和工作的声音，以及对人们要听的声音产生干扰的声音。从这个意义上来说，噪音的来源很多：街道上的汽车声、安静的图书馆里的说话声、建筑工地的机器声以及邻居电视机过大的声音，都是噪音。

1. 噪音的危害

(1)噪音引起的听力损伤

人短期处于噪声环境时，即使离开噪声环境，耳朵也会造成短期的听力下降，但当回到安静环境时，经过较短的时间即可以恢复。这种现象叫听觉适应。如果长年无防护地在较强的噪声环境中工作，在离开噪声环境后听觉敏感性的恢复就会延长，经数小时或十几小时，听力可以恢复。这种可以恢复听力的损失称为听觉疲劳。随着听觉疲劳的加重会造成听觉机能恢复不全。因此，预防噪声性耳聋首先要防止疲劳的发生。一般情况下，85 分贝以下的噪声不至于危害听觉，而 85 分贝以上则可能发生危险。统计表明，长期工作在 90 分贝以上的噪声环境中，耳聋发病率明显增加。

(2)噪音引起心脏血管伤害

急性噪音暴露常引起高血压，在 100 分贝环境中，10 分钟下肾上腺激素则分泌升高，交感神经被激动。在动物实验上，也有相同的发现。虽然流行病学调查结果不一致，但最近几个大规模研究显示长期噪音的暴露与高血压呈正相关。长期暴露噪音 70 分贝到 90 分贝，人得到高血压的危险性比其他人高 2.47 倍。

(3)噪音对睡眠的影响

人类有近 1/3 的时间是在睡眠中度过的。睡眠是人类消除疲劳、恢复体力、维持健康的一个重要条件。但环境噪声会使人不能安眠或被惊醒，在这方面，老人和病人对噪声干扰更为敏感。当睡眠被干扰后，工作效率和健康都会受到影响。研究结果表明：连续噪声可以加快熟睡到轻睡的回转，使人多梦，并使熟睡的时间缩短；突然的噪声可以使人惊醒。一般来说，40 分贝的连续噪声可使 10％的人受到影响；70 分贝可影响 50％；而突发动噪声在 40 分贝时，可使 10％的人惊醒，到 60 分贝时，可使 70％的人惊醒。长期干扰睡眠会造成失眠、疲劳无力、记忆力衰退，以至产生神经衰弱症候群等。在高噪声环境里，这种病的发病率可达 50%－60% 以上。

(4)噪声引起其他人身损害

噪声可以引起心绪不宁、心情紧张、心跳加快和血压增高。噪声还会使人的唾液、胃液分泌减少，胃酸降低，从而易患胃溃疡和十二指肠溃疡。一些工业噪声调查结果指出，劳动在高噪声条件下的钢铁工人和机械车间工人比安静条件下的人循环系统发病率高。在强声下，高血压的人也会增多。不少人认为，生活中的噪声是造成心脏病的原因之一。长期在噪声环境下工作，对神经功能也会造成障碍。实验室条件下人体实验证明，在噪声影响下，人脑电波可发生变化：噪声可引起大脑皮层兴奋和抑制的平衡，从而导致条件反射的异常。有的患者会引起顽固性头痛、神经衰弱和脑神经机能不全等。症状表现与接触的噪声强度有很大关系。例如，当噪声在 80—85 分贝时，往往很易激动、感觉疲劳，头痛多在颞额区；95—120 分贝时，作业个人常前头部钝性痛，并伴有易激动、睡眠失调、头晕、记忆力减退；噪声强到 140－150 分贝时不但引起耳病，而且发生恐惧和全身神经系统紧张性增高。

2. 噪音的防止方法

为了防止噪音，我国著名声学家马大猷教授曾总结和研究了国内外现有各类噪音的危害和标准，提出了三条建议：①为了保护人们的听力和身体健康，噪音的允许值在 75－90 分贝。②保障交谈和通讯联络，环境噪音的允许值在 25－50 分贝。③对于睡眠时间建议在 35—50 分贝。

控制噪音环境，除了考虑人的因素之外，还须兼顾经济和技术上的可行性。充分的噪音控制，必须考虑噪音源、传音途径、受音者所组成的整个系统。控制噪音的措施可以针对上述三个部分或其中任何一个部分。

噪音控制的内容包括：①降低声源噪音。工业、交通运输业可以选用低噪音的生产设备和改进生产工艺，或者改变噪音源的运动方式(如用阻尼、隔振等措施降低固体发声体的振动)。②在传音途径上降低噪音，控制噪音的传播，改变声源已经发出的噪音传播途径，如采用吸音、隔音、音屏障、隔振等措施以及合理规划城市和建筑布局等。③受音者或受音器官的噪音防护。在声源和传播途径上无法采取措施，或采取的声学措施仍不能达到预期效果时，就需要对受音者或受音器官采取防护措施，如长期职业性噪音暴露的工人可以戴耳塞、耳罩或头盔等护耳器。

第四节 学校文化与人的发展

学校文化是按照文化的特点与规律，依托学校的特定环境，以提高师生的整体素质，培养高质量的人才，塑造学校形象，谋求学校生存发展为目标的一种管理理论和方法。学校文化一旦形成，对学校健康发展具有显著功能，并会对学校的学生发展产生重大影响。

一、学校文化对学生发展的影响

教育与文化几乎是同时产生的，文化需经由包括教育在内的传递、传授而为社会群体掌握从而构成文化，文化的形成依赖于教育。而教育的进行也必须以文化(至少是潜在的文化)为前提。作为一个拥有庞杂体系的文化，它无处不在，无孔不入。除正规教育不断选择、传递、传播系统化的文化，非正规教育以及非正式教育仍是不可或缺的。非正规教育与非正式教育并存于教育共同体之中，熏染于文化，又作用于文化，并产生与正规教育和非正规教育相互作用、互为前提的文化。教育的过程正是不断地传递、传播、选择文化的过程，是不断地把客观文化积淀并转化为个体主观精神构架的过程，从而使人类文化的基本精神活生生彰显于个体之中，使个体的心灵得以广泛濡染人类文化中所包含的基本价值：正义、善良、智慧、自由、平等、民主、真、爱、美、友谊、独立、尊严、激情、理想——使个体心灵、人性、人生达到尽可能完善的高度，也使个体成为刚健有为的新文化的创造者，而真正渗入到人类文化进程中去，于人类文化上尽一分子的责任。

教育作为一种培养人的活动，学校是育人的主要组织机构。学校作为学生生命历程中的重要阶段，学生不仅从这里习得有关认知和技能方面的文化，而且在有意无意中接受学校物质设施、制度规则和师生观、生生观等精神文化的熏陶，因此与学生乃至教师生命成长和发展有关的一切文化因子将受到关注。另外，学校自产生之日起，人们就开始围绕如何使学校培养出高质量的、适应时代发展需求的人才而展开了大量研究，并且随着教育理论研究的不断深入和教育改革的层层推进，教育家们从对学校制度、课程设置、教育教学方式等等一些问题的研究，拓展到对整个学校教育活动相关的各个领域的研究，学校文化便是其中之一。对文化与教育、学校文化与教育的探讨便应运而生了。从文化方面说，学校文化是与众多社会文化形式同属一个层次的亚文化之一。学校作为一种社会组织，是由一定数量的教职员工和学生构成的社会群体。每一个社会组织都有一种独特的文化来解释、来规范其成员的行为。所以，同任何一个社会组织一样，一所学校的生存与发展都离不开其文化，学校文化构成了学校生存和发展最稳固和最有活力的基础。

总之，学校文化在教育中的功能将被认为是形成学生甚至教师对自己的和周围世界的一种积极而理智的、富有情感、探索、创造、超越的意识和行为，是开发学校内人的生命潜力的一种力量。活跃、向上、和谐、平等的文化气息应渗透、弥漫于学校文化的每一个方面、每一个方面的每一个层面，使置身于其中的每个生命体都尽显其生命的无限光彩。

二、学校文化的建设

学校文化建设是以实施素质教育为主旋律的现代学校文化的选择、设计、转化和生成，现代学校文化建设的出发点是以人为本，学校文化是内隐在学校教育理念、教育行为方式、学校内部制度以及教育环境等因素中的价值取向。从其对学生发展、教师专业成长和学校发展的作用来看，学校文化最终体现的是学校中的“生活方式”。区域性学校文化建设是从本区域文化建设全局出发，努力促使本区域内学校文化建设水平的整体提高，但作为具体工作，它是由一个个学校的文化建设组成的，它的建设内容正是个体文化建设的具体要求，因此，区域学校文化建设实质上仍是个体学校文化建设，在内容上是一致的，按照由外到内，由表层到深层的变化过程。学校文化应包括学校物质文化、学校制度文化、学校师生文化。学校文化不仅包括外显的层面，更重要的是内隐的层面，它内隐于学校中人的生活之中。

(一)学校物质文化建设

学校物质文化是学校在其发展过程中，由学校师生员工创造的各种物质设施，通过它们给人以一种感情熏陶和启迪。学校物质文化是表层的外显的学校文化，是学校的外在体现。学校物质文化建设一般包括：学校建筑文化、设施设备文化、环境文化、标志文化等。

学校建筑文化、设备设施文化包括图书馆、阅览室、校园网络、宣传标语、宣传栏等，是学生文化活动的场所。苏霍姆林斯基指出：学校里可能什么都很充裕，但倘若没有为人的全面发展和为其丰富的精神生活所需要的书籍，那就还不算是学校；相反，学校可能是许多东西都缺，许多方面都可能是微不足道的、简陋的，但如果有永远为我们打开知识世界之窗的书籍，这就是学校了。这充分道出了图书馆在学校文化建设中的重要地位。随着信息技术的发展，校园网络成为学校物质文化建设的重要方面，校园网络在促进师生的个性化自主学习、网络资源的共享和利用以及网络文化的创建中，在加快学校现代化的进程中发挥着不可替代的作用。学校物质文化建设在学校文化建设中是最为显现的，比较容易实施，但并不是有了标识、建了图书馆和网络就有了物质文化，必须注意开发物质中的“文化”精髓，做到两个统一：即外显的物质和内隐的价值观的统一；直观冲击力和教育人文内涵的统一。

环境文化是指学校师生员工工作学习的外部环境场所，环境的好坏直接影响师生员工的工作效率和情绪，幽雅清新，园林式的校园可以安定情绪、放松心境，高雅舒适的场所可以启迪思想，陶冶情趣。因此，优化学校环境，为师生员工提供良好的教育教学氛围，是体现学校以人为本思想的重要途径。

学校标志是一种浓缩了的富有特色的或者典型的学校实体的表现形式。一般包括基本要素系列表现为：校名、校徽、校旗、校歌、校花、校报、校色、典型建筑物等；应用要素系列表现为：办公用品系列、宣传制品系列、环境装饰系列、人员服饰系列、事物用品系列等等。如清华大学的石门坊、上海建平中学的走廊内玉制的中国古代人物故事壁挂等等，都是学校的典型标志。正是这些不同风格与内容的标志物，使得这些学校与其他学校区分开来。

(二)学校制度文化建设

学校制度文化是相对于学校的物质文化与精神文化而言的。钟启泉指出：“制度文化是作为一种制度的学校组织的基本构成要素。包括学校教育目标、课程、课时表、教科书与教材等，它们集中体现了社会对于新生代必须习得的文化内容、文化价值的要求。”肖川在《办好学校的策略》中强调：“制度是一种正式组织必不可少的联结纽带，组织缺少了制度，就好像人缺少了精神思想，散乱而盲目。”可见，学校制度文化建设是学校文化建设的重要组成部分，它一般包括学校在日常管理要求或规范中长期逐步形成的管理机构和管理制度。制度文化建设从另一个角度也可说是管理制度文化建设，管理制度文化的建设主要从管理机构和管理制度两个方面来培育：

学校管理机构及其培育学校管理机构是学校为了有效实现学校目标而建立的内部各组成部分及其关系的形式，这种形式是否适应学校管理的要求，直接影响学校的生存和发展。为此，在学校管理机构的建设中力求做到：

1. 学校管理机构的建设，必须有利于学校目标的建设

学校办学目标是学校价值观的综合体现，是学校工作的中心，学校管理机构建设的目的是为实现学校的目标做机构上的保证，为此，学校管理机构的设置要围绕学校办学目标，可在参考古典组织理论的创始人之一马克斯·韦伯提出的科层制组织机构的基础上进行选择和设计确定学校管理组织的基本原则，确定承担各项管理和业务的各个管理层次、部门、岗位及其职责等。

马克斯·韦伯提出的理想的组织结构有以下六个特征：①专业化：将常规性的工作以固定的方式分配员工，而因此促成员工工作技巧、熟练程度的提高，达成专业能力的形成，以便产生良好的效率；②职业评级与奖惩：员工按能力自立确定升迁，也依据此标准确定人员的雇佣、奖惩；③等级体系：级别分明、上下有别，上级管理下级，下级向上级负责的垂直成员关系；④规章制度：清楚明确的工作规则，让员工按章办事，并依此为准则协调彼此之间的关系；⑤管理权与所有权分离：组织的投资人员与组织的行政管理人员分离，让管理者能够理性地发挥其作用；⑥纯粹人事关系：组织成员间，除了工作目的以外，不存在任何的个人关系，公事公办，不感情用事，保证行政管理人员能够例行公事，发挥效率。

2. 学校管理机构的建设，是一个动态的生成过程，要在建构的过程中根据学校实际情况不断调整和完善

学校管理机构要根据自身内、外环境和条件，确定基本思路，要在分析组织职能的前提下，设计各职能部门及其职责、考核和评价，还要将运行中出现的各种信息及时反馈、修正，使之不断完善。

3. 学校管理机构的建设，要充分了解并重视非正式组织，因势利导，发挥其在学校工作中的正向功能

任何团队中都存在着因爱好、性格和利益等因素一致而自发形成的非正式组织，这种非正式组织一经形成便逐渐产生特定的行为规范，它们与正式组织的目标有时一致，有时不一致甚至相抵触。因此，学校管理机构的建设，要利用非正式组织成员之间的特殊关系，巩固正式组织机构，促进管理任务的完成。

(三)学校师生文化的建设

学校师生文化的建设是从实施主体上来讲的，教师与学生是学校文化建设的主体，是人的因素，是精神文化和制度文化最生动的表现，是学校文化建设的重要组成部分。

1. 教师文化

教师文化是教师的生活方式、学习工作方式、社会交往方式等教师个体行为的综合体现，其文化的主要特征是教师价值观念的反映。教师境界的高低、素质的差异，决定着教师文化品位的高低。学校教师都有一些属于自己的文化特质，比如对知识的认同与追求，对教育理想的使命的认同与追求，培育学校教师群体的文化，不是抹杀教师个体的独特性，而是在尊重个性的基础上，引导本校教师形成统一的核心价值认同，凝聚成整体的教师风尚。

教师文化的形式是指学校教师成员之间具有典型意义的相互关系的类型和联系方式。按照哈格里夫斯的划分，通常有以下四种教师文化形式：①离散的文化。同事之间很少有相互对话，通过独立的方式从自己的教育经验中学会教学，大部分教师不求助于其他教师，也不愿意指导其他教师，更不愿意与他人合作。②巴尔干式文化。学校被分裂成一个个独立的团体，教师个体分属于某一团体。在团体内部教师之间联系紧密，有一定共同的价值观和利益。各团体成员之间却互不交流、漠不关心，甚至处于竞争状态。当团体利益冲突加大时，就会出现损人利己的结局。③人为合作文化。这种教师之间的文化是通过一系列程序人为设定的，以鼓励教师之间的联系和合作，学习和分享教师教育教学成果，并协助一切新方法、新技术的实现。④自然合作文化。在这种文化背景下，教师既公开接受别人的观察，又观察别人的课堂，同事间开诚布公地探讨教育教学体会、观点和看法，从而打破了孤立主义的藩篱。教师个人也不断积极学习、改革和创新。在教育改革不断深入开展的过程中，选择和创建自然合作的教师文化是现代学校发展的需要和趋势。

2. 学生文化

学生文化指学生集体所特有的行为方式与价值观，是学校文化的重要组成部分。如果说学校文化是一面镜子，那么每一个学生都可以在里面找到自己现在和未来的影子。学生文化和教师文化一样，是学校办学思想和办学理念的体现，它通过学生的思想道德、文化技能、身体心理等综合素质表现出来。任何学校都存在着学生文化。从社会文化学的角度看，学生文化是社会文化的亚文化。

第五节　早期家庭环境与人的发展

一、原生家庭与个体发展

所谓原生家庭(family of origin)，是指自己出生、成长的家庭。其成员至少包括自己、父母和祖父母三代。在我们一生当中，对我们影响最早、最有力也持续最久的就是原生家庭系统，它会影响我们对自己的看法、感觉及我们如何与人相处。

要解决任何生命的问题，不一定非掌握原生家庭经历不可。但我们如果真的要透彻了解当前问题，那么原生家庭的探讨是必不可少的。从下面的事例中就可以看出原生家庭是如何对个人产生影响的。

【案例】

父亲是个商人，勤快、节俭、善良、宽容，凡事让着母亲，父亲常说母亲给自己生了 3 个儿子，立了大功。母亲比父亲小十岁，母亲爱整洁、细心、精干。他们的儿子常记得别人对自己的好处，和周围人相处融洽，对家人很尊重，特别是对妻子体贴入微。对孩子有耐心，不会乱发脾气及打骂孩子，凡事愿意自己悄悄地做，不愿指派别人干，人际关系好。

【案例】

父亲是旧军队的军医，母亲是家庭妇女。父亲是个大男子主义，对老婆、孩子经常训斥甚至打骂，大家都很怕他。他们的大女儿在家里也常训斥、打骂弟弟妹妹，成年后对孩子常发脾气，经常命令孩子做事；家里的事必须按她的意思办，听到反对的话就大动肝火，刻意树立自己在家中的权威。不尊重别人，办事武断，与家人关系较紧张。

从上面的例子中，不难看出孩子的身上都受到了父母的重大影响，并给他们留下了深深的烙印。因为人们在未成年前，没有独立生活的能力，必须依赖别人，认知发展也不完善，出于生存的本能，都会主动适应周围的环境，熟悉和模仿父母的生活和认知模式，久而久之就把早期父母的生活模式无意识地带到了自己成年后的生活中，并且自己还觉得是理所当然的。如果没有深入地发掘，大多数人尚不能意识原生家庭对自己产生哪些好的影响和不良影响。

研究表明，原生家庭经验(例如父母的酗酒)对子女的影响，受到子女与生俱来的性格以及在家中所扮演角色的影响。而且，当我们离家越久远，在外面的经历越多时，原生家庭的影响也变得越不直接。当原生家庭的成员在我们生命中不再扮演权威或是我们感情依附的对象时，原生家庭在我们当前生活的重要性也会逐渐被正视、接纳进而被超越。

二、不健康的家庭对个体发展的影响

婚姻是家庭系统的核心。父母各自的状况以及两人之间的关系形成了家庭的基础。夫妻是家庭的建筑师，不健全的家庭来自不健全的婚姻，而不健全的婚姻是由两个受内心空虚所驱策的人建筑起来的。

我们常常说配偶是自己的“另一半”，这种说法正暴露出错误的婚姻观念。僵化的性别角色认为两个“半人”的结合，可以创造出一个完整的人，就好像以为二分之一的平方等于一。其实二分之一的平方是四分之一，比原来的二分之一还要小。因此，两个期待借由婚姻使自己完整的人，结果会比婚前更不完整。这或许可以说明众多怨偶的由来及离婚率逐渐上升的原因。

不健康的家庭设定了无数个“应该”、“必须”来限制孩子。在这样的环境中，人本性中的一些特质不断地被否定。一旦我们否定了自己的愤怒，就不再感觉到生气，愤怒就脱离了身体，被自我防卫压抑而变得麻木。同样的情形也可能发生在恐惧、伤心、性欲和想象力上，于是我们失落了自己的感觉，变得迟钝甚或麻木不仁。

当人带着内在的欠缺和不完整的感觉步入婚姻时，他们的关系正朝麻烦走去。在热恋期间，男孩和女孩都非常愿意付出，因为他们幻想终有一天会得到对方，而使自己变得完整。这种借给予来获取的行为是婚姻的大忌，也是爱的假象，然而当事者仍然幻想会因对方而达到自我实现。

在父母皆自我疏离的情况下成长的孩子，得不到成长所需的养分，尤其欠缺自爱及关心社会的良好示范。反之，他们所学习的爱是出于父母脆弱的心灵以及不完整的自我，他们也可能在父母的漠视及心理遗弃中学到自贬；也像父母一般把羞愧之心内化成“自己不好”的信息。

孩子幼小时，依赖的需求必须得到满足，如果得不到满足，反而受到身体、情绪以及性的虐待，孩子的发展会严重受损。

父母若对自己的孩子施虐，必然是由于追求自我完整的欲望未被满足。父母在虐待孩子的同时，也在挣扎着要得回在自己父母跟前失去的力量——所有不健康的父母都可能在心理上被自己的父母遗弃，在情感上受到创伤。

他们可能在童年时被羞辱、讥笑、操纵、恐吓、忽视、玩弄，像一个玩物而非一个孩子。他们也许被性骚扰或鞭打，更惨的是他们从来不敢表达愤怒和心痛。他们心中感伤：为什么亲生父母如此可怕？然而，在表面的伤痛之下，却认定自己一定很坏，所以父母才这样对待他们。直到长大成为父母后，他们仍然认为自己不好，只要他们继续理想化和美化父母，内心便永远自责、羞愧。

受虐的孩子甚至不被准许知道事情的真相。所有父母的虐待行为都被合理化成“为孩子好”。当虐待极为凶残时，父母会告诉孩子“打在儿身，痛在娘心”。如果这句话还不够，父母还会教训孩子“天下无不是的父母”。孩子需要父母的保护，对孩子而言，遗弃就意味着死亡。为了存活，也由于童稚的不成熟，更因孩子对父母纯挚的真爱，在必要时，孩子会遵从父母所说的话，而否定自己真实的感觉。

艾丽斯·米勒认为，只有在为人父母后，才会发现自己早年的脆弱。多年来，那些脆弱的感觉已经被自我防卫系统深锁。当我们不知不觉地又控制了孩子，使孩子重新经历我们幼时的遭遇时，其实是想要赢回当年被父母夺去的力量和尊严。

如果父母不自觉，很可能把孩子当做满足自己需要、补偿自己不足的方便来源。因为孩子就在我们的掌握之中，他们不敢不服。未成年的子女没有能力背弃父母，只有借着不断表现及取得成就博得父母的喜爱。在这种情况下，孩子很可能变成满足父母私心的工具。

在不健全的家庭中，孩子成了父母满足私心的工具，必须放弃真我，取而代之的是一个掩饰受伤的假我。孩子如果发现自己的感觉和想法不被接受，会认为是自己有问题，也认为不值得浪费父母的时间和注意力。这种自贬心态是内化了对自己的轻视。

在不健全的家庭里，悲剧总是一个接一个地发生，仿佛不由自主地寻觅失去的乐园，周而复始、循环不休。人们常会发现自己找到的满足需求的替代品，只不过是另外一个幻象而已。名望、地位、新的性伴侣等，都无法补足随着童年真我消失而逝去的内在整合感。心灵空虚是一种内在的状况，外在事物无法唤回已逝的童年。

不健康的父母烙在孩子身上的是自己受过的伤。我们很难了解迫害者本身也曾是一名受害人，然而我们必须认清这个事实，否则悲剧就会一直上演。迫害者的心中有个愤怒和受伤的孩子，被禁止表现出对父母的不满。因此，愤怒和不满只能投射到别人或自己身上，不然只好借着其他不正常的方式表达。

不健康的婚姻建立不健全的家庭，不健全的家庭又成为迫害的温床。生长在这种家庭的人注定会有问题，上瘾以及强迫行为都是童年期间曾被羞辱及遗弃的征兆。

一般而言，不健全的家庭，不是过分黏结、界限混淆，就是界限过于严密而无法彼此亲密。黏结的意思是家庭成员的自我界限被侵犯，图 4-1 就是过分黏结的家庭，几个圆圈之间显示出极度重叠的现象。这样的家庭并没有真正的亲密关系，因为彼此都没有完整的人格，也就不可能亲密交往。

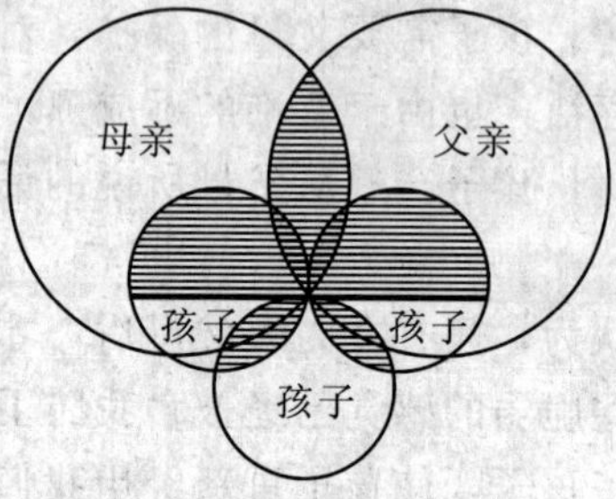

图 4-1　自我界限混淆的家庭

另一种极端是自我界限过度严密，彼此关系疏离，图 4-2 显示的就是这种家庭，成员之间的界限坚厚到无法亲近。这种家庭表面看来正常，事实上其中的成员都失去了和真我的接触，彼此之间也各自扮演互不相关的角色。

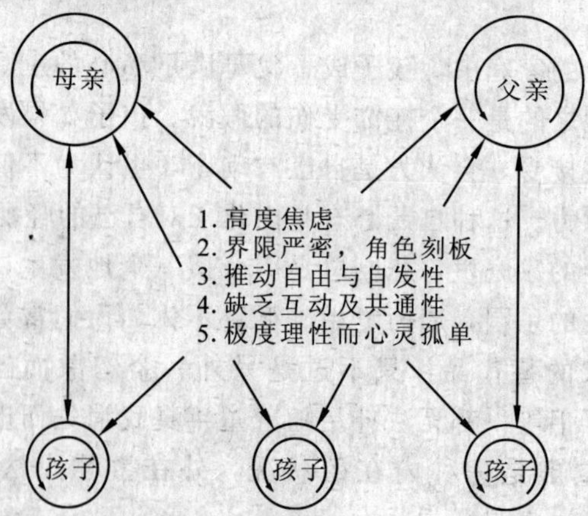

图 4-2　自我界限严密的家庭

在关系黏结的家庭里，家人扮演的角色固定而僵化，例如，有一个人永远仁慈善良，另一个人是标准的基督徒。然而，由于失去跟真我的接触，所以家庭中的人活得并不真实，只是在扮演某一种角色而已。由于大家都在伪装，没有人真正了解其他人，就像一群陌生人聚集在一起，大家都借着假我掩盖内在的不足、害怕以及羞愧感。

这一群人在潜意识里执意重复着隐藏自己、不相互袒露的游戏规则，多年后，大家都猜得到对方没有说出的下半句话，但是每个人仍然囚禁在自己固有的模式中，无法突破。

不健康的家庭充满羞愧和自贬的气氛。家人各自运用僵化固定的角色防卫自己，以避免触及那种见不得人的感受。然而那些角色却无法祛除心中深藏的孤寂和失落感，反而让人在面对自己时更为羞惭且无地自容。由于对父母的忠诚以及对父母所秉持原则的盲目崇拜，他们无法从压抑和自贬的位置上站起来，在他们的父母心底也隐藏着大量的羞愧感。不健全的家庭往往充满羞愧，却又不允许情绪表达。在这样的家庭里，很容易产生上瘾和强迫性的行为，因为家人倾向于在上瘾的行为中麻醉自己，但是这些行为又会使人觉得抬不起头来。

家人之间能否适度的亲密，是一个值得探讨的问题。图 4-1 与图 4-2 显示出两种极端不同的家庭亲疏典型：一种极为混淆，家人之间界限不清；另一种则过分疏离，家人之间严密阻隔。亲疏不适的家庭成员，其自我界限常存在着问题，而有种种适应不良的现象，有的人会觉得自己残缺不完整，有的人无法分辨出自己的心绪和思想。自我界限有问题的人心结常在，因此无法自由抉择。

当孩子被忽略或受到虐待时，通常会发生下列状况：①孩子在幻想中编织神话以解释父母的行为。②孩子无法解释父母的行为，而在心中产生自贬和羞耻的感觉。③孩子顺从大人的警告，把有关的感受收藏起来，包括害怕、伤心和愤怒。

若是第一种情况，孩子编织神话乃是对某一件事情或者行为赋予意义，以便转移对事情真相的注意力。例如，在一个父亲酷爱工作的家庭里，在情绪上父亲的确遗弃了他的孩子，母亲却掩饰真相说：“爸爸这么辛苦工作，都是为了你们，他想让你们过舒服的日子，才会工作得这么累。”

第二种情况的产生，可能是父母为自己不良的行为找了一些借口，例如，“打你是为你好！”“你该受处罚”或是“你在挨打，我的心里比你还要痛”……

第三种情况可能是父母无法处理孩子的情绪，例如，孩子的哭声会激怒母亲，使她心情烦躁，因此，她唯一能做的，就是不准孩子哭。这样的母亲，当然她的情绪也是卡住的。

上述三种情况下，引起情绪激荡的经历无法被消化而完整地储存在脑中，因为那些强烈的情绪无法释放，也没有妥善处理，结果如同冰块般冻结，成了堵塞的能量，卡住孩子的情绪。

这种冻结或卡住的状况，对于创造性的思维形成障碍。它制约了人们的思考及行为模式，于是在某些人身上造成一种好像播放录音的设置，只要一发生类似的刺激，录音带就会播放同样的反应。当过去的经历过度污染了我们的思考能力时，就无法产生新而有创意的反应。这些旧有的经历会不断地重复，并在脑海中累积，因此卡住的情绪终将取代理性以及赋予判断的思考能力，而造成意志的残障。

于是，每当我们遇到与未解决的困扰类似的事情时，就会不由自主地采取旧措施，对眼前的新问题做出反应。我们会不由自主地重复使用根本无效的方法，做情绪化的争论或不合时宜的反应。

这种情况就像滚雪球一样越滚越大，曾经饱受羞辱的人会产生更多的羞愧感，这些羞愧感进一步强化了他们的自卑心理，因此，他们只好更加抓紧假我，掩饰那羞于见人的真我。新的类似经验总会勾起旧有的、固定的反应，也就是所谓过度反应的由来。情绪压抑多年后，个人的思考能力严重地被毒害和削弱，被冻结的心灵有如有故障的录音机，一再重复播放相同的曲子。

压抑且未经释放的情绪污染了人的心灵，降低了个人做决定的能力。当人运用自由意志做决定时，需要认知、智力以及想象力的配合。缺了这些功能，意志力就如同缺了手脚的残障者。

倘若没有自我作为导引，人的意志力是盲目的。当一个人毫无依据地随意选择时，他的行为是任性的。任性是冲动的来源，冲动的行为意味着只依循自己的喜好行动。这样的行动会让自己有一种完整的、与自己合而为一的感受。

然而，当冲动控制自己时，人就会变得自大浮夸，这个时候人就为所欲为、无法自持了。

儿童天生是夸大又霸道的，如果我们在情绪发展的过程中无法学到情绪的辨识及适度的表达，长大后也许会依旧任性、霸道而缺乏清楚分辨与抉择的意志力。

日常生活的行为中有下列现象：①冲动而容易上当，做一些毫无理由的事。②做决定有困难，常做出不妥当的抉择，尤其是误信他人。③试图去控制不可控制的，例如，吸毒者认为他可以戒掉毒瘾，或是吸毒者的妻子相信她有能力戒掉丈夫的毒瘾；父母相信他们可以掌握孩子，或是一个人相信可以完全控制自己的情绪。④不断追寻完美，例如，想要拥有完美的子女、爱人、妻子、父母、性高潮等。⑤不由自主的强迫性行为。⑥对事情持极端的看法，非黑即白，非善即恶，例如，“听我的话，否则你就是跟我作对！”“爱我的一切，否则你就根本不爱我。”

在病态家庭中，每个人都带着防卫的心情扮演自己的角色，这是维持表面亲密关系的方法，也使家庭系统维持在封闭的状态里，每个家人都相信我们有一个甜蜜的家，都对问题视而不见。这种视而不见的态度，构成家庭系统中致命的谎言。谁也不敢拆穿这个谎言，因为如果拆穿了，大家将要承受莫大的痛苦，而且这个家说不定因此而破裂。

在我们的假我中，充满了幻觉和否认事实的态度。我们对这些虚伪的角色深信不疑，连测谎器也无法测出我们在说谎，那是因为我们的真我已经遗失太久，以至于完全相信那些虚伪的角色就是自己。

由于病态家庭缺乏新的信息去打破旧有的恶性循环，于是越想改变，状况越恶化。如果我们相信父母非常神圣，或是天下无不是的父母，那么孩子就永不可能认识及接受自己受虐的事实。

造成家庭病态的原因，主要是父母自己小时候也深受毒性教条之害，并且在成为父母之后不加思考地继续执行。由于他们自己受过创伤，所以在执行这些教条时会对孩子造成更大的伤害。

第五章　人的发展的基本理论

关于人的发展，一直是教育学家和心理学家关注的重要话题，学生心理特征及其发展规律是教育的基本依据。教育工作要想取得预期的效果，必须了解学生心理特征及其发展规律、学生的个别差异，从而使教育活动与学生的心理特点相适应。

对于人的发展，皮亚杰、弗洛伊德、埃里克森等人都做了有意义的研究。

第一节　皮亚杰的认知发展阶段理论

一、认知发展的阶段

(一)认知发展阶段的特点

皮亚杰理论的焦点是个体从出生到成年的认知发展的阶段。他认为认知发展不是一种数量上简单累积的过程，而是认知图式不断重建的过程。所以，我们不能用成人的思维方式来推断儿童的思维。根据认知图式的性质，我们可以把认知发展划分成几个不同的阶段。

皮亚杰的认知阶段具有三个特点：①阶段出现的顺序是固定不变的，既不能跨越，也不能颠倒。因而这些阶段具有普遍性。②每一阶段都有其独特的认知图式，这些相对稳定的图式决定了个体行为的一般特征。③认知图式的发展是一个连续不断建构的过程，每一阶段都是前一阶段的延伸。前一阶段的图式是后一阶段图式的先决条件，并被后者所取代。

(二)认知发展的阶段

1. 感知运动阶段(0—2 岁)

这一阶段儿童的认知发展主要是感觉和动作的分化。初生的婴儿，只有一系列笼统的反射。随后的发展便是组织自己的感觉与动作以应付环境中的刺激，到这一阶段的后期，感觉与动作才渐渐分化而有调适作用的表现，思维也开始萌芽。

在感觉动作期，婴儿赖以吸收外界知识的基模，主要是视觉、听觉、触觉等感觉与手的动作。这些感觉与动作，最初只是简单的反射，而后逐渐从学习中变得复杂，由身体的动作发展到心理的活动。到六个月以后，婴儿能够起坐与爬行，并随之出现目的性的动作，即有目的地运用身体的动作(如口尝、手抓)去达到目的。例如：在尚不能移动身体的婴儿身旁，铺放一条毛巾，毛巾上放置一个玩具，他会伸手去抓取玩具。如果因为距离较远抓取不到，几次尝试之后，他就会放弃。但对较大的婴儿来说，他就会用手拉动毛巾，从而取到玩具，这显示婴儿开始运用思维方式去解决问题。

感觉动作期的末期，婴儿的基模将发展到物体恒存性(或客体永恒性)(object permallence)的地步。在婴儿早期，如用布幕将其面前的玩具遮挡住，他不会寻找。原因是他的基模尚缺乏对具体实物形成心像表征的功能。换言之，对几个月的婴儿来说，看不见的东西是不存在的。稍长及至一岁左右的婴儿，对滚入床下而看不见的皮球，他会继续寻找。这表示皮球这一物体虽在眼前消失，而留在他心中的符号性的心像，却仍然存在。显然，物体的形象之所以能够永存在婴儿的基模之中，这表示婴儿末期已开始从具体实物中学到抽象的概念。接近两岁的婴儿，他不仅能当场模仿人或动物的动作，而且还能在事后凭记忆去模仿这些动作。像此种仅凭事后记忆就能模仿出来的能力，称为延后的模仿(deferred imitation)。

2. 前运算阶段(约 2—7 岁)

所谓运算，系皮亚杰从逻辑学中借用的一个术语，指借助逻辑推理将事物的一种状态转化成另一种状态。例如，5＋3＝8，可以说 8 是由 5 和 3 转化而来，即从部分组合成总体。8－3＝5，可以从总体中消除一部分，转化成另一部分。又如，两只同样矮而宽的杯子盛着同样多的水，其中一只杯子中的水被倒入另一只高而窄的杯子内，则两杯水外表形状变了。若经逻辑转换，即一个维度的增加被另一个维度的减少抵消，便知两杯水数量未变。前运算阶段的儿童不能进行这样的转换。前运算阶段意思是指儿童的思维方式尚未完全达到合理地步之前的一段时期。其思维有如下主要特征。

(1)单维思维。也叫知觉集中倾向(perceptual centration)。指儿童面对问题情境时，只凭知觉所及，集中注意于事物的单一向度或层面，忽略事物的其他向度或层面。顾此失彼的结果，难免导致对问题的错误解释。例如，让4岁或5岁儿童用两手分别向两个同样大小的杯子内投放同等数量的木珠(每次投1颗)。儿童知道这两个杯子里装的木珠同样多。然后实验者将其中一杯珠子倒入另一高而窄的杯子中，问儿童：两杯珠子是一样多，还是不一样多？部分儿童会说，矮而宽的杯子中的珠子多；另一部分儿童会说，高而窄的杯子中的珠子多。皮亚杰认为，前运算儿童只能从单维进行思维，考虑高度却不能顾及宽度。反之，考虑宽度，却忽略了高度。这种现象又叫集中偏向。对儿童知觉集中倾向的实验研究，心理学家重复实验验证最多的是守恒(conservation)问题的研究。守恒是一种概念，此种概念所代表的意义是，某物体某方面的特征(如重量和体积)，将不因其另一方面特征订(如形状)改变而有所改变。

(2)思维的不可逆性(irreversibility)。可逆性是指改变人的思维方向，使之回到起点。可逆性是合于逻辑的思维过程，最常用到的是数学运算以及所有属于因果关系的问题。所谓可逆性，是指思维问题时可以从正面去想，也可以从反面去想；可以从原因去看结果，也可以从结果去分析原因。如此，顺向与逆向兼顾的思维历程，即称为可逆性。例如：由已知男生人数＋女生人数＝全校学生人数，即可推知女生人数＝全校学生人数－男生人数。

前运算儿童不能这样思维。如问一名4岁儿童："你有兄弟吗?"他回答："有。""兄弟叫什么名字?"他回答："吉姆。"但反过来问："吉姆有兄弟吗?"他回答："没有。"

(3)自我中心(egocentrism)。不能从对方的观点考虑问题，以为每个人看到的世界正如他自己所看到的一样。换言之，只能主观地看世界，不能客观地加以分析。例如，皮亚杰请儿童坐在三个不同的模型的一边，将玩具娃娃置于另一边，要儿童描述玩具娃看到的景色。结果6或7岁以下的儿童描述的景象和自己看到的相同。

(4)反映静止的知觉状态。例如，布鲁纳曾做过这样的试验：将两个同样大小的烧杯装满水，然后将其中一杯水倒进另一个大而低的杯子里，当倒水时用一个屏障挡住水在杯子里的水位线，儿童能见到水，但看不见水在杯子里的高低。许多4岁儿童说新杯子中的水同原来的杯子中的一样多。但当屏障拿掉以后，他们改变了看法，说新杯子中的水没有原杯子中的多。这说明他们的认知被静止的知觉状态支配，而不能同时考虑导致这个状态的转化过程。儿童只集中注意于知觉状态的改变，而忽略改变的过程。(张春兴，1998)

(5)不合逻辑的推理。例如，皮亚杰的两岁女儿的一个朋友是驼背，她说，这个小朋友很可怜，他病了。几天后她听说这个小朋友得了流感病，睡在床上。后来又听说这个小朋友的流感好了。于是，她说："现在他的驼背没有了"。这种推理不是从个别到一般或从一般到个别，而是从个别到个别的推理，从一种病到另一种病的推理，视二者为同一，以为一种病好了，另一种病也好了。这种思维被皮亚杰称为传导思维(又称传导推理)。

3. 具体运算阶段(7—11岁)

这个阶段的儿童认知结构中已经具有了抽象概念，因而能够进行逻辑推理。这个阶段出现的标志是守恒观念的形成。所谓守恒指儿童认识到客体在外形上发生了变化，但其特有的属性不变。这个阶段的儿童的思维主要有如下特征：

(1)多维思维。从多维对事物进行分类，皮亚杰称这种思维的多维化叫去集中偏向。思维的可逆性，这是守恒观念出现的关键。对上面所说的倒水例子，具体运算阶段的儿童不仅能够考虑从大杯倒入小杯，而且还能设想从小杯倒入大杯，并恢复原状，这种可逆思维是运算思维的本质特征之一。

(2)去自我中心。儿童逐渐学会从别人的观点看问题，意识到别人持有与他不同的观念和解答。他们能接受别人的意见，修正自己的看法。这是儿童与别人顺利交往，实现社会化的重要条件。

(3)反映事物的转化过程。如5只鸡蛋和5只杯子一一对应，排成一线且排得一样宽。问4岁儿童鸡蛋与杯子是一样多，还是不一样多。他们能回答一样多。但假定将鸡蛋排得很宽或堆成一堆，再问他们鸡蛋与杯子何者多。他们会认为排得开的物体多。但6至7岁儿童能知道两者一样多。皮亚杰认为，这时儿童已经能意识到转换的动作，思维不再局限于静止表象，因此能解决这种数目守恒问题。

(4)具体逻辑推理。虽然缺乏抽象逻辑推理能力，但他们能凭借具体形象的支持进行逻辑推理。例如，向7—8岁小孩提出这样的问题：假定A＞B，B＞C，问A与C哪个大。他们可能难以回答。若换一种说法："张老师比李老师高，李老师又比王老师高，问张老师和王老师哪个高？"他们就可以回答。因为后一种情形下，儿童可以借助具体表象进行推理。

4. 形式运算阶段(formal operational stage，约12岁—成人期)

(1)假设－演绎思维(hypothetic-deductive reasoning)。指不仅从逻辑考虑现实的情境，而且考虑可能的情境(假设的情境)进行思维。假设－演绎推理是逻辑思维的基本形式之一。此种推理思维的特点是，先对所面对的问题情境提出一系列的假设，然后根据假设进行验证，从而得到答案。

例如，“如果这是第九教室，那么它就是4年级。这不是第九教室，这是4年级吗?”回答这样的问题需要假设一演绎思维。有人请小学生以“是”、“不是”或“线索不充分”来回答这个问题。多数小学生回答“不是”，但正确答案应是“线索不充分”。

(2)抽象思维。指运用符号的思维，也称命题思维。例如，中学代数学习就需要抽象逻辑思维。中学生已具有抽象逻辑思维能力，他们能解决如$(a+b)^2=a^2+2ab+b^2$这样的代数问题。

(3)系统思维。指儿童在解决问题时，能分离出所有有关的变量和这些变量的组合。一个典型的例子是儿童解决钟摆问题。问儿童：决定钟摆的摆动速度的因素是什么？这里涉及摆的长度，摆钟的重量、推动摆钟的外力和摆钟离中心线升起的高度。前运算儿童不能系统操作某一变量，同时控制其他变量去解决问题。只有形式运算阶段的儿童能通过系统探索，解决这个问题。

二、认知发展阶段过渡的一般与特殊

大量研究表明，皮亚杰所揭示的思维发展的阶段性是普遍存在的。思维发展由低一级水平向高一级水平过渡，这种顺序是不可改变的。不可能设想，前运算水平的思维可以突然飞跃到形式运算水平的思维。

但承认思维发展阶段过渡的一般性，并不意味着在具体个体身上，或不同文化背景条件下不存在阶段过渡的特殊性。

研究表明，从前运算到具体运算的过渡和从具体运算到形式运算的过渡，在不同个体身上存在着显著差异。例如，多数6—7岁儿童能进行10以内的整数加减运算，但少数发展快的儿童能进行20以内，甚至100以内的加减运算，而一些发展较慢的儿童，上小学时还未完全掌握10以内的数的概念，更不能进行加减运算。思维越是发展到高级水平，儿童之间的个别差异越大。皮亚杰的研究表明，11岁以上的儿童有可能达到形式运算水平。但据美国的研究，在美国学校中，只有13.2%的初中生，15%的高中生和22%的大学生达到了形式运算阶段。皮亚杰也认为，大多数人只能在他们有经验和有兴趣的少数领域运用形式运算。

同一个人在某一学科领域的思维可能达到形式运算水平，但遇到新的困难问题时，其思维又会退回到具体运算水平。而且个人在某门经验较丰富的学科中能进行形式运算思维，并不意味着他在陌生的学科领域也能以同样的方式思维。研究表明，青少年一般先在自然学科领域出现形式运算思维，在社会学科领域的思维发展较慢。

三、影响认知发展的因素

皮亚杰认为，影响儿童认知发展的主要因素是：成熟、物理环境、社会环境以及具有自我调节作用的平衡过程。这四个因素都是认知发展的必要条件，但它们本身都不是充足条件。

首先，成熟是指机体的成长，特别是指神经系统和内分泌系统的成熟。成熟是认知发展的一个重要条件，它为形成新的行为模式和思维方式提供了一种可能性。例如，婴儿期出现的眼手协调，是建构婴儿动作图式的必要条件。然而，若要使这种可能性成为现实，必须通过机能的练习和最低限度的习得经验，才能增强成熟的作用。

其次，是物理环境。鉴于个体与环境的交互作用是认识的来源，因此，个体必须对物体作出动作。个体在这种动作练习中得到的经验，不同于在社会环境中得到的社会经验。皮亚杰把这种经验分为两类：一类是物理的经验(physical experience)，是指个体作用于物体，获得物体的特性；另一类是逻辑－数理的经验(logic-mathematical experience)，是指个体理解动作与动作之间相互协调的结果。在皮亚杰看来，知识来源于动作(动作起着组织或协调作用)，而非来源于物体。

影响认知发展的第三个因素是社会环境，它包括语言和教育的作用，即人与人之间的相互作用和社会文化的传递学习者的社会经验可能会加速或阻碍其认知图式的发展。

几乎所有学习理论和发展理论都认识到成熟和经验所起的作用，皮亚杰的独特之处，是另外加了第四个因素，也是最重要的因素，即起自我调节作用的平衡过程。平衡过程调节个体(成熟)、环境(包括物理环境和社会环境)之间的交互作用，从而引起认知图式的一种新建构。正是由于平衡过程，个体才有可能以一种有组织的方式，把接收到的信息联系起来，从而使认知得到发展。正因为此，皮亚杰把平衡作为认知发展的基本过程。

皮亚杰由此认为：对儿童发展的任何解释，都必须考虑两个方面：一是个体发生的方面，二是社会的方面(即指种系世代的连续传递过程)。但是，这两方面的问题多少有些类似，因为两者的核心问题都涉及所有建构主义的内部机制。

第二节　精神分析心理学

精神分析在临床治疗实践的基础上产生，注重通过对神经病的分析和治疗来解释人的心理和人格，它由弗洛伊德创立，并得到了后人的推崇和发展。

一、弗洛伊德的精神分析理论

弗洛伊德是精神分析的创始人，他与布洛伊尔合著的《癔病研究》一书的出版标志着精神分析学派的创立。通常我们将弗洛伊德的精神分析称为古典精神分析，以区别于20世纪30年代以后在美国形成的新精神分析。

(一)精神分析史

精神分析理论的形成和发展始终与弗洛伊德身为一名医生在其毕生从事精神病的临床治疗经验及其对经验的理论探索息息相关，这些探索体现了弗洛伊德逐步形成并不断修正发展其精神分析理论的历程。我们将其分为如下三个阶段：

第一阶段(1890－1920)：精神分析心理治疗的开始

从第一位接受精神分析的病人安娜·欧开始，弗洛伊德在治疗癔症、探寻病因的过程中，开始了关于潜意识动机、压抑、抗拒、移情、焦虑及神经症病因的临床探索，以当代哲学思潮、生物进化论与物理能量守恒学说为理论思想渊源，逐渐形成了精神分析的能量学、精神动力学和地质学观点，并系统提出了相关概念和理论。

第二阶段(1920－1937)：结构学观点的成熟

1920年，弗洛伊德开始研究本能问题，系统研究自我，并在心理结构说的基础上将人格结构分为本我、自我和超我，提出了关于整个人格的一种新的理论模式。此外他的研究兴趣还从治疗转向社会、人类文化、历史与宗教等问题，将精神分析理论扩展到社会科学的各个领域，使之发展成为影响整个西方文化思想的一种弗洛伊德主义，也被称为古典精神分析。

第三阶段(1937－1958)：后弗洛伊德学派的兴起

弗洛伊德于1939年逝世后，无人能够代替弗洛伊德左右精神分析的发展方向，于是精神分析的追随者开始对古典精神分析理论加以修订和拓展。他们保留了弗洛伊德精神分析最基本的一些概念、术语和方法，突破了弗洛伊德理论的束缚，重视自我，强调社会文化环境因素，重视早期经验，并在精神分析治疗中引入了非精神分析方法。这时期的精神分析焦点在自我，着重探讨自我本身的结构、功能及防卫机制，这也是自我心理学兴盛的时期。

（二）精神分析基本理论

精神分析理论与其他心理学说最大的不同之处在于，它着重探索人的深层精神世界。弗洛伊德曾说："精神分析一词，最初指一种治疗方法，现在却成为一门科学的名词，即关于潜意识过程的科学"。由此可以看出，潜意识是精神分析学说的核心与支柱。潜意识由原始的本能和欲望构成，本能支配着人类的活动，是人类心理活动的主要源泉和动力。

1. 能量学的观点

核心概念：创伤。

能量学观点描述的是情感的处理问题，焦点则集中于外在事件对心理的影响。创伤是能量学观点的中心主题。它发生在过强的情感来袭超过个体所能维持的心理平衡的能力时，它不是事件本身的内容，而是这一事件带来的情感过于强大难以处理而被压抑在潜意识之中。这种被压抑的情感在个体无法意识的情形下会激发病态的反应或行为模式。

创伤的强度与遭遇创伤时心理人格结构的脆弱程度有关，与心理的本质及成熟度有关，创伤事件发生的时机也是很重要的。在生命早期是一个不成熟、脆弱的自我，很容易因过度的刺激而受到创伤。弗洛伊德在早期治疗癔症病人的临床经验中发现，通过自由联想和宣泄，让病人借由口语的表达释放那些创伤性经历中的恐怖体验，则症状可被减轻。

创伤无法客观地被定义，它是相对于个人的主观经验，观察者不可能了解创伤，一定要借着受创伤者自我报告或经由观察者设身处地的深入创伤经验来感受。

2. 精神动力学观点

核心概念：本能、移置作用、性本能、性心理发展

动力学的观点描述心理能量如何影响个体的想法、幻想、欲望、需求与行为。弗洛伊德认为一个人的内在世界充满了自我与本能或驱力之间的挣扎。本能是个体基本的发展需求，是需要被满足和表达的，它的根源来自体内个体内部的需要和冲动，一旦引发兴奋或紧张状态，它将驱使个体采取行动以释放或消除这种紧张。

本能有不同的根源、目标和对象。例如当婴儿经验到饥饿痛苦（根源）时会不断吮吸母亲的乳房（对象），直到他的本能欲望被满足

(目的)，不再感到饥饿为止。本能的对象往往是不固定的，在人的一生中不断地变化。个体可能利用不同的对象和采取多种方式来满足本能。如果不能从某个对象得到满足，能量就会被转移。所谓移置作用是指能量从一个对象注入另一个对象的过程，也就是个体将对某人或某事物的情绪反应，转移对象得以发泄的过程。通过能量的移置作用我们可以也解释一些心理现象：性变态是性目的和性对象的失常；自恋是将自己作为爱的对象，本应贯注于客体的能量转移到自体身上；焦虑则是能量过度紧张或变形，个体无法找到对象释放的表现；防御机制则是个体为了维护心理平衡，潜意识地修饰本能欲望的手段。

人类最基本的本能有两类：一类是生的本能，另一类是死亡本能或攻击本能。前者包括性本能与自我本能，其目的是保持种族的繁衍与个体的生存，代表了一种进取性、建设性和创造性的活力；后者表现为与生命发展对立的力量，其目的是回归到生命前的无生命状态，代表了一种破坏性、攻击性、自毁性的驱力。

弗洛伊德认为性本能对个体人格发展是极其重要的。凡是能产生快感的行为都直接或间接地与性本能有关。他认为性本能是心理能的原动力，这种本能背后的动力能量被定义为力必多(libido)。弗洛伊德按照力必多能量贯注身体部位的变化和发展，将人的性心理发展划分为5个阶段，一般人遵循着这些发展阶段渐渐走向成熟，病态则与停滞在某个发展阶段有关。

(1)口腔期(出生—1.5岁)。这是性心理发展最原始阶段，刚生下来的婴儿通过吮吸、咀嚼、吞咽等口腔活动获得快感与满足，力必多集中在口部。

(2)肛门期(1.5岁—3岁)。婴儿在排泄时因内急压力的解除而获得快感，对肛门活动特别关注，此阶段能量贯注于肛门。

(3)性欲期(3岁—5岁)。儿童到3岁以后开始懂得了两性的区别，他们喜欢抚摸或暴露生殖器而获得性满足，会产生一些复杂的心理状况，如阉割焦虑与阴茎嫉羡。随着满足的发展，力必多贯注对象开始从自己转移到他人身上，而产生对异性父母眷恋，对同性父母嫉恨的俄底普斯情结(恋母情结)和厄勒克特拉情结(恋父情结)。这种感情更具性的意义，不过还只是心理上的而非生理上的性爱。

(4)潜伏期(6—12岁)。这时期教育、道德、社会规范的学习带来超我的发展，儿童的性冲动与之对立，孩子对性兴趣大减，而开始关注其他的社会活动如学习、体育等，这时力必多得到了升华。

(5)生殖期。这时期以生殖器性交为最高满足形式。

弗洛伊德认为成人人格的基本组成部分在前三个发展阶段已基本成形，所以儿童的早年环境、早期经历对其成年后的人格形成起着重要的作用，许多成人的变态心理、心理冲突都可追溯到早年期创伤性经历和压抑的情结。

3. 地质学观点

核心概念：心理结构、潜意识系统、原发过程、次发过程、自我防御机制

地质学观点隐含的是空间的概念，亦即不同的心理功能位于脑部不同的位置(心智空间)。人的心理区分为三种不同的意识层——潜意识、前意识及意识。每一部分意识层都是一种系统。

(1)意识系统。它是指能够被个体意识到的心理活动，包括感觉系统所提供的对外部世界的感受、知觉以及各种情绪体验。它直接与外部世界接触，通过对外部现实的知觉来指导与分配资源，调节能量，控制本能冲动。

(2)前意识系统。前意识乃是介于意识与潜意识的中间层次，由暂时潜伏的意识内容和一些潜意识的衍生物所组成，前者因为注意广度的限制而潜伏，后者因为意识系统的稽查作用常常被压抑。当个体的控制能力松懈时，比如醉酒、催眠状态或梦境中，它们偶尔会暂时出现在意识层次里。

(3)潜意识系统。它由本能冲动、被压抑的观念和欲望组成，这些内容不符合社会道德、风俗与法律，无法进入意识被个体所觉察，所以被压抑在心理结构最底层。每一种本能渴望都是潜意识系统的构成要素，它们时刻寻求发泄的机会，在不同的发展过程会与不同的客体连结。

弗洛伊德曾以地质学模型为架构来描述心智活动的运作方式，他将潜意识系统的运作过程称为原发过程，它是非理性的，非意识所能察觉的，其本质是追求欲望的满足，遵循享乐原则；前意识系统的运作称为次发过程，它是理性的，负责清醒时的语言及有次序的推理过程，遵循现实原则。前意识系统和潜意识系统之间存在一个具有筛选功能的关卡，称之为潜抑壁障。它是前意识系统中反抗潜意识系统侵入的力量。次发过程在潜抑壁障的协助下控制原发过程。次发过程处理的是少量的能量，原发过程处理的是大量来自享乐取向的本能欲望，它们被潜抑壁障的力量防堵，以原始形式存在于潜意识系统之中。只有当原发过程的能量强大到足以跨越潜抑壁障进入次发过程时，这些心理内容才会得到处理，而当这些潜意识

欲望依附在一些无关紧要的小事情(日间残余)上能够愚弄潜抑壁障时，就会产生了梦和语误。(如图 5-1)

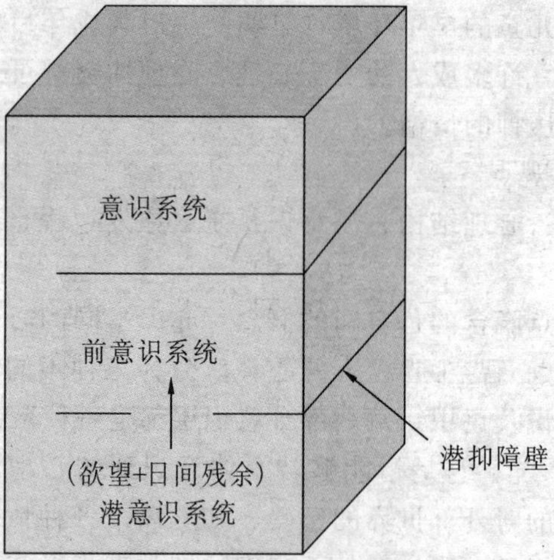

图 5-1 心理结构的地质学模型

心智系统之间因为彼此遵循着不同的运作原则，往往会遭遇能量流动的冲突。当潜意识中的强大的原始欲望企图侵入前意识系统，而次发过程不足以处理这些内容时，为了避免焦虑和紧张，自我防御机制则被调动起来。所谓的自我防御机制是一种潜意识的心理状态，是个体以否认或歪曲现实的方法来缓解冲突，降低紧张，维持内在心理世界的平衡。压抑是个体发展过程中最原始的防御手段，它协助孩子平衡内在渴望和外在限制，避免承受过度的精神痛苦，若长大后仍然过度使用，势必会削弱自我对现实的适应性和灵活性，妨碍人格正常发展。退化作用则是个体遭遇挫折时回退到早期发展的某个阶段，以较幼稚的行为应付现实困境，借以减低自己的焦虑。此外常见的自我防御机制还由投射、升华和移置作用。

4. 结构学的观点

基本概念：人格结构、本我、自我、超我

结构学模式中，弗洛伊德用建筑学的概念描述人格的发展，他认为成人的人格像是文明的发展过程，每一段进化都受到过去的影响，以过去为基础，并拥有过去的某些特色。

弗洛伊德认为人格结构由本我、自我和超我三部分组成，它们交织在一起相互作用，各自代表了人格的某一方面，追求不同的目标。人格结构说强调了心理动力在本我、自我和超我之间的分配与流动。当三者关系协调，人格则表现出健康状况，当三者关系敌对，就会产生心理疾病。

本我(id)即原始的自己，位于人格结构最底层。它是由先天的本能和欲望所组成的能量系统，包括各种生理需要，如渴、饿、性等。本我是一切心理能量之源，这些心理能量弗洛伊德称之为力必多，它被围困在本我之中，力必多能量的增加导致紧张状态程度的增加，必须通过与外界进行能量交换作用来减轻紧张状态。自我正是从这种互动中发展出来。本我遵循快乐原则行事，它不理会社会道德、外在的行为规范，它是无意识的。唯一的要求就是追求快乐，释放紧张以求得个体的舒适、生存及繁殖。

自我(ego)是从本我中逐渐分化出来的，位于人格结构的中间层。它描述的是人格中比较理性、真实及行为导向的部分，同时存在于意识中及潜意识中。它的心理能量大部分消耗在对本我的控制和压抑上，但是由于能量不足控制本我，人格结构中又发展出了超我。自我的任务是调节本我和超我之间的矛盾，一方面寻求合理方式满足本我冲动，另一方面根据“现实原则”配合超我的要求，缓和冲动以适应外在环境。

超我(super ego)它是人格结构中代表理想的部分，是个体在成长过程中通过内化道德规范、社会及文化环境的价值观念而形成的，它遵循道德原则，监督、批判及管束个体的行为。超我追求完美，会与自我联手阻挡那些代表原始冲动的本我愿望的表达，所以它与本我一样是非现实的，大部分也是非理性的。

弗洛伊德认为，一个心理健康的人，他的人格结构的本我、自我与超我三大系统，应形成一个统一而和谐的组织结构，它们的密切配合使人能够有效而满意地与外界环境交往，以满足人的基本需要和欲望。反之，当三个系统相互冲突时，人就会处于失调状态，既不满意外部世界，也不能满足自己的基本需要与欲望。这时关键要巩固人格结构中自我的地位，充分发挥自我在人格结构中的中介与协调作用。

人格的动力状态是由能量在整个人格中的不同分布决定的，而一个人的行为则取决于所具有的动力状态，如果大部分能量被超我控制，则他的行为是很道德的，如果大部分能量被自我所支配，则他的行为很实际，如果大部分能量还停留在本我之中，那他的行为就具有冲动性。

结构模式与地质学模式虽然很相似，但是两者不可相互套用。人格结构说强调心理动力，本我、自我、超我分别为不同的心理动力系统，潜意识系统与本我相似，二者都根据原发过程运作，但是意识系统与自我不同，有一部分自我存在于潜意识中，前意识和超我则更无法相提并论。

5. 起源学的观点

从起源学角度描述个体心理结构是如何形成则可以呈现精神分析理论的发展观。早期弗洛伊德将精神分析研究的焦点集中于外界创伤性事件对心理的影响，随着潜意识概念的提出，他逐渐将本能视为心理动力的唯一来源，开始系统研究自我。自提出“现实原则”后，精神分析才又从原来偏重内在世界甚于外在世界的趋势，逐渐转向看重内在世界与外在世界的关系。

后弗洛伊德学派突破了本能论的局限，强调环境因素和人际关系会对儿童发展造成冲击，探索外在世界对心智结构及潜意识本质的影响，个体置身于环境中的经验以及环境对孩童时期发育中的精神结构所产生的各种有害有益的影响。

(三)症状的形成

传统的精神分析将病态心理运作过程简略地分为三大类——精神病、精神官能症和边缘人格。弗洛伊德认为每种精神疾病都与心理冲突有关，了解了本能与自我和现实之间的力量如何抗衡有助于理解各种精神疾病的形成。

1. 精神官能症的形成

核心概念：创伤、冲突、防御机制

弗洛伊德坚信，各种精神官能症状都是冲突的表现。冲突会导致个人愿望与外在现实无法配合，既而造成了内在的紧张和焦虑，他把心理世界描绘成一个战场，为人们所不容的记忆或本能与自我之间的冲突产生了神经症。

用能量学的观点看，创伤是神经症的根源。由于在创伤性经历中激发的情绪没有得到适当发泄，它和情绪事件被压抑在意识之外。现实世界中遭遇的挫折，诸如爱情失意、工作失败、生意损失或严重疾病等等，并不直接产生精神官能症的形成，但是却是引发精神官能症状产生不可或缺的第一步。

在结构模式中，冲突来自本我、自我和超我之间的冲突及它们当中任何一个与外在世界的冲突。当本我愿望威胁个人的完整性，或与个人的伦理道德，与社会文化价值观背道而驰时，它被迫受到延迟、压抑或修改。

从地质学的观点出发，精神官能症的形成过程可以用防御机制的运作过程来解释。首先，遭遇挫折之后，个体为了缓和现实冲击，采用了退化的防御机制，例如白日梦，人们借此远离痛苦、挫折的现实而幻想式地回到了先前未受挫的状态。这种缓和现实冲击的健康退化方式，允许一个人适当地表达其早期婴儿式的渴望，然而在精神官能症的形成过程中，这种健康的自我防御失败了，个体继续退行到弗洛伊德所谓的正退化阶段。正退化是个体从成熟发展阶段退化到不成熟的早期发展阶段。对于那些经历过发展创伤的人来说，会在其早期性心理发展阶段上有不同程度的力必多滞留，个体退行到力必多固着点时，那些曾经被压抑的原始欲望得到唤醒，它们过于强大，急需冲破潜抑壁障寻找对象来得到满足和表达，这对前意识系统造成了威胁，于是焦虑作为警告讯号出现。然而前意识系统为了保护心理平衡，解除焦虑和紧张，会调动心理防御机制与潜意识力量妥协，妥协的结果就是精神官能症状的形成。我们可以用不同的防御机制来解释各种精神官能症，例如压抑是癔症的特征，回避和投射是恐惧症的特征，反向形成是强迫性神经症的特征。

图 5-2 呈现了精神官能症状的形成机制。必须明白，如果精神官能症状解除而没有解决潜藏的原始冲动，那么焦虑还会再度出现。如果精神官能症状不变的话，焦虑则会一直被阻隔在意识之外。

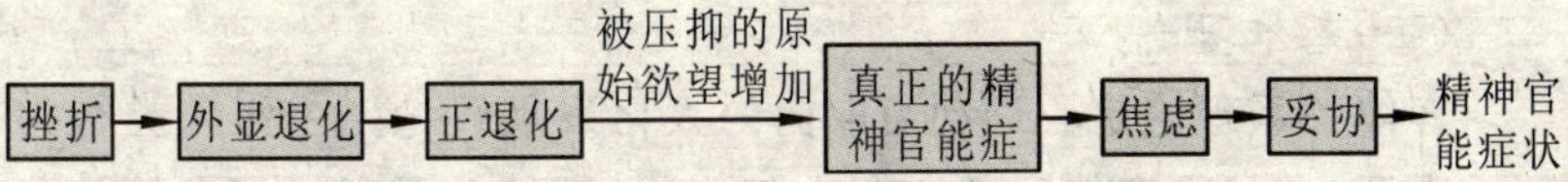

图 5-2　精神官能症形成概念图

2. 精神病症状的形成

精神病症状的形成与精神官能症状形成类似，整个过程也是从挫折开始，接着是外显退化，发展到正退化阶段后，开始有别于精神官能症的方向。

我们前面曾提到，固着点的原始欲望需要寻找一个客体来得到表达和满足，精神病性的退化则朝向了一个无客体的早期自恋状态，此时的自我充满了全能感，世界正在远离中，原始欲望没有一个可以依附的客体。这种极度的退化造成了癔病，此时原始欲望找不到客体连结，而尝试着以自己的身体为其客体。精神病症状则是在精神病人在尝试着复原与客体关系的过程中形成的，如图 5-3。

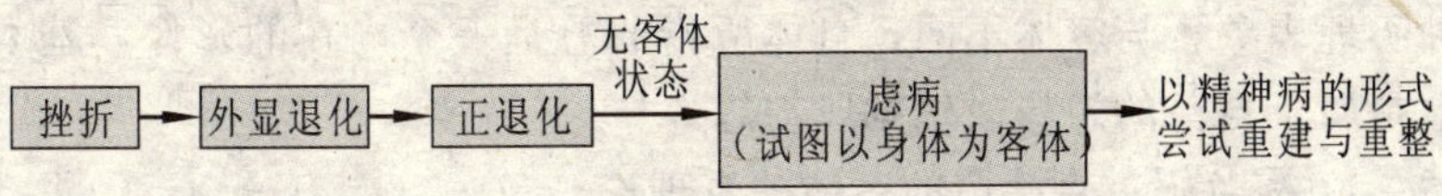

图 5-3　精神病形成概念图

这种将症状的形成看作是个体试图复原的反应的观点来自柯赫的自体心理学。该理论的核心概念认为人原始的动机在于寻找客体，最终目的是为了与另一客体保持关系。它属于后弗洛伊德学派理论。

二、客体关系理论

弗洛伊德的传统精神分析理论用性驱力解释精神动力、强调幼儿性驱力对人格发展的影响的观点无法用科学的方法证实，遭到很多学者的强烈反对，在这种情况下，客体关系理论逐渐发展起来。

客体关系理论与自体心理学是现代精神分析的两个重要理论分支。客体关系理论起源于20世纪40年代的英国，创始人梅兰妮·克莱茵(Melanie Klein)对传统精神分析理论进行变革，创建客体关系的基本理论，后经她的弟子Wilfred Bion发展完善为具有完整体系的理论与治疗方法。后来，温尼科特(D. W. innicott)提出纯客体关系理论(Pure object relation theory)，形成"独立学派"。而马格丽特·马勒(Margaret . S. Mahler)和奥托·康伯格(Otto Kernberg)则对客体关系理论在美国的兴起作出了巨大贡献。

(一)基本理论

客体关系理论是心理动力取向的人格发展理论，主张人类行为的动力源自"寻求客体"(object seeking)。客体关系理论是在精神分析的理论框架中探讨人际关系，更强调环境的影响，认为真正影响一个人精神发展过程的是在出生早期婴儿与父母的关系。此理论探讨的是婴儿与母亲的关系如何影响个体的精神结构以及个体如何由此成长起来，将人格发展的重心从俄底普斯情结转移到出生至3岁的俄底普斯前期的冲突上。

客体关系是指存在于一个人内在精神中的人际关系形态的模式。在客体关系理论的框架中，客体(Object)是一个与自体(Subject)相对应的概念，客体指的是一个被爱着或恨着的人物、地方、东西、或者幻想，包括内在客体和外在客体。外在客体是指真正的人物、地方和东西；内在客体指的是心理表象，即与客体有关的影像、想法、幻想、感觉或记忆，因此也称为客体表象。自体也是一种心理表象，与客体不同，自体所指的总是一个内在的影像，基本上是属于自己的想法、感觉或幻想。

1. 梅兰妮·克莱茵的客体关系理论

梅兰妮·克莱茵(Melanie Klein)是儿童精神分析的先驱，她扩展并改良了弗洛伊德的客体和本能的观点，说明了婴儿处理内部焦虑、内驱力、恐惧和原始冲动的机制，认为儿童天生具有死亡本能，即攻击性、破坏性本能，他们的心理世界充满了原始的冲突、谋杀与自杀的倾向。

克莱茵认为，任何内驱力和本能都是与客体相联系的。初生的婴儿只能根据他所体验到的客体的“好”或“坏”来代表这个客体，此时，他所体验到的只是客体的部分特征，所以称之为部分客体(Part Object)。婴儿最初的部分客体是妈妈的乳房。此时婴儿生活的目的就是吃奶，当他从乳房中吃饱奶获得满足时，他将乳房看成一个好的客体。当乳房中没有奶水、不能满足婴儿需要的时候，他就将乳房看成一个坏的客体。

克莱茵认为本能和内驱力支配着婴儿的内部世界，客体关系以内驱力或本能形式呈现出来。儿童的焦虑与恐惧，都来源于死亡本能。当婴儿把妈妈乳房中的奶水吸光时，他会想象性地体验到因没有奶水而饿死的恐惧或毁灭。他认为是自己摧毁了乳房，认为自己是破坏者，从而产生了害怕被报复、被惩罚的恐惧。婴儿为了防止报复或被毁灭，而想控制客体甚至毁灭客体。

(1)心理机制

投射：投射是一个人把自体的一部分归因到另一个人身上。这是一个外化的过程，婴儿借此解除内部焦虑。在早期发展过程中，当婴儿从乳房中吃饱奶而感到快乐，他会把这好的感觉投射到客体上，相信乳房是好的。而当他因为吃不到奶而感到饥饿时，他会投射自己的饥饿痛楚到客体身上并处罚客体，这时他会粗暴地咬乳房。

内射：内射指客体被纳入到一个人的内在，成为内在客体。内射建立了一个内部世界，部分的反映外部世界。通过这个机制，婴儿内化他对外部世界的感觉。

分裂：分裂是主动的“将自体与重要客体的矛盾经验分开”，既婴儿将客体分裂为好的方面和坏的方面的心理机制。婴儿应用分裂机制，将满足的乳房与被爱的自体相联系，将受挫的乳房与仇恨的自体相联系。

理想化与贬抑：理想化是视自体或客体为完美的，贬抑则是认为自体或客体毫无价值。当小孩感到饥饿的时候，自体就被贬抑了，这时乳房被视为好客体并被理想化。而当他将自己不想要的痛苦与愤怒投射到乳房，对乳房的理想化就被贬抑所取代。

投射认同：投射认同是指自体的一部分先投射到客体，然后主角再企图控制或废除客体上被投射的自体部分。这时，儿童在某种程度上已经觉察到被投射的部分其实是属于他的。

克莱茵的理论认为，所有的客体关系都是在婴儿与母亲乳房这个基本的关系上形成的。婴儿通过不断运用心理机制来控制他们的欲求和需要，逐渐能把同一客体的各种不同特征整合在一起，逐步形成对完整的客体表象，并建立客体关系。

(2)发展状态

状态(position)描述的是儿童进行体验的不同途径或处理内在客体和外在客体的方式。克莱茵指出婴儿的客体关系发展包括两个基本的状态：偏执－精神分裂状态和抑郁状态。

①偏执－精神分裂状态(paranoid－schizoid position)

此阶段约在出生至4个月之间，“偏执－精神分裂”指此阶段特有的体验和防御机制的特征。在此阶段，婴儿对自己的破坏冲动感到焦虑，他认为世界与自己一样是具有破坏性的，他投射自己的愤怒和恐惧，以精神分裂的方式分离好与坏两极的情感，以消除内部和外部的迫害。当婴儿对先前满足其需要的好客体(乳房)感到失望或沮丧时，客体就不再是原来体验的那个客体，而变成了一个新的坏的客体。

②抑郁状态(depressive position)

这个状态大概从4个月开始，婴儿发展出对自体比较稳定的体验，整合客体的各方面特征并能与整个客体相处。此阶段儿童的焦虑来源于担心好的客体将要绝种。当儿童心中的坏客体与好客体逐渐整合时，儿童会意识到，他对坏客体的攻击会影响好客体，于是产生了罪恶感与悲哀，从而产生抑郁状态。克莱茵认为儿童在经历抑郁状态后，才能将客体看作好坏并存的整个客体，并在此基础上发展出较客观的看待他人与环境的能力。

(3)病理与治疗

克莱茵认为，死亡本能是引起儿童内在焦虑和被迫害感的原因，由不同客体引发的被迫害感激发了他对被报复的恐惧，而这种早期的焦虑和恐惧又会影响他以后的客体关系。在治疗中，个体与客体的关系以移情的方式转移到治疗师身上。治疗师要对这些移情进行解释与分析，让早期被内化到病人生活中的客体和内在冲突再外化，通过修正内化的客体减轻病人的内在焦虑。

2. 马勒的幼儿心理发展阶段理论

马勒把客体关系概念集中在一个人的心理诞生方面。她认为心理诞生是一个分离与个体化的过程，由此婴儿才能与母亲分离并成为一个独立的个体。

(1)发展阶段

马勒在她的著作《人类婴儿之心理诞生》中描述了婴儿成长的四个发展阶段：

自闭(Autism)　(0—2个月)

共生(Symbiosis)　(2—6个月)

分离—个体化(Separation-Individuation)　(6—24个月)

孵化(Hatching)　(6—10个月)

实践(Practicing)　(10—16个月)

复合(Rapprochement)　(16—24个月)

建立客体恒久性 (Developing Object Constancy)　(24—36+个月)

马勒指出，每个发展阶段都融入下一阶段，早期阶段存在着下一阶段的基础，在不同的发展阶段，会有很多重叠出现。

①自闭阶段(0—2个月)

此阶段是无客体阶段，婴儿还没有关于自体和客体的感觉，是婴儿与母亲及环境真正未分化的阶段。婴儿将所有的情感能量投注在自己身上，只对自己的身体有反应，也无法分辨人与非人的刺激。此时新生儿与成人之间是父母对小孩的单向联结。

在出生的头两个月，婴儿建立了一个封闭的心理体系。这一阶段的任务是新生儿在子宫外完成生物的内环境平衡。他们把大部分时间花在睡眠上，形成一个近似于子宫的隔绝状态，这种状态为新生儿适应子宫外的生活提供了一个过渡。

②共生阶段(2—6个月)

出生两个月后，婴儿能觉察到一个能满足自己需求的客体，这通常是婴儿的母亲。婴儿感觉他和母亲是一个二元整体。婴儿的微笑表明母婴之间特殊的共生关系已经建立起来。而与客体有关系的自体感此时也初露端倪。

此阶段的基本特征是婴儿出现全能感，认为妈妈是为满足他的需要和愿望而存在的，整个世界是被他所控制的。婴儿逐渐区分出愉快的经验和痛苦的经验，并将愉快的经验归于自体，不愉快的经验归于与母亲的共生整体之外的世界。

③分离—个体化阶段(6—24个月)

这一阶段心理发展的内容有两方面：一是分离的任务，包括从心理上与母亲分化、脱离，并与母亲保持适当的距离；二是个体化的任务，即发展个体内心的独立性。分离与个体化通过以下三个亚阶段实现：

孵化(6—10个月)

这个阶段婴儿运动协调能力发展，婴儿在被母亲抱着时，表现出想从母亲怀里挣脱开，并对母亲身体进行探索的欲望。“过渡性客体”在婴儿分离与个体化的过程中产生了重要作用。过渡性客体是指婴儿能得到更多的愉悦的某些柔软圆滑的客体，例如一个玩具娃娃或一条毛毯，它同时代表了自体和母亲。当母亲不在身旁时，婴儿可以从过渡性客体处得到安慰和满足。在此阶段，婴儿会出现“陌生反应”，这代表婴儿对自体与母亲的进一步分化以及对母亲与其他客体的分化。

实践(10—16个月)

能够自由直立行走是孩童进入实践期的标志。运动功能驱使孩童探索更广阔的世界，他越来越能离开母亲投入到自己的活动中。但是由于与母亲的共生关系没有被打破，他仍然依恋母亲，定期回到母亲身边寻求身体接触和情感充电，再继续他的探险。母亲的态度决定实践期的儿童是否能够顺利完成分化过程。母亲适当的反应是在与孩子保持情感接触的前提下，适当的推动并鼓励孩子进行实践。儿童的全能感与自恋在此阶段达到了顶峰，特征是陶醉于自己的能力和自己的世界之广大，对失败无动于衷。

复合(16—24个月)

此阶段的儿童已能觉察到自己能力的限制，全能感完全崩溃。小孩在此时期学会说“不”，常常变得相当的抗拒，透过肢体推离和语言来保持自己的分离性。同时他意识到自己对母亲的依赖，也意识到必须把母亲当成另外一个人，母亲不完全被他控制。

④客体恒久性阶段(24—36个月及以后)

客体恒久性指维持客体稳定形象的能力。此阶段的儿童能够更集中注意于自己的任务，对母亲忽略一段较长的时间。儿童发展出更复杂的个体感和自体恒久性，时间感以及延迟满足的能力也逐渐地成熟。客体恒久性和个体化的发展贯穿整个人生。

(2)病理与治疗

马勒认为每一个发展阶段都有其特定的任务、挑战和危机。如果儿童特定发展阶段的任务不能如期完成或突遇创伤性事件，便会导致严重的心理障碍。尤其在封闭阶段和共生阶段亲子关系的中断或者遇到严重的创伤性事件，就会导致各种严重的心理障碍。当分离与个体化过程均停顿或失败时，常导致精神病或边缘型人格违常；当分离过程停顿或失败，但个体化过程正常发展，常导致自恋型人格违常。马勒认为，治疗就是让病人重新经历早期的发展历程，达到较高水平的客体关系。

（二）客体关系理论对边缘型人格障碍的解释与治疗

边缘型人格的特征为平时情绪焦虑、易怒、易冲动，长期空虚孤独、忧郁不安，如遇压力事件则易导致短暂性精神病，表现出短暂的激动、幻听及妄想等症状。边缘型人格障碍已成为客体关系理论研究的焦点，这类病患有其人格核心的障碍，因此除了药物治疗，还应使用精神分析的观点进行心理治疗。用客体关系理论解释边缘型人格，即是以人格发展和亲子互动的观点解释此类人格精神病理的心理成因。

边缘型人格障碍患者的自体与客体表象虽已分离，但仍将事物看作分裂的两极，不能统合好坏、黑白、爱恨、是非等概念，对事物有理想化和贬抑两种全然的看法，在不同的时间和环境下对同一个人有完全相反的评价。

客体关系理论认为边缘型人格障碍的心理机制主要包括分裂、理想化与贬抑以及人际间的投射认同。分裂即患者将事物分裂为全好或全坏，这是此类人格最基本的心理机制。理想化即患者认为客体事物是完美的，而自体则毫无价值，相反，贬抑即患者认为自体是完美的，而客体是毫无价值的。这种心理机制导致患者不能在内心统合包含好与坏两方面的客体，而使其很快地对客体产生崇拜，而后又发现其缺点而完全否定。人际间的投射认同是指患者将其自体不想要的部分投射到客体身上，然后再企图控制或废除客体上被投射的自体部分，从而导致两人间的紧张状态，患者的投射经客体反应后加以修饰，又再度内射到患者心中。

边缘型人格障碍的精神病理是儿童进行分离与个体化的过程中发生障碍，由于各自的理论和流派不同，客体关系理论学者对此类障碍成因的看法可分为两种：冲突论和缺陷论。冲突论认为边缘型人格患者可能天生具有较多的攻击性或死亡本能，或是由于幼时母子关系的挫折而产生对客体的嫉妒与恨。即儿童为了维持与母亲的关系，将不好的客体部分内化到自体中，同时将好的客体部分保存下来，从而将其情绪分裂为爱恨两极。缺陷论认为边缘型人格患者在幼时缺乏“够好的母亲”的照顾，形成内心的空虚感与孤独感。

心理治疗师对此类障碍患者会谈中应注意使用澄清、诠释等治疗技巧。澄清即询问进一步信息以暴露患者内心的矛盾。诠释是对患者病症的形成过程加以解释。边缘型人格者可能在不同时间出现攻击性或内心敏感不安两种情况：在患者冲突不安时，治疗师表现出包容性和共情的态度可缓解患者的不安，同时可通过人际间的投射认同修正患者投射出来的自体部分，经内射使其自体得到重建；当患者出现攻击性时，治疗时应给予适当的限制，当设立限制时，对治疗者相当重要的就是承认自己的局限。如此一来，患者就不会把治疗者理想化，也不会认为治疗无效完全是自己的错。需要注意的是，对于边缘型患者而言，限制的设立应该维持在最低程度。

三、自体心理学

自体心理学的理论起源是古典精神分析和自我心理学，代表人物是该学派的创始人海因兹·科胡特(Heinz Kohut)。科胡特是芝加哥精神分析学院的老师，其早期论文显示了他对弗洛伊德传统精神分析理论的兴趣，强调其思想是弗洛伊德理论的延伸。但在一次对F小姐的治疗中，他发现病人对他给出的解释表现出的不满不是一种阻抗，而是病人同理需求的一种表现，科胡特的理论是在此基础上建构出来的。在1971年出版的《自体的分析》一书中，他深入阐述了正常的自恋型结构，提出一种对具有自体疾患者精神分析的新临床方向，此时他仍努力尝试将其观点与古典理论和自我心理学联结。他的第二本书《自体的重整》(1977)标志着其理论摒弃了古典精神分析的驱力模式，把自体放在理论的中心地位。这两本著作加上他去世后才出版的《精神分析治愈之道》，构成了科胡特自体心理学的完整脉络。

(一)基本理论

自体心理学把自体放在理论的中心地位，并解释了古典驱力模式未能加以解释的自恋现象。科胡特认为，自恋本质上是正常和健康的，有它自己的发展路线，健康自恋在人类的创造力中是不可或缺的要素。

1. 基本概念

自恋(Narcissism)：力比多投注在自我或自体上称为自恋，即人把全部的能量和注意都集中在自己身上。

自体(Self)：科胡特对自体进行了广义与狭义的定义。广义的自体指一个人精神世界的核心，只能通过对外显现象的内省和同理观察才能发现。自体心理学中主要使用广义的定义。

自体客体(Selfobject)：自体客体指的是另外他人(或无生命客体，或抽象概念)于精神内在的表象，它并不被经验为一个分离而实际存在的人，而是被经验为自体需求的拓展。自体客体无能力或缺失是婴儿化冲突与后来病理形成的原因。

转变内化作用(Transmuting internalization)：透过自体客体这

个内在表象，客体在漫长的时间里，将与自体客体关系的经验内化并转化为自体结构的一部分，这个内化与转化过程称为转变内化作用。

2. 自恋的发展路线

科胡特认为，自恋经验始于婴儿的幸福状态，这种状态会因需求得不到满足而被打破。婴儿会试图以创造两个新的自恋完美系统，恢复被破坏的幸福感。这两种自恋型构是并存的，并有各自独立的发展路线。

第一个系统是源自对完美自体幻想的夸大自体，其特征是表现癖、扩张和一种全能的感觉，其体验是“我是完美的”。它表现出孩童的自体中心世界观和被赞赏的需求，会影响孩童对外界的感受与行为。在自恋的正常发展中，通过镜映，即父母对子女的正向反应，自体的夸大性会有所修并整合入人格之中，成为适合自我的雄心与目标。

第二个系统是源自寻求一个完美它者并与之结合的幻想的理想化的双亲影像，这是由婴儿的原始幸福感、全能及完美的一部分投射于父母产生的，认为父母是全能的并能满足自己的任何需求，其体验是“你是完美的，而我是你的一部分”。在自恋的正常发展中，由于儿童会经历来自父母的恰到好处的挫折，理想化的双亲影像被内化而形成理想。

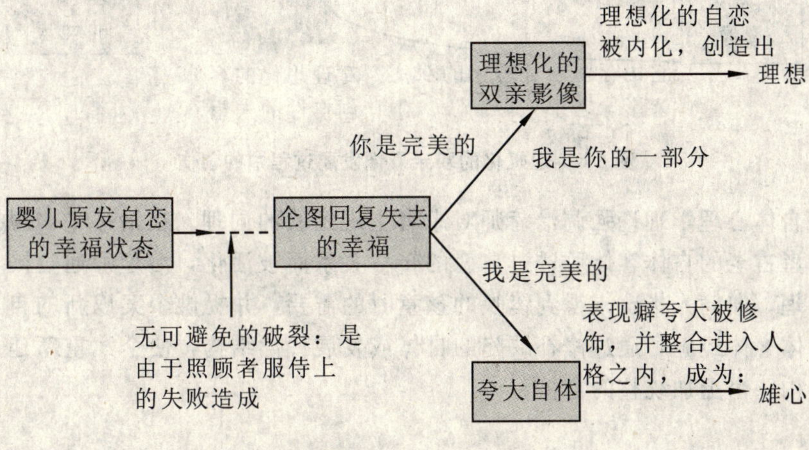

图 5-4　自恋的发展路线

3. 双极自体

婴儿在出生时没有形成自体，通过转变内化作用，孩童形成一个核心自体，自体客体及其功能最终也被自体及其功能所取代。核心自体由夸大自体和理想化的双亲影像这两个成分构成，雄心和理想分处两极，中间是天赋的技巧与才能。

（二）自体心理学对自恋型人格障碍的解释与治疗

自恋型自体疾患的基本特征是创伤导致的自体结构上的缺陷，病理来自于父母对孩童被镜映以及需要理想化客体的需求长期没有给予同理(Empathy)的回应，致使孩童无法建立起一些必要的心理结构。若夸大自体发展过程中遭遇到严重创伤，那么夸大自体不能与自我良好整合。另一方面，如果儿童对理想化的成人感到创伤性的失望，理想化的客体就无法内化，导致儿童不能良好的调整其欲求。

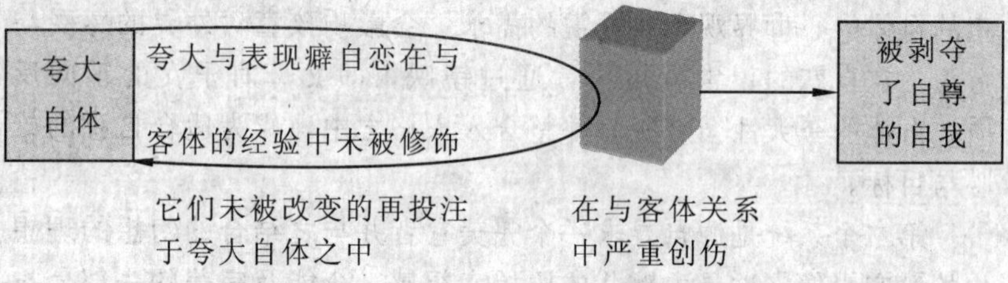

图 5-5 夸大自体发展过程中的创伤

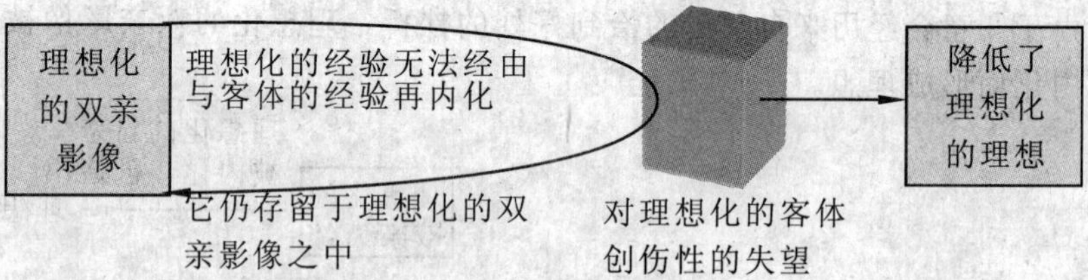

图 5-6 理想化的双亲影像发展过程中的创伤

自体心理学理论强调治疗师对患者主观经验的同理。在治疗中，患者古老的自体客体可透过自恋的转移关系而被活化，治疗师通过同理，向病人指出未得到镜映的孩童时的需要，并提供个案以新的自体客体经验，通过修补缺陷的自体或发展代偿结构，使个案重新建构一个更加统整的自体。

第三节　埃里克森的自我发展理论

一、人生八阶段的划分

(一)渐成原理

根据埃里克森的理论，八个阶段的顺序是由遗传来决定的，因而是不可变更的。这种由遗传决定的发展顺序被认为是遵循渐成原理的，这是埃里克森从生物学中借用来的术语。他对这一原理描述如下：无论何时我们要试图了解生长的含义，最好记住有机体的生长从子宫内就获得了的渐成原理。笼统说来，这个原理说明任何生物都有一个大体的生长方案。由于有了这个方案，机体的各部分才得到生长，每一部分都具有它特殊的优势，只有各个部分都能获得生长才能形成一个有机的整体。

(二)划分阶段的标志

发展危机(developmental Crisis)是划分每个发展的特征。个体出生后与社会环境接触互动而成长。在个体与社会环境的互动中，一方面由于他自我成长的需求，希望从环境中(特别是在人际关系上)获得满足，另一方面又不得不受到社会的要求(要求他必须遵守社会规范)与限制(禁止他不许率性而为)，使他在社会适应上产生一种心理上的困难。埃里克森称此心理困难为发展危机。对成长中的个体而言，发展危机是正常现象，故又称常性危机(normative crisis)。

埃里克森使用危机一词就像医生使用它一样，也就是说，是为了表示一个重要的转折点。因而，作为每个发展阶段特征的危机就同时兼有一个积极的解决办法和消极的解决办法。积极的解决办法有助于自我的加强，因而有助于形成较好的顺应能力。消极的解决办法削弱了自我，阻碍了顺应能力的形成。更进一步说，在某个阶段中积极的危机解决办法增加了使作为下个阶段特征的危机得到积极解决的可能性。而在某个阶段中消极的危机解决办法降低了使作为下一阶段特征的危机得到有效解决的可能性。埃里克森并不认为解决危机的办法要么是完全积极的，要么是完全消极的。相反，他认为危机的解决办法中兼有积极和消极两种因素。只有在有利于积极解决的因素比消极因素所占的比率高时才能说危机被积极地解决了。

(三)心理社会发展

在有关精神分析人格发展理论的各种进展中，没有人能比埃里克森作出更具实质性进展的。他不仅增添了三个成人期的新阶段，还将弗洛伊德的每一个阶段的内涵扩大，给出了新的解释。后面三个阶段是埃里克森自己提出来的，它体现了他对心理学重大贡献的一个方面。埃里克森认为，人格的发展包括有机体成熟、自我成长和社会关系三个不可分割的过程，经受着内外部的一切冲突，其发展按渐成的固定顺序分为八个阶段。

虽然八个阶段产生的时间是由生物基础决定的，但与某一特定阶段相联系的发展危机能否得到成功的解决则是由自我成长和社会环境决定的。基于此，埃里克森把人生八个阶段称为心理社会发展阶段(psychosocial stages of development)以区别于弗洛伊德的心理性欲阶段。

二、人生八阶段的含义

(一)信任对不信任(0—1.5 岁)

第一阶段的年龄是从出生到 1 岁半，这相当于弗洛伊德的口唇期。这一阶段的婴儿是用口部来接触社会的。此外还通过双眼、触觉去接受外界的刺激。在母亲给予照料和婴儿接受照料的相互作用中形成本阶段的发展危机：

信任对不信任(trust vs. mistrust)。这个阶段的儿童最为孤弱，因而对成人依赖性最大。如果母亲对婴儿给予爱抚和有规律的照料，婴儿将产生信任感；反之，如果母亲的爱抚和照料有缺陷、反复无常，婴儿就会产生不信任感。

埃里克森说，如果婴儿发展的信任感居多，就达到了他的第一项社会成就。这时他不会因母亲离开而焦虑和哭闹，因为婴儿内心已发展出即使母亲离开了视线，如果自己需要母亲，她自会到场。这种恒定的、连续的、一致的体验使婴儿有了自我同一性(或自我统合)(ego identity)的最初感觉。埃里克森认为，自我同一性的最初形成是儿童内心记忆中的、可预见到的感觉和心像，与外界已熟悉的、可预见到的事物及人物的统合。

在这一阶段，婴儿既产生信任感也产生不信任感，如果信任感比率居多时，就成功地解决了发展危机。埃里克森认为，一定比率的不信任感有利于人的健康发展，但是信任感应当超过不信任感。这一原则也适用于其他发展阶段。成功地解决了发展危机，人格中便形成了希望的品质(virtue of hope)。这种儿童敢于冒险、不怕挫折和失败。而如果不成功地解决发展危机，则在人格中形成恐惧(fear)的特质。埃里克森说，一旦某一阶段的特征危机得到积极的解决，那这个人的人格中就形成一种美德。美德是某些能够为一个人的自我增添力量的东西。在这个阶段中，如果儿童具有的基本信任超过基本不信任，就形成希望的美德。埃里克森把希望解释为"对热烈愿望的实现怀有持久的信念，尽管存在标志生存初期的那种隐晦的迫切要求及愤怒"。我们可以说，得到信任的儿童敢于希望，这是一个注重未来的过程，而缺乏足够信任的儿童不可能怀有希望，因为他们必须为需要是否能得到满足而担忧。所以他们被目前所束缚。

(二)自主性对羞怯和疑虑(1.5—3岁)

第二阶段的年龄从1岁半到3岁左右，相当于弗洛伊德的肛门期。埃里克森同意弗洛伊德的观点，认为这一阶段活动的基本方式是保持和排除、坚持和放弃。但是，他指出，这些方式不只包括肛门区，还包括坚持用自己的双手和双脚的活动。

在这个阶段中，儿童迅速形成许许多多的技能。他们学会了走，爬，推，拉和交谈。更通俗地说，他们学会了如何抓握和放开。他们不仅把这些能力应用于物体，而且还应用于控制和排泄大小便。换句话说，儿童现在能"随心所欲"地决定做还是不做某些事情。因而儿童从这时起就介入了自己意愿与父母意愿相互冲突的矛盾之中。这一时期的儿童反复用"我"、"我的"和"不"等词来表示自己的自主性。但父母则不允许自己的孩子为所欲为，而要按照社会的要求来训练他们，控制他们的行为。

埃里克森把这一阶段的危机界说为自主性对羞怯和疑虑(或自主行动对羞怯怀疑)(autonomyvs. shame and doubt)的冲突。自主性意味着一个人能按照自己的意愿行事的能力，例如控制自己的括约肌，用自己的双足站立行走，用自己的双手等等。羞怯和疑虑感则来自社会的期待和压力。如果父母训练过严和不公正的体罚就会使儿童产生羞怯和疑虑。"持久的良好愿望与自豪感发自没有丧失自尊的自我控制感，持久的动辄爱疑虑和爱羞怯的倾向来自丧失自我控制感和过度的外部控制"。因此，明智的父母对本阶段儿童的态度要注意掌握分寸，既给予适度的自由，同时也要在某些方面加以有节制的控制。

关于羞怯，埃里克森说："羞怯意味着一个人意识到自己被暴露无遗，在光天化日下被人审视，一句话，它是一种自我意识。一个人被他人识破，并且在毫无准备之下被人识破……"。在这个阶段中，如果儿童形成的自主性超过羞怯与疑虑，就形成意志的美德。埃里克森把意志解释为："进行自由决策和自我约束的不屈不挠的决心，尽管在幼年期不可避免地要体验到羞怯和疑虑"。

如果自主性对羞怯和疑虑的危机得到成功的解决，在儿童的人格中就形成意志品质(virtue of will)。埃里克森把意志解释为"进行自由选择和自我抑制的不屈不挠的决心，尽管在幼儿期不可避免地要体验到羞怯和疑虑"。埃里克森认为，若不成功地解决危机，则在人格中形成自我怀疑(self-doubt)。无论是成功地解决或不成功地解决，其结果都会影响一个人如何生活。

(三)主动性对罪疚感(3—6岁)

第三阶段的年龄从3岁至6岁左右，相当于弗洛伊德的性器期。这一阶段的儿童表现出制订计划，订立目标，并积极保持以达到目标。他们对性别差别有特别的好奇心和求知欲。本阶段的发展危机为主动性对罪疚感或自动自发对退缩愧疚(initiative vs guilt)。

在这一时期，儿童能更多地进行各种具体的运动神经活动，更精确地运用语言和更生动地运用想象力。这些技能使儿童萌发出各种思想，行为和幻想，以及规划未来的前景。按照埃里克森的观点，这个阶段的儿童"一般对形状规格的差异，特别对性差异都产生一种毫不厌倦的好奇心……现在他在学习上大胆探索且精力充沛：这就致使他越出自己有限范围，投入未来无限的前景之中"。

埃里克森认为，顺利渡过前两个阶段的儿童已认识到自己是人，在这一阶段中，他们面临的问题是他们能成为什么样的人。他们检验各种限制，以便确定什么是允许的，什么是不允许的。如果父母鼓励儿童的主动性和想象力，他们便会获得创新精神离开这一阶段。如果父母嘲笑或挖苦儿童的创造性和想象力，儿童会丧失自信心。当他们回想起自己被父母讥笑的行为时，就容易产生罪疚感，因而只能过着别人为其安排的狭隘的生活圈子中。

如果在这一阶段中儿童发展了较多的主动性或进取精神，就会在人格中形成目的的品质(virtue of purpose)。埃里克森把目的定义为"正视和追求有价值的目的的勇气，尽管这种目的曾被幼儿期的幻想、被罪疚、被惩罚的失魂落魄的恐惧所阻止"。若不成功地解决本阶段的发展危机，则在人格中形成无价值感(unworthiness)。

(四)勤奋对自卑(6—12岁)

第四阶段从6岁至12岁，相当于弗洛伊德的潜伏期。在本阶段，儿童转向学习各种必要的谋生技能和使自己成为社会生产者所具备的专业技能。

在这一阶段从儿童所要学的课程中，儿童产生了一种勤奋感，这种感情将使儿童满怀信心地在社会中寻找自己的工作。如果儿童不能发展出勤奋感，就可能产生自卑感。因此，本阶段的发展危机是勤奋感对自卑感(或勤奋进取对自贬自卑)(industry vs. inferiority)。

勤奋感占优势的儿童，其人格中就形成了能力的品质(virtue of competence)。埃里克森说："能力……就是灵巧和智力在完成任务时的自如运用，它不为儿童时期的自卑感所削弱"。若不能成功地解决本阶段的发展危机，则在人格中形成无能感(incompetency)。埃里克森认为，好的教师在这一阶段对儿童的影响很大。他说："不止一次，我观察到在那些独具天赋和富有灵感的人们生活中，大多是教师燃起了一个未被发现的天才的内心火焰"。

(五)同一性对角色混淆(12—18岁)

第五阶段从12岁至18岁左右，相当于弗洛伊德的生殖期。埃里克森赞同弗洛伊德的说法，承认青春期驱力的增加是破坏性的，但他认为问题的另一方面：青年还因新的社会冲突和要求而变得困扰和混乱。埃里克森强调，青春期的主要任务是建立一种新的自我同一性，其发展危机是同一性对角色混淆(或自我统合对角色混乱(identity vs. roleconfusion))。

埃里克森正是对这个心理社会阶段的论述才显赫于世的，因为这一阶段包含了他最著名的概念同一性危机。

埃里克森认为，这个阶段体现了童年期向青年期发展中的过渡阶段。在前四个阶段中，儿童懂得了他是什么，能干什么，也就是说，懂得所能担任的各种角色。在这个阶段中，儿童必须仔细思考全部积累起来的有关他们自己及社会的知识，最后致力于某一生活策略。一旦他们这样做，他们就获得了一种同一性，长大成人了。获得个人的同一性就标志着这个发展阶段取得了满意的结局。然而，这个阶段自身应当看作是一个寻找同一性的时期，而不是具有同一性的时期。埃里克森把这个时期称为心理社会的合法延缓期，他用这一术语来表示青年人和成年期的间隔。

什么是自我同一性？埃里克森曾有不同的解说，例如："一种熟悉自身的感觉"；"一种知道自己将会怎样生活的感觉"；"在说明被预期的事物时出现的一种内在的自信"。自我同一性这个词含义非常广泛，包括社会与个人的统合、个人的主体方面与客体方面的统合、自己的历史任务的认识与个人愿望的统合，等等。简而言之，自我同一性是指对自己是谁、是什么的认识以及对自己的评价。是指个体尝试把与自己有关的多个层面统合起来，形成一个自己觉得协调一致的自我整体。这一心理过程称为同一性形成。

虽然，同一性的形成是个终生过程，但这个问题在青春期出现了危机。其原因是：①各种本能冲动的高涨助长了青年同一性危机。青年人突然觉得仿佛他们的那些冲动已受自己意志的约束，不再任其为所欲为了。②青春期身体的急剧变化导致了青少年急切地要认识自己。也许正是这个缘故，这一时期的青少年总是花很多时间对镜左顾右盼，或者耗费不少时间整理自己的仪容。③承担社会义务压力的青年急切地想了解自己在他人心目中的印象，是否符合他人的心意，并为自己将在社会中占有什么地位而苦恼。

如果青年在这一阶段不能建立自我同一性，就会产生角色混淆和消极的同一性。角色混淆(role confusion)是以不能选择生活角色为特征的，或者只是口头上承担一定的角色，但很快又改变角色。消极的同一性(或反向认同)(negative identity)就是获得为一定的社会文化所不予认可的、令人厌恶的角色。埃里克森把消极同一性解释为："是一种违背意愿地建立在发展的关键阶段并向个人呈现出所有最厌恶的，最危险的，然而也许是最真实的各种自居作用和角色之上的同一性"。他举了一个例子，一位孩子的母亲对堕落成酒精中毒症的兄弟充满了一种无意识的恨铁不成钢的感情，她会有选择地仅对他儿子有可能重蹈其兄弟的命运那些特征作出重复的反应，在这种情况下，这种"消极的"同一性对她的孩子来说，比他内心要成为好孩子的愿望更现实，他也许会努力成为一名醉汉。

青年往往痛苦地感到他们没有能力持久地承担义务。他们感到要作出的决断来得太多太快。为了避免同一性的提前完结，避免过早接纳四分五裂的社会角色，他们有时就进入了一个心理社会的合法延缓期(psychosocial moratorium)。例如，有些青年人，在作出最后决断之前，暂时离开大学去旅行，或者去经历各种不同的工作。这是青年寻求某种同一性的时期。

在埃里克森看来，角色混乱和消极的同一性可以解释美国青少年所表现出的许许多多骚乱和攻击现象。他在对美国黑人领袖哈尔科姆·厄克斯的分析中，得出以下要点：如果儿童感到环境试图对允许他把下一阶段整合在他个人的自我同一性内的所有表现形式进行彻底地剥夺，那么，儿童就会以野兽突然被迫捍卫其生命般地迸发出惊人的力量进行抵抗。的确，在人类生存的社会丛林中，如果没有同一性的意识就没有生存的感觉。青少年也许会痛恨地排斥那些不适合于他们的同一性；同一性意识的丧失常常表现为以一种讽刺和势利的敌意对待家庭或未来社会所提供的合适和理想的角色。作为要求的角色中的某个部分，某个方面或全部各个部分，不管它是男性方面还是女性方面，是国籍方面还是阶级成员方面都会成为青年人加以辛辣讽刺的主要焦点。为什么青年人在不能获得积极的同一性时要选择消极的同一性呢？埃里克森说，因为他“宁可成为一个无名小卒，或者成为臭名昭著的大人物，或者成为某个的确已经死了的人——总之，它们是经过自由选择的角色——而不愿意成为一个不太像样的人”。

随着自我同一性的形成，青年就具备了忠诚的品质（virtue offidelity）。忠诚就是“尽管价值体系有着不可避免的矛盾，仍能效忠发自内心誓言的能力”。如果不能成功地解决本阶段的发展危机，就会在青年人格中留下不确定感（uncertainty）。

前面四个阶段为儿童提供了形成“同一性”的“材料”。在这个阶段，个人必须同化这些材料。同一性的形成标志着童年期的结束与成年期的开始。从这时起，生活是对自我同一性的彻底表现。既然个人“知道他或她是什么人”，生活的任务就是引导“那个人”完满地度过人生的其余阶段。

（六）亲密对孤独（18—24岁）

第六阶段从18岁至24岁，也称为成年早期。埃里克森所说的这个阶段及以后两个阶段与弗洛伊德心理性欲发展论没有相应阶段。埃里克森认为，只有建立起良好同一性的青年才能担当起成年早期的任务——与异性伴侣的亲密关系。只有当一个人确保自己的同一性时，才能在与别人的真正共享中忘却自己。例如，一个青年人只关注自己的男子汉气概，就不能成为一个最好的情人。他会过分注意自己，不能毫无牵挂地无私而温柔地对待异性伴侣，因而难以与异性情侣达到真正的感情共鸣，他所体验到的是孤独。本阶段的发展危机是亲密对孤独（或友爱亲密对孤僻疏离）（intimacy vs isolation）。

为了有益于个人和社会，埃里克森认为应当发展下列的亲密关系：①感情共鸣的情欲高潮；②一个值得爱的伴侣；③异性；④能够并乐意与他分享相互的信任；⑤能够并乐意与他严格遵守：a. 工作周期，b. 生殖周期，c. 娱乐周期；⑥还应使后代在所有发展阶段安全满意地发展。在埃里克森看来，真正的亲密感是两个人都愿意共享和互相调节他们生活中的一切重要方面。

如果一个人在第五阶段形成的友爱亲密胜过孤僻疏离，那么他就形成爱的品质（virtue oflove）。埃里克森把爱定义为“永远抑制内在分裂机能的互相献身”。如果不能成功地解决本阶段的发展危机就会导致青年乱婚(promiscuity)。

(七)繁殖对停滞(25—65岁)

第七阶段为成年中期，从25岁至65岁。这一阶段的男女成人已建立了家庭，他们的兴趣开始扩展到下一代，生儿育女，关怀下一代的健康发展。用埃里克森的话来说：他们进入繁殖对停滞(或精力充沛对颓废迟滞)(generativity vs. stagnation)的阶段。所谓“繁殖”具有广泛的含义，不仅指对下一代的照料，而且指通过工作创造事物和思想，但埃里克森更侧重于照料儿童。

没有繁殖感的人是以“停滞和人际贫乏”为特征的。如果一个人的繁殖感高于停滞感，那么在其人格中就形成关心的品质(virtue of care)。具有这一品质的人，能自觉自愿地关心他人的疾苦和需要，能给他人以温暖和爱。反之，则形成自私(selfishness)的品质。

(八)自我整合对失望(65岁一死亡)

第八阶段为老年期，从65岁直至死亡。通常把老年看成是身心衰老时期。他们丧失了体力和健康，失去了工作，减少了收入，随着时间的流逝，还丧失了配偶、亲戚和朋友。埃里克森意识到老年人必须作出身体和社会的适应，但他侧重于内心的斗争——即保住潜能，用以维系生存甚至智慧的斗争。他把这种斗争称之为自我整合对失望(或完美无缺对悲观沮丧)(integrity vs despair)。

埃里克森认为，前面七个阶段都能够顺利度过的人，是有幸福生活和有所贡献的人，他们有完善感和充实感，而不怕死亡。这种人在这一阶段回首往事时，自我是整合的，怀着充实的感情准备告别人间。而回首以往的失败人生者则体验到失望感。由于他们生活中的某一或某些主要目标尚未达到，因而不愿匆匆离开人间，没有面向死亡的准备。

在埃里克森看来，人生八个阶段以循环的方式联系在一起。在第八个阶段中，老年人对死亡的态度会直接影响下一代婴儿期的信任感。如果一个人的自我整合胜过了失望，他就有了智慧的品质(virtue ofwisdom)。所谓智慧也就是“以超脱的态度对待生活和死亡”；反之，则导致无意义感(meaninglessness)和失望(despair)。图4—7是对埃里克森人格发展八个阶段及其相应品质的概括。

老年期	自我整合对失望(65 岁—死亡)
成年中期	繁殖对停滞(25—65 岁)
成年早期	亲密对孤独(18—24 岁)
青年少期	同一性对角色混乱(12—18 岁)
小学期	勤奋对自卑(6—12 岁)
儿童期	主动性对罪疚感(3—6 岁)
学步期	自主性对羞怯和疑虑(1.5—3 岁)
婴儿期	信任对不信任(0—1.5 岁)

图 5-7　埃里克森人格发展的八个阶段

第三编

学习理论

第六章　行为主义学习理论

行为主义者主张用自然科学的方法来研究学习，他们用外显的、可以观察的刺激和反应来解释学习过程，而反对研究学习的内部过程。当然，不同行为派学习理论家的观点并不完全一致，有的很激进，但有的则有一定的折衷倾向，而且，他们解释学习的角度也存在一定的差别。

第一节　桑代克试误学习理论

桑代克是心理学联结主义的建立者和教育心理学体系的创始人，他提出了一系列学习的定律，包括练习律和效果律等。

一、试误说

桑代克首先用实验法来研究动物的学习心理。他创造了迷路圈、迷箱和迷笼等实验工具，试验鱼、鸡、猫、狗等动物的学习。根据这些实验，桑代克认为，动物的学习并不具有推理演绎的思维，并不具有任何观念的作用。动物的学习方式是试误式的，即动物是通过反复尝试错误而获得经验的。这种学习的实质就是在刺激和反应之间形成联结，即“感应结”，因此学习即联结的形成与巩固。

桑代克把从动物的实验研究中所揭示的种种规律应用于人类的学习，认为人的学习可塑性要比动物大得多，行为也更复杂，但也是基于本能，以刺激—反应的联结为准则的。因此，桑代克把人类的学习方式分为四类：①普通动物式的形成联结，例如 10 个月的婴儿学习打鼓；②形成含有观念的联结，例如 2 岁儿童学习听到母亲一词就想到母亲，或者想到糖时就说出糖这个词；③分析或抽象，例如一个学音乐的人学习对一个声音的倍音发生反应；④选择性的思维或推理，例如儿童应用有关造句法的各种规律和词根的意义来学习一句拉丁文的含义。

在桑代克的动物实验中有一个著名的“饿猫逃出迷笼实验”。(图 6-1)桑代克设计了“桑代克迷笼”，将饿猫关入此笼中，笼外放一条鱼，饿猫急于冲出笼去吃鱼，但是要想打开笼门，饿猫必须一气完成三个分离的动作：首先要提起两个门闩，然后是按压一块带有铰链的台板，最后是把横于门口的板条拨至垂直的位置。观察发现，饿猫起初以抓、咬、钻、挤等各种方式想逃出迷笼，在这些努力和尝试中，它可能无意中一下子抓到门闩或踩到台板或触及横条，结果使门打开，多次实验后，饿猫的无效动作越来越少，最后一入迷笼就能立即用正确的方式去触及机关打开门。

图 6-1　桑代克迷箱

桑代克据此认为，学习的实质就是有机体形成“刺激”(S)与“反应”(R)之间的联结。他明确地指出“学习即联结，心即是一个人的联结系统。”同时，他还认为学习的过程是一种渐进的尝试错误的过程。在这个过程中，无关的错误的反应逐渐减少，而正确的反应最终形成。根据他的这一理论，人们称他的关于学习的论述为“试误说”。

在桑代克看来，人类是从动物进化而来的，人类的心理与动物相比，也只是复杂性程度不同而已。

二、学习律

桑代克在实验基础上提出了众多学习律，其中主要有：

(一)准备律(law of readiness)

桑代克认为学习者是否会对某种刺激作出反应，同他是否已做好准备有关。

准备律指学习者在学习开始时的预备定势。学习者有准备而又给以活动就感到满意，有准备而不活动则感到烦恼，学习者无准备而强制以活动也感到烦恼。

准备律是反应者的一种内部心理状态。一切反应是由个人的内部状况和外部情境所共同决定的。因此学习不是消极地接受知识，而是一种活动。学习者必须要有某种需要，体现为兴趣和欲望。此外良好的心理准备还应包括对该情境起反应所必不可少的素养和能力准备。

（二）效果律（law of effect）

如前面的实验，为了保证学习的发生，猫必须处于饥饿状态下，而食物也是不可缺少的。桑代克1911年出版的《动物的智慧》中说：只有当反应对环境产生某种效果时，学习才会发生。如果反应的结果能让人满意，学习就会发生；如果反应的结果令人烦恼，这种行为反应就会削弱。例如，要是猫逃出迷箱后得到的是惩罚而不是奖励的话，那么猫就不会再试图跑出迷箱了。满意或不舒适的程度越高，刺激一反应联结就越加强或越减弱。

桑代克在20世纪30年代进一步考察了这条定律，发现感到满足比感到厌烦能产生更强的学习动机，因此他修正了效果律，更强调奖赏，而不大强调惩罚。他还发现：奖励不仅增加了受奖反应的重复率，而且还增加了邻近反应的重复率。称这种现象为“效果扩散”现象。效果扩散的程度与反应和受奖反应的距离有关，距离越远，则程度越轻。

（三）练习律（law of exercise）

练习律可以分为两个次律：①应用律——一个已形成的可变联结，若加以应用，就会变强；②失用律——一个已形成的可变联结，若久不应用，就会变弱。换言之，所谓练习律，是指反应重复的次数越多，刺激一反应之间的联结便越牢固。后来，桑代克修改了这条定律，指出单纯的重复练习，不如对这个反应的结果给以奖赏取得的效果更大些。

总之，桑代克强调刺激与反应形成的一切联结都以应用和满足而增强，以失用和烦恼而减弱。因此教育必须遵循这两条主要的学习定律。教师应当了解有效的学习必须建立在儿童对学习有强烈的兴趣和喜悦上。有鉴于此，教师应当先将作业中的乐趣讲给学生听，或以自己的热情激起儿童的准备；要仔细地规定和严格地控制反应的顺序，通过不断的练习，最终形成所需的习惯；要注意学生在练习过程中是否疲劳和厌倦；要注意学习内容的难易程度，不可使学生感到十分困难，因而导致气馁。

第二节　巴甫洛夫条件作用理论

伊万·巴甫洛夫(Ivan P，Pavlov，1849—1936)，苏联的卓越的生理学家，巴甫洛夫学派高级神经活动生理学及病理生理学的奠基人。

一、实验

巴甫洛夫最早提出经典性条件反射。他的经典条件反射实验是用狗来做的。做实验之前，先给狗做一次外科手术，让一个特制导管与狗的唾液腺连接起来，之后再把狗用套具固定住，通过导管收集唾液，导管连结到一个既可以测量以立方厘米计的总量、也可以记录分泌的滴数的装置(图 6-2)。实验过程中，当一种刺激如铃声单纯出现时，可能会引起狗的注意，但并未因铃声刺激而增加唾液分泌。而当狗吃到食物时，唾液分泌量显著增加。此后，试验者每在铃声出现后约 0.5 秒至数秒钟，给狗食物，唾液分泌量明显增加。铃声与食物相继出现多次后，只有铃声没有食物也能引起狗的唾液分泌。

狗嘴里有食物时，会分泌唾液，这是本能，巴甫洛夫把食物称为无条件刺激，简称“UCS”，由食物引起的唾液分泌称为无条件反射，简称“UCR”。为了使狗对某一种刺激(如铃声)形成条件反射，把这种原来只会引起探索性反射的中性刺激(即铃声)与无条件刺激(即食物)配对。多次重复后，只发出铃声，不提供食物，也能使狗产生唾液分泌。这样，铃声就成了条件刺激，简称“CS”，铃声引起的唾液分泌就是条件反射，简名“CR”。

图 6-2　巴甫洛夫关于条件作用的实验装置

巴甫洛夫和他的助手们变换了各种形式来验证“条件反射”的存在。他们变换了中性刺激，在喂食前使灯光闪动，或者在狗可以看见的地方转动一个物体，或者某个可以碰触到狗的物体，或者拉动狗圈上的某个部位。总之，各种可以被狗感受到的中性刺激都试过了，他们甚至还尝试了改变中性刺激与喂食之间的间隔时间，结果都证明条件反射的确是存在的(图 6-3)。

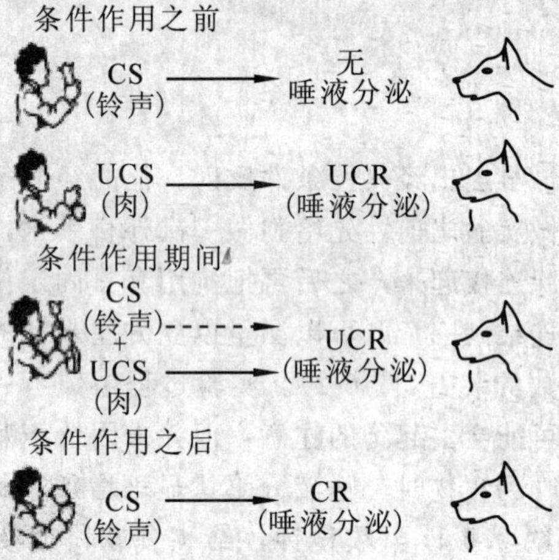

图 6-3　条件作用过程的阶段

二、学习律

从巴甫洛夫的实验中，可以概括出以下几个学习律。

(一)习得(aquisition)律

条件刺激和无条件刺激之间建立联结的过程称为条件反射的习得过程。巴甫洛夫的实验中，条件刺激与无条件刺激的多次结合才形成条件反射。而事实上条件刺激与无条件刺激可以有很多种配对方法。由于条件刺激在条件作用过程中是起信号的作用，预示无条件刺激的到来，所以，在逆向条件作用过程中，条件刺激在无条件刺激之后出现，就起不到预报或信号的作用，因而不可能建立条件反射。

巴甫洛夫还系统研究了条件刺激与无条件刺激之间的时间间隔对形成条件作用的影响。实验结果表明，无条件刺激在条件刺激出现之后的 0.5 秒时呈现，确立条件反射的效果最好(图 6-4)。

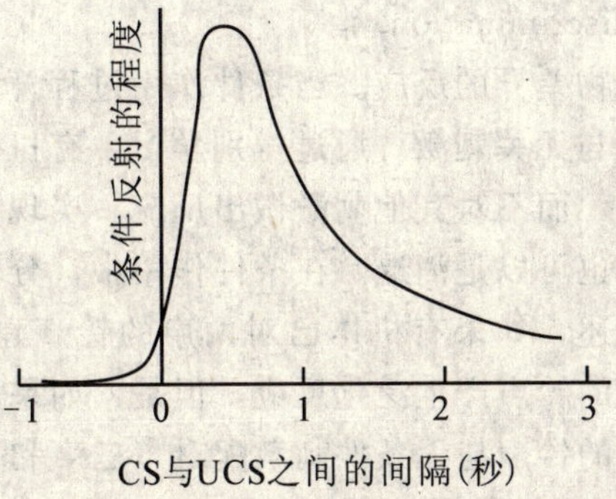

图 6-4　CS 与 UCS 的间隔对条件反射的影响

(二)消退(extinction)律

消退是指条件反射形成后，得不到强化而逐渐削弱直至消失的过程(图 6-5)。但是，条件反射的消失并不意味着这一反射再也没有了。在过了一段时间后，条件反射会自发恢复。

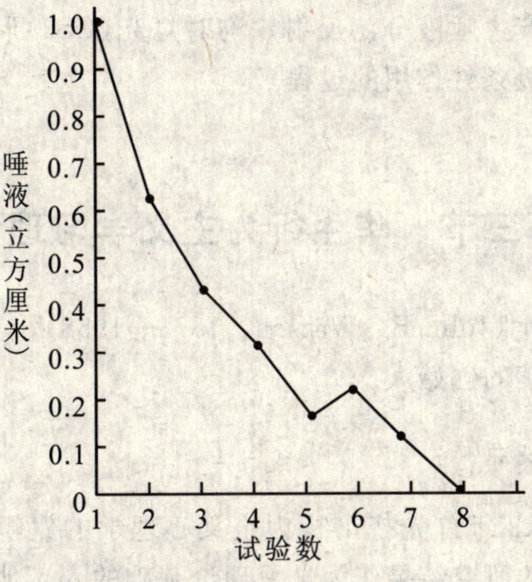

图 6-5　实验性消退

但这种自发恢复是不可能达到原来的强度。而且，自发恢复的反射，只要有几次不伴随无条件刺激，就会迅速消退。

(三)泛化(generalization)律

泛化是指在条件反射形成后的初期，另一些相似的刺激也会引起条件反射。而且新刺激越接近原来的刺激，泛化现象越明显。巴甫洛夫在实验过程中发现，有机体在开始时一般都以同样的方式对与原条件刺激相似的刺激做出反应。例如，如果原来的条件刺激是两声铃声，现在用三声或一声的铃声也能引起条件反射。

（四）分化(discrimination)律

分化是对事物差异的反应。当条件作用过程开始时，有机体需要辨别相关刺激与无关刺激。通过辨别学习，有机体有选择地对某些刺激做出反应，而不对其他刺激做出反应。实现分化的手段可以是选择性强化，也可以是消退。在条件作用中，分化与泛化是相反的过程。如前所述，如果有机体已对两声的铃声建立了条件反射，会对三声或一声的铃声产生泛化反应。但是，如果采用不同的结合方法，即把两声的铃声与无条件刺激配对，三声和一声的铃声不伴随无条件刺激，这样，有机体对三声或一声的铃声的反射就会消退，而只对两声的铃声产生条件反射。

（五）高级条件作用(higher—order conditioning)律

把已经习得的条件反射当做无条件反射，加入另一个中性条件刺激，形成新的条件反射的过程称为高级条件作用。例如，狗在对铃声形成唾液分泌的条件反射之后，把铃声(CS1)与灯光(CS2)配对，也能使狗产生唾液分泌反射。狗对灯光(CS2)形成条件反射的过程，就是高级条件作用的过程。

第三节　华生行为主义学习理论

约翰·华生(John B. Watson，1878—1958)，美国心理学家，行为主义心理学的创始人。

一、基本观点

华生于1913年首先打出行为主义心理学的旗帜，是美国第一个将巴甫洛夫的研究结果作为学习理论基础的人。他认为学习就是以一种刺激替代另一种刺激建立条件反射的过程。在华生看来，人类出生时只有几个反射(如打喷嚏、膝跳反射)和情绪反应(如惧、爱、怒等)，所有其他行为都是通过条件反射建立新刺激－反应(S－R)联结而形成的。

华生在《行为主义者心目中的心理学》(Psychology as the Behaviorist Views It)(1913)一文中提出："心理学是自然科学的一个纯客观的实验分支。它的理论目标在于预见和控制行为。"他认为，心理学家主要应关注行为，而不是心和意识，"行为主义者力图获得动物反应的一个统一的图式，认为人与动物之间并无分界线。"因此，从研究方法上来讲，"应当把人与动物放在同样的实验条件下，而且越近似越好”。

华生所说的行为，指的是有机体所说的或所做的，是能直接观察得到的。他认为组成行为的基本单位是刺激—反应。刺激，指外界环境中的任何东西以及体内各组织所起的各种变化，可用S来表示。反应，指有机体所做的任何动作，可用R来表示。于是刺激—反应的公式就可简写为S—R。他认为刺激与反应之间的联系是直接的，不存在像意识、心理那样的中介变量。他断定：“能够在有了一定刺激时，预知出所要发生的反应来；在有了一定的反应时，就能推测出那种引起这个反应的刺激或情境来。”

华生认为，学习即为在刺激与反应之间建立联结。他沿用巴甫洛夫关于条件刺激与无条件刺激、条件反应与无条件反应的分类。他把学习过程看成是将条件刺激与条件反应组织起来，建立一定的联结的过程。他认为：“我们所有的复杂动作，乃是完成的动作，即把简单的无条件的动作完成的动作，而不是创新的动作。”

二、学习律

华生的学习理论，在一定程度上是建立在抨击桑代克效果律基础上的。在他看来，桑代克的效果律是心灵主义的，会把问题引向神秘化，也是不需要的。为了从实验上推翻桑代克的理论，华生训练白鼠，为达到目的箱吃到食物，必须先挖沙子。白鼠挖沙子到达目的箱后，并不立即喂食，而是让它在那里空等一会。华生认为，根据桑代克的理论，强化增强的是强化之前的刺激—反应联结。在这个实验中，空等是较后的反应，而挖沙子到目的箱则是较早的反应。根据推理，食物强化的是空等，而不是挖沙子到达目的箱。但事实上，白鼠习得的是挖沙子到达目的箱的反应，而不是空等。华生以此来证明效果律的不正确，并提出用频因律和近因律取而代之。

（一）频因（frequency）律

华生认为，在其他条件相等的情况下，某种行为练习得越多，习惯形成得就越迅速。因此，练习的次数在习惯形成中起重要作用。在形成习惯的过程中，有效动作之所以保持下来，无效动作之所以消失，是由于有效动作比任何一种无效动作出现的次数都多，这是因为每一次练习总是以有效动作的发生而告终的。举例说来，在一个非常简单的“T”字形测验情境里，有机体只能作出两种可能的反应：正确反应（用R＋来表示）和错误反应（用R－来表示）。为了简便起见，我们设想最初R＋和R－的强度是相似的。经过一系列尝试之后发生的情况是：R－逐渐减弱，R＋是逐渐增强。华生认为，之所以会产生这样的结果，是因为 R－只是在一半的尝试中发生，而 R＋则在每一次尝试中都发生。R＋比 R－更强，是由于 R－发生的次数比 R－多一倍。华生把反应出现的次数作为解释反应的保留或淘汰的原则。

(二)近因(recency)律

华生认为，当反应频繁发生时，最新近的反应比较早的反应更容易得到加强。因为在每一次练习中，有效的反应总是最后一个反应，所以这种反应在下一次练习中必定更容易出现。由此，他把反应离成功的远近，作为解释一些反应被保留、另一些反应被淘汰的原则。在他看来，习惯反应必然是离成功时机最近出现的反应(朱智贤，1989 年)。

但是，华生在以后的著作中又推翻了自己的学习律。他在 1919 年出版的《从一个行为主义者的观点看心理学》(Psychology from the Standpoint of a Behaviorist)一书中，不再把频因律作为学习的一般机制。他承认频因律当初纯粹是猜测性的。

华生强调，要用刺激—反应来分析所有的行为，包括情绪反应。为此，华生与雷纳(Watson and Rayner，1920)进行了一项称之为“小艾伯特”(Little A1bert)的实验。小艾伯特是日托中心的一个健康、正常的幼儿，当时他只有 11 个月又 5 天。条件刺激是一只小白鼠。小艾伯特最初的反应是好奇，他看着它，似乎想用手去触摸它。无条件刺激是用铁锤敲击一段钢轨发出的声音，这显然是一种令人生厌的声音，因为小艾伯特的无条件反应是惊怕、摔倒、哭闹和爬开。在白鼠与敲击钢轨的声音一起出现 3 次后，光是白鼠就会引起害怕和防御的行为反应。在 6 次条件作用后，小艾伯特见到白鼠时会产生强烈的情绪反应。在小艾伯特 1 岁又 21 天时，华生进行了一系列泛化测验，即在小艾伯特面前呈现小白兔、小白狗和白色裘皮大衣等。在每一种情况下，小艾伯特都表现出一种很强的情绪反应，类似于对白鼠的反应。接下来，华生探讨了用来消除小艾伯特恐惧情绪的种种可行的办法。但不幸的是，小艾伯特在接受可能的治疗之前，离开了日托中心，举家迁徙到别的地方去了。华生认为，这项实验表明，小艾伯特的条件情绪反应将会在相当长一段时间里存在。尽管其强度会有所减弱，但这种条件反应会在一生中始终存在，并改变他的个性。华生本人的性格决定了他要嘲弄精神分析学派。他说，过了一些年后，艾伯特可能会去找精神分析学家，以求解决自己这种奇怪的害怕心理。精神分析学家也许会告诉他，这是恋母情结的结果。华生说，还是让我来向他吐露真情吧，他的这种情绪反应是由于条件作用引起的。华生就是用这类方法逐一抨击各种心理学派，以达到他“使心理学成为科学”的目的。

由于华生坚信，有什么刺激，必定会产生什么反应，这就使他成了一个极端的环境决定论者。他的最著名的、被引证得最多的一段话表明了这一点，他说：

给我一打健康而又没有缺陷的婴儿，把他们放在我所设计的特殊环境里培养，我可以担保，我能够把他们中间的任何一个人训练成我所选择的任何一类专家——医生、律师、艺术家、商界首领，甚至是乞丐或窃贼，而无论他的才能、爱好、倾向、能力，或他祖先的职业和种族是什么(Watson，1924)。

第四节　斯金纳操作学习理论

斯金纳(Burrhus Frederic Skinner，1904－1990)是著名的美国心理学家，新行为主义学派的创始人之一。其主要贡献在于发展了巴甫洛夫和桑代克的研究，揭示了操作性条件反射的规律。

一、行为实验

人们把那些将研究重点放在对行为的实验分析上的人，称为斯金纳主义者、操作条件作用者、激进的行为主义者。

斯金纳认为，“学习”即反应概率的变化；“理论”是对所观察到的事实的解释；“学习理论”所要做的，是指出引起反应概率变化的条件。所以行为研究其目的是要达到一种分析环境刺激功能来决定和预测有机体的行为。斯金纳设计了一种特殊的实验仪器——斯金纳箱。这是一个阴暗的隔音箱，箱子里有一个供动物使用的开关(如果以白鼠为被试，就是一个杠杆或一块木板；如果以鸽子为被试，开关就是一个键盘)。箱子中的开关与箱外的一个记录系统相连，以记录动物按或啄开关的准确次数和时间。斯金纳早期的实验都以白鼠为被试，后来大多以鸽子为被试。实验中，动物碰触开关可能会得到食物，但并不是每次碰触都会给予食物，这要由实验者来控制。实验者还可以控制的条件有温度、湿度、灯光电击等。

在斯金纳的第一本心理学著作《有机体的行为》中，他便阐述了操作性(operant)行为和反应性(respondent)行为的区别。操作性行为便是由斯金纳箱的实验得来的。动物在箱中可以反复做出“自由操作的反应”(free—operant responding)。“自由”即不受到限制，在迷津类的实验中，动物的自由被限制；“操作”即动物的反应是主动作用于环境。

前面我们提到过行为研究的目的是要分析环境刺激来预测有机体的行为，即是研究环境(刺激)与行为(反应)之间的关系，具体到实验中是要看实验操作如何引起行为变化。可以用三种基本操作来控制环境：呈现刺激、安排结果和信号刺激。

这其中最简单的操作是呈现刺激。刺激呈现时，我们可以观察到刺激导致有机体产生的反应。呈现刺激的主要效果在斯金纳看来就是引起特定的反应。例如，食物会引起白鼠的唾液分泌反应，紧接着电击会使其停止唾液分泌，进而产生跳跃反应。

然而，除了这种环境中自发的事件外，有时也会有这种情况，即有机体促使事件发生。斯金纳于是安排各种环境，使有机体的行为(反应)具有某些效果或结果。这是因为，前提性事件(antecedent events)和结果性事件(consequent events)都会影响人与动物的行为。有机体的行为(反应)一旦具有某些结果，就可能产生这样的结果：有些行为(反应)的增加，有些则减少。这是因为有些行为(反应)被它所带来的结果或效果强化了，有些则被惩罚了。

如果在实验中给予刺激或结果的同时安排其他刺激，结果就会更复杂。有机体并非只是不加区分地对刺激做出反应。有些刺激信号预示着特定情况的发生，或者说预示着反应会带来什么样的结果。第一种情况，我们可以仿照巴甫洛夫的实验，在铃声响的时候给予食物，或者在灯亮的时候给予点击。第二种情况即是这样：只有在灯亮的时候按开关，才会给予食物，这样白鼠就会只在灯亮的时候按开关，灯不亮的时候不按开关。

以上的方法为斯金纳分析学习过程提供了实验的有效基础。这类实验也使他得出了与经典行为主义不同的观点。

二、强化原理

斯金纳与赫尔和托尔曼关心中介变量不同，他只关注自变量和因变量之间的关系。前面提到过，他是个实证主义者，他认为中介变量常常是有害的，因为实验的焦点在想象的构成上，而不是在现实上。

斯金纳的研究试图回答的核心问题是：自变量(强化的类型和安排)是如何影响学习的。

（一）强化的类型

基于人们通常是以一种增加愉快、减少痛苦的方式来行事，斯金纳用条件作用的原理来解释学习。但是斯金纳的实证主义使得“愉快”和“痛苦”这类主观性的东西在他的理论体系中无法扎根。于是他使用了“使反应发生概率增加、或维持某种反应水平的任何刺激”来定义强化物。这样就使“愉快”和“痛苦”变得更客观。因为某些刺激会让一些人感到愉快或痛苦，而在另一些人身上或在另一些场合则不适用。

斯金纳把强化分为两种类型，正强化(positive reinforcement)和负强化(negative reinforcement)。正强化就是增加某种刺激，使得反应概率增加；负强化即减少某种刺激，使得反应概率增加。前者如白鼠按压开关给予食物，食物就是正强化物；后者如电击状态下的白鼠按开关停止电击，停止电击就是负强化物。这里我们需要注意，这两种强化都会使得有机体的反应概率增加，由此可以得知，是刺激对反应的影响结果，而不是刺激性质本身，决定其是正强化或是负强化。

还需要注意的是，在操作性条件作用中，强化的对象是行为(反应)，而不是有机体本身。也就是说，我们要说白鼠按压杠杆的反应被强化了，而不能说白鼠被强化了。这样可以对实验程序作精确的描述，而防止含糊的描述。

如果说在桑代克那里，强化是用来解释刺激一反应联结加强的一条主要原理，那么，在斯金纳的体系中，强化只是一个用来描述反应概率增加的术语，如何安排才是体系的核心所在。(周正怀，2005)另外，斯金纳与其他学习理论家在对消退的看法上也是有分歧的。巴甫洛夫认为消退是一个主动抑制的过程，而斯金纳认为消退是与强化有关的。强化也可以用作消退行为，停止强化就可以使反应的概率下降。消退的过程也可以用来表示强化效果持续的时间。

除了区分正强化与负强化，斯金纳还区分了强化的来源。按照来源，强化物可分为一级强化物和二级强化物。一级强化物即在没有学习的状态下也起强化作用的刺激，如食物和水等满足生理基本需要的东西。二级强化物即那些在开始时不能起到强化作用，而后来作为与一级强化物或其他强化物配对的结果而起强化作用的刺激，如斯金纳箱里的灯光。对于人类来说，二级强化物所包括的内容极为丰富，比如名利、权利、财富等，这些都可以成为强化人类行为的二级强化物。

（二）强化的安排

斯金纳进行行为实验的理论目的是探讨刺激与反应之间的关系，而其实践目的是了解强化的类型和安排对学习测度的影响。学习测度包括习得速度、反应速度和消退速度。从某种意义上说，斯金纳在强化安排方面的实验，是他对心理学的最大贡献。

给予强化的方式是在实验中最容易控制和最有效的变量，即在实验中，实验者可以精确控制使用什么类型的强化、何时给予强化。而通常，实验者可以选择：①连续强化，即每一次正确反应后都给予强化；②间歇强化，并不是每次正确反应后都给予强化。如图 6-6。

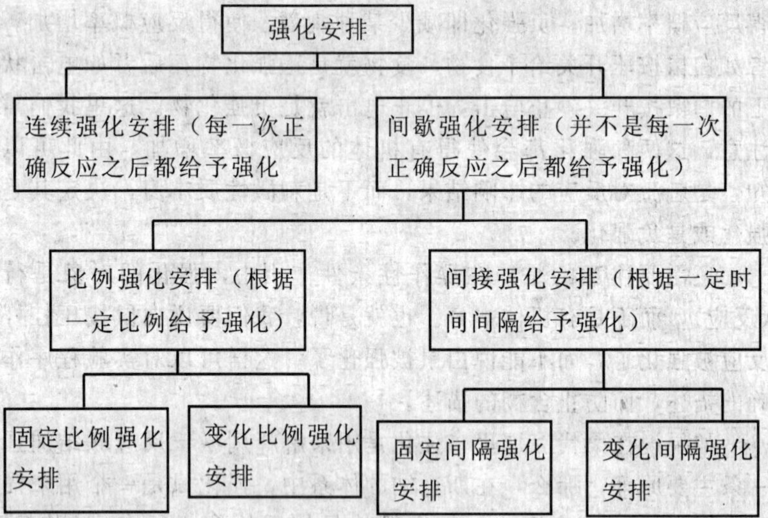

图 6-6　强化安排

如果实验者选择间歇强化，他还需要决定是根据反应次数还是根据时间间隔给予强化。例如，实验者可以选择 1∶5 这样一个比例，也就是每 5 次被试做出正确反应后给予一次强化；或者实验者可以每 5 分钟给予被试一次强化（该时间段内需要有正确反应）。前者称为比例强化安排，后者称为间隔强化安排。

在强化安排方面，实验者还可以进一步决定，是按照固定的方式还是以变化的方式给予强化。如果是固定的强化方式，可以采用固定比例强化。以 1∶5 为例，即固定在每第 5 次正确反应后给予强化。也可以采用固定间隔强化安排。以 5 分钟为例，即固定在每 5 分钟后对正确反应。如果是变化的强化安排，可以 20 次正确反应给予 4 次强化，但是哪一次正确反应后给予强化就是随机安排的了。同样将变化的强化安排与间隔强化组合，即变化间隔强化安排，可以这样：20 分钟内给予 4 次强化，但是强化的时间可以随机选择这 20 分钟内的任意时间点。

此外，我们也可以采用组合安排，即将上述的任何两种或几种强化安排结合起来使用。例如我们可以将连续强化安排与间隔强化安排结合，先采用连续强化安排，再用间隔强化安排。斯金纳做过很多此类实验，其研究成果记录在与菲斯特(C. S. Ferster)合著的《强化的安排》(Schedules of Reinforcement)(1957)一书中。

(三)不同强化安排的效果

前面我们说过，行为实验其实践目的是要交接不同的强化安排对学习的作用，即对学习测度的影响。那么下面我们就看一下强化安排对学习测度的影响。

1. 对习得速度的影响。

从实验的结果看，如果最初学习时给予连续强化，即每次正确反应后都给予强化，习得的速度会比较快。如果采用间接强化，速度就会慢一些。斯金纳在训练动物前，都会使动物禁食 24 小时，这样可以增加动物的驱力。此外，斯金纳对动物的训练是循序渐进的，他会把一种复杂的行为反应分解成若干简单的行为反应，先分别给予强化。当动物可以掌握所有的简单反应时，再把这些反应结合起来，这个时候实验者会对所有的正确反应以及近似于期望反应的行为都给予强化，以使动物更快地掌握这些操作技能。

2. 对反应速度的影响

强化安排会对反应速度产生比较大的影响。斯金纳在此方面也花了相当的精力。结果如图 6-7。

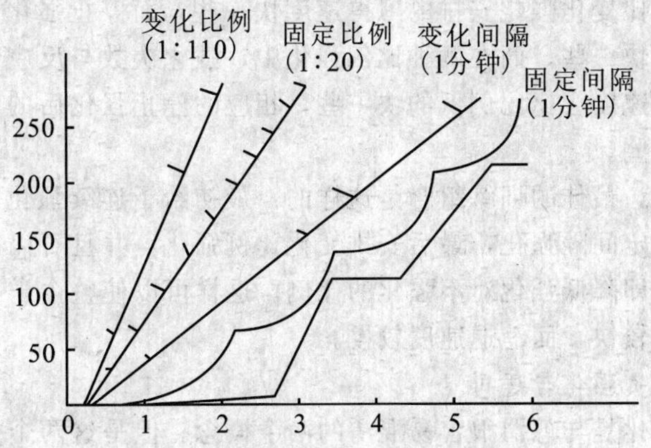

图 6-7　强化安排对反应速度的影响

从图中可以看出，比例强化安排比间隔强化安排的反应速度要快。这种差异很容易解释，在特定的时间内，安排比例强化时，快速的反应会使强化的数量增加；而安排间隔强化时，快速反应并不会使强化数量增加。

在固定强化安排中，每次强化后，反应速度都会立刻下降。这是因为有机体知道强化过后，即使保持反应速度，也不可能得到强化。这种现象在固定时间间隔强化安排中最为明显。在图中，固定间隔强化安排的曲线很像扇贝，因此被称为“扇贝型”(Scalloping)效应。我们可以清晰地看出，在两次强化期间，反应速度规则地下降和提高。之所以没有在第二次强化前瞬间提高，斯金纳解释说，这是因为有机体对时间不能准确估计的缘故。

在固定比例的强化安排中，强化次数与反应次数的比例会影响反应速度的高低。通常情况下，比例较低的强化安排，有机体在得到强化后不会大幅度降低反应速度；然而如果比例较高的话，有机体在得到强化后可能会有较长时间的暂停。这种暂停多数情况下会是整个反应停止，而后再恢复到之前的速度作出反应，直到再受到强化。这种反应模式不同于固定间隔强化时产生的“扇贝型”效应，“扇贝型”效应是逐渐加快反应速度。

以上所说的现象都是固定强化安排中出现的，而在变化强化安排中，则没有显现出规律。这是因为在变化强化中，有机体无法把握何时做出反应会得到强化，所以反应速度基本是相同的。

3. 对消退速度的影响

从实验中得出的一般规律是这样的：连续强化比间隔强化的习得速度快，但是停止给予强化后，消退速度也相应地快一些。固定强化安排比变化强化安排的习得速度快一些，而停止强化后消退速度也相应快一些。而在两种比例强化中，强化次数与反应次数比例高的反应速度会比比例低的快一些，相应的停止强化后的消退速度也会快一些。

因此，最佳的训练组合是这样的：最初给予连续强化安排，接着安排固定间隔强化，最后安排变化比例强化，并且可以改变强化的比例，即降低强化对不强化的比例。这样可以使整个学习过程的习得速度较快，而消退速度较慢。

(四)负强化与惩罚

负强化是与惩罚很容易混淆的两个概念。但是这两个概念在斯金纳的理论中是有本质区别的。从结果来看，负强化会使反应概率增加，而惩罚会使反应概率减少。简单来说，负强化就是通过减少或者停止某种刺激，使反应概率增加。

在斯金纳指导下的埃斯蒂做了一系列研究，斯金纳根据这些研究对惩罚进行了概括论述：我们不可能通过惩罚根除有机体的某种不良行为反应，惩罚只是起到抑制作用。除此之外，间歇惩罚（即不是每次不良反应后都给予惩罚）比连续惩罚（每次反应后都给予惩罚）的效果好一些，其效果持续时间要长一些。

斯金纳认为，惩罚在改变行为方面有时是有效的方法，但它并不理想。惩罚只会抑制反应，而并不是完全使反应消退。也就是说惩罚对于不良行为的作用是暂时的，且会引起副效应，例如攻击行为。他认为给予厌恶刺激惩罚，其作用有时候不如消除奖励性刺激惩罚。

斯金纳还提出了给予惩罚时需要注意的事情：首先是要注意利用惩罚后的抑制期。在这个时期内，需要尽可能通过强化加强其他的良性反应；第二，是要注意给惩罚的时间，通常应该在不良反应出现后立即给予惩罚，否则惩罚可能会是无效的。

目前对于惩罚的争论也比较多。有人采取完全反对的态度，认为惩罚不能使人了解到哪些是正确的行为，惩罚也不能完全消除而仅仅是抑制不良行为，且惩罚可能会带来消极的情绪。例如对有侵犯行为的儿童实施惩罚，可能反而会使他们更具有侵犯行为。

有反对，也会有人支持，因为惩罚在抑制不良行为方面还是比较有效的手段。如果说惩罚是当时情境用来减少危险的唯一方法，那么对儿童给予惩罚也比放任不管所带来的坏处要少一些。主张适当采用惩罚的人，现在常常采用一种被称为“暂停程序”（time-out procedures）的方式惩罚，即不是通过给予厌恶刺激来惩罚，而是让学习者离开一种有可能会得到强化的环境来惩罚。

斯金纳一方面承认惩罚在行为矫正方面的作用，另一方面也深刻认识到惩罚带来的副作用。所以我们在使用惩罚进行行为矫正时，还是要慎重的。

第七章　认知主义学习理论

与行为主义者不同，认知倾向的心理学家重在研究学习者处理环境刺激的内部过程和机制，而不是外显的刺激与反应。他们一般强调，学习是内在心理结构的形成、丰富或改组的过程，而反应联结的形成或行为习惯的加强或改变。

第一节　格式塔心理学的学习理论

韦特墨、苛勒和考夫卡是格式塔心理学的重要代表人物。

韦特墨(Max Wertheimer，1880—1943)出生于捷克斯洛伐克的布拉格，后移居美国。格式塔心理学的主要代表人物。

苛勒(Wolfgang Kohler，1887—1967)也是格式塔心理学派的创始人之一。他出生于波罗的海的雷维尔，后移居美国。其代表作有：《黑猩猩的智慧》(The Mentality of Apes，1917)、《格式塔心理学的任务》(The Task of Gestalt Psychology，1969)

考夫卡(Kurt Koffka)是美籍德裔心理学家，他为格式塔心理学的发展和流行起了重要作用。

一、格式塔心理学的实验研究

韦特墨认为，我们看到的情景，是一个有意义的整体。可以通过人为的分解，把整体分不同的颜色、不同形状的碎片。他还认为，思维是整体的、有意义的知觉，而不是各种影响的结合。

(一)似动

似动实验是格式塔心理学的起点。似动现象是指两个相距不远、相机出现的视觉刺激物，呈现的时间间隔如果在1/10秒到1/30秒之间，那么我们看到的不是两个物体，而是一个物体在移动。最有代表性的似动现象叫做β运动，实际生活中的电影和霓虹灯的运动都属于β运动。在其他人看来，这种错觉没有研究的意义，但这正是韦特墨用来反对把心理分成单位来研究的依据。如果我们分开来研究，那么看到的将是独立的灯光，但是如果整体来看，就会产生似动现象。

注意看下图，也会造成一种似动现象。开始时，看到的是线条，但多注视一会儿，就会发现线条好像在移动。

图 7-1 似动现象

但是如果单看线条，或把线条分开，就不会有似动的现象。格式塔所要阐述的道理也就是要从整体上把握心理。例如我们看到的漩涡，它之所以看起来那个样子，不是因为组成漩涡的个体——水滴，而是水运动的方式。如果我们将漩涡分解成它的基本单位——水滴，那么就无法看到和理解漩涡现象了。韦特墨为了强调这种整体相，采用德语"Cestdt"这个词汇，可以被译为"形式"、"形态"(configuration)等，意思是"能动的整体"(dynamic wholes)。

(二)整体与部分

格式塔重视对整体的研究，但他们也并不否认分离性，格式塔也可以指一个分离的整体。格式塔学派的心理学家对从背景中分离出来的明显实体这个课题非常感兴趣。一个知觉场始终被分成图形与背景两部分。"图形"就是一个格式塔，是突出的实体。而背景是尚未分化的，背景衬托了实体。人们从背景中知觉到实体，也就是图形。

视觉场中的构造是不停变化的，人们这一刻看到这个实体，下一刻又看到另一个实体，也有可能这一刻看到一个实体，下一刻这个实体就成了背景。下图是格式塔心理学的经典例子：你从图片中线看到了高脚杯，还是双人侧面像？其实这种实体和背景交替的现象在听觉中也同样适用。比如在会议上，你专注地听主持人说话，那么这时候主持人说的话就是实体，其他人员讨论的声音就是背景；一会儿你可能也参与到了讨论中，那么这个时候主持人说的话就变成了背景，而与你讨论的人说的话就变成了实体。这种现象在学习和思维中也同样适用。

图 7-2　图形一背景交替图

格式塔心理学有一句名言：整体不仅仅是部分的总和。如图7-3中三个点组成的三角形，三个点组合在一起，已经不是简单的三个点，而是一个三角形。三角形取决于三个点的排列，而不仅仅是三个点本身。所以，这个完整图形的内涵，超过了三个点。

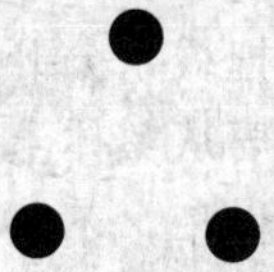

图 7-3　三角形取决于三个黑点的组合方式，
而不是三个黑点本身

（三）顿悟

格式塔心理学的贡献，很大部分在对顿悟的研究。顿悟就是突然觉察到问题的解决办法。顿悟是通过学习者重新构建有关事物的形式。或者说，顿悟的人，对之前的问题是以一种新的方式去看待的。这种新的方式是觉察，即对逻辑关系和目的手段之间关系的觉察。这种方式学习到的东西会相对比较难忘，因为是真正理解了事物之间的关系，容易得到迁移。

对顿悟的研究来自于苛勒对黑猩猩的研究。在实验中，苛勒给黑猩猩出了一些难题：它们可以看到香蕉，但是够不到。比如把香蕉挂在猩猩跳起来也够不到的铁笼上，笼子旁边会放几个纸箱子，只有把箱子叠放起来，站到上面才能拿到香蕉。也有可能把香蕉放在笼子外面，旁边会有两根竹竿，只能把竹竿接起来才能够到香蕉。苛勒在实验中发现，黑猩猩不是通过试误来达到问题解决的，而是突然学会了解决问题的方法。当黑猩猩感到无法用熟悉的方法解决问题的时候，就蹲在那里，好像在思考解决方法。然后好像突然意识到，可以通过叠放箱子或者拼接竹竿来够到香蕉。黑猩猩经过了认知重组，觉察到了箱子与香蕉以及竹竿与香蕉之间的关系，这就是黑猩猩蹲在那里时的认知重组过程。

格式塔的顿悟并不仅仅包括那些突然的、完全顿悟的例子。那些通过试误来逐渐学习的过程，也可以被理解为一系列小的顿悟。在苛勒看来，最重要的是安排让有机体可以一下子看到问题解决办法的所有必要因素。只有这样，有机体才有可能把这些要素组成一个完形。行为主义的实验设计与格式塔的实验是不同的。白鼠走迷津的实验中，白鼠不能看到各种转弯与食物之间的关系，只能通过试误来发现。因为这样的实验安排，白鼠的认知重组只能是逐渐形成的。认知重组的突然性程度，要取决于问题的性质和呈现方式。这样，我们就可以用认知重组或直觉重组来解释各种各样的学习了。

二、关于学习的基本观点

(一)学习即知觉重组或认知重组

格式塔心理学家倾向于使用知觉方面的术语，对学习的解释也同样使用知觉术语。学习就是要觉察特定情境中的关键要素，了解其中的关系，认识其中的结构。因此，学习与知觉、认知差不多是同义词。

格式塔心理学家也同其他学派心理学家一样，认为学习是会在头脑中留下痕迹的。但是格式塔心理学家认为这些痕迹不是孤立的，而是彼此有联系的，可以组成一个整体的，即一个完形。所以，学习就是使之前的完形改变成另一种完形，而不是简单地增加新的痕迹。这种完形的改变可以因经验或因思维而生。

所以，一个人学到什么，取决于他是如何知觉问题情境的。如果一个人看不出学习内容的本质问题，看不出各元素之间的关系。那么在他眼里事物就是无组织的、分化的状态，也就无从学习了。学习就是从一种模糊的状态，转变成一种有意义的、有结构的状态，即前面所说的认知重组的过程。如图 7-4，初看像是不规则的点，但是颠倒过来就会看到它的本质了。原本无意义的东西经过认知重组，有了联系和意义。

图 7-4 知觉重组

当然，知觉重组并不是把以往本来无联系无意义的东西整合到一起，而是认清事物的内在联系。

(二)顿悟学习可以避免多余的试误，同时又有助于迁移

格式塔心理学家认为，顿悟是对事物内在事物联系的认识，所以可以避免大量随机的、盲目的试误行为，而且通过这种方式学习到的知识很容易迁移到其他情景。

韦特墨非常关注学校里学生的学习，他为此研究学生的顿悟学习。韦特墨认为，有些教师太过注重机械记忆，却忽略了学生的理解能力。他的研究也是希望学生可以更多的通过顿悟来学习。这在他的著述《创造性思维》中进行过论述，并引用了一个例子：一位护士在值夜班，到了晚上 11 点，如叫醒一个病号让他吃安眠药。韦格墨以此来区分具有创造性的顿悟式解决方法和不适当地运用老规则。

通过上文，读者是否可以领悟到顿悟学习的和性呢？顿悟学习的核心就是把握事物的本质，而不是无关的细节内容。

在《创造性思维》中，他举了这样一个例子。1910 年，一个学校视导员来到了一个班级，想评估学生的聪明程度。他问学生："一匹马有多少根毛?"一位男孩回答道："一匹马有 132468218 根毛。"视导员问："你怎么知道的?"男孩说："你要是不信，就自己去数。"全班同学哄堂大笑。视导员在离开教室的时候对老师说："我回去要把这个故事讲给同事们听，他们一定会喜欢。"过了一年后，这位视导员又来到这个教室，老师问他他的同事对那个笑话的反应。视导员说："我很想讲给他们听的，但我没法讲，因为我忘了那个男孩所讲的数字了。"

韦特墨认为，这个示例中视导员的愚蠢程度令人吃惊，他不理解实质性的东西，不知道那个男孩所讲的数字具体是多少其实是无

关紧要的，只要任何大到令人难以置信的数字都可以起到同样的作用(Wertheimer，1959)。

学校学习的目的，自然也是把学到的东西迁移到校外情境。那么机械记忆的知识，只能应用在有限的具体的场景中。而顿悟学习是很容易被迁移到广泛情境的，这是因为顿悟学习让人把握了事物的本质，理解了事物之间的关系。

(三)真正的学习是不会遗忘的

格式塔心理学家认为，顿悟学习不仅易于迁移，也不容易被遗忘。下图是艾宾浩斯曲线，是通过记忆无意义音节得到记忆遗忘曲线。可见无意义音节在机械记忆之后，很容易被遗忘。但是顿悟学习就不同了，在掌握之后，永远不会被遗忘。也就是说，顿悟记忆将进入我们的长时记忆被保存起来。

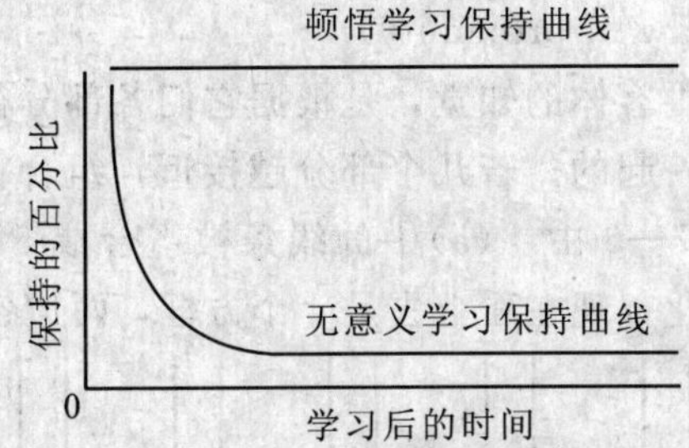

图 7-5　顿悟学习保持曲线与无意义学习保持曲线的比较

有人做过实验，给被试看一张卡片，上面写 149162536496481。第一组被试看 15 秒，然后让其回忆，但是很少有人能够完全回忆出来。而主试让第二组被试在记之前先想一下数字为何这样排列，是否有规律。当然，很多被试都觉察到这是 1 到 9 自然数的平方排列起来的。这样，记忆变得简单了，而且长时间不会被遗忘。(Katona，1940)

(四)顿悟学习本身就具有奖励的性质

格式塔心理学家认为，学习常常伴随着兴奋感，这样就会越学越有意思。当学习者觉察到了事物的本质联系，了解了内在结构，自然会产生一种兴奋感，这就是顿悟学习本身带来的奖励。这样就是为什么有些人对拼图、字谜玩得很带劲。面对一些看起来不可能解决的问题，突然找到了解决方法，伴随而来的就是一种快乐。

所以，格式塔心理学家反对滥用各种外部奖励来促进学习。滥用外部奖励，可能会使学生分心，曲解学习的目的，只关心奖励而不能达到对问题情境的顿悟。顿悟带来的喜悦感本身就是奖励，可以驱动学生学习。

三、学习律与遗忘律

我们将介绍韦特墨对学习律的概括以及沃尔夫的遗忘律。

(一)知觉律或学习率

韦特墨提出的最基本的知觉律是蕴含律(law of pragnanz)，就是说，人有一种倾向：尽可能把被知觉到的东西呈一种最好的形式——完形。若一个人的知觉场被打乱了，他马上会重新形成一个知觉场，以便对被知觉的东西仍然有一种完好的形式。需要注意的是，这种“完好的形式”并不是指“最佳的形式”，而是指具有一种“完整性”。这个过程，也就是知觉重组的过程。在这个过程中，有五条知觉律：

1. 接近律(law of proximity)

人对知觉场中客体的知觉，是根据它们各部分彼此接近或邻近的程度而组合在一起的。若几个部分越接近，组合在一起的可能性就越大。例如图 7—6 中，(a)中的线条被组合成 5 对；(b)中的线条组合发生了变化，现在看上去是 4 个方框，两边各多一条边。

(a)

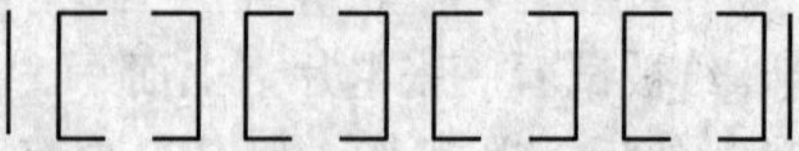

(b)

图 7-6 把接近作为组合因素的例证

2. 相似律(law of similarity)

人在知觉时，对要素相似的项目，只要不被接近因素干扰，会倾向于把它们组合在一起。换句话说，相似的部分在知觉中会被知觉成若干组。例如图 7-7 中的 40 个字母，各字母间横向和纵向距离是相等的，但在知觉中看上去是 4 行同样字母的横列，而不是 10 列不同字母的纵行。

a a a a a a a a a a

g g g g g g g g g g

c c c c c c c c c c

x x x x x x x x x x

图 7-7 把相似作为组合因素的例证

3. 闭合律(law of closure)

闭合是指一种完成某种图形(完形)的行动。在知觉中,人们会倾向于把图7-8中不完整的图形看成是完整的图形——三角形和正方形。

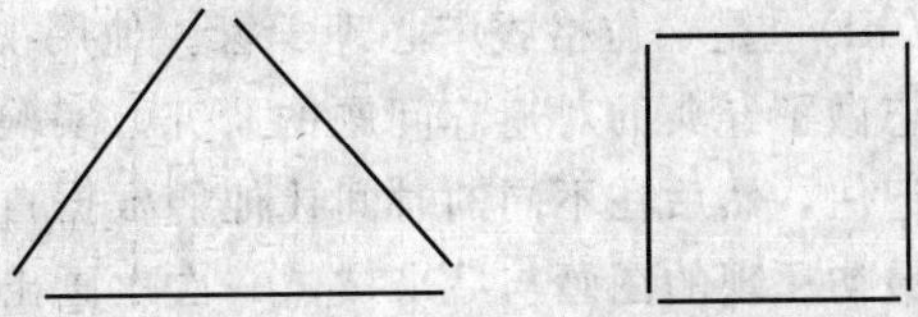

图 7-8 把不完整图形作为组合因素的例证

4. 连续律(law of continuity)

在知觉过程中,人们倾向于把断续的直线知觉为连续的直线,把断续的曲线知觉为连续的曲线。在看图7-9中的上半部分时,很容易在知觉上把它看做是一条直线和一条曲线,几乎不会有人把它看做是像图7-9下半部分那样的7个半圆形。

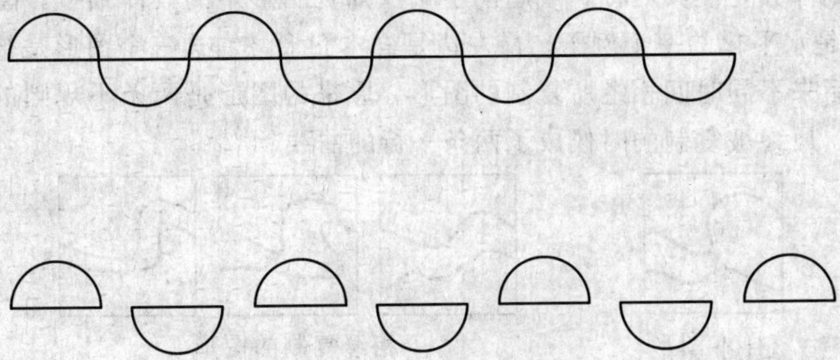

图 7-9 把连续作为组合因素的例证

5. 成员特性律(law of membership character)

一个整体中的个别部分其特性不是固定的,个别部分的特性是从它与其他部分的关系中显现出来的。如一幅画中某种颜色的鲜明性,与画中其他部分的特性有关,而不是由这个部分本身的特性而定。譬如一块灰色,在一幅明亮的图画中可能显得比较暗,而在一幅颜色阴暗的画面中,则可能是比较明亮的部分。如图7-10所示,画面中的几个小正方形的颜色实际上是一样深,但在不同的背景里,有的看上去深一些,有的浅一些。

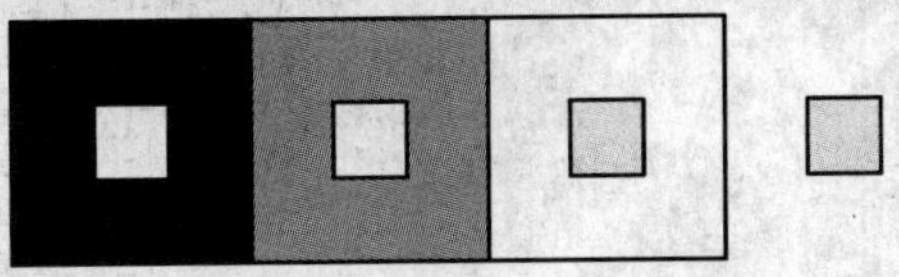

图 7-10 成员特性律的例证

由此，我们可以得知，世界上几乎没有什么刺激是孤立出现的。我们知觉到的客体，几乎都是被其他刺激围绕的。因而人的知觉，是在各种刺激的对比中形成的。

(二)记忆律

沃尔夫(Wulf)也是一位格式塔心理学家。他用视觉图形——简单线条画的遗忘做了经典的对遗忘问题的研究。实验中，他让被试看样本图形并记住，然后在不同的时间让他们根据自己的记忆画出来。他发现，最初呈现的图画与后来被试一次次画出的图画之间有许多不同。有时，被试画的画比原来的图画更简单；还有些情况下，被试画的画突出了原来图画中的细节；另一些情况下，被试画的图比最初的样本更像某些熟悉的物体了。沃尔夫把这三种倾向成为“水平化”、“尖锐化”和“常态化”。

1. 水平化(1eveling)

水平化是指人们在记忆中，往往趋向于减少所知觉图形中的不规则部分，使其对称；或趋向于减少知觉图形中的具体细节。图 7-11 是水平化的一个例子。最左边是样本图形，右边三个图形是被试在后来不同时间相继所复制的图形。原来的图形是两条不规则的曲线，最终被复制的时候成了两条平行的曲线。

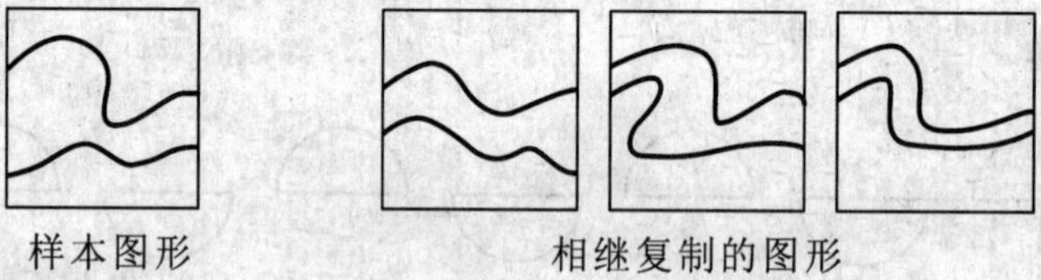

图 7-11　记忆组织水平化的例子

2. 尖锐化(sharpening)

在记忆中尖锐化是与水平化过程伴随而行的。尖锐化是指在记忆中，人们往往只强调知觉图形的某些特征而忽视其他具体细节的过程。图 7-12 是尖锐化的一个例子。左边的原图形是一个睁大眼睛的人像；右边三个图形逐渐发生了变化，最后变成了一个发怒的人像了。

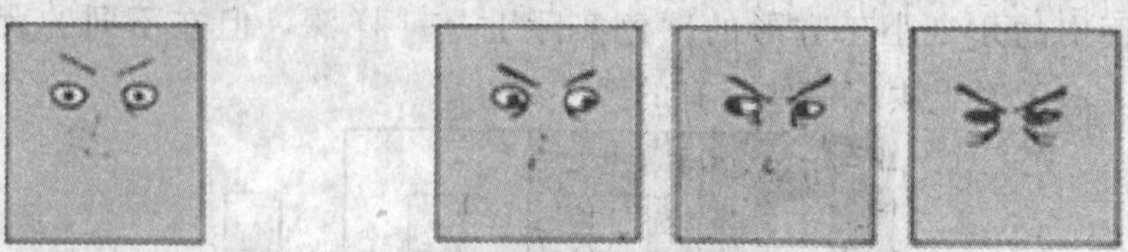

图 7-12　记忆组织尖锐化的例子

3. 常态化(normalizing)

常态化是指人们在记忆中，往往根据自己已有的记忆痕迹对知觉到的图形加以修改，通常会把知觉对象修改成自己熟悉的形象或物体。如图 7-13 可以说明这种现象。样本图形——一个空心的 Y 大写字母，最终复制成了一个牛头的骨骼。

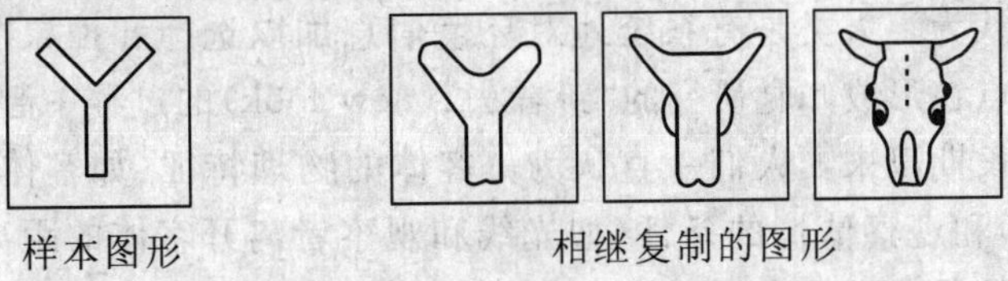

图 7-13　记忆组织常态化的例子

虽然原图形没有表示一个特定的物体，仅仅是一个抽象的形象，但是被试都看到了这些图形与自己熟悉物体的相似之处。在类似的实验中，被试都是趋向于复制出更清楚、更一致且更有意义的图画，即一个更好的完形。所以，记忆中的客体往往不是原来知觉到的客体，而是比原先更好的完形。而遗忘不是简单的失去某些细节，而是把原来的刺激记忆成具有更好完形的某样东西。

第二节　布鲁纳认知结构学习理论

布鲁纳主要研究知觉与思维方面的认知学习，并在此基础上形成了他自己的教学理论。他非常关心学校教育和学生学习的问题，强调学习理论和教学理论在教学上的应用，这和在实验室里研究鸽子和白鼠的联结理论迥然不同。

一、知觉与归类理论

布鲁纳认为，“学习一门新学科，看来包含着三个几乎同时发生的过程。”这就是：①习得(acquisition)新信息——这种新信息常常是与一个人已有信息相悖的，或是已有信息的一种替代，或者是已有信息的提炼；②转换(transformation)——这是一种处理知识以便使其适应新任务的过程。人们可以通过外推(extrapolation)、内插(interpolation)或变换(conversion)等方法，把知识整理成另一种形式，以便超越所给予的信息。③评价(evaluation)——检查我们处理信息的方式是否适合于这项任务，如概括是否合适，外推是否恰当，运演是否正确，等等。布鲁纳由此认为，学生不是被动的知识接受者，而是积极的信息加工者。他的这种观点，是与他从事的一系列认知方面的研究密切相关。

(一)知觉理论

布鲁纳从事知觉与认知研究时，正值行为主义在美国心理学界占支配地位的时期，但布鲁纳强调人类思维的策略性和目的驱动性。他认为，人类是有系统地对环境信息加以选择和抽象概括的。这种观点在形成知觉研究的“新看法”(new look)的过程中起了重要作用。长期以来，人们一直认为，客体的物理特征(如客体的大小和形状)和观察情境的条件(如光线和观察者离开客体的距离)，是人类知觉物体的最为重要的决定因素。但“新看法”认为，观察者在知觉客体的物理特征时，会受个人因素的影响，不同的人对同一事物的知觉会有相当大的差异。

例如，布鲁纳等人的实验表明，儿童对硬币大小的估计，与他们对钱的感受直接有关，并且间接地受他们家庭社会经济条件和个性特性的影响。一般说来，来自贫穷家庭的儿童把硬币估计过大，这是由于钱对贫穷儿童具有更大价值的缘故。

在布鲁纳看来，“我们在学习知觉时，实际上是在学习我们所遇到的物体和事件的各种特征之间的关系，学习适当的类别与类别系统，学习预测和检索什么东西与什么东西是合拍的”(Bruner，et al.，1956)。因此，他认为知觉过程涉及四个相继的步骤：

第一步，初步归类(Primitive categorization)：这是在作比较复杂的推理活动之前进行的。在这一阶段上，环境事件在知觉上是孤立的，只是注意到它的某些特征，事件本身还没有什么意义。

第二步，搜寻线索(cue search)：这一阶段是寻找可以用来辨别该事件的那些属性，以便把它较为精确地归入某一类别。在这一阶段上，人们对刺激采取开放的态度。

第三步，证实检索(confirmation check)：搜寻线索是为了进一步作出尝试性的分类，在这之后，情况发生了变化，人们对刺激的开放性骤然缩小，往往只是搜寻那些可以用来证实该事件的线索，以检索原来的归类是否确切。

第四步，结束证实(confirmation check)：这是知觉认同过程的最后一个阶段，它是以终止搜寻线索为标志的。这一阶段的特征是，对其他线索基本不开放了。因为当人们认为已把某一事件归入很合适的类别后，就不大可能再对其他线索作出反应了。

由此可见，知觉过程是以对刺激输入开放、选择、关闭为特征的。

布鲁纳还强调，对刺激输入归类的精确性，在很大程度上取决于知觉准备状态(perceptual readness)。知觉准备状态是指某一类别的可接受的程度，而可接受性是根据某一类别对刺激输入加以编码的难易程度来界定的。某一类别越是容易被接受，所需要的刺激输入就越少，而将被接受的刺激输入的范围就越广，不大可能被接受的类别就越有可能被掩盖起来。

因此，一种合适的类别的可接受性，在知觉的真实性方面起重要作用。布鲁纳认为，有两个因素决定类别的可接受性：个体的期待与需要。例如，我们在需要吃些东西时，对饮食店特别敏感；如果我们期待某人到来时，他一出现就会立即被认出来。在这两种情况下，识别人和物只需很少的刺激输入，但犯错误的可能性也较大。就是说，如果这一类别的可接受性程度很高(我们在车站等待某人)，另一类别就可能被掩盖起来(没有发现恰好坐这班车的其他朋友)。

(二)归类理论

在布鲁纳看来，知觉过程也就是对客体加以归类的过程。所以，从某种意义上说，知觉与归类是同一回事。这里之所以再进一步陈述归类理论，是因为布鲁纳从对归类的分析中引出了他最重要的认知学习观——超越所给的信息。布鲁纳认知结构学习理论的基本观点是：为了促进学生最佳地学习，提供信息是必要的；但是，掌握这些信息本身并不是学习的目的，学习应该超越所给的信息。这一观点来源于他的归类理论，因为在他看来，所有认知活动都涉及类别的问题。

布鲁纳认为，人类世界是由大量可辨别的不同物体、事件和人物组成的。据估计，光是可分辨的颜色，就不下700万种。没有哪两个人看上去是完全相同的，甚至我们看到的同一物体，也是随着时间、地点的变化而有所不同。在他看来、人类是由于具有归类能力，才不被周围环境的复杂性所压垮的。

例如，当我们看到前面站着一位留着长发、穿着花衣服的人时，我们是否仅看到了这些呢？从字面上说，是的，我们看到的就是这些。但是我们所得到的，可能远远超越了所给予的这些简单的信息。我们可以推断，这人是个女子——她有两只手、两条腿……然而，我们不可能直接知觉到这些。所以，我们必须超越所给的信息。首先，我们要作出决策：这是个女子；然后，我们根据已知的有关女子的知识作出推断。布鲁纳由此认为，只有通过使用类别(在这个例子中，女子是个类别)，才有可能作出推理。

所谓类别，就是平等地对各种事物加以归类的规则。用布鲁纳的话说："归类，就是要分别对待各种相同的事物，对周围的各种物体、事件和人进行分类，并根据它们这一类别的成员关系而不是它们的独特性对它们作出反应"(Bruner，et al.，1956)。因此，类别是人类认知的工具。学习和利用类别，是一种最基本、最普遍的认知形式。人类是通过这种认知形式来适应环境的。

布鲁纳认为，人们在能够用某种方式对事物加以分类之前，必须知道这些事物所具有的属性。根据属性在归类或推理过程中所起的作用，把那些用来作为客体的定义的属性称为关键属性，其他属性都是无关属性。例如，性别特征是"女子"这一类别的关键属性，而头发长短与衣服颜色则是无关属性。所以说，类别是具体说明我们正在对之作出反应的事物的规则。

在布鲁纳看来，人们不仅通过归类来加工所有信息，而且所有决策都涉及分类。首先，要确认一件物体，就要对它是否属于某一类别作出决策；其次，一旦把这一物体置于某一类别，即被确认后，就要根据这一类别固有的特性，对应该怎样对该物体作出反应进行决策。因此，他认为，所谓探究(inquiry)，实际上"并不是发现(discover)对世界上各种事件分类的方式，而是创建(invent)分类的方式"。

二、概念获得的理论

(一)概念的类型

布鲁纳认为，人们一般不会只凭一种属性就作出推断。例如，教师不会只根据某个学生一次测验成绩下降，就断定他学习不用功，而是根据他的各种表现才会作出推断。那么，人们是如何组合各种属性以便作出推断的呢?

布鲁纳根据概念的关键属性与概念的定义之间的关系，区分了三种类型的概念，每种概念类型都涉及不同的组合属性的方式。

1. 合取概念(conjunctive concept)

合取概念是一种根据同时呈现两个或两个以上的属性来下定义的概念。这就是说，当学生根据事物具有两个或两个以上共同特征来对它们分类时，他们形成的就是合取概念。例如，"笔"是一种可以握在手里和用来书写的工具，如果一样东西要成为笔，必须满足这两个条件，因此，"笔"是一个合取概念。

2. 析取概念(disjunctive concept)

析取概念是一种根据同时呈现两种或两种以上的属性，或只呈现一种相关属性来下定义的概念。换言之，析取概念可以有许多不同的属性，但其中没有一种属性是同其他任何概念有共同之处。例如，“罪犯”可能同时犯有抢劫、偷窃、凶杀等罪，也可能只犯其中一项罪，因此，“罪犯”这个概念是析取概念。

3. 关系概念(relational concept)

关系概念是根据各种属性之间特定的关系来下定义的概念。例如，“长方形”就是个关系概念。长方形不仅仅只是四条边，而且有两对边的长度必须是相等的，两条边需比另两条边长些，同时必须有一个内角是直角。这里，长方形的大小或颜色都是无关属性。

(二)概念获得的策略

布鲁纳对概念获得的研究是以这样两个假设为前提的：第一，人们形成概念，是为了简化来自环境的信息，并知道如何对其作出反应。因此，概念的获得等同于类别的确立；第二，为了减轻认知的张力，确保精确而又迅速地获得概念，人们必定会采取某些策略。策略是指学生为达到某种目的，在习得、保持和利用信息的过程中决策的方式。

为了调查学生在概念获得过程中采用些什么策略，布鲁纳等人编制了一套卡片，其中每一张卡片都可以被用来作为合取概念、析取概念和关系概念的例子。

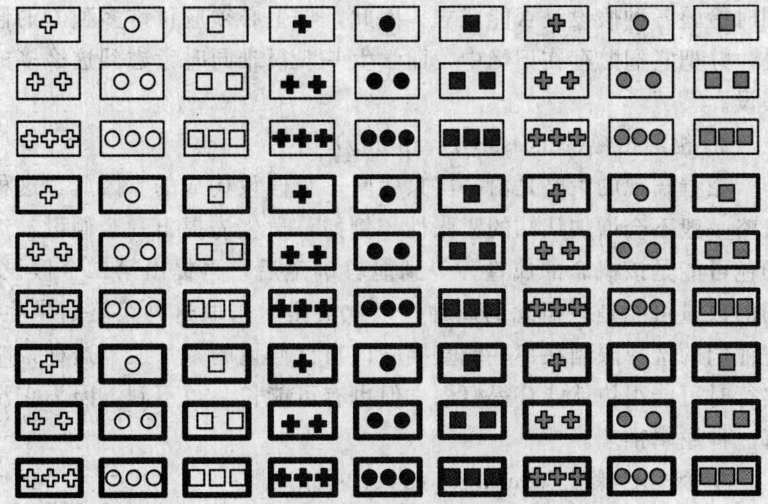

图 7-14　布鲁纳概念获得实验

实验时，告诉学生要获得的是合取概念，还是析取概念或关系概念，并拿出其中一张卡片作为该概念的一个例子。每张卡片都涉及四个属性：图的数量、边框数量、图的形状和颜色。假定实验者拿出的卡片是：2个图、圆形、2个边框、红色，那么，所有2个图、2个边框；或圆形、红色；或2个图、2个边框、红色，都可以作为合取概念的例子。所有圆形，或所有红色，都可以作为析取概念的例子。所有具有同样数量的圆形和边框，或图的数量与边框数量相等的卡片，都可以作为关系概念的例子。这些都取决于实验者要想形成什么样的合取、析取或关系概念。

限于篇幅，这里只讨论获得合取概念的策略，而且只局限于选择策略，即在实验中，实验者拿出一张卡片作为所需形成的概念的一个例子，然后要学生在其余80张卡片中选择该概念的例子。每次选择后，实验者告诉他们这是不是该概念的例子。这一实验的要求是：①尽快获得正确的概念；②尽可能少出形成错误概念的差错。布鲁纳发现，学生在形成合取概念时，一般采取以下四种策略。

1. 同时扫视(simultaneous scanning)

同时扫视的策略是指，学生根据实验者所给予的例子，制订所有可能站得住脚的假设。这里，还是以2个图、2个边、圆形、红色为例，学生可以据此提出15种可能成立的假设。例如，是否包括所有圆形和红色，或所有2个图和2个边，如此等等。由此可见，同时扫视实际上是指学生用所有卡片一一作为该概念的例子，同时检验各种假设是否能成立。因此，学生必须应付许多独立的假设，并把它们贮存在记忆中，而学生一般很难同时考虑到这么多的假设。

2. 相继扫视(successive scanning)

相继扫视的策略是由一次只检验一个假设构成的。因此，这种策略一般不会增加认知的紧张性。例如，学生先提出一个假设：红颜色可能是该概念的属性；等到能够确定后，再提出第二个假设：图的数量可能是该概念的属性；以此类推。采取这种策略的学生，把他们的选择限制在那些能直接验证自己假设的卡片上。这种策略实行时可能很快就能获得概念，但也有可能长久得不到，因为它没有一种逻辑推理。

3. 保守性聚焦(conservative focusing)

相对于其他策略而言，保守性聚焦策略最合乎逻辑，它对记忆和推理能力只施以少量的紧张性，但又能保证获得该概念。采取这种策略的学生，每次提出的假设都集中在一个属性上。例如，当实验者提供的例子是2个图、2个边、圆形、红色时，学生先检验边框数量是否是关键属性(如选择2个图、3个边、圆形和红色)，然后检验颜色(如选择 2 个图、2 个边、圆形和蓝色)，如果实验者给予肯定的答复，那就说明边框和颜色都是无关属性，下一个假设便是有关图形或图的数量了。在一个属性得到明确地肯定或否定之后，再检验另一个属性，由此肯定可以获得所需要的概念。

4. 冒险性聚焦(focus gambling)

这种策略与保守性聚焦的不同在于：保守性聚焦策略每个假设都只涉及一个属性，而冒险性聚焦策略则每个假设同时检验两个或两个以上的属性。例如，实验者提供的例子是 2 个图、2 个边、圆形、红色。学生选择的卡片是 3 个图、3 个边、圆形和红色。如果实验者的回答是肯定的，那么，学生一下子就同时解决了两个属性(图的数量和边框的数量)，从而大大加快了获得概念的过程。但是，如果回答是否定的，那么，学生就不知道是由于边框的数量还是由于图的数量引起的，这就反而大大减慢了获得概念的速度。可见，这种策略带有一些投机冒险的性质。

布鲁纳的概念假设—检验理论被公认为是对认知心理学的一个重大贡献，他用实验的方式考察了思维的一个重要方面——概念获得的过程，因而被皮亚杰誉为是“思维心理学中的一场革命”。

三、发现学习

在布鲁纳看来，学生的心智发展，虽然有些受环境的影响，并影响他的环境，但主要是独自遵循他自己特有的认识程序的。教学是要帮助或形成学生智慧或认知的生长。他认为，教育工作者的任务，是要把知识转换成一种适应正在发展着的学生的形式，而表征系统发展的顺序，可作为教学设计的模式。由此，他提倡使用发现学习的方法。

(一)发现学习的例证

布鲁纳最著名的也是引起争议最多的论点是：“任何学科都可以用理智上忠实的形式教给任何年龄阶段的任何儿童”(Bruner，1960)。所谓“理智上忠实的形式”，是指适合了学生认知发展水平的学科的基本结构，或基本概念和基本原理。而发现学习，是一种最佳的学习方式。

举例说来，代数中的变换律、分配律和结合律等，是代数这门学科的基本结构，小学低年级学生完全能够掌握这些最基本的原理。事实上，儿童在幼儿园玩跷跷板时就知道，如果对方比自己重，自己就得往后移；如果对方比自己轻，就得往前移，否则就不可能玩跷跷板。根据这个原理，布鲁纳设计了一个天平，让 8 岁儿童借助动手操作、视觉映象和符号来掌握代数中的基本结构。

布鲁纳认为，小学低年级学生往往能够像鹦鹉学舌似地说出"几乘以几等于18"，但他们对"9×2"与"2× 9"，或"6×3"与"3×6"有没有不同常常感到吃不准。但是，如果让小学生自己先动手操作，在天平一边钩子9挂上2个小环，让学生在天平的另一边寻找能保持天平平衡的各种组合，并把它们记录下来。小学生根据以往玩跷跷板的经验，很快就能知道在钩子2上挂9个小环；在钩子3上挂6个小环；或在钩子6上挂3个小环……都能保持天平的平衡。这样，学生掌握的不只是"9×2=18"，而是代数的基本结构——交换律。

在学习过程中，开始时，让学生动手操作；接着，移去天平，让学生凭借头脑中形成的视觉映象来运算；最后，学生熟练掌握运算规则，不用实物和视觉映象，用符号也能自如地运算了。布鲁纳由此认为，教师只要把握每门学科的基本结构，根据学生表征系统形成的特点来设计教学，那么，任何年龄阶段的学生都能掌握各门学科的基本结构。

注重掌握学科的结构，而不是现成的正确答案，必然会强调学习的过程，而不是学习的结果。因此，布鲁纳认为，学生在掌握学科的基本结构的同时，还要掌握学习该学科的基本方法，其中发现的方法和发现的态度是最为重要的。所谓发现，当然不只局限于发现人类尚未知晓的事物的行动，而是包括用自己头脑亲自获得知识的一切形式。这里，我们以布鲁纳自己多次引用的数学教学实验为例：

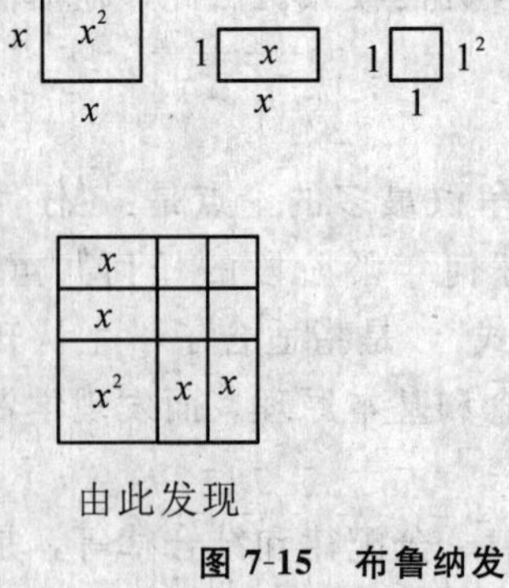

$(x+1)^2=x^2+2x+1^2$

$(x+2)^2=x^2+4x+4$

$(a+b)^2=a^2+ab+b^2$

图7-15　布鲁纳发现学习实验

先给8岁儿童摆弄一些扁平的积木，告诉儿童，大的正方形的边长还不知道，可以用 x 表示；长方形的长为 x，宽为1；小正方形的边长为1。在开始时，教师要使学生相信，大正方形的面积确实不知道，而且不必关注它到底有多大，用“x^2”来表示很有趣。如果用尺子去量，下面的“游戏”就没什么意思了。然后问学生，能否搭出一个比“x 正方形”更大的正方形。这对学生来说并不难。他们早已有许多搭积木的经验。学生很快就会搭出一系列正方形。在搭积木的同时，要求学生记下每个大正方形需用多少块积木，每边有多长。学生在作记录时，一般也不会有困难：$x+2x+1$；$x+4x+4$；……有些学生还能用另一种方式来表示：$(x+1)(x+1)$；$(x+2)(x+2)$；……这样的表述比实际采用的程序简化多了。

学生继续拼搭更大的正方形，并记下推导出来的方程式。教师耐心地让学生自己上操作、探究、对照。到了一定的时候，学生逐渐领会到隐蔽于其中的重要规则或结构：

$x+2x+1=(x+1)(x+1)$

$x+4x+4=(x+2)(x+2)$

$x+6x+9=(x+3)(x+3)$

$x+8x+16=(x+4)(x+4)$

……

学生终于发现了其中的规则：在右边的方程式中，长力形是以2，4，6，8，10……递进的；小正方形是以1，4，9. 16，25……递进的；右边的方程式小的数字则是以1，2，3，4，5……递进的。等到学生悟出其中的规则后，他们无需再继续动手搭更大的正方形了，仅凭视觉映像就能列出方程式。最后，当学生熟练掌握规则后，仅凭符号就能运算了。

由此可见，布鲁纳对表征系统的研究，奠定了他提倡的发现法的认识论基础。

这里需注意的是，布鲁纳并不认为小学生学习每一事物都必须从动作表征入手，依次经历这三个阶段。他认为，教学活动如何进行，取决于学生的认知发展水平和已有的知识，即取决于学生的认知结构。如果学生已经具有这方面的动作经验，教学可以从唤起学生视觉映象开始；如果学生已具备动作表征和映像表征的经验，那么就可以直接从形成符号表征入手。但从认识某一事物的整体上来看，学生必须具有这几方面的经验。

（二）发现学习的作用

布鲁纳在1966年出版的《教学论》中指出，发现学习有以下四点作用：①提高智能的潜力。学习者自己提出解决问题的探索模型，学习如何对信息进行转换和组织，使他能超越于这信息。②使外部奖赏向内部动机转移。布鲁纳认为通过发现例子间的关系而学习一个概念或原则，比起给予学习者这一概念或原则的分析性的描述来，更能激发学生从学习过程中得到较大的满足。③学会将来作出发现的最优方法和策略。如果某人具有有效发现过程的实践，他就能最好地学到如何去发现新的信息。④帮助信息的保持和检索。他说“按照一个人自己的兴趣和认知结构组织起来的材料就是最有希望在记忆中‘自由出入’的材料”。

(三)发现学习的特征

前面已列举了布鲁纳提倡的发现学习在数学教学中具体运用的范例。这里需要指出的是，布鲁纳并不是发现学习的创始人，就“发现”、“探究”等观念来说，杜威早就提出同样的看法，如果说联系到启发法，那还可以追溯到古希腊的苏格拉底。但是，我们必须承认，布鲁纳比其他人更注意发现法的理论依据，使之具有科学的基础。这里，我们来分析一下布鲁纳发现法的一些特征。

1. 强调学习过程

布鲁纳认为，在教学过程中，学生是一个积极的探究者。教师的作用是要形成一种学生能够独立探究的情境，而不是提供现成的知识。我们教一门学科，不是要建造一个活着的小型藏书室，而是要让学生自己去思考，参与知识获得的过程。“认识是一个过程，而不是一种产品。”可见，学习的主要目的不是要记住教师和教科书上所讲的内容，而是要学生参与建立该学科的知识体系的过程。所以，布鲁纳强调的是，学生不是被动的、消极的知识的接受者，而是主动的、积极的知识的探究者。

2. 强调直觉思维

除了注重学习过程之外，布鲁纳的发现法还强调学生直觉思维在学习上的重要性。他认为，直觉思维与分析思维不同，它不根据仔细规定好了的步骤，而是采取跃进、越级和走捷径的方式来思维的。不论在正规的学科领域还是在日常生活中，不论是科学家还是小学生，都需要也都可以使用直觉思维，所不同的只是程度问题，其性质都是一样的。

布鲁纳认为，大量事实都表明，直觉思维对科学发现活动极为重要。直觉思维的形成过程一般不是靠言语信息，尤其不靠教师指示性的语言文字。直觉思维的本质是映象或图像性的。所以，教师在学生的探究活动中要帮助学生形成丰富的想象，防止过早语言化。与其指示学生如何做，不如让学生自己试着做，边做边想。

3. 强调内在动机

在布鲁纳看来，学生在一般教学条件下，学习的动机往往很混乱。有些学生谋求好成绩，是为了一些外来的动机，如为了得到或避免教师和家长的奖励或惩罚，或为了与同学竞争。而布鲁纳更重视的是形成学生的内部动机，或把外部动机转换成内部动机。而发现活动有利于激励学生的好奇心。学生容易受好奇心的驱使，对探究未知的结果表现出兴趣。所以，布鲁纳把好奇心称之为“学生内部动机的原型”。

布鲁纳认为，与其让学生把同学之间的竞争作为主要动机，还不如让学生向自己的能力提出挑战。所以，他提出要形成学生的能力动机(competence motivation)，就是使学生有一种求得才能的驱力。通过激励学生提高自己才能的欲求，从而提高学习的效率。事实表明，对自己能力是否具有信心，对学生学习的成绩有一定影响。

但是，布鲁纳在强调学生内部动机时，并没有完全否认教师的作用。虽说“教这个字眼现在不很时髦，但我还是准备谈教”(布鲁纳，1989)。在他看来，学生学习的效果，有时取决于教师何时、按何种步调给予学生矫正性反馈，即要适时地让学生知道学习的结果，如果错了，还要让他们知道错在哪里以及如何纠正。让学生有效地知道学习的结果，取决于：①学生在什么时候、什么场合接受到矫正性信息；②假定学生接受的矫正性信息的时间、场合都是合适的，那么学生在什么条件下可以使用这些矫正性信息；③学生接受的矫正性信息的形式。

例如，学生在发现学习过程中，要经历尝试、检索、检验等阶段。那么，反馈信息应在学生将自己试验结果与目的要求作比较时给予，才是最有效的。如果在此之前给予反馈，学生要么不理解，要么变成学生记忆的额外负担；如果在这之后给予，那么就不能为学生下一轮问题解决提供指导。布鲁纳把这种反馈形式称为“中介反馈”。

布鲁纳还认为，学生利用矫正性信息的能力与他们的内部状态有关。如果学生因驱力太强而处于焦虑状态，那么，提供矫正性信息不会有多大用处。另外，如果学生有一种妨碍学习的心理定势的话，学习往往会显得异常困难，这时，学习的每一步骤都需要及时给予反馈。布鲁纳称这种反馈为“即时反馈”。

此外，若要使矫正性信息有效用，必须用一种能帮助学生解决问题的方式来表现。如果仅仅告诉学生“对”，这并没有什么用处；如果仅仅告诉学生“不对”，反而有害而无益，因为这样做除了伤害学生的心情之外，对学生毫无帮助。

最后，布鲁纳提请人们注意，教学的目的在于使学生能独立学习、独立解决问题。提供矫正性反馈也有可能会产生副作用。即会使学生一直依赖于教师的指正。因此，教师必须采取适当措施，使学生最终能自行地把矫正机制引入学习中去。

4. 强调信息提取

布鲁纳对记忆过程持比较激进的观点。他认为，人类记忆的首要问题不是贮存，而是提取。尽管这从生物学上来讲未必可能，但现实生活要求学生这样。因为学生在贮存信息的同时，必须能在没有外来帮助的情况下提取信息。提取信息的关键在于如何组织信息，知道信息贮存在哪里和怎样才能提取信息。

布鲁纳在一项实验中，让一些学生学习30对单词，对一组学生说，要他们记住单词，以后要复述的；而要其他学生设法把每对单词造成一个句子。结果发现，后者能复述其中的95%，而第一组学生的回忆量不到50%。所以，学生如何组织信息，对提取信息有很大影响。学生亲自参与发现事物的活动，必然会用某种方式对它们加以组织，从而对记忆具有最好的效果。

第三节　奥苏贝尔的认知同化学习理论

戴维·奥苏贝尔(David P. Ausubel)主要关注学校学习理论的研究，同时在理论医学、临床医学、精神病理学和发展心理学等领域也有研究。

一、学习的分类

奥苏贝尔认为，意义学习(memlingful learning)有两个先决条件：①学生表现出一种意义学习的心向，即表现出一种在新学的内容与自己已有的知识之间建立联系的倾向；②学习内容对学生具有潜在意义，即能够与学生已有的知识结构联系起来。这里要特别注意的是，这种联系不能是一种牵强附会的或逐字逐句的，而应是实质性的联系。

在奥苏贝尔看来，学生的学习，如果要有价值的话，应该尽可能地有意义。为此，他仔细区分了接受学习与发现学习、机械学习与意义学习之间的关系。

(一)接受学习与发现学习

接受学习是指学习的主要内容基本上是以定论的形式传授给学

生的。对学生来讲，学习不包括任何发现，只要求他们把教学内容加以内化(即把它结合进自己的认知结构之内)，以便将来能够再现或派作他用。发现学习的基本特征是，学习的主要内容不是现成地给予学生的，而是在学生内化之前，必须由他们自己去发现这些内容。换言之，学习的首要任务是发现，然后便同接受学习一样，把发现的内容加以内化，以便以后在一定的场合下予以运用。所以，发现学习只是比接受学习多了前面一个阶段——发现，其他没有什么不同。

(二)意义学习与机械学习

多少年来，人们往往把接受学习和讲授教学作为批评的对象，甚至作为“旧教育传统的残余”，但在学校的教学实践中，它们仍然是传授科学文化知识的一个主要手段，这就值得我们追究其中的缘由了。

奥苏贝尔反复强调，认为接受学习必然是机械的，发现学习必然是有意义的，这是毫无根据的。在他看来，无论是接受学习还是发现学习，都有可能是机械的，也都有可能是有意义的。如果教师讲授教学得法，并不一定会导致学生机械接受学习；同样，发现学习也并不一定是保证学生有意义学习的灵丹妙药。如果学生只是机械地记住解决问题的“典型的步骤”，而对自己正在做什么、为什么这样做却稀里糊涂，他们也可能得到正确的答案，但这并不比机械学习或机械记忆更有意义。奥苏贝尔的合作者之一诺瓦克(J. A. Noval)在《教育理论》(A Theory of Education)一书中，用双维坐标的图解方式说明了接受学习、发现学习与意义学习、机械学习之间的关系(见图 7-16)。

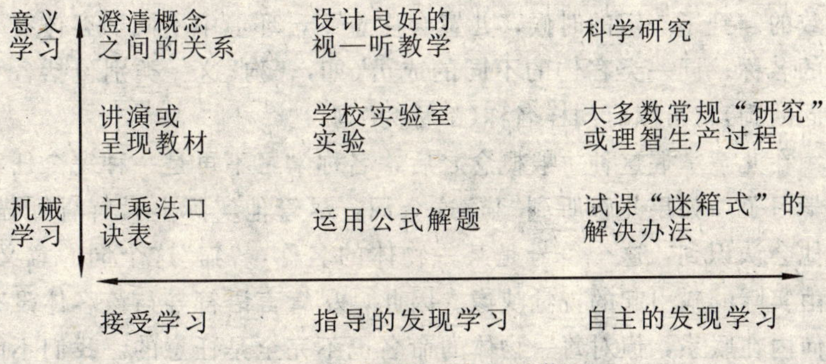

图 7-16 接受学习与发现学习

在课堂里的意义学习中，接受学习占主导。首先，由于发现学习费时太多，一般不宜作为获取大量信息的主要手段；其次，在一些学习情境里，学生必须用言语来处理各种复杂的、抽象的命题。

诚然，纯粹言语形式的学习会给学生在理解方面带来一些问题。但只要在讲授教学中提供各种具体的经验，就可以弥补这方面的不足。因此，奥苏贝尔认为，学校主要应采用意义接受学习，尤其是意义言语接受学习(Ausubel，1977)。

二、意义学习的类型

为了探讨:“整个意义学习过程是怎样开始的?”这样一个问题，奥苏贝尔考察了一套有层次组织的学习，从最底层次——表征学习，到最高层次——创造能力的形成，目的是为了考察有意义的学习材料是如何被同化到学生的认知结构中去的。

(一)表征学习(representational learning)

对儿童说来，最主要的认知任务之一，是要学习各种符号的意义。儿童最初学到的符号，是家长对他们所讲的词汇。我们的任务是要了解儿童开始时是怎样赋予这些符号以意义的，以及构成这些符号的意义的认知内容的性质。

例如，当年幼儿童正注视着一条狗时，家长说:“这是一条狗。”“狗”这个词最初对幼儿来说是没有意义的，但在听到家长的话时，儿童认知结构中的两种内部刺激同时被激活了:一是狗的视觉映像;一是听到“狗”这个词引起的内部刺激(图 7-17a)。通过讲话和手势(如，手指着狗)，家长向孩子表明，“狗”这个词代表实际的狗。因此，儿童给“狗”这个词赋予的意义，就是由实际的狗引发的认知内容(视觉映像)。在符号(“狗”这个词)与实物(实际的狗)多次配对后，只出现符号，也会引起对狗的视觉映像(图 7-17b)。这时，“狗”这个词引发的认知内容，与实际的狗引发的认知内容基本上是一致的。到了一定的时候，儿童会注意到，环境中不同的客体有不同的名称;同一类客体的不同的成员(如，“狗”这一类别包括各种不同的狗)，可以有同样名称(都称为“狗”)。

在儿童掌握这种一般概念之后，名称学习不再是一种完全任意的学习了。如果儿童听到“猫”这个词，尽管他实际上没有看到猫，但他会认识到，这个符号是某一物体的名称，“猫”这个词的意义，是由实际的猫引起的视觉映像。因此，尽管言语符号与该客体没有任何内在联系，但对每一物体的命名也不完全是任意的。我们不能把实际的猫称为“狗”。在奥苏贝尔看来，正因为儿童不能任意地给客体命名，这就符合了意义学习的一条准则，即符号与客体之间有实质性的联系。所以，虽然表征学习(或名称学习)在意义学习和机械学习这一连续体上，相对说来处于机械学习一端(因为物体与名称必须完全对应)。但也并不完全是任意性的，因而也具有意义学习的性质。

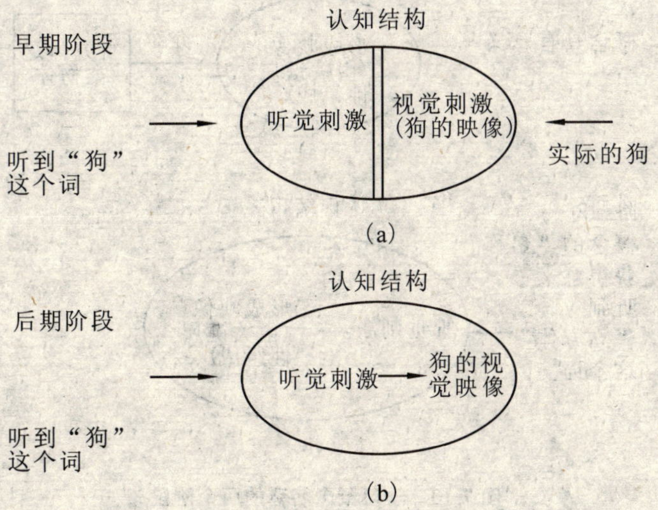

图 7-17　表征学习的阶段

(二)概念学习(concept learning)

概念具有逻辑的和心理的意义。从逻辑上讲，概念是指在某一领域中因其有共同特征而被组织在一起的特定事物。例如，“三角形”这一概念是指与其他几何图形明显不同的一类客体。学生一旦掌握了这一概念的关键属性。即区分某一类别与其他类别的一组特征，就能确定他所见到的东西是否属于这一概念。

幼儿在概念学习中的主要问题，是要找出他所面对的一类物体的关键属性，显然，儿童所发现的关键属性(他自己赋予某一概念的心理意义)，与作为概念的定义(逻辑意义)的关键属性之间，可能会有相当大的差异。例如，认为“会飞的都是鸟”。

奥苏贝尔为了说明概念学习，以儿童学习“立方体”这个概念为例，儿童见过或玩过许多大小、颜色、质地不一的立方体，作为经验的结果，他们归纳出了立方体的关键属性。这些属性是置于立方体的表征映像之中的。这种表征映象是儿童从经验中形成的，在没有实物时也能回想出来。奥苏贝尔把儿童通过归纳发现一类物体的关键属性的过程，称为概念形成。尽管这时儿童可能还不知道这一概念的名称，但已有了这一概念的意义(图 7-18a)。

儿童入学以后，开始学习概念的名称。学习概念的名称也是一种表征学习，在这种学习中，儿童学会用符号(如；立方体)代表他已习得的概念。在学习过程中，学生把“立方体”这个词的意义等价于已有的表示这个概念的意义的表征映像(图 7-18b)。

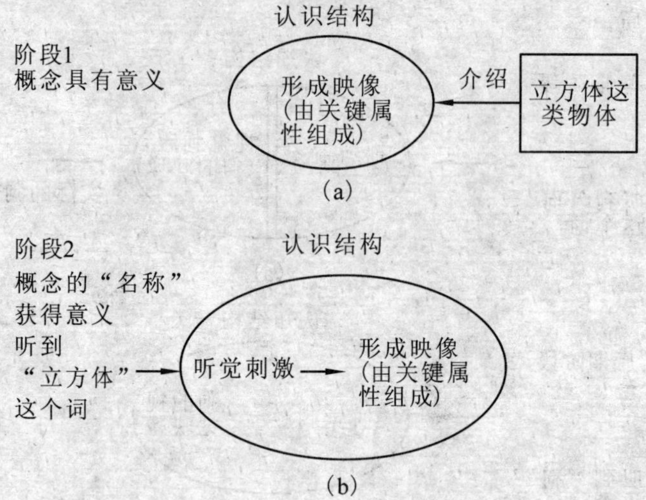

图 7-18　学习概念名称的两个阶段

奥苏贝尔认为，儿童现在已经习得了这个概念的外延意义(denotative meaning)，但是，每个概念还具有内涵意义(connotative meaning)，概念的心理意义。内涵意义是指概念名称在儿童内部唤起的独特的、个人的、情感的和态度的反应。儿童的这类反应，取决于他们对这类物体的特定经验。当然，像“立方体”这类名称对大多数儿童来说只具有很少的内涵意义，但像“国家”或“朋友”这类概念有重要的内涵意义，对不同的人来说，显然会唤起某种不同的情绪。

奥苏贝尔指出，概念学习一般来说要经历上述两个阶段：形成概念和学习概念的名称。但在有些场合(如前面所列举的“狗”的名称学习)，概念的名称是在一开始就告诉儿童的。奥苏贝尔认为，在任何情况下，对形成概念与学习概念的名称这两者作出区分，都是很重要的。例如，我们常常遇到这样的情况：可能忘记了概念的名称，但仍然记住了这个概念本身的意义；有时可能记住了该概念的名称，却忘记了它的意义。

上述概念的形成过程，是学龄前儿童的一种典型学习。但对学龄期儿童说来，大多数概念的意义是通过定义习得的，定义为学生提供了概念的关键属性。定义本身也是一种“命题”。

(三)发现学习(discovery learning)

奥苏贝尔认为，发现学习是指学习内容不是以定论的方式呈现给学生的，而是要求学生在把最终结果并入认知结构之前，先要从事某些心理活动，如对学习内容进行重新排列、重新组织或转换，因此，发现学习可以在前面提及的三种学习类型中发生。除此之外，发现学习还涉及其他三种学习类型：运用、问题解决、创造。这三种学习是有层次的。

奥苏贝尔认为，运用是把已知命题直接转换到类似的新情境中去，有点类似于我们通常所讲的“练习”。问题解决是指学生无法把已知命题直接转换到新情境中去，学生已有的知识可能是与问题解决办法有关的，但需经过多次转换，而非直接运用或练习所能解决的。创造则是指能把认知结构中各种彼此关系很遥远的观念用来解决新问题，而且，认知结构中哪些命题与该问题有关，事先是不知道的，各种转换的规则，也是不明显的。奥苏贝尔指出，在问题解决中，学生现有知识与所要学习的知识之间应有一定的距离，以便让学生求得问题解决的办法。

例如，教师要求学生发现三角形内角之和是多少，经过教师指导学生通过测量求得了结果。在奥苏贝尔看来，这一过程是直进的，还不能称为问题解决过程。同样，如果学生已知“三角形面积＝1/2(底×高)”这一公式，要学生求出他们从未见过的其他类型的三角形面积，这也不是问题解决，至多只能说是运用。

在奥苏贝尔看来，“创造”的定义是指能产生某种新的产品。这个产品对学生来说是新的，或者是在人类认知意义上来说是新的，能生产这两种产品的，都应该被视为创造性行为；但能产生后一种新产品的人，才能被认为是具有创造性的人。而且，创造性行为本身，应表现出一定的综合水平，即能够把各种要素组合在一起，形成新产品，这种综合水平应超过问题解决中所需要的水平。

奥苏贝尔通过对意义学习类型的分析，对加涅的“学习层次说”提出了批评。他认为，加涅强调由简单学习向复杂学习递进，最简单、具体的学习是刺激—反应的联结。这种学习层次对于机械学习无意义的材料来说，也许是有用的，但对学习有意义的材料来说，情况并非如此。因为任何一种意义学习类型，都涉及心理内部复杂的同化过程。而且，有效的学习往往是从学习最一般的概念然后逐渐分化出较具体的概念的。

三、学习组织的原则

在分析学生的学习时，奥苏贝尔强调学生头脑中的认知加工过程，这与布鲁纳的观点是一致的。但是，奥苏贝尔对布鲁纳从事的知识结构的分析基本上持否定的态度。他认为，合适的结构确实能顾及学生的认知发展水平以及学生对教材理解的程度，但布鲁纳对结构的描述太复杂了，这种结构所起的障碍作用比促进作用更大些。此外，对教师合适的结构，对学生并不一定合适。

我们知道，布鲁纳的教育观点是把使学生学会学习作为教育目标，注重学习的过程，而不是学习的结果。但奥苏贝尔指出，学生“应该知道的知识”与“需要知道的知识”之间总是存在着一定的间隙。他引用一位医学院教授的话：“我们现在所教的内容，过10年后有一半会过时。然而，10年后医生所需知道的知识，有一半至今尚未被发现。”因此，如何协调和整合学生学习的内容，仍是当今学校教育中的重要课题。

（一）逐渐分化的原则

根据逐渐分化的原则（principle of progressive differentiation），学生首先应该学习最一般的、包摄性最广的观念，然后根据具体细节对它们逐渐加以分化。奥苏贝尔认为，这种呈现教学内容的顺序，不仅是与人类习得认知内容的自然的顺序相一致的，而且也是与人类认知结构中表征、组织和贮存知识的方式相吻合的。他由此提出两个基本的假设：①学生从已知的包摄性较广的整体知识中掌握分化的部分，比从已知的分化部分中掌握整体知识难度要低些。这实际上就是说，下位学习比上位学习更容易些；②学生认知结构中对各门学科内容的组织，是依次按包摄性水平组成的。包摄性最广的概念在这结构中占据最高层次，下面依包摄程度下降而逐渐递减。

奥苏贝尔假定，作为信息加工机制的神经系统也是这样构成的，即习得和保持信息的过程是与逐渐分化的原理相吻合的，那么，教师有意识地用这种方式来安排教学内容的话，就能使学生的学习达到最佳水平。换言之，当学生认知结构中已有的、包摄性较广的、与新知识特别有关的概念能被用来作为理想的固定点时，学习和保持新知识就最为有效。

奥苏贝尔颇有感叹地认为，尽管这一原则是不言自明的，但在教材的安排上以及实际的教学中，人们往往都不遵循这一原则。比较常见的典型做法是，把各种具有不同特征的内容置于相互割裂的章节中，各章节之间的序列只根据它们的相关性，而没有考虑到它们的抽象性、普遍性和包摄性等方面的程度。这种做法与大多数学科的实际的结构必然是不一致的，同时也是与意义学习的过程以及学生认知结构的特点不符合的，结果势必会迫使教师和学生用机械的方法去对待本来可能有潜在意义的教学内容，从而增添了学生在学习和保持知识时的不必要的难度。

那么，如何安排教学内容、按什么序列教学才能使学生的认知结构逐渐分化呢？奥苏贝尔认为，每门学科的教学单元应按包摄性程度由大到小依次呈现，这样就可以为每一教学单元提供理想的固定点。如果每一教学单元里的内容也是逐渐分化的，那么，学生在面临任何新的教学内容时，都已具有理想的固定点了。反过来说，后面学到的新知识也不断地扩充、巩固和分化前面学过的知识。当然，这是理想中的情景，事实上，教材并不都是如此编排的。奥苏贝尔认为，在这种情况下，教师只需使用一系列按层次结构排列的先行组织者便可解决这一问题。

(二)整合协调的原则

整合协调的原则(Principle of integrative reconciliation)是指如何对学生认知结构中现有要素重新加以组合。奥苏贝尔认为，所有导致整合协调的学习，同样也会导致学生现有知识的进一步分化。因此，整合协调是在意义学习中发生的认知结构逐渐分化的一种形式。

整合协调主要表现在上位学习和组合学习中。例如，学生可能已经知道把豌豆、西红柿、萝卜和土豆归入“蔬菜”一类。当告诉学生食物的营养学上的分类与植物学上的分类不一样时，学生开始时可能会有些混淆。一旦知道豌豆和西红柿等既属于蔬菜又属于植物的果实；萝卜和土豆之类既属于蔬菜又属于植物的根，也就是说，他们对新的植物学知识经过整合协调后，原有的概念和命题得到了修饰，认知结构中被加上了新的意义。由此可见，如果教师能识别出学生产生混淆的根源，就能促使他们产生整合协调的最佳效果。

奥苏贝尔指出，这一原则往往与实际的做法形成了对照。一些教科书的编撰者只求自成体系，不考虑与其相关的有关观念。这种做法即便符合教材的逻辑，却违背了学生认知的规律。由于没有明确指出各种概念之间的异同之处，对各种不同提法没有作出协调，因而必然会带来不良的后果：①用不同的术语来表述本质上相同的概念，增加了不必要的认知紧张、认知混淆，从而促使学生机械学习；②在各相关课题之间制造人为的障碍，使学生不能了解它们之间包含的共同特征，因而，通过识别其共同性而获得顿悟成了不可能的事；③原来已有的有关概念不能被适当地用来作为新的学习内容的基础；④由于没有明确交代貌似相同的概念之间的不同之处，因此，这些概念往往被作为相同的概念而被学生习得和保持。

奥苏贝尔认为，当教材内容无法按纵向序列的形式，而只得用横向并列的形式组织教材时，整合协调的原则也是适用的。在这种情况下，教学内容不是呈累积的形式，后面的学习不取决于前面的学习内容是否掌握。例如，在介绍各种理论流派时，第二部分的内容并不以第一部分的内容为先决条件。但是，这并不是说它们之间没有关系，通过对认知结构中已有的知识加以类推、分析、比较和综合，明确指出它们之间的区别和联系，可以消除可能引起的混淆，从而促进学习和记忆。

在奥苏贝尔看来，在学习和记忆过程中，学生的主要困难不在于对新旧知识的辨别，而在于新旧知识之间的矛盾。在这种情况下，他们宁愿认为新命题是无效的，或试图把它们与已有的知识分割开来，使新命题成为孤立的实体，其结果，只能通过许多过度学习，以求通过考试，而其中的意义，从一开始就丧失殆尽了。如果采用先行组织者的策略，可以消除这类弊病。

(三)先行组织者策略

奥苏贝尔就如何贯彻“逐渐分化”和“整合协调”的原则，提出了具体应用的策略：先行组织者(advance organizer)。

奥苏贝尔认为，促进学习和防止干扰的最有效的策略，是利用适当相关的和包摄性较广的、最清晰和最稳定的引导性材料，这种引导性材料就是所谓的组织者。由于这些组织者通常是在呈现教学内容本身之前介绍的，目的在于用它们来帮助确立意义学习的心向，因此又被称为先行组织者。奥苏贝尔认为，先行组织者有助于学生认识到：只有把新的学习内容的要素与已有认知结构中特别相关的部分联系起来，才能有意义地习得新的内容。

先行组织者在三个方面有助于促进学习和保持信息：首先，如果设计得恰当，它们可以使学生注意到自己认知结构中已有的那些可起固定作用的概念，并把新知识建立在其之上；其次，它们通过把有关方面的知识包括进来，并说明统括各种知识的基本的原理，从而为新知识提供一种脚手架；第三，这种稳定的和清晰的组织，使学生不必采用机械学习的方式(Snelbecker，1974)。

组织者比起将要学习的新内容来，抽象性、概括性和包摄性的水平要更高些，以便为学生即将学习的更分化、更详细、更具体的材料提供固定点。除此之外，组织者的另一个功能是，清楚地表明同新的学习内容之间的联系。这一点很重要，因为仅凭认知结构中具有起固定作用的概念，并不能保证学习任务具有潜在意义。若要使学习有意义，除非学生能觉察到它们之间的联系。

由此可见，组织者的主要功能是在学生能够有意义地学习新内容之前，在他们“已经知道的”与“需要知道的”知识之间架设起桥梁。

奥苏贝尔在1960年进行了一项先行组织者的实验。在实验中，120名大学高年级学生被分成两个组，学习一份由2500字组成的关于钢材特性的知识材料(采用这种材料，是为了被试对此都不熟悉的缘故)。在学习之前，两组被试各学习一份500字的先行材料。实验组学习的是抽象和概括水平高于正式学习材料的内容，以便学生把新材料纳入其中；给控制组则提供与新材料没有内在联系的知识(有关钢铁加工工艺历史演变过程方面的知识)。然后两组被试学习正式材料35分钟，3天后进行测验。结果表明，在学生学习不熟悉的但有意义的新知识之前，人为地采用先行组织者，可以促进知识的学习和保持(吴文侃，1990年)。

近些年来，奥苏贝尔的先行组织者的观点，在北美心理学界褒贬不一。有些人认为，组织者的定义含糊不清，而且对学生的学习和记忆丝毫没有直接作用。另一些人却指出，组织者对学生的学习能发挥重要的作用，能使学生平均成绩提高10%—18%。奥苏贝尔也进一步发展了这一概念，认为：组织者既可以在学习材料之前呈现，也可以在学习材料之后呈现；在抽象性、概括性和包摄性水平方面既可以高于学习材料，也可以低于学习材料。

奥苏贝尔还区分了两类组织者：一类是说明性组织者(expositive organizer)，用于提供适当的类属者，它们与新的学习内容产生一种上位关系。另一类是比较性组织者(comparative organizer)，既可用于新观念与认知结构中基本类似概念的整合，又可用于增加本质不同而貌似相同的新旧概念之间的可辨别性。由于在学校学习中，学生对学习内容完全陌生的情况是很少见的，学生对新学内容往往是既感到熟悉又感到陌生，因此很容易引起新旧知识的混淆，比较性组织者可以起提高新旧知识可辨别性的作用，从而保证学生获得精确的知识。

奥苏贝尔在1961年进行的另一项实验中，把155名大学生分成三个组，分别学习一份由2500字组成的关于佛教的知识材料。在正式学习材料之前，第1组学生学习500字关于佛教与基督教教义的相同与不同之处的比较性组织者；第2组学习字数相同的说明性组织者，即在抽象和概括水平较高的层次上描述佛教的基本教义；第3组则是学习一种佛教历史的材料，与新材料没有直接关系。然后学习正式材料35分钟，在3天和10天后分别进行两次测验。结果表明，比较性组织者(第1组)在3天后测验时成绩较好；

而说明性组织者(第 2 组)在 10 天后的测验时成绩较好。奥苏贝尔认为，这是因为第 2 组学生由于已经获得了新知识的重要概念，在整个保持期间他们能够将新知识进行内部的比较，因而保持效果较好(吴文侃，1990 年)。

由于组织者具有抽象性、概括性和包摄性等特征，因而，组织者对事实材料的学习，比抽象材料的学习更有促进作用。也许这是由于抽象材料本身已具有内在的组织者的原因。因此，在教学中，先行组织者的作用，部分取决于学习材料本身是如何组织的，如果学习内容本身已有内在的组织者、编排顺序是逐渐分化的(包摄性程度由高至低)，那么就不必采用先行组织者了。

事实上，教材往往并不是像奥苏贝尔所设想的那样编排，但奥苏贝尔坚持认为，不论学习内容是如何组织的，只要使用包摄性水平适度的先行组织者，肯定能促进大多数学生的学习和记忆。不过，奥苏贝尔提醒人们注意：若要得到好的效果，组织者本身应是学生能够掌握的，因而必须用学生熟悉的语言来陈述。

第四节　加涅累积学习理论

罗伯特·加涅(Robert M. Gagne,)在教育心理学方面关注的重点，是把学习理论研究的结果运用于教学设计。他的《教学设计的原理》(Principles of Instructional Design , 1974，1979，1988)和《教学的学习要素》(Essentials of Learning for Instruction , 1974)注重教学实践的改革，日益受到心理学界和教育界人士的重视。

一、累积学习的模式

加涅意识到，人类学习的复杂性程度是不一样的，是由简单到复杂的。据此，他按八类学习的复杂性程度，提出了累积学习的模式，一般称之为学习的层次理论。他的基本论点是，学习任何一种新的知识技能，都是以已经习得的、从属于它们的知识技能为基础的。例如，学生学习较复杂、抽象的知识，是以较简单、具体的知识为基础的。学生心理发展的过程，除基本的生长因素外，主要是各类能力的获得过程和累积过程。加涅通过描述八个学习层次来研究学生理智技能的累积方式。这八类学习如下。

(一)信号学习

这是一种最简单的学习。说它简单，一方面是因为控制这类学习的条件很容易确立，另一方面是由于这类学习的先决条件很大程度上取决于有机体天生的神经组织。信号学习最典型的例子，是巴甫洛夫经典条件反射。例如，狗在每次吃肉前听到送肉者的脚步声，以后听到他的脚步声(信号)就会流唾液；人看到红灯(信号)就会止步，这些都是信号学习的例子。

信号学习的条件是：第一，信号刺激(脚步声)与无条件刺激(肉)必须几乎同时出现，据实验证明，两者相隔 0.5 秒最易引起反应。第二，信号刺激与无条件刺激必须多次配对重复出现。重复次数越多，信号刺激与反应之间联结得越牢固。

(二)刺激—反应学习

这是另一种基本的学习。斯金纳的操作性学习或工具性学习是这类学习的代表。例如，鸽子为得到食物，得先做出某种动作(如啄箱子里的红灯)；小学生为了得到教师的表扬而做作业，这些都是工具性学习的例子。信号学习与刺激—反应学习的区别是：前者是“不随意反应”，后者是“随意反应”。

刺激—反应的条件是：第一，学生作出特定的反应后必须给予强化。第二，学生作出反应之后立即给予强化，反应与强化之间时间越短，学习发生得越迅速。第三，刺激情境必须多次出现。学生的行为是逐渐习得的，反应在学习过程中渐趋精确。

(三)动作链索

链索是指一连串刺激—反应联结。链索可长可短，凡按顺序地将两个或两个以上的刺激—反应联结组合成一系列行动，都可称之为动作链索。例如，学生听到老师叫他名字(刺激)，走到黑板前(反应)，看着黑板上的题目(刺激)，用粉笔写出答案(反应)，教师请他坐好(刺激)，学生回到原来位子坐下(反应)。这就是动作链索的一个典型的例子。

从学生的内部条件来看，学生习得动作链索，是以事先习得每一个刺激—反应联结为先决条件的。形成动作链索的主要外部条件，是要让学生按适当顺序反复练习。此外，学生在对第一次刺激作出反应后，第二个刺激最好紧接而上，否则要形成动作链索比较困难。最后，强化也是必需的，尤其是在整个动作链索完成后。推迟强化会增加学习的困难。

(四)言语联想

这实际上是一种言语链索学习，即根据言语刺激与反应行为的顺序组合而成的反应。例如，将单音节联成复合音节、将单词组成句子，这些都属于言语联想学习。

学生从事这种言语联想学习需具备一些内部条件：事先已知道

这个单词意味着什么；已经习得被联想到的单词；已经掌握连接词。当学生已具备这些条件后，言语联想学习是相当简单的。教师需安排的条件包括：①按适当序列呈现单词；②学生积极地作出所要求的反应；③利用外部刺激提供线索，以帮助学生学习；④如果言语链索中有些单词是学生未曾学过的，那么，最佳的长度是七个左右单词；⑤在学习过程中必须对正确的反应予以肯定。

（五）辨别学习

在日常生活和学校学习中，习得辨别的能力极为重要。辨别学习实质上是一种知觉学习，即作出知觉的分化。例如，小学低年级学生对图画和符号的辨别，是一项很重要的理智技能。辨别学习关注的往往是客体的明显特征，儿童要根据这些特征作出不同的反应。辨别包括简单辨别（如对物体的形状、大小和颜色等分别作出反应）和多重辨别（如把容易混淆的单词放在一起让学生辨认）。学生在进行多重辨别时，由于涉及的刺激较多，容易受到干扰，辨别起来比较困难。一般可采取两种解决办法：一种是连续不断地、一个一个地学习单一的辨别，然后再打乱顺序让学生一个一个地辨别，最后让他们回想；另一种是在开始时夸大这些刺激之间的不同之处，然后逐渐缩小差别直到变成正常差别为止。有证据表明，这两种办法结合起来用效果最佳。

学生要显示出已会辨别，必须具备再认或再现各种不同的反应链索的能力，这是辨别学习的内部条件。从外部条件来看，由于被辨别的刺激容易混淆，学生的反应时常有错，需及时给予反馈。

（六）概念学习

最能体现人类智慧的一个方面，就是把世上千变万化的事物分成类别，并根据各类别作出反应。学生学习根据类别对各种事物作出反应的过程，即概念学习的过程。加涅把概念分成两类：具体概念和定义概念。具体概念（concrete concept）是指可以通过具体对象来表示的，是直接观察得到的，如桌子、椅子、房子、树、猫、圆等。定义概念（defined concept）不是凭少数事例可以识别的，它们都包含一些关系，是抽象的，因而必须通过定义来学习，例如障碍物、温度、质量、平方根等。

具体概念学习的前提条件是学生已具备了辨别能力，因为概念学习通常涉及对基本辨别的概括。作为外部条件，教师需同时呈现该概念的例子和不属该概念范畴的例子，要求学生辨别该概念的特征。此外，还需提供必要的强化和练习。

定义概念学习要求学生事先掌握作为定义的组成部分，如主语和宾语（名词），谓语（动词）。同时还需掌握语法规则。从外部来说，教师需用口头的或书面的形式呈现概念的定义，以便定义的各组成部分按适当顺序进入学生的工作记忆。同样，定义概念学习也需给学生各种例子，包括不属于该概念的例子，以供学生识别该概念的特征。

（七）规则学习

理智技能中最典型的形式是规则。实际上，一个定义概念就是一个特殊的规则，一个分类的规则。学生掌握一条规则后，就会在任何情况下对某一类刺激作出正确的反应。因此，规则学习涉及推理能力的形成，是学校教育内容中最普遍、最重要的一部分。例如，$a \times b = b \times a$，就是一种规则学习。学生掌握这一规则后，不论用什么数字来替代 a 和 b，他们都能把那些数字转换成这一公式。规则一般是由几个概念组成的。由于规则的内容不同，规则的类型也多种多样，规则学习实际上就是学习各种定理、定律或原理。

学生要掌握规则，首先要理解构成该规则的概念，否则就不可能充分理解该规则的含义。教学的失败往往与学生习得不适当的规则有关，而真正的起因则是由于学生没有掌握构成规则的某些概念。作为教师来讲，主要在于如何用言语来指导学生习得规则。一般而言，在学生已经知道该规则的内涵之后再陈述规则，效果会更好些。当然，在这之前，教师需引导学生回忆组成该规则的一些概念、提供该规则的一些事例。在陈述规则之后，要让学生做些练习，以证实学生是否已学会了这个规则。最后可采用间隔复习的形式，这对增强保持有明显的作用。

（八）问题解决或高级规则学习

学习规则的目的，是利用它们来解决问题。人们为了解决问题，常常需要把一些简单的规则组合成复杂的、高级的规则。而且，许多问题可以有一系列可能的解决办法。因此，学生在获得行之有效的解决办法的过程中，也形成了一种新的能力，即把他们学到的东西用于解决其他类似的问题。这意味着他们已经习得了一种或一组新的规则——迁移的规则。例如，假定学生已习得单项式相加，如 $2x$ 与 $5x$，$3x^2$ 与 $4x^2$，$2x^3$ 与 $6x^3$，现在要求学生计算“$2x+3x^2+1$”，或“$2+3x+4x^2$”，求出这两个多项式之和。学生需要能回忆出较简单的规则，并把它们组合起来，才能找到解答的办法。

由此可见，为了解决问题，学生必须识别问题的基本特征，并能够回忆起已学过的有关规则以及有关的信息。学生不可能凭空解决问题。至于这些规则如何组织，那是认知策略的问题。从教学的角度来看，学生所面临的问题应是他们以前未遇到过的，但问题解决所需要的从属规则应是他们刚学过的，这样，学生遇到问题时，很容易回想起这些规则，因而，教师的引导往往是必需的。由于问题解决过程可能包括许多步骤，因此整个过程需要有一定的时间。

加涅把上述八类学习看做是学生理智技能的八个方面。其中前四类学习是基础性的，相对说来比较简单，而且有相当一部分是在学龄前就已习得的。因而，学校教育更关注的是后面四类学习，但这并不意味着前四类学习不重要。加涅学习层次说的一个重要特征是：学习是累积性的。较复杂、较高级的学习，是建立在基础性学习基础上的，每一类学习都是以前一类学习为前提的。

因此，我们不难看出，迁移是累积学习模式的一个重要特征，甚至可以说是这个模式得以存在的关键。加涅区分了两种迁移：纵向迁移与横向迁移。纵向迁移是指把某种理智技能作为更高一级理智技能的基础。换言之，把较简单的理智技能作为一个组成部分加入到较复杂的理智技能中去。如把整数乘法迁移到除法和分数乘法中去，就属纵向迁移。由此可见，学习较复杂的技能，主要取决于是否已掌握较简单的技能。基本技能掌握得越熟练，提取时越容易，同时也就越有可能迁移到学习较复杂的技能中去。所谓横向迁移就是把习得的内容应用于类似的新情境中去。因此，让学生在各种不同情境中运用某种技能，有助于学生形成横向迁移的能力，从而为纵向迁移打好基础。

学习层次说或累积学习模式对教学序列的设计有重要意义。因为每一层次的学习，都是以前一层次的学习结果为前提条件的。就是说，前一层次的学习为后一层次的学习做好了准备。这也就是加涅所讲的学习的内部条件——学生是否掌握前一层次的学习内容。这样，教师在设计教学前，可通过分析前一层次学习的结果，确定学生的内部条件，以保证教学工作的顺利进行。学生的内部条件不再是虚无飘渺的了，凭借学习层次，可以实实在在地确定学生是否已做好新的学习的准备。必要时，可采取个别教学或能力分组等方法，以帮助学生先获得必要的技能。

因此，加涅在《教学设计原理》中认为，前述八个学习层次在设计课程结构中起关键作用的理由有两条：第一，它们决定了学生将会形成哪些能力，从而把学习过程与学习结果紧密联系起来了；第二，这些学习层次呈累积的性质，是以一种可预测的方式一级一级建立起来的。因而，在设计教学策略时，可以此为基础，构成一种最有效的教学模式(Gagne，1979)。

二、学习过程

加涅在论述学习的类型和学习的结果时，都把学习作为一个过程，每一过程都有开端和结尾。因此可以把这些过程分成若干阶段，每一阶段需进行不同的信息加工。在各加工阶段中发生的事情，即学习的事件。在他看来，这种学习的加工，形成了学习的信息加工理论的基本结构。这些都是学生内部加工的过程。与此相应，教学过程既要根据学生内部加工过程，又要影响这一过程。因而，教学阶段与学习阶段是完全吻合的。在每一教学阶段中发生的事，称为教学事件，这是学习的外部条件。教学就是由教师安排和控制这些外部条件构成的。而教学的艺术，就在于学习阶段与教学事件是否完全匹配。

(一)学习的模式

加涅认为，学习的模式是用来识别学习的结构与过程的，它对于理解教学和教学过程，以及如何安排教学事件具有极大的应用意义。现有的学习模式各式各样，加涅认为，最典型的学习模式是信息加工的模式，如图 7-19 所示。

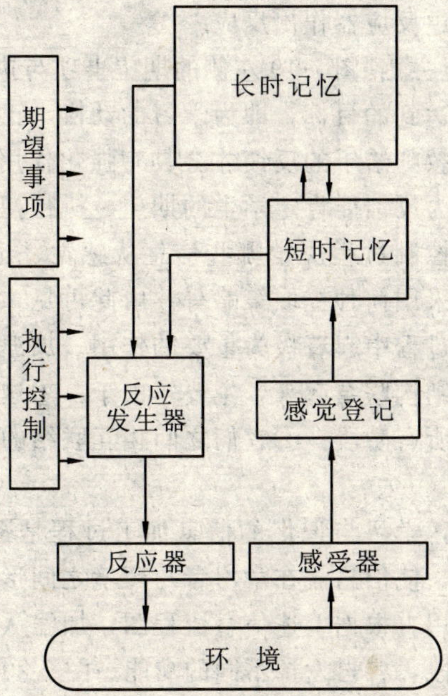

图 7-19 学习的信息加工模式

从图 7-19 中可以看到，信息从一个假设的结构流到另一个假设结构中去的经过：

学生从环境中接受刺激，刺激推动感受器，并转变为神经信息。这个信息进入感觉登记，这是非常短暂的记忆贮存，一般在百分之几秒钟内就可以把来自各感受器的信息登记完毕。有些部分登记了，其余部分很快就消逝了，不再影响神经系统。为什么有些信息登记了，有些消逝了，这涉及注意或选择性知觉的问题。

被感觉登记了的信息很快进入短时记忆。信息在这里可持续二三十秒钟。短时记忆的能力很有限，一般认为只能贮存七个左右的信息项目。一旦超过了这个数目，新的信息进来，就会把部分原有信息赶走，若要保持信息，就得采取复述的策略。但复述只能有利于保持信息以便编码，并不能增加短时记忆的贮存量。

当信息离开短时记忆进入长时记忆时，信息发生了关键性的转变，即要经过编码过程。所谓编码，不是把有关信息收集在一起而是用各种方式把信息组织起来。信息是以编码形式贮存在长时记忆中的。一般认为，长时记忆是个永久性的信息贮存库。

当需要使用信息时，需经过检索提取信息。被提取出来的信息可以直接通向反应发生器，从而产生反应；也可以再回到短时记忆，对该信息的合适性作进一步考虑，结果可能是进一步寻找信息，也可能是通过反应器作出反应。

读者可能已注意到图 7-19 左侧的期望事项与执行控制。期望事项是指学生期望达到的目标，即为学习的动机。正是因为学生对学习有某种期望，教师给予的反馈才会具有强化作用。换言之，反馈所以有用，是因为反馈能肯定学生的期望。执行控制即加涅所讲的认知策略，执行控制过程决定哪些信息从感觉登记进入短时记忆、如何进行编码、采用何种提取策略等。由此可见，期望事项上执行控制在信息加工过程中起着极为重要的作用。加涅所以不把两者与学习模式中其他结构联结起来，主要是由于：①这两者不能影响信息加工过程中的所有阶段；②它们之间相互联结的机制目前还不很清楚。

在加涅看来，学习与记忆的信息加工过程是密切联系在一的。因为不断地反馈，使信息流在学习者与环境之间形成一个通路，两者不断地相互作用。根据上述信息流程图，加涅认为学习过程可以分为八个内部阶段，各自发挥不同的功能。图 7-20 说明了学习者内部信息加工的过程与学习过程的一一对应关系。

(二)学习的阶段

从学习模式中可以看到，学习是学生与其环境之间相互作用的结果。学习过程是由一系列事件构成的(图 7-21)。加涅认为，每一

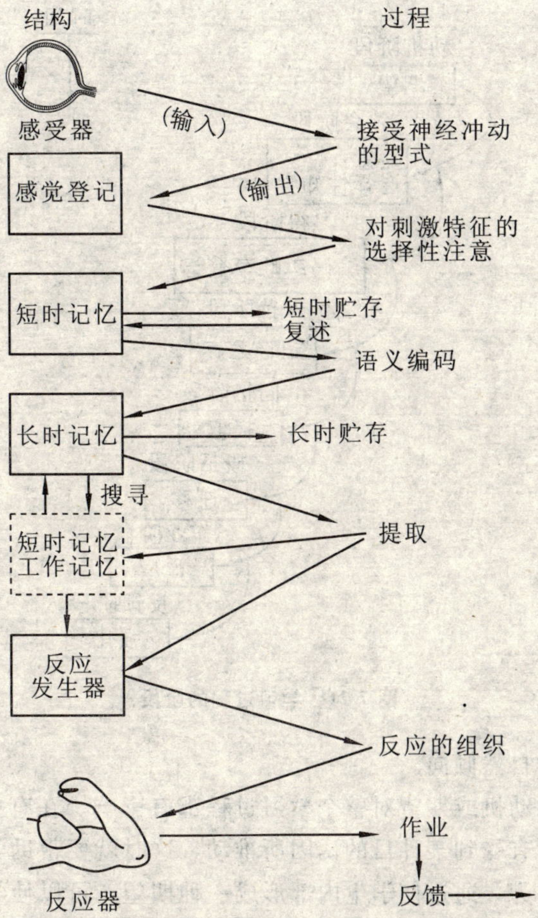

图 7-20　根据假设的信息加工模式结构提出的学习与记忆的过程

个学习行动都可以被分解成八个阶段，方框上面是该阶段的名称，方框里面是在该阶段学生内部的主要学习过程。

我们从图 7-21 中可以看到，学生内部的学习过程一环接一环，形成一个链索，与此相应的学习阶段把这些内部过程与构成教学的外部事件联系起来了。

1. 动机阶段

学生的学习是受动机推动的，这是不言自明的。但动机有许多形式，有些与教学有关，有些与教学无关。加涅认为，为了促进学生学习，我们必须关注诱因动机，即学生力图达到某种目的的动机。学生有了这种动机，他的行动都会指向这一目的，并会因达到目的而获得某种方式的满足。这种动机反映了人类要操纵、支配和

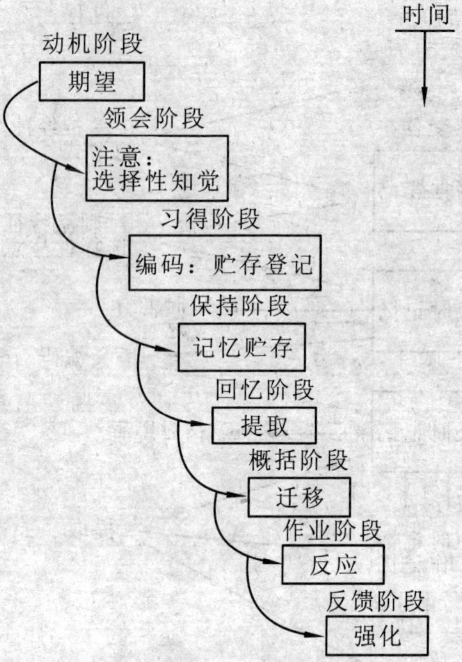

图 7-21　学习过程的阶段

掌握环境的自然倾向。

学生的动机或期望对整个学习过程都有影响。在有些场合，学生最初并没有受到某种目的诱因所推动，这时就要帮助学生确立动机。加涅认为，通过使学生内部形成一种期望，可以使学生形成动机。期望是指学生对完成学习任务后将会得到满意结果的一种预期。加涅指出，尽管教师可以通过告诉学生学习的结果来形成学生的期望，但是，理想的期望只有通过学生自己的体会才能形成，光凭教师的许诺是不行的，对年幼的学生来说尤其是这样。因此，为了使学生形成这种期望，往往需要作出安排，在学生实际获得有关知识技能之前，先让学生能够达到某种目标，以便向他们表明，他们能够达到预期的目标。在加涅看来，形成动机或期望，是整个学习过程的预备阶段。

2. 领会阶段

有了学习动机的学生，首先必须接受刺激，换言之，必须注意与学习有关的刺激。例如，在听教师讲课时，他必须注意句子的意义，而不是教师讲话的语音或语调；在阅读教材时，必须注意各种命题的意义，而不是字体或版面设计。

注意的过程一般被认为是一种暂时的内部状态，或被称为心理定势。一旦注意某种刺激后，它就起一种控制执行过程的作用，即只对某些刺激予以加工。注意定势是由外部刺激激活的，注意的时间是因人因事而不同的。最初的注意往往是因刺激的突然变化引起的，因此，教师可以采用许多手段来引起学生的注意，如改变讲话声音的高低、手势动作和其他各种方法。

当学生把所注意的刺激特征从其他刺激中分化出来时，这些刺激特征就被进行知觉编码，贮存在短时记忆中，这个过程就是加涅所讲的选择性知觉。很显然，要使学生能够进行选择性知觉，外部刺激的各种特征必须是可以被分化或辨别的，学生只有对外部刺激的特征作出选择性知觉后，才能进入其他学习阶段。

3. 习得阶段

严格说来，只有当学生注意或知觉外部情境之后，学习过程才真正开始。习得阶段涉及对新获得的刺激进行知觉编码后贮存在短时记忆中，然后再把它们进一步编码加工后转入长时记忆中。

在短时记忆中暂时保存的信息，与被直接知觉的信息是不同的。在这里，知觉信息已被转化成一种最容易被贮存的形式，这种转化过程被称为编码过程。这一过程对于了解学生的心理活动来说极为重要。学生回想的内容总是与他们最初知觉的刺激有所不同，这就足以证明编码过程是存在的。

当信息进入长时记忆时，信息又要经历一次转换。这一编码过程的目的是为了便于保持信息。如用某种方式把刺激组织起来，或根据已经习得的概念对刺激进行分类，或把刺激简化成一些基本原理，这些都会有助于信息的保持。

实验表明，编码过程是可以受教学影响的。实验者请学生看一些图形(图 7-22 中间一列)，并对一组学生说："现在要看的是酒瓶和眼镜似的图形。"对另一组学生则说："现在要看的是马蹬和哑铃似的图形。"结果表明，学生再现的图形与告诉他们的话基本上是一致的(图 7-22 左、右两列)。由此可见，教师可以给学生提供各种编码程序，鼓励学生选择最佳的编码方式。

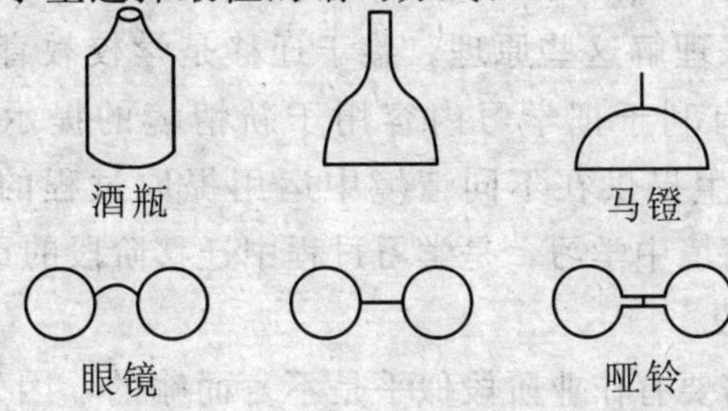

图 7-22 编码过程受提示影响的例证

4. 保持阶段

学生习得的信息经过编码过程后，即进入长时记忆贮存阶段。加涅认为，相对于其他阶段，我们对保持阶段了解得最少，因为最不容易对它进行调查。但有几点目前是清楚的：第一，贮存在长时记忆中的信息，其强度并不因时间递增而减弱。七八十岁的老人回忆孩提时的事情往往比当天的事情更清楚；第二，有些信息因长期失用而逐渐消退。一个人已习得的外语单词会因不用而遗忘；第三，记忆贮存可能会受干扰的影响。新旧信息的混淆，往往会使信息难以提取。严格地说，这不是记忆贮存的问题，而是信息提取的问题。

因此，如果对学习条件作适当安排，例如，避免同时呈现十分相似的刺激，可以减少干扰的可能性，从而对信息保持起一定的影响。

5. 回忆阶段

学生习得的信息要通过作业表现出来，信息的提取是其中必需的一环。相对其他阶段而言，回忆或信息提取阶段最容易受外部刺激的影响。教师可以利用各种方式使学生得到提取线索，这些线索可以增强学生的信息回忆量。但作为教师，最重要的是指导学生，使他们为自己提供提取线索，从而成为独立的学习者。所以，对于教学设计来说，通过外部线索激活提取过程固然重要，但更重要的是使学生掌握为自己提供线索的策略。

6. 概括阶段

学生提取习得信息的过程，并不始终是在与最初学习信息时相同的情境中进行的，况且，教师总是希望学生能把学到的知识运用于各种类似的情境中去，而不是仅仅按教科书的方式呈现出来，这就是我们常说的要举一反三。因此，学习过程中必然有一个概括的阶段。加涅所说的概括，就是指我们通常所讲的学习的迁移。

一般说来，学生学习某件事情时经历的情境越多，迁移的可能性也就越大。但加涅指出，学生必须掌握其中的规则，就是说，要从一般意义上来理解这些原理。鉴于迁移是学校教育的目的之一，教学需要提供有利于把学习内容用于新情境的提示。“教学生迁移”，就是给学生提供在不同情境中运用提取过程的机会。同样，让学生在不同情境中学习，是学习过程中迁移阶段的重要条件。

7. 作业阶段

学习过程需要有作业阶段似乎是不言而喻的，因为只有通过作业才能反映学生是否已习得了所学习的内容。对有些学生来说，作业的一个重要功能是为了获得反馈；但在有些学生看来，通过作业，看到自己学习的结果，能获得一种满足。

当然，作业主要是给教师看的。一般说来，仅凭一次作业是很难对学生作出判断的，有些学生可能碰巧做得很好；而有的学生则做得不理想。因此，教师需要根据几次作业才能对学生的成绩作出推断。

8. 反馈阶段

当学生完成作业后，他马上意识到自己已达到了预期的目标，这时，教师需给以反馈，让学生及时知道自己的作业是否正确。加涅所讲的信息反馈，类似于其他心理学家所讲的强化。加涅指出，需要注意的是，强化在学习过程中之所以起作用，是因为学生在动机阶段形成的期望在反馈阶段得到了肯定。动机阶段对学习的重要性，在强化过程中又一次得到了强调。

反馈阶段显然是受外部事件影响的，而且，信息反馈也并不一定要使用"对"、"错"、"正确"或"不正确"这类词汇。在课堂教学中，教师可以使用许多微妙的方式反馈信息，如点头、微笑等。此外，需提醒注意的是，反馈并不总是需要外部提供的，它也可以从学生内部获得。例如，学生可以根据已学过的概念和规则，知道自己的答案是正确的。

第五节　布卢姆掌握学习理论

本杰明·布卢姆(Benjamin S. Bloom)是美国心理学家，专注于考试、测量和评价方面的研究。主要代表作有：《教育目标分类学；第一分册：认知领域》(Taxonomy of Educational Objectives; Handbook I: Cognitive Domain，1956)，《教育目标分类学；第二分册：情感领域》(Taxonomy of Educational Objectives; Handbook I: Affective Domain，1964)。

一、学习的分类与评价

布卢姆早期注重于教育目标分类的研究。他与人合著的《教育目标分类学》是一部公认的、有影响的著作，为观察、分析学习活动和进行评价提供了一个框架。

(一)目标分类

布卢姆等人1948年开始从事教育目标分类的工作。布卢姆认为，一部完整的教育目标分类学，应该包括学生学习的三个基本领域：认知、情感、动作技能。经过八年的努力，《教育目标分类学：认知领域》于 1956 年正式出版；又经过八年努力，《教育目标分类学：情感领域》在 1964 年公之于世。

布卢姆的教育目标分类学具有以下几个特征。

1. 用学生外显的行为来陈述目标

布卢姆认为，制订目标是为了便于客观地评价，而不是表述理想的愿望。事实上，只有具体的、外显的行为目标，才是可测量的。譬如，有的教师认为："教学目的是为了培养学生的能力。"这看上去代表了理想的学习结果，但这类目标太一般化了，要确定学生是否已形成能力的证据是极困难的。只有像"形成区别事实与假设的能力"，或"培养学生领会课文中各个观念之间关系的能力"这类教育目标，才是可测量的。因此，在制定目标时，不仅要考虑到欲达到的理想状态，而且还要考虑到是否能对该目标作出客观的评价，否则，制订出来的目标是虚设的。

2. 目标是有层次结构的

布卢姆认知领域目标分类学中包括六个主要类别：①知识；②领会；③运用；④分析；⑤综合；⑥评价。情感领域包括五个主要类别：①接受或注意；②反应；③价值评估；④组织；⑤性格化或价值的复合。每个主要类别都包括若干子类别，例如：认知领域中的"分析"包括三个子类别：要素分析；关系分析；组织原理分析。情感领域中的"价值评估"包括三个子类别：接受价值；偏好某种价值；信奉。

由此可见，布卢姆的分类学是将学生行为由简单到复杂按秩序排列的，因而，教育目标具有连续性、累积性。例如，关系分析是以要素分析为基础的，同时又成为组织原理分析的基础。学生首先需接受或了解各种价值观，然后才有可能对某种价值观持有偏好，最后达到信奉的程度，即成为他的一种信仰。从这些例子中，我们可以看到布卢姆的另一个基本观点：复杂行为是由简单行为组合而成的。在教育目标分类学中，属于 A 式的行为构成一类，属于 AB 式的行为又构成一类，而属于 ABC 式的行为又可以形成一类。行为目标是由简单到复杂递增的，各目标不是孤立的。后一类目标是建立在已达到的前一类目标的基础上的(图 7-23)。

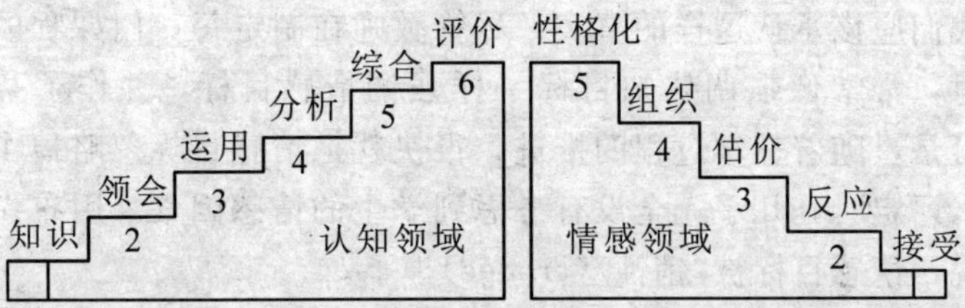

图 7-23　布卢姆认知领域与情感领域教育目标分类学主要类别图解

3. 教育目标分类学是超越学科内容的

布卢姆认为，教育目标分类的方法，是不受学生年龄和教学内容所局限的。不论是数学、语文，还是历史、地理；不论是低年级学生还是高年级学生，都可以把教育目标分类学的层次结构作为框架，加入相应的内容，形成每门学科的教育目标体系。在这方面，布卢姆等人已作了一系列成功的尝试，根据教育目标分类学的框架，制定了中学十几门学科的教育目标。

4. 教育目标分类学是一种工具，是为教师进行教学和科研服务的

目标分类本身并不是目的，而是为评价教学结果提供测量的手段，同时有助于对教学过程和学生的变化作出各种假设，激发对教育问题的思考。此外，它还有助于教师恰当安排各类教学内容，为课程编制提供指导。

(二)认知与情感的相互作用

布卢姆指出，我们可以看到一种奇怪的现象：当人们提及认知的复杂性和微妙性时，常常把认知与情感的相互作用作为学习的一个最重要的特征；而人们在考察认知活动时，则尽可能避免提及情感这一概念及其重要性。产生这种现象的根源，既有理论方面的因素，也有教育实践方面的因素。

从理论上讲，20 世纪初以来，心理学理论主要受行为主义与认知学派传统的影响。行为主义为了摆脱心灵主义的影响，力求把复杂的学习与思维过程简约为刺激与反应的联结，以便用“联想”和“条件作用”的法则对其作机械的分析。由于情感特征不大经得起行为分析的检验，因而成了“净化”的对象。传统的认知学派，尤其是格式塔心理学，强调知觉组织和认知综合在问题解决中的作用，而被研究的问题，往往都是与学生的情感活动没有关联的。

从实践中讲，如果认为学校和教师在安排教学计划时没有考虑到使学生实现某些情感方面的目标，那是不公允的。任何一位有经验的教师，对学生的兴趣、态度和性格的发展都是相当警觉的。但

是，我们应该承认这样的事实：尽管教师在制定每一门课程的教育目标时，常常像强调认知目标一样强调情感目标，并作了某些尝试，可是，随着教学过程的推进，很快就把情感目标忽略掉了，到了期末评定时，几乎完全没有考虑到学生的情感因素。用布卢姆的话来说，情感目标被“销蚀”(eroded)掉了。

情感目标被销蚀，因素是多方面的：①教师无法根据情感目标评定学生的成绩。为了便于评定，考试和测验中主要涉及各种认知目标。根据学生认知考试的结果，教师给学生评分时不会感到踌躇，都有客观标准；而情感方面很难有合适的评估方法。尽管如此，事实上，教师很可能喜欢处于情感目标某一端上的学生，并给予各种奖励；给处于另一端的学生以批评或惩罚。②教师难以区分真诚的反应与只是为了取悦于教师的反应。而且，人们往往把学生对学习的兴趣、态度等作为学生自己的事。因此，教育的目标逐渐变为使学生能应付一种几乎完全是认知性的考试。③情感目标受到销蚀，很可能与它实现起来较为缓慢有关。因为，任何一项具体的知识或技能，可以很快地习得，并直接表现在认知方面的考试中。而学生的兴趣、态度和个性特征形成起来比较缓慢，只有经过很长一段时间，甚至好几年，才能在评估中看出了其变化。当然，这不是说情感行为不可能会有比认知行为更突然的变化，而是说，这种突然的变化往往是以长期发展过程为基础的(Bloom，1976)。

布卢姆等人根据认知与情感的上述关系，在编写《教育目标分类学》时，把学生的学习分为三个领域：认知、情感和动作技能。他们反复强调，把学习领域分成这样几个方面，带有主观任意性，事实上，它们总是交织在一起的。这就是说，认知目标中始终具有情感的成分；情感目标总是带有认知成分。有时，认知目标是达到情感目标的手段，例如，要达到热爱祖国这一目标，是以学生对国家的历史、文化和现实的了解为基础的；有时，情感目标是达到认知目标的手段，例如，学生对学习的兴趣和动机，是学生达到认知目标的必备条件；而在有些情况下，认知与情感目标是同时达到的，例如，通过教学使学生对学习内容感兴趣，或通过培养学生探究能力改变学生对理智活动的态度。由此可见，我们只能在思维中或在概念上对学习的认知因素与情感因素加以区分，而不能把它们看做是两个独立起作用的实体(Bloom，1956)。

正是基于这一缘由，布卢姆把学生的认知状态和情感特征作为学习的前提条件。在他看来，所谓情感特征，就是指“学生学习新的学习任务的动机”(Bloom，1976)。

二、学校学习理论的若干变量

布卢姆学校学习理论的核心，是要解释学校学习中的个别差异，并确定改变这类差异的方法。他所说的学校学习理论，也就是我们通常所说的教学理论。

学生的个别差异，早已是教育学和心理学著作中的专门名词。但布卢姆认为，与其说学生的个别差异，还不如说学习中的个别差异来得更贴切些。因为，说学生的个别差异，往往会把研究的重点放在学生身上，而不是放在学生与教育环境和社会环境的相互作用上。尽管所有证据都表明，学习中存在着差异，而且这种差异是相当稳定的，但是，布卢姆深信，这种差异大多是由学校和家庭环境条件造成的。也就是说，是人为的，而不是天生造成的。造成学校学习中个别差异的最重要因素之一，是目前这种班级授课制：一个教师同时面对几十个学生，教学只能适宜于一部分学生，而对另一部分学生肯定不适合。因此，最好采用个别教学的方法，使教学适合于每一个学生。但目前的财力和人力不允许这样做，唯一的办法是要建立一种基本上无差错的或差错较少的教学体系。布卢姆认为，只要对下列三个自变量予以适当注意，就有可能使绝大多数学生的学习都达到掌握水平：①学生已经习得完成新的学习任务需必备的知识技能的程度(即“认知准备状态”)。②学生从事学习过程的动机程度(即“情感准备状态”)。③教学适合于学生的程度(即“教学质量”)。

布卢姆认为，学生对新的学习任务的认知准备状态、情感准备状态和教学的质量，将决定学习结果的性质。

(一)认知准备状态

布卢姆认为，学生在学习结果上显示出来的差异，可以被归结于在学习开始时掌握有关知识技能上的差异。这一观点以下列四个事实为依据。

第一，对学业成绩进行预测的各项研究都表明，学习开始前的成绩测验和能力倾向测验，可以预测学生在学习结束时的成绩水平或学习的速度。这意味着，学生学习某一任务前的各种品质，与学习结果的好坏很有关系。

第二，对学生学习成绩的追踪研究也发现，学生在学期结束时的成绩离差，不仅与他们在学期开始时在相关学科成绩中表现出来的离差高度相关，而且与他们若干年前同一学科的成绩高度相关。

第三，学校中的学习任务通常是指每门学科的教学单元或教科书中的章节。这些学习任务一般都是按顺序排列的，后面的学习任务是建立在前面的学习任务的基础上的。许多教师在开始教新课时，都假定全体学生已掌握了前面的学习内容，而从学生这方来看，事实并非如此。

第四，与以往学习无关的学习任务事实上是不存在的。即便最简单的学习任务，也是以学生以往的某些学习或经验为基础的。例如，要学生学习“1＋1＝2”，是以学生知道1代表多少为前提的。

布卢姆认为，如果所有学生都具备学习新任务所必须的条件，又有适当的动机和符合他们水平的教学，那么，所有学生都可以圆满地完成学习任务；如果学生还没有具备学习新任务的必备条件，那就会有两种可能：或是学习成绩上出现差异，或是完成学习任务所用的时间不同。

我们知道，每一项学习任务所需的必备条件是各不相同的，而且，不同的教师教同一学习任务时，可能会需要不同的必备条件。但布卢姆认为，不必通过复杂的研究程序，也可以解决确定某一学习任务的认知准备状态的问题，因为学校里的各项学习任务从来不是孤立的，而是相互关联、按顺序排列的。学习任务1是学习任务2的必备条件，学习任务2是学习任务3的必备条件，以此类推。在这种情况下，学生对学习任务1的认知准备状态，实际上成了整门学程的先决条件。就是说，如果有些学生对学习任务1没有适当掌握的话，在以后学习中会遇到越来越多的困难，就像滚雪球一样。如果还有些学生在学习任务2或学习任务3没有达到掌握水平，后面学习中遇到的困难也呈这种态势。

由此可见，如果每一项学习任务中学生的问题没有得到矫正的话，他们在以后的学习任务中，成绩水平和学习速度的差异会越来越大，全班学生成绩的分布将会像图7-24所示。

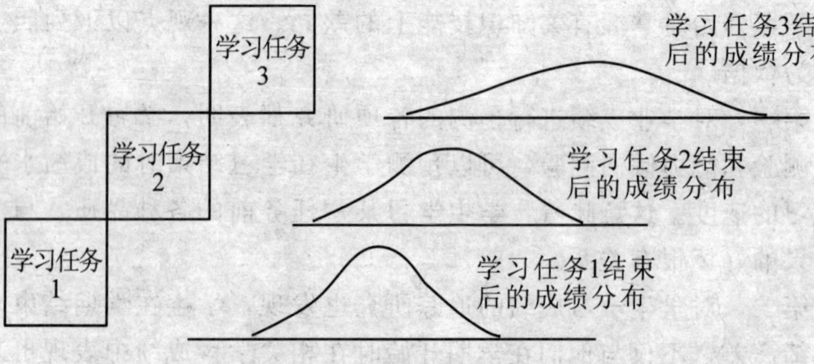

图7-24　每一学习任务结束时学生的问题没有得到矫正学生成绩的分布态势

与此相反，如果学生在从事学习任务 2 之前，完全掌握学习任务 1 的实质性部分(如有问题，得到了矫正)，而且，学生在以后每项学习任务中也都达到掌握水平的话，那么，全班学生成绩的趋势将会像图 7-25 所示那样。也就是说，学生成绩水平和学习速度之间的差异会越来越小，大多数学生都能取得好成绩。

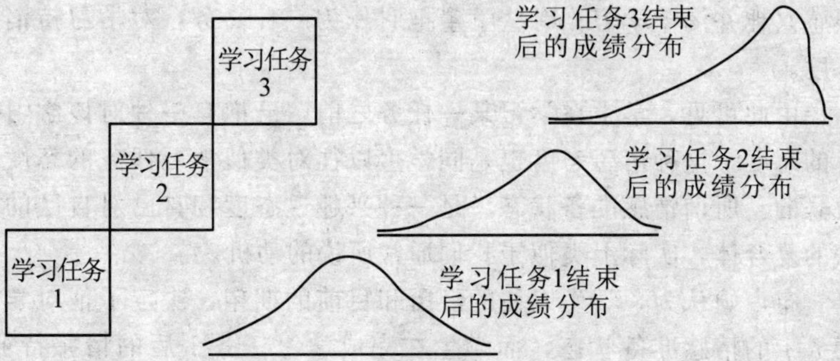

图 7-25　每一学习任务结束时学生的问题没有得到矫正学生成绩的分布态势

当然，布卢姆也认识到，学习任务有时并不一定完全按顺序排列。而且，并不是说学生在学校里以前学习的所有内容都构成新课程所必须要的认知准备状态。但是，只要对新的学习任务的必备条件作逻辑的和心理的分析，必然也会得出与前面所述同样的结论。例如，初一年级的代数学习，并不一定是以小学六年所有的算术知识为先决条件的。但是，代数学习无疑要利用以往算术学习中习得的某些知识和计算能力。一些追踪研究的结果都说明了这一点。例如，三年级学习成绩与十一年级学习成绩的相关系数是＋0.82；七年级成绩与十一年级学习成绩的相关系数是＋0.9，等。这就是说，十一年级学生成绩约三分之二的变化在八年前就可预测到了，81%的变化在四年前就可以预测到了。一般说来，每门课开学时的测验可预测到学生在期末测验时成绩的四分之三。

在确定学习任务的认知准备状态时，我们会发现它们与学生的智商有些相关。但布卢姆坚信，通过适当的教学程序，是可以使学生达到学习某一任务的认知准备状态的。就是说，认知准备状态是可以改变的。但与此同时也要认识到，有些认知准备状态可能比较容易改变，而有些认知准备状态的改变则需要经过较长时间才能达到。

需要注意的是，认知准备状态是掌握新的学习任务的必要条件，而不是充分条件。这就是说，学生具备必需的认知准备状态，并不能保证他获得好成绩，这里还有一个学生的准备状态和教学质量的问题。根据布卢姆的推算，认知准备状态能说明学生成绩变化的50%。

(二)情感准备状态

如果教师在开始教某一门课之前对学生作一番观察，就可以看到，学生对该门课的态度或情感是各不相同的。有些学生对之显然很感兴趣并渴望学习；有些学生把它作为一种义务，对学习持消极态度。

由此可见，学生在学习某一任务之前，已抱有一种对该学习任务的态度，这种情感态度也是同学生以往对类似学习任务的态度相关联的。所谓情感准备状态，是一种兴趣、态度和自己对自己的看法的复合体，实际上类似于我们通常所说的动机。

布卢姆认为，学生以往的经历和目前的期望，决定了他对学习任务1的情感准备状态，而学生在完成学习任务1后的情感特征，可能成为学习任务2的情感准备状态。因此，我们需要区分学生在某一学习任务之前的情感准备状态与在完成该学习任务之后的情感特征。这两者都是学生学习经历的产物，但是，确切地说来，这不是学生实际经历的产物，而是学生怎样看待这种经历，以及怎样把该学习任务与对自己经历的看法联系起来的结果。因此，两个学生具有同样的学习经历，但他们对自己的经历可能有不同的看法。而且，每个学生对某一学习任务最初的看法可能各不相同，这些看法与他们以往的经历有关。布卢姆认为，教师无需关注学生的看法是否精确，重要是要认识到，学生最初的情感准备状态是受学生对自己学习成绩的看法影响的，反过来又影响到学生对学习任务的态度，从而影响学习的成绩。

所有研究结果都表明，学生的情感准备状态与学习成绩是相关的。就是说，情感准备状态在一定程度上决定或影响学习成绩。布卢姆根据一系列研究数据得出这样的概括：情感准备状态可说明相关学科认知测验成绩变化的25%。

在布卢姆看来，学生对某一学习任务的情感准备状态，决定了学生为完成该学习任务准备付出必要的努力的程度，同时还部分决定了学生在遇到困难和挫折时试图克服它们的程度。反之，学生学习某一任务的有效性，也将影响他们以后学习类似任务的动机和努力的程度。而学生对以往学习成功或失败的看法，往往是与学校里的考试成绩联系在一起的。他们把这些成绩解释为是自己学得好或学得差的证据，然后把它与对以后遇到的有关学习任务的看法联系起来。因此，为了使学生能用一种积极的方式看待自己，就必须给他们许多得到奖励的机会。反之，如果经常给予学生失败和不适应学习的证据，必然会伴随学生日益增加自我怀疑。

布卢姆还试图对三种情感准备状态作出区分：①对某种学科的态度；②对整个学校学习的态度；③对自我的态度。这三者是有一定关联的。依布卢姆之见，学生的经历，主要是在学校里学习的经历。学生对某些学科感兴趣与否，并不是天生的，而是在校学习期间形成的。如果学校能结合学生成功学习的经历，尤其是在小学期间，那么，学生很可能会对认知或情感目标都抱积极的态度。

诚然，学生的情感准备状态相对来说不那么容易改变，这是学生在长期学习经历中形成的。但是，我们可以通过各种手段，有效地增强学生致力于某一学习任务的努力程度。事实上，只要能使学生在这次学习任务中获得成功，并使他认识到这一点，愿意在以后的学习任务中付出同样的(或更大的)精力，这就是有效的手段。而要做到这一点，就要提高教学质量，以便使大多数学生都能取得好成绩。

第八章　人本主义学习理论

心理学发展到20世纪中叶，以行为主义为代表的心理学理论开始受到质疑，一些心理学家开始感到，当时的心理学过于追求研究方法的“严格”性，把对动物的研究结果直接应用于人类学习的做法忽视了人的实质，是不恰当的。他们转而提倡像精神分析那样的个案研究，但是在研究的对象上反对像精神分析那样只关注有情绪障碍的人，而主张关注心理健康的人。到60年代，上述观点形成了人本主义心理学流派，因为构成了对传统心理学的挑战，又被称为第三势力心理学。

第一节 人本主义学习理论概述

人本主义心理学家主张研讨完整的人，而不是将行为表现、认知过程、情绪障碍等方面割裂来研究。人本主义心理学奠基人之一的马斯洛(A. H. Maslow)说，人本主义者要在心理学中发生一场革命，就像当年伽利略、达尔文、爱因斯坦、弗洛伊德和马克思所引起的革命一样。也就是说，要形成知觉与思维的新方式、对人与社会的新形象、对伦理观与价值观的新看法，以及新的运动方向(Maslow，1968)。

一、人本主义心理学与学习理论

人本主义心理学家试图从行为者，而不是从观察者的角度来解释和理解行为。他们所关注的是个人的感情、知觉、信念和意图——这些是使一个人不同于另一个人的内部行为。他们认为，如果学习内容对学生没有什么个人意义的话，学习就不大可能发生。因此，他们感兴趣的是自我概念的发展、人际关系的训练以及其他情感方面的内容。

人本主义的代表人物除罗杰斯外，还有马斯洛、弗罗姆(E. Fromm)、库姆斯(A. Combs)和奥尔波特(G. W. A11port)等人。在学习理论方面，马斯洛主张教师的任务不是教学生知识而是为其设置良好的教学情境，教师需注意学生基本需求的满足与否。库姆斯的情意教育理论，注重学生情感的发展以及态度、品德、价值观念等的培养，认为教师在辅导学生的过程中，必须了解学生对该一情境的知觉。罗杰斯对学习的论述较多，他的《自由学习》一书专门探讨学习的问题，并且他还参与了与其他学习理论的论战。

二、人本主义学习观

罗杰斯将学习分为两类，这两种类型的学习处于意义连续体的两端。

一类学习类似于心理学上的无意义音节的学习。学习者要记住这些无意义音节是一项困难的任务，因为它们是没有生气、枯燥乏味、无关紧要、很快就会忘记的东西。所以，它们一方面不容易学习，另一方面又容易遗忘。容易为人所忽略的是，学生在课堂里学习的内容，有许多正具有这种无意义的性质。在学生的课程中有很大一部分内容对他们来说无个人意义。因此，学校教育成了徒使学生学习没有个人意义的材料。这类学习只涉及心智(mind)，是一种“在颈部以上(from the neck up)”发生的学习，它不涉及感情或个人意义，与完整的人无关。在罗杰斯看来，“现代教育的悲剧之一，就是认为唯有认知学习是重要的”(Rogers，1983)。

另一类是意义学习(significant learning)。所谓意义学习，不是指那种仅仅涉及事实累积的学习，而是指一种使个体的行为、态度、个性以及在未来选择行动方针时发生重大变化的学习。这不仅是一种增长知识的学习，而且是一种与每个人各部分经验都融合在一起的学习。例如，当一个刚学步的小孩的手碰到取暖器时，他就学会了“烫”这个词的意义；他同时也学会了以后对所有类似的取暖器要当心；他会以一种不会马上就遗忘的、有意义的和投入的方式保留所学到的内容。又如，如果一个5岁小孩迁居到另一个国家，让他每天与新的小伙伴们一起自由地玩耍，完全不进行任何语言教学，他在几个月内就会掌握一种新的语言，而且还会习得当地的口音。因为他是用一种对自己有意义的方式学习的，所以学习速度极快。倘若请一个教师去教他，在教学中使用对教师有意义的材料，那么学习速度将会极其缓慢，甚至停滞不前。

为什么用理智的方式向儿童传授知识，不如儿童自己去学习来得快速、扎实而有实际意义？罗杰斯认为关键是前者不涉及个人意义，只是与学习者的某个部分(如大脑)有关，与完整的人无关，因而他不会全身心地投入这种学习。由此可见，罗杰斯的意义学习(significant learning)，与奥苏贝尔的意义学习(meaningful learning)的内涵是不同的，前者关注学习内容与个人之间的关系，而后者是强调新旧知识之间的联系。按照罗杰斯的观点，奥苏贝尔的意义学习只是一种在“颈部以上发生的学习”。

在教育史上，人们往往把学习看做是一种前后有序的认知活动，是一种左半脑的活动。左半脑一般是以逻辑的、线性的方式发挥功用的，它是按直线一步一步地思考问题，注重构成整体的部分和细节；它只接受确切的和清楚的内容；它处理的是观念和概念；它是与生活中的阳刚(masculine)方面联系在一起的。使学生左半脑得到发展，几乎成了现在学校唯一公认的功能。

但在罗杰斯看来，要充分利用右半脑，才能使整个人都参与学习。右半脑是以另一种方式发挥功用的：它是以直觉的方式思维的；它要在理解细节之前先掌握实质；它考虑到整个形式、整个完形；它是以隐喻方式运演的；它注重的是审美而不是逻辑；它能作出创造性地跳跃。艺术家与富有创造性的科学家即采用这种方式。它是与生活中的阴柔(femine)方面联系在一起的。

罗杰斯认为，意义学习是使学生左右脑共同发挥功用的最好办法。他指出，“意义学习把逻辑与直觉、理智与情感、概念与体验、观念与意义等结合在一起。当我们以这种方式学习时，我们就成了一个完整的人，即成了能够充分利用我们自己所有阳刚和阴柔方面的能力来学习的人”(Rogers，1983)。

罗杰斯批评传统的学校教育割裂了儿童的身心，儿童的心和身体来到学校，感情和情绪却只能在校外得到自由表达。学校完全可以将整个儿童包括他们的情感和理智都带进来，以此增进学习。

罗杰斯认为，意义学习主要包括四个要素：①学习具有个人参与(personal involvement)的性质，即整个人(包括情感和认知两方面)都投入学习活动；②学习是自我发起的(self－initiated)，即便在推动力或刺激来自外界时，但要求发现、获得、掌握和领会的感觉是来自内部的；③学习是渗透性的(pervasive)，也就是说，它会使学生的行为、态度，乃至个性都会发生变化；④学习是由学生自我评价的(evaluated by the learner)，因为学生最清楚这种学习是否满足自己的需要、是否有助于导致他想要知道的东西、是否明了自己原来不甚清楚的某些方面。

在罗杰斯看来，自我评价是使学生自我发起的学习成为一种负责的学习的一个重要手段。当学生必须对确定哪些准则是重要的、学习的目标什么以及在何种程度上达到了目标负起责任时，他也就真正学会了对自己及自己发展方向负起责任来。

罗杰斯批评行为主义者只注重行为的结果而不探究起因。他认为，人的行为是同自我概念联系在一起的，每个人都是按照一种与他自我概念相吻合的方式行事的。因而，人是他自己行为的决定因素，而不从属于环境，他可以对他生活的性质作出自由选择。这与行为主义的环境决定论是对立的。

第二节　促进自由学习的原则和方法

一、学习的原则

罗杰斯认为，应该先呈现大量的实际经验和对方法的描述，然后才提出从中概括出来的一般原理。这与人们传统的方式是相反的。在他看来，根据已有研究，人本主义的、以个人为中心的和以过程为定向的学习方式可以归纳出十条学习原则。

(一)人类生来就有学习的潜能

人的好奇心与生俱来。罗杰斯认为，学习者总是怀着一种心理矛盾渴望发展和学习。之所以说心理矛盾，是因为任何一种意义学习都包含某种程度的痛苦：或者学习本身是痛苦的；或者是由于学习时不得不放弃某些已有观念而引起的苦恼。第一种矛盾心理可以用小孩学步为例。小孩摇摇晃晃，跌倒碰痛了。学步虽然是一个痛苦的过程，然而，小孩从发展自己行走潜能中获得的满足，远远超过了他因遇到挫折而引起的痛苦，所以，他还是会继续学走步。第二种矛盾心理可以以一个刚进名牌大学的学生为例。这个学生在中学读书时是尖子，进入名牌大学后发现自己并不出众。承认这一点是一种痛苦的学习，然而，在大多数情况下，他确实能承认这一点，并由此而获得进步。

在合适的条件下，每个人所具有的学习、发现、丰富知识与经验的潜能和愿望是能够释放出来的，这种心理倾向是稳定的。人本主义对教育的全部探讨，都建立在学生的这种渴望学习的天性上。

(二)当学生觉察到学习内容与他自己目的有关时，意义学习便发生了

在罗杰斯看来，一个人只会有意义地学习他认为与保持或增强自我有关的事情。同时选修统计学课程的两个学生，一个迫切需要这门知识以完成研究项目，一个则单纯为了获得学分，二者在学习上的差异不言而喻，因为前者是一种“实用的学习”，后者则是学会如何敷衍通过这门课。

这一原则也关系到学习的速度。当学生认为学习内容与达到自己目的有关时，学习速度就会大大提高。

(三)涉及改变自我组织(即改变对自己看法)的学习是有威胁性的，并往往受到抵制

自我概念是指一个人的信念、价值观和基本态度。当学生的自我概念遭到怀疑时，他往往会采取一种防御态势。罗杰斯提到，20世纪60年代以来，男孩子蓄着长发到学校去，会引起一些人的愤怒，甚至还有人提出诉讼。实际上头发的长度不能决定人与人的差别。教职员之所以反对男孩子留长发，是因为如果他们接受了这种不顺从的做法，就会威胁到自己的价值观——顺从社会的要求。如果允许这种矛盾存在，教职员就必须重新评估自己的价值观，并作出相应的改变。所以，大多数教师认为，不留长发的人是对的，而留长发是不对的。

(四)那些威胁到自我的学习内容，在外部威胁降到最低限度时比较容易被觉察和同化

罗杰斯强调，学习氛围对学生有十分重要的影响。如阅读迟钝的儿童，他们可能因为自己的阅读缺陷而受到同学的嘲笑并得到较差的成绩，这会使他们感到不适应或受到威胁，在这样的环境中，很难得到阅读能力的提高。但是如果在理解和支持的氛围中，在没有等级评分和鼓励自我评价的环境里，就可以消除上述这些外部威胁，同时也不会出现由恐惧引起的心理崩溃，从而使阅读取得进展。这也许是教学机器(如果使用恰当的话)最大的好处之一。阅读能力低下者在机器教学情况下，分成小步练习，每步之后可获得奖励，从而感受到成功。

研究表明，不要因为学生成绩差而施加压力、鼓励学生自发参与学习活动、在学生参与学习活动时给予一些适当的建议，这要比正规教学活动有效得多。罗杰斯认为，许多教师之所以忽视这类研究，主要是由于这些研究结果对教师构成了威胁。倘若提高学生成绩需要的只是为他们提供学习机会，而不需要教师的教授，这似乎

是剥夺了教师的职业，这是他们难于接受的。

（五）当对自我的威胁很小时，学生就会用一种辨别的方式来知觉经验，学习就会取得进展

这一原则在某种程度上是对上一个原则的延伸和解释。当前述阅读能力低的学生在全班面前朗读时，会因为恐慌而感到文字符号比他在座位上阅读时更难辨认。但当他处在安全、对自我不构成威胁的环境时，就能以辨别的方式对文字进行觉察、识别与组合，取得学习进步。

罗杰斯认为，任何一种学习都涉及增强对经验场(the field of experience)差异的辨别，并同化这些差异的意义。在这里，应区分对机体(organism)构成的威胁和对自我(self)构成的威胁。对自我的威胁会阻碍学习进展，但对机体构成的威胁往往能够增强学习，例如，对交通规则的无知会构成对机体的威胁，而不是对自我的威胁。对交通规则的辨别越快，他的自我越可能得到增强，因此儿童对交通规则的学习又快又好。然而，像羞辱、嘲笑、辱骂、蔑视或轻视等，会威胁到学生的自我，威胁到学生对自己的看法，从而会严重干扰学习。

（六）大多数意义学习是从做中学的

促进学习的最有效的方式之一，是让学生去切身面对实际问题、社会问题、伦理和哲学问题、个人问题和研究问题等等。实现方法可以是设计各种场景，让学生扮演各种角色，或者安排一些短期强化课程，让学生到第一线去，直接面对教师、医生、农民和咨询人员所面临的问题。有了处理问题时的体验，会极大促进他们的学习。

（七）当学生负责任地参与学习过程时，就会促进学习

最大程度上从事意义学习的时候，就是当学生自己选择学习方向、参与发现自己的学习资源、阐述自己的问题、决定自己的行动路线、自己承担选择的后果的时候。证据表明，这类参与学习比消极被动的学习有效得多。

（八）涉及学习者整个人(包括情感与理智)的自我发起的学习，是最持久、最深刻的

学习不应该只发生在“颈部以上”，只有全身心投入的学习，才会对学生发生深刻的影响，这是罗杰斯反复强调的观点。符合这一观点的学习情境都包含一个要素：学生觉得在其所从事的学习活动中，进行或终止的决定权在自己而非权威手中。如，尝试着发现自己得出的新观念、学习一种难度较高的技能，或从事艺术创作活动

时，就会产生这类学习。在这些创造性的学习中，学生都是不由自主地投入到学习中的。

（九）当学生以自我批判和自我评价为主要依据、把他人评价加在次要地位时，独立性、创造性和自主性就会得到促进

自由的氛围是培养创造性的土壤。外部评价对创造性研究的目标是无效的。如果要使儿童成为一个独立自主的人，就要从小给他自己进行判断的机会，允许他犯错误，而且还要让他自己评价这些选择和判断的结果。家长可以提供信息和行为方式，但必须让儿童或青少年评价自己的行为、得出自己的结论、决定适合他们自己的准则。在学校或家庭里依赖他人评价的学生，很可能要么是始终习惯于依赖他人而显得不成熟，要么是全然反抗所有外部的评价和判断。

（十）在现代社会中最有用的学习是了解学习过程、对经验始终持开放态度，并把它们结合进自己的变化过程中去

静止地学习信息，在以往的时代里可能是合适的，但如果我们要使当代文化得以生存下去，就必须使个体能够顺应变化，因为变化是我们当代生活中最重要的事实。这也就是说，采用以往的学习方式，无法使学生面对当前的处境。我们现在可以预期，对于不断变化的社会来说，采用新的、富有挑战性的学习始终是必需的(Rogers，1969)。

根据上述学习原则，能够影响一个人行为的知识，只能是他自己发现并加以同化的知识。凡是可以教给别人的东西，相对来说都是无用的。因此，教学的结果，如果不是毫无意义的，就可能是有害的。人生来就有学习的动力，并能确定自己的学习需求。现在学生不能如此，是由于受到学校和社会的束缚。所以，“教师的基本任务是要允许学生学习，满足他们自己的好奇心”(Rogers，1983)。换言之，教师的任务不是教学生知识(这是行为主义所强调的)，也不是教学生怎样学(这是认知学派所关注的)，而是要为学生提供学习的手段，由学生自己决定如何学习。

基于上述理由，罗杰斯对传统的教育方式持激进的批判态度。他主张废除教师中心的方式，提倡学生中心方式，其关键在于使学习具有个人意义。也就是取消以教师为主导的、对学生进行灌输式的教育，用促进者(facilitator)的角色取代教师这一角色，为学生提供各种学习的资源、促进学习的气氛、使学生知道如何学习。

二、自由学习的方法

罗杰斯学习原则的一个核心是让学生自由学习。要想在课堂中实现这一原则，关键在于信任学生及他们的学习潜能。只要抱有这种信任的态度，并愿意让学生自由学习，就会在与学生的交往中逐渐形成适应自己风格的、促进学习的最佳方法。

以下是罗杰斯举出的10种促进学生学习的方法，有些是人本主义观点派生出来的，有些则是从其他的学习理论借鉴而来。

(一)构建真实的问题情境

如果要培养自由、负责的学生，使他们能够对学习活动全身心的投入，就必须让他们面对其个人有意义或有关的实际问题，但是现代的学校教育却在把学生与生活中的现实问题隔离。

罗杰斯相信，儿童在相当程度上是受本能驱动的。他们对环境中挑战着他们的因素感到好奇，并渴望发现、认识、解决问题。然而，这种本能的动机在很大程度上被学校学习抑制了。但动机并没有完全消失，它们仍然存在。引出这种动机，发现那些对年轻人的现实挑战，为他们提供应付这些挑战的机会，这是学习促进者的任务。

罗杰斯坚信，构建一种让每个学生都面临非常真实的问题情境是可能的。教师应该发现那些对学生来说是现实的、同时又与所教课程相关的问题。由于学生太脱离实际问题了，所以必须让他们经历将来会成为他们真正问题的情境。

(二)提供学习的资源

如果一名教师关注的是促进学习而不是教学功能，那么他对时间精力的安排将大大区别于传统的教师。他将把大量的时间放在为学生提供资源上，把精力集中在简化学生利用资源所需的实际步骤上，而不是组织教案和讲解。例如，仅仅告诉学生在图书馆可以借到某一本书是不够的。如果学生发现这本书已被人借走了，多半不会有耐心等到这本书还来时再去借。如果教师在教室里搞一个出借书籍和材料的书架，那么，学生的阅读量以及他们为解决个人需要而利用图书馆的时量，就会迅速增加。

学习资源不只局限于书籍、杂志和实验室设备等，还应该想到人力资源——即可能有助于学生学习和学生感兴趣的人。社区中常常有一些人，可以来解答学生关心的某些问题。当然，教师是最重要的资源，教师可以在不施加任何压力的情况给学生以帮助。例如，教师可以向学生介绍自己所拥有的知识、经验、特定的技能和能力，以便学生在需要时可以求得帮助。

如果能将大部分时间放在创造性地为学生提供大量的学习资源上，就可以提供各种新的学习方式，使学生处于一种他们可以选择的、最能满足他们需求的学习环境中。

(三)使用合约

罗杰斯认为，一种有助于学生在自由学习气氛内保证学有所得、并对学习承担责任的方式，是使用学生合约(student contracts)。合约允许学生在课程规定的范围内制定目标，计划他们自己想做的事情，并确定最终评价的准则。

每门课程的最初若干节课，可用来制订合约。合约有助于解决教师和学生心里可能存在的疑问，如果教师对学生是否会成为负责任的学习者犹豫不决，如果一些学生难以相信自己不受推动也能学习，那么花时间制订合约就是值得的。

传统教学中，教师单方面决定学习成绩的标准，学生没有发言权。而学生合约使学生有机会参与确定评价的准则。想要得到较高等第的学生，需要制订与高等地相称的个人计划，一旦工作完成后，就可以得到合约上的等第。所以，合约可用来提供有助于学生达到认知目标的各种活动、动机和强化。在任何学科、任何年级都可以使用合约。但需要注意的是，合约是学习的一种辅助手段，而不是唯一的教学方法。

学生合约一般包括六个要素：①决定合约的期限；②为合约拟定一个一般的格式；③收集资料和信息；④在学生学习过程中给学生一定的反馈；⑤在合约中表明将如何评价学生；⑥从一个学生开始，如果成功的话，再推广到其他学生身上去。图 8-1 是一份典型的学生合约。

独立研究合约

(学生)辛西娅

(教师)弗赖伯格先生

问题：如果非洲很热，而且没有足够的食物，人们如何才能生存？

假设：

1)非洲很热

2)没有食物

独立研究的时间：每星期二：如果需要的话，辛西娅可以去图书馆

研究项目持续时间：2～3 周

弗赖伯格先生与辛西娅碰头的时间：每星期二：如果有必要，再另加。

活动：辛西娅将要发现上述问题的答案，并以下列形式表达她的研究结果：

1)天气—下雨量地图。
2)与爱华特先生和希康戈先生交谈，交谈时列出 10 个问题。
3)对有关非洲的电影和幻灯片作出记录。
4)辛西娅将向全班发表这个问题的研究结果。
5)辛西娅将回答弗赖伯格先生和班上同学有关这个课题的问题。
评价：辛西娅得 A，如果她做了上述 5 项工作的话。
可以得到的资源：历书
地图册
图书馆里的电影和幻灯
与爱华特先生和希康戈先生交谈
图书馆里有关的书籍
签名：辛西娅
弗赖伯格先生

图 8-1　学生合约的一个例子

(四)利用社区

自由学习的另一途径是利用社区的学习资源。假设某位学生找到同等数量的白人和黑人进行交谈，以了解他们对种族问题的态度。在这一过程中，他们不仅需要从事背景研究，还要学习与人接触和倾听的技巧，分析笔记，从中寻求社区种族冲突的关键。这比任何课堂学习更有价值。

社区研究项目的类型多种多样。如果有的学生对人与人的交往感兴趣，教师可以帮他们去找在社区中工作的心理或社会工作者，成为他们的徒弟，或加入交朋友小组和同伴小组，体验性地学习心理学。再如，有几个学生决定研究洛杉矶的烟雾问题，最终他们制订了一个非常好的计划，以致得到了联邦政府的资助。

如果真正给予学生学习的自由，他们常常能得到由他们自己设计的、令人兴奋的学习经验，获得收益。他们由此可以从被动的知识接受者，变成探索者，使学习过程更深入，发现只有探险者才会发现的东西。

(五)同伴教学

同伴教学是促进学习的一种有效的方式，而且，它对学生双方都有好处。这种观点是建立在实验的基础上的。

在这项实验中，教师根据个性、成绩、责任心和热情等特点挑选了 76 个六年级学生作为数学科目的个别指导者，又挑选了 76 名二、三年级学生作为被指导者。在实验前，先对六年级学生进行 3 次 30 分钟的训练，使他们做好促进被指导者学习的准备。然后根据观察和教师的建议，让指导者与被指导者一一配对，指导课共进行两周、每节30分钟，共分6次。实验结果表明，大多数被指导者的数学技能有所提高，只有约12%的人没有表现出或只表现出极小的进展。更为重要的结果是，被指导者“表现出更强的自信、更强的学习动机，以及改善了对数学的态度”。与此同时，个别指导者主要抱怨的是没有足够的时间从事指导工作。“他们在自我确信和承担责任的意愿方面有所增强。”他们中的一些人学习更努力了，以期扩大和提高自己的数学知识(Good，1979)。

所以，同伴教学是一种有益于各方学习者、值得推广的学习方法。

(六)分组学习

罗杰斯也认识到，让学生自由学习，自己承担起责任时，也该为不想要这种自由，希望得到指导的学生做出安排，因为把自由强加给他们也是不合理的。可以把学生分成两组：自我指导组和传统学习组。学生可以自由地选择、自由地进出。如果学生是自由的，那么他们应该既有自我发起学习的自由，也有被动学习的自由。作为备选方案，程序学习可以供那些喜欢依照预设步骤学习的学生采用。

落实到具体措施，可以采用促进者—学习小组(facilitator—learning group)的形式：在一个大班内，将学生分成小组，小组人数可以从7至10人不等。由大家推选组长，一星期换一次。教师唯一的职责是让学生自己来承担学习的责任。教师随时准备接受各小组的邀请，作为小组的一员参加小组会议。当然，把大班分成自我驱动的小组，可以用许多其他方式，如可根据学生的兴趣或特定的课题来分组。罗杰斯要强调的是：如果教师愿意把那么多通常用于讲解的时间和精力放在规划促进学习上，那就可以解决许多看似无法克服的问题。

(七)探究训练

科学探究作为一种参与性和体验性的学习，日益引起人们的重视。许多学者和团体都参与到将学生培养成探究者的运动中。推动着这场运动的是一种紧迫的需要：在以变化为特征的当代社会，要使学生体验到科学是一个不断变化的领域，而不是存在于封闭的、只包括已发现的事实的书籍之中。因此，只是拥有有关科学的知识体系对学生来说已经不是学习目的，当今的目的是要使学生不再把科学看做是绝对的、完全的和永久的东西。

为了达到这个目的，许多教师为学生制订了探究的步骤、形成了探究的环境，为学生探究活动提供方便，尽可能使学生达到自主的发现，从而使学生在简单层次上成了科学家：寻找真正的问题答案，自己品尝科学家研究的艰辛和欢乐。罗杰斯承认，学生可能学不到许多科学的“事实”，但他们会形成一种“科学是永无止境”的探究精神，并认识到在任何真正科学里都没有封闭性的结论。

如果要求教师鼓励学生从事科学探究，有必要首先为教师提供这方面的学习体验。这就对当今的师范教育提出了挑战。罗杰斯说：“我们并不期望一位木工用锤子建造一幢房子，为什么我们期望教师用唯一的一种方式去教儿童呢?”(Rogers，1983)。在他看来，我们现在所做的是要求教师用 19 世纪的工具去处理 21 世纪的教育。

(八)程序教学

程序教学所依赖的基础是操作性条件反射。尽管罗杰斯对这一原理持否定态度，但他认为，程序教学可以成为促进学习的有效工具。

罗杰斯认为，编制较短小的程序，而不是编制涵盖整个知识领域的教程，也许是教学机器最有效的方式。由于程序教学的灵活性，它可以弥补学生的知识缝隙。例如，一个需要知道怎样使用显微镜的学生，可以找到一种涵盖这种知识的程序。一个打算花几个月时间学习法语的学生，可以用程序教学的方法学习语言。需要代数知识的学生，可以发现适合于自己的代数教学的程序。

程序教学的优点在于强调即时强化和奖励，而不是惩罚和评价，这样可以使学生直接体验到满足感、掌握知识内容、理解学习过程以及增强自信心。但是，程序教学如使用不当，也存在潜在危险。倘若它成了思维的替代物，或使人认为事实性知识比创造性更重要，那就会构成真正的危险。

(九)交朋友小组

交朋友小组是形成一种有利于意义学习气氛的重要方式。这种小组活动的目的，是要使每个参与者面临一种与人坦诚交流的情境，从而有助于解除各种戒备心理，以便在人与人之间形成一种自由的、直接的和自发的沟通。交朋友小组(encounter group，或译成遭遇小组)，常与 T 小组(T—group)、实验室小组(laboratory group)、敏感性训练课(sensitivity training course)等作为同义词。这种方法在培养专业人员、企业管理人员和政府行政人员的过程中已经大量使用，但相对来说，只有少数教师有这方面的体验。而这种方法有助于使教育达到较新的目的。

罗杰斯承认，很难对这类小组经验的性质作出简洁的描述，因为各小组之间、各小组领导组织方式之间有很大的不同。一般而言，交朋友小组在开始时很少有一种他人强加的结构，交流的情境和目的要由小组成员来决定。组织者的职能是要促进大家自由地表达自己的想法。刚开始时，大家可能会由于不习惯而感到有些别扭。但随之而来，小组成员自由表达自己内心想法、相互自发沟通会日趋增多。当个体不再戒备他人时，“伪装”就不再必要了，个体就会揭示迄今为止一直隐藏在自己内心的各种感情和想法，并接受小组其他成员即时反馈——包括积极的和消极的，这时基本的“遭遇”就发生了，或者说、大家交上朋友了。这种人际关系会进一步促进每个个体更自由地表达自己。

交朋友小组形成的是一种给人以深刻印象的个人经验，它会导致人与人之间更直接的交往、大大增加对自我的理解、使个体更真实和更独立，以及增加对他人的理解和接受的程度。

（十）自我评价

学习者的自我评价，是使自我发起的学习成为一种负责的学习的主要手段之一。罗杰斯认为，只有当学习者自己决定评价的准则、学习的目的以及达到目的的程度时，他才是在真正地学习，才会对自己学习的方向真正地负责。所以，自我评价在促进学习中是极为重要的。

自我评价的方式并不重要，重要的是学习者感觉到自己有责任去追求特定的学习目标。一个学生可能选择了一种非常刻板的目标，诸如只是收集一定数量的、可测试的信息；另一个学生则可能想通过学习一门课程，对各种刺激形成一种更加开放的态度，以便自己能更自由地对现有的各种资源作出反应。显然，这两个学生的准则不同，但他俩都是在负责地学习。只要他们能对自己的选择负起责任，应该允许他们有选择的自由。

第四编

学习心理

第九章 学习的动力机制

学习心理是教育心理学的重心，它是建立在学习理论的基础上，主要有行为主义、认知观点和人本主义的学习理论。学习心理的内容主要有不同类型的学习，如概念、原理学习，问题解决和创造性，动作技能的学习以及品德的形成与培养。同时，学生是学习的主体，是能动的学习者，所以学习动机、学习策略也是重要的内容，还有学习迁移等。

第一节 学习动机概述

学习动机是影响学习的重要因素之一，同时它本身也是学校教育的重要目标。在强调素质教育、学生主体性发展以及情感教育的今天，激发和培养学生的学习动机，不仅具有重要的理论意义，而且具有重大的实践意义。

一、动机

动机是指引起和维持个体的活动，并使活动朝向某一目标的内部心理过程或内部动力。人的各种活动是在动机的指引下，并向着某一目标进行的。

动机是一种内部心理过程，它不同于外界刺激的作用。人眼接受光的刺激产生视觉，人耳接受声音的刺激产生听觉，这是外界刺激对人的作用。这些刺激不是引起人们活动的内部原因，因而它不是动机。相反，当室内的光线太弱，人们为了阅读的需要而打开电灯，这种支配和调节行为的内在动力便是动机。人们可能意识到自己的动机，也可能意识不到，但没有这种内部动力，人就不会有各种各样的活动。

二、学习动机

(一)学习动机的涵义

动机总是和一定的实践活动联系在一起的。可以说，参与不同实践活动的动机，其性质是各不相同的。因此才会有运动动机、学习动机、成就动机等等。学习动机就是推动、引导和维持人们进行学习活动的一种内部力量或内部机制。

学习动机一旦形成，它不仅使学生对所学的东西有一定的指向性，比如，用主动积极的学习态度去学习，对学习表现浓厚的兴趣，上课能集中注意力去吸取知识等，而且也有一定的动力使学习过程中注意状态、兴趣水平保持下去，在遇到困难时有克服困难的意志力。可见，对于教师来说，了解学生的学习动机，并采取一定的教学手段，激发和培养学生的学习动机是十分重要的，也是提高教育和教学质量的前提和保证。

(二)学习动机的分类

由于学习动机所采取的形式及其影响的范围不同，借以实现的活动的具体内容以及所起作用的持续时间也不同，因而我们可以从不同的角度和侧面对学习动机进行分类。

1. 内部动机与外部动机

从学习动机的来源上，可以划分为内部的动机和外部的动机。在学校教育中，有多种多样的外在条件，可以吸引、激励、诱发学生，从而成为驱使他们积极进行学习的某种诱因或动力。如父母的鼓励、教师的表扬，竞争的奖励等等，都可能成为激发学生学习动机的外在条件。这种由外在力量激发产生的动机，可以称为外部动机。另外，学生本身的内部心理因素，如兴趣、信念、理想、好胜心、荣誉感等等，在一定条件下，也可以成为推动学生积极进行学习活动的内部力量。这种由内在心理因素转化而来的学习动机，可以称为内部动机。一般说来，内部动机比较持久，使学习者有较大的主动性，外部动机起作用的时间比较短，使学生的学习比较被动。

2. 认知的动机、自我提高的动机和附属的动机

认知动机是指要求了解和掌握知识、解决问题的动机，这种动机指向学习任务本身，满足这种动机的强化刺激是由学习本身(知识的获得)提供的，因而也是内部动机的一种。自我提高的动机是个体要求根据自己的能力赢得相应社会地位的动机，把成就看作是赢得地位与自尊的根据。附属动机是指为了获得老师或家长的赞许

而付诸学习行动的动机。自我提高的动机和附属动机都是为着某种外在的目的，所以都属于外部动机。

3. 长远动机与短暂动机

根据动机持续作用的时间，可以把动机区分为长远的动机和短暂的动机。例如，一个学生立志要在数学上取得一些成就，这种抱负不仅在小学、中学、大学的学习中起作用，而且在以后长时期内都起作用，它就是一种长远而持久的动机；如果学生的期望只是为了某一次数学考试取得高分，这个动机就比较浅近暂短，它只会在此次考试之前起到一点作用，考试之后就消失了。

4. 正确的动机与错误的动机

根据动机内容的性质，可以把动机区分为正确的与错误的、高尚的与低下的。那些符合并有利于社会发展与进步的动机就是正确的或高尚的；相反，那些违反社会发展与进步的动机就是错误的或低级的。

(三)学习动机与学习效果的关系

学习效果是经过一定时间的学习，学生可能达到的最终结果。学习动机是影响学习效果的一个重要因素。学习动机通过影响学习行为进而对学习效果产生影响。探讨学习动机与学习效果的关系，只有把它们放在“学习动机—学习行为—学习效果”的整体框架中才能把握两者之间的关系。

一般而言，学习动机与学习效果是一致的关系。强烈的进取心、旺盛的求知欲与良好的学习效果是相辅相成的。然而，有时学习动机与学习效果也存在不一致的情况，表现为学习动机好，短期内学习效果差；学习动机不好，短期内学习效果好。我们时常能够看到有些学生具有很高的学习热情，人也很聪明，但就是学习成绩不好，学生本人也非常焦急，这类学生大多是没有找到真正适合自己的学习策略的缘故；也有的学生并没有正确的学习动机或合理的学习动机结构，或因学习基础扎实，或因学习方法得当，取得了较好的学习成绩。

学习动机与学习效果之间的关系不是直接的，而是间接的。学习行为是学习动机和学习效果的中介变量，即学习动机通过学习行为影响学习效果。通过学习行为影响学习效果的因素有很多，学习动机只是其中的一个原因，这就有可能使学习动机与学习效果之间的关系不一致。

也应该看到，学习效果受学习动机特点的影响，具体表现在三个方面：

①学习动机的强度。一般情况下，学习动机强度越高，学习就越努力，越积极。但这并不能说明学习动机强度越高，学习效果也越好。学习动机强度与学习效果呈倒“U”型关系，即过高或过低的学习动机都不会取得好的效果，中等强度的学习动机才能取得最佳的效果。我们通常也说，一个人没有学习愿望不行，但学习愿望太强烈，也不行。例如，面对考后神情沮丧的学生，老师常会充满同情地说：她太想考好了！

②学习动机的清晰度。学习动机的清晰度指学习动机所指向的学习目标的明确程度。对学习目标认识越明确，说明学习动机清晰度越高，那么学习就集中精力，全力以赴，就有望取得较好的学习效果。反之，学习目标及如何实现学习目标不明确，即学习动机清晰度低，学习中就会犹豫不决，不能集中精力，就无望取得较好的效果。“头悬梁”、“锥刺骨”的学习行为往往是学习动机明晰的结果。大凡学习成绩较好的学生，学习目标都比较明确。这样的学生对自己的学习行为有控制感，知道自己如何努力才能达到优秀。学习较差的学生没有清晰的学习目标，即使有了学习目标，也不能确信自己能够完成，对学习行为少有控制感，已有的目标也会渐渐成为模糊的目标。

③学习动机的力矩。学习动机的力矩是指个体目前状况与目标的距离。相对而言，个体目前的水平距离目标越近，学习动机力量越大；个体目前水平距离目标越远，学习动机力量越小。布朗曾进行过这样的实验：把白鼠用线套住，连接在一根弹簧上，在离白鼠不同距离的地方放一些食物。实验发现，目标离白鼠越近，白鼠越用劲拉，弹簧拉得越长；目标离白鼠愈远，则白鼠拉的力愈小，弹簧拉得愈短。这里弹簧的紧张度可以代表诱因(食物)引起的学习动机强度。这一实验说明，越是接近目标时(学习动机力矩越小时)，由于胜利在望，个体越振奋，积极性也越高，越易取得较好的效果。学生的学习也是这样，只有远大的理想，如果不与短期、切近的目标相结合，远大的理想就会成为空谈，不能调节学生的学习行为。教师常教导学生说：为了实现心中的梦想，需要从现在做起，从我做起，就是这个道理。

总之，学习动机与学习行为之间的关系是复杂的。学习动机通过学习行为影响学习效果的过程也是复杂的。对于学习动机来说，任何简单的、片面的认识都是危险的，甚至是错误的。把握学习动机，需要对学习的动力机制及其对学习行为的影响有全面的理解。

三、学习动机的理论

(一)成就目标理论

1. 成就目标的涵义

艾姆斯(Ames，1992)认为成就目标是指“学生对学习活动、学业成就和成功的意义或目的的知觉”，简而言之，成就目标要回答：个体为什么从事某种成就行为，从事这个成就行为要达到的目的是什么。

个体对成就活动目的的认识决定了其判断成功的标准。一般而言，评价成功的标准有三个：首先是任务标准，主要看个体是否达到活动任务的要求。例如，今天老师的讲课内容，我是否都听懂了；其次是自我标准，主要看个体是否比自己以前做得更好。例如，我今天是不是比昨天更有进步；最后是他人标准，个体与群体中的其他人相比是否做得好。例如，我是否比全班其他同学学习成绩更好。个体的成就目标不同，用以评价成败的标准也不同，反过来，我们可以通过一个人评价成败的标准，确定其成就目标的类型。

2. 成就目标的类型

成就目标的类型(成就目标的定向)从大的方面来讲，可以分为两种：掌握目标(也叫自我卷入、学习目标、任务目标)和成绩目标(也叫任务卷入、能力目标)。掌握目标是指从事成就活动的意义在于掌握、理解任务，提高自身能力，往往根据任务标准或自我标准来评价个体的表现；成绩目标是指以证明或显示自身能力为目标，努力完成任务的理由是要证明自己有胜任该项工作的能力，个体倾向于把自己和他人作比较，根据常模标准评价自身的表现，认为比别人做得好才算成功。成绩目标又分为成绩接近目标和成绩回避目标两种。成绩接近目标关心的是在完成任务中胜过别人，比别人聪明，使用的标准是获得最好或最高分数，在班上是最优的学生；成绩回避目标的特点是回避次等，防止使别人觉得自己愚蠢，使用的标准是避免获得最坏的分数，避免自己是班上最差的学生。总的来看，三种目标分类中，掌握目标和成绩接近目标旨在获得积极的活动结果，是一种趋近的目标状态，成绩回避目标旨在避免消极的活动结果，是一种回避的目标状态。

3. 成就目标对认知、情感和行为的影响

德威克(Dweck，1988)等人进一步分析了掌握目标和成绩目标对认知、情感和行为表现的影响。

(1)对认知的影响

在成就情境中，掌握目标定向的个体关心的是如何发展能力，掌握知识，倾向于对成败作出努力归因。在这种情况下，失败并不表示低能，它仅仅意味着目前的策略不当或努力不够。相反，成绩目标定向者关心的则是自己是否胜任，他们关注能力测量和评价的结果，倾向于对成败作能力归因，认为失败意味着能力不足。另外，两种目标定向的个体对能力和努力的关系的认识也不同。持掌握目标的个体把努力看成是学习知识、获得能力的途径或手段，相信努力和能力是一种正向关系；持成绩目标的个体则认为努力和能力是一种反向关系，高努力的失败固然意味着低能力，高努力的成功却也不代表有能力。在同等成就水平下，努力越少说明个体越有能力。因此，他们更向往低努力的成功。例如，有的学生在教师上课时，不认真听讲，而是看杂志、读小说，回到自己家中关起门来刻苦学习，目的是为了博得同学们的认可：我不努力，照样学得好，这说明我聪明。

(2)对情感的影响

两种目标定向反应模式的差异主要表现在面临失败的情境中。对掌握目标定向的个体来说，失败并不代表能力低，而是意味着挑战和更多的学习机会，同时努力学习的过程本身也可以带来愉快、自豪感等内部奖赏，因而即使面对困难也能保持积极的情绪。而对成绩目标定向的个体来说，失败就意味着能力的不足，容易导致焦虑、羞耻感等消极情绪的产生。因此，在面临失败时，个体常常会采取自我防御的方式，如减少努力，拖延时间，贬低学习任务价值，表现出对成就活动的厌倦等，来维护自尊和自我价值感。

(3)对行为方面的影响

在成就情境中，掌握目标定向的个体倾向于选择挑战性的任务，能有效运用深层加工策略和自我调节学习策略，具有较高的坚持性和任务专注程度。成绩目标定向者对任务的选择受到能力知觉情况的影响，理想的任务是能使能力的积极评价和自豪感达到最大，而消极评价降到最低的任务。因此，不自信的个体往往倾向于选择容易的学习任务，能力知觉高的个体则愿意寻求挑战性任务和竞争性评价。另外，由于成绩目标的个体关心的主要是高成绩和好评价，因此，在完成任务的过程中，倾向于选择那些可以短时间见效的学习策略，如死记硬背等浅层加工策略。

(二)成就动机理论

成就动机是指个体对自己认为重要或有价值的工作，不但愿意做，且力求达到更高标准的内在心理过程。简言之，就是要求获得优秀成绩的欲望。成就动机理论是一种对人们追求成就行为给予认知解释的动机理论，阿特金森(J. W. Atkinson，1963)是成就动机理论的主要代表人物。

1. 基本观点

阿特金森认为成就动机由两种不同因素或相反倾向组成：一种是追求成功的动机，是人们追求成功和由成功带来的积极情感(如自我满足、自豪)的倾向性，表现为趋向目标的行动；另一种是避免失败的动机，是人们避免失败和失败带来的消极情感(如羞耻、屈辱)的倾向性，表现为想方设法逃脱成就活动，避免料想中的失败的结果。每当一个人面临任务时，这两种动机在个体身上同时起作用，每个人的成就行为是这两种动机综合作用的结果。如果一个人追求成功的动机高于避免失败的动机，这个人就会努力去追求特定的目标；反之，他就会去选择那些减少失败机会的目标；当两种动机力量势均力敌时，便会产生心理冲突，体验抉择的痛苦。

2. 追求成功的动机

追求成功的动机或倾向是三个因素作用的结果：追求成就动机的强度；在某项任务上成功的可能性；成功的诱因值。

这些因素之间的关系为：成功动机的强度、成功的可能性、成功的诱因值三者数值越大，则追求成功的动机或倾向也越强；当一个人有了较高的成就动机水平，在成败的可能性各占一半，成功诱因值适中时，追求成功的动机或倾向最为明显；当两个人所处任务难度(成功的可能性)和成功的诱因值都相同时，成就动机程度高的人追求成功的动机或倾向越强烈。

3. 避免失败的动机

追求成功的动机或倾向并不能单独地决定最终行为，避免失败的动机或倾向在决定行为中同样扮演着重要作用。阿特金森认为，在成就情境中，追求成功的动机和避免失败的动机同时被唤起。他假定避免失败的动机是避免失败动机的强度、完成某项任务失败的可能性以及避免失败的诱因值的函数。其中，避免失败的动机强度，可由焦虑测量问卷测定。很明显，客观上要求对行为给予评价时便导致了这种动机的唤醒，因而一个人在测验中的正常反应便提供了对他的这种动机的很好度量。

4. 成就动机

阿特金森认为成就动机是追求成功的动机与避免失败的动机相减的关系。当追求成功的动机强于避免失败的动机时，成就动机水平高，表现为趋向成就活动，他就敢于冒风险去尝试并追求成功。当避免失败的动机强于追求成功的动机时，成就动机水平低，表现为逃避或抑制参与成就活动，他就有可能退缩不前，畏首畏尾，无所作为。

阿特金森的理论模式对解释与预测人们的成就行为有一定的作用，但也招致很多批评。比如，许多学生害怕学习，可以说避免失败的动机强于追求成功的动机，但仍能坚持上课，这岂不与实际情况不相符吗？阿特金森认为，人们参与学习的行为，可以被多种动机驱使，如赢得父母高兴、逃避失败的惩罚、在同伴中争得优越的地位等。它们虽然不是成就动机的组成部分，但可以抵制消极、逃避的动机力量。成就行为除了取决于成就动机外，还有环境中引发的外部动机力量的作用。

阿特金森的成就动机理论把人的动机的情感方面与认知方面统一起来，揭示了影响成就动机的变量和规律。其主要局限在于：认为人的成就动机仅仅由内部因素所激发，没有看到社会生活条件等外部因素对人的动机的影响；虽然看到了认知在形成成就动机中的重要性，但他对认知作用的认识是模糊的、笼统的和不具体的。

第二节　情绪与学习

一、情绪对学习的影响

情绪对学习具有激发其动机，组织学习行为的作用。

1. 动机功能

情绪情感是动机的源泉之一，是一个基本的动机系统。它能够激励人的活动，提高人的活动效率。适度的情绪兴奋，可以使身心处于活动的最佳状态，进而推动人们有效地完成工作任务。研究表明，适度的紧张和焦虑能促使人积极地思考和解决问题。如兴趣和好奇心是驱使人们注意的选择和集中、支配感知的方向、思维的加工、对新异事物进行探索的内在动力。

同时，情绪对于生理内驱力(drive)也具有放大信号的作用，成为驱使人们行为的强大动力。如人们在缺氧的情况下，产生了补充氧气的生理需要，这种生理驱力并没有足够的力量去激励行为，但是，这时人们所产生的恐慌感和急迫感就会放大和增强内驱力，使之成为行为的强大动力。

从情绪和行为的关系来看，情绪对行为有促进作用，也有干扰作用。我们知道，动机是引发并维持个体行为的内在动力，由动机引发、维持的行为是有组织、有目的、有方向的活动。情绪、情感是激励人的活动，提高人的活动效率的动力因素之一。适度的情绪兴奋性，可使身心处于活动的最佳状态，进而推动人有效地完成工作任务。研究证明，适当的紧张和焦虑能促使人积极地思考和成功地解决问题。没有一点儿紧张，或者过度的紧张或焦虑将不利于问题的解决。在学习过程中，许多学生不怕困难，坚持不懈，取得了优秀的学习成绩。可见，炽烈的情绪、情感可以产生巨大的力量，推动实现既定的学习目标。

但是情绪和情感有时也有干扰作用。当学生的学习行为受到阻碍而产生消极情绪时，这种情绪会干扰有序的动机性行为，妨碍学习活动的进程，降低学习活动的效率。

2. 组织功能

情绪是一个独立的心理过程，有自己的发生机制和发生、发展的过程。有学者认为情绪作为脑内的一个检测系统，对其他心理活动具有组织的作用。这种组织的作用表现为积极情绪的协调作用和消极情绪的破坏、瓦解作用。研究表明，愉快和兴趣在中等强度激活水平时对学习活动能提供最佳的状态，有利于提高学习活动的效果。然而过低或过高的愉快激活水平并不利于学习活动。而消极的负性情绪如恐惧、痛苦的激活水平与操作效果之间则是直线负相关。也就是说，恐惧与痛苦情绪的激活水平越高，操作效果越差。

自 20 世纪 70 年代以来，不少学者开始了具体情绪对认知过程的影响的实验研究。研究表明，成人被试在愉快情况下学习背诵单词，他们在愉快中回忆那些单词时，比在悲伤中的回忆量要大；而在悲伤情绪下记忆的单词，在悲伤中的回忆量比在愉快中的回忆量要大。另一项实验结果表明，成人被试对童年事件的回忆，处于愉快情绪中的被试，回忆曾经引起愉快的事件的数量，比回忆曾经引起痛苦的事件的数量要多；而处于痛苦情绪中的被试，回忆引起痛苦事件的数量比曾经引起愉快事件的数量要多。这些研究都表明，无论是所回忆的材料的性质，或回忆时被试的情绪状态性质，都影响回忆的数量和质量。

情绪的组织功能还表现在对人的行为影响上，当人们处在积极、乐观的情绪状态时，易注意事物美好的一方面，其行为比较开放，愿意接纳外界的事物。而当人们处在消极情绪状态时，容易失望、悲观，放弃自己的愿望，有时甚至产生攻击性行为。

二、课堂教学中的主要情绪

课堂教学中最基本的情绪因素有好奇、兴趣、愉快和焦虑(郭德俊，2001)。

1. 好奇

好奇是一种以认知为基础的情绪，当学生知觉到他们知识存在不足时就会产生好奇。好奇是由新异刺激引起的一种生理唤醒水平或认知冲突的探究倾向。

一般认为好奇是认知冲突的结果，个体有一种“发现的渴望”。当人的认知预期与现实相反时就会产生认知冲突，引起认知不平衡，导致为恢复认知平衡的探究行为。

探究是学生好奇情绪与引起好奇的不确定性之间的行为桥梁。在好奇的驱动下，促使学生努力同化和顺应信息，优化已有的认知结构。有关的研究指出，当人们对事物感到好奇时，往往是创造性思维与创造性想象迸发的时候。

2. 兴趣

兴趣是主要的正情绪之一，是个体力求认识、探求某种事物的心理倾向。兴趣分为个体兴趣和情景兴趣。个体兴趣是学生自身带入课堂的兴趣；情景兴趣是学生在一个特殊的情景中，参加一种特殊活动时体验到的兴趣。

当个体的需求、能力、技能与某种活动提供的机会、挑战和要求匹配时，便产生了兴趣。影响个体兴趣的因素有个性的倾向，情绪经验，胜任能力，生活经历等。影响情景兴趣的因素有实际操作、认知失调、新奇性、社会交互作用、榜样、游戏、幻想、幽默等。

兴趣对人的认识活动有重要影响。有学者认为，一种缺乏兴趣的智力活动，相当于脑组织的损伤，甚至更严重。因为脑损伤有时仅仅是某一部位，如果缺乏兴趣，个体的知觉与思维就没有办法发展。个体对于某一事物有兴趣，就会主动排除其他因素的影响，否则个体的注意，知觉等随时都可能转换。个体在避免失败，恐惧和焦虑等负情绪下进行学习，即使记住某些事实，这样的学习不能充分发挥个体的潜能，对于生活的价值也是有限的。甚至有人认为，一个学生对一种活动或一个知识领域的兴趣程度可以预测他参与和加工、理解、记忆这些信息的程度。

3. 愉快

愉快是一种正性情绪，是人或事物符合个体当前优势需要时的一种主观体验，愉快是幸福的最主要因素。

愉快主要来源于对需要的满足和个体实现的体验。具体的、可以胜任的活动是个体体验愉快的前提。齐克森米哈里(Csikszentmihalyi，1990)提出令人快乐的任务中有四个核心要素即：是能够完成的；提供了清晰的目标；及时得到反馈；可以挑战和发展行为者的技能和能力。

愉快在体验上有强弱程度之分，过分的或强烈的愉快情绪会减缓思维，过低或过弱的愉快情绪会抑制思维。研究表明，促进学习的最适宜的愉快——“流”，即当人们知觉到任务提供的挑战与他的相关技能相匹配时，能体验到最大的愉快(流)，从而激起高的学习动机。“流”理论提出，适宜的挑战产生“流”，其中有两个变量：挑战和技能。当挑战淹没技能时(高挑战，低技能)，个体担心失败，体验到能力的威胁；当技能淹没挑战时(高技能，低挑战)，个体感觉厌倦，这时注意分散，产生最小的任务卷入；只有在挑战和技能相匹配时，个体感到任务既能胜任又不是轻而易举的，经过探索而获得的成功，使个体体验到自我能力的肯定和自信心的增加。

愉快在层次上也有高低之分。感官上的愉悦是低层次的；从探索、创造、孜孜不倦的学习中获得的，与求知欲、创造欲等高级需要相联系的愉快，是高层次的。这种好学、乐学的情感镶嵌在人的个性结构之中，在具体的情境中能以情绪形式表现于外。低层次的愉快可以转化为高层次的好学情感，高层次的情感形成后又制约一个人在具体情境中的情绪体验。

4. 焦虑

焦虑是一种负性情绪，是对没有明确对象的恐惧或担忧。学习焦虑产生于学生不能应付成就情境的自我知觉，即当学生感觉到不能胜任任务，同时又体验到成绩的要求和压力时就产生焦虑，这种心理状态主要相伴以紧张和恐怖情绪，并有明显的生理表现(如失眠，出汗)，还会出现一些行为表现(如逃避，自责，自卑等)。

焦虑与学习之间的关系是复杂的，它对学习起促进作用还是起抑制作用，是由多方面的因素决定的，这些因素包括学习者原有焦虑水平差异、学习材料难易的程度以及学习者本身的能力水平。

许多研究发现，对于机械的学习或不怎么困难的有意义接受学习和发现学习，焦虑有促进作用。但是当个体遇到了一种新的学习情境，尤其是遇到了一些已有的认识结构中尚无现成答案的问题时，不同的焦虑水平则会对学习产生不同的影响。

高度焦虑，对于非常生疏或者对于需要依靠随机应变的技能的这类较为复杂的学习和解决问题具有抑制作用。有人曾运用一种行为的能量系统模型对这种现象加以解释。在能量系统模型中，能量的输入导致唤起，输入的能量越多，唤起程度越高。如果输入能量已经超过了该系统的承受量，那么转换过程的功能就不能正常有效地进行，于是反应的效能就变得差了，缩小了感知范围的精确性，影响了对事物的注意。一定的焦虑水平能有助于复杂材料的学习。很多学者指出，高度的焦虑只有同高度的能力相结合才能促进学习；高度的焦虑同低能力或一般能力相结合，则往往会抑制学习。因此，就促进大多数人的学习而言，应当把焦虑控制在中等的程度才能有利于一般能力水平者的学习。

第十章　学习策略

随着信息社会的发展，知识增长的速度越来越快，学生不可能在学校中获得所有在未来生活和工作中所需要的知识，因此，学生不仅需要在学校中掌握一定的知识，而且，需要掌握一定的学习策略，自己学会学习。

第一节　学习策略概述

一、学习策略的含义

随着时代的发展，人们的学生观和教学观发生了许多变化，人们已经摒弃那种把学生看作被动知识接受者的陈旧观念，而是认为有效的学习者应当是一个积极主动的信息加工者、解释者和综合者，他能够使用各种不同的策略来储存、加工和提取信息，他能够努力使学习环境适应自己的需求和目标。正如心理学家齐默尔曼(B. J. Zimmerman，1995)所强调的“学习不是对学生发生的事情，而是由学生发生的事情”。

与上述学生观相适应的教学，强调有效的教学不仅要给学生大量的机会去实践和运用新的知识和技能，还要关注学习者对教学过程、教学结果的反馈，并促进其掌握水平；在学习过程中要给予学生机会，在不同领域内获取和练习各种学习策略，从而促进学生思维的发展和有效运用；鼓励运用问题解决、计划、争论、小组讨论等，以促进高级思维发展和元认知策略的运用。上述观念的转变，使得学习策略的研究成为当代教育心理学研究的重要问题之一。

20世纪80年代以来，许多心理学家对学习策略进行了界定，如杜菲(G. G. Duffy，1982)认为学习策略是一种计划或方案，是一套内隐的学习规则系统。尼斯比特等(R. E. Nisbert，1986)认为学习策略是学习的过程、程序与步骤。梅耶则认为学习策略指具体的学习方法和技能等。

根据上述看法，我们把学习策略定义为：学生在学习活动中用来保证有效学习的规则、方法、技巧及其调控措施。

二、学习策略的成分及层次

许多学者对学习策略的成分及层次提出了不同的看法，下面介绍几种有代表性的观点。

(一)尼斯比特等人的六成分说

尼斯比特等人认为学习策略包含六种成分，它们是：①质疑：通过质疑确定提出问题、确立假设，建立目标和基本思路，把当前任务与先前工作联系起来。②计划：制订时间表，对任务或问题进行归类，确定完成任务、解决问题的必需的知识和技能。③调控：使问题的初始状态和目标状态匹配起来，并不断作尝试性回答。④审核：对成绩与结果进行初步评价。⑤修正：在先前的活动和审核的基础上修正学习计划或修正最初设置的目标。⑥自评：对结果和成就进行自我评价。

尼斯比特认为，可以将学习策略要素按三个层次排列起来：第一层次是一般策略，其中包括态度和动机；第二层次是宏观策略，主要有调控、审核、修正和自评，其主要特征是：高度概括化；随年龄增大而提高；随经验积累而提高。第三层次是微观策略，其主要特征是：概括化程度低；与高度有序的技巧形成一体。这个层次的策略主要有质疑和计划。

(二)温斯坦的四成分说

温斯坦(C. E. Weinstein，1988)认为学习策略包含：①认知信息加工策略，如精加工策略；②积极学习策略，如自我检查；③辅助性策略，如处理焦虑的办法；④元认知策略，如监控新信息的获得。

温斯坦基于这一划分，编制了学习策略量表，该量表中包括十个分量表，分别是：信息加工、选择要点、考试策略、态度、动机、时间管理、专心、焦虑、学习辅助手段和自我检查。

(三)丹塞伦的学习策略系统

丹塞伦(D. F. Dansereall，1985)等人认为，学习活动是一个由多种内容紧密关联的活动构成的复杂的活动系统。在学习过程中，认知活动无疑扮演着最为关键的角色。但与此同时，还需要适宜的心理氛围来支持认知活动的进行，使之更为有效。因此，学习策略可以划分成两大类，一是直接用来操作学习材料的基本策略；二是用来维持适宜心理状态的辅助策略。

基本策略包括获得和存储信息的领会与保存策略，提取和利用这些信息的策略。领会和保持策略又包括理解、回想、消化、扩展、复查等五个子策略。提取和利用策略又包括理解、回忆、描述细节、扩展和复查等五个子策略。

辅助性策略包括三个子策略:计划和时间安排、注意管理、监控和诊断。注意监控又可划分为心境设置和心境维持。这些辅助策略有助于学生产生和维持适宜的心理状态,保证学生有效地完成认知任务。

在学习过程中，基本策略和辅助性策略是相辅相成的。例如，在学习的领会和保持阶段，学习策略的运作可分为如下几步：设置学习的心境——理解阅读(标出重点和难点)——试着回忆材料——矫正回忆结果——引申和储存材料以便消化——通过自我检查来扩展知识——最后复查错误。在提取和利用策略阶段的运作包括下面几步：设置学习的心境——理解任务的要求——回忆与任务要求有关的要点——用具体信息详细解释要点——将信息扩展成提纲——复查最后反应的适当性。基本策略系统直接用于学生的认知活动，是学生学习过程中赖以应用的主导性策略。辅助性策略系统则是学生在学习过程中形成适宜的认知气氛，使已有的学习活动得以顺利进行的保证性策略。

将以上策略成分以及他们之间的关系绘制成图 10-1：

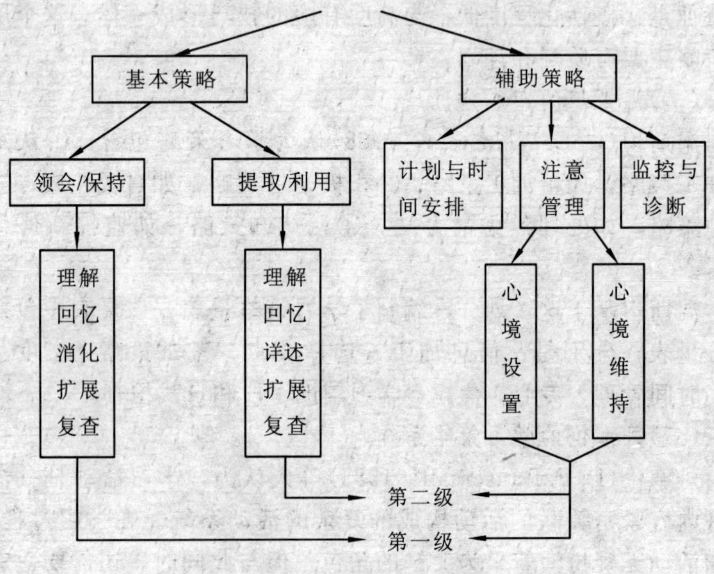

图 10-1 学习策略系统总图

(四)迈克卡的学习策略分类系统

迈克卡等人(W. J. Mckeachie，1990)对学习策略中包含的各种成分进行了总结概括，认为学习策略中包括认知策略、元认知策略和资源管理策略三个大的部分。认知策略是指学生用来加工和组织学习材料的策略；元认知策略是学习者用来评估自己的理解、安排学习时间、选择有效的计划来学习或解决问题、监控自己的学习情况的等方面的策略；学习资源管理策略是用来辅助学生管理可用的环境和资源的策略，这些策略与学生的学习动机有密切关系。他们之间的关系概括在图 10-2 中：

- 学习策略
  - 认知策略
    - 复述策略　如重复、抄写、画线等
    - 精加工策略　如想象、总结、做笔记、
    - 组织策略　如组块、选择要点、列提纲
  - 元认知策略
    - 计划策略　如设置目标、浏览、设疑等
    - 监控策略　如自我检查、集中注意、监视领会
    - 调节策略　如调整速度、复查等
  - 资源管理策略
    - 时间管理策略　如建立时间表、设置目标
    - 学习环境管理　如寻找或创设安静的、有利的学习环境
    - 努力管理　如做努力归因、调整心境、自我强化
    - 寻求支持　如寻求教师帮助、伙伴帮助等

图 10-2　学习策略的分类系统

以上介绍了一些研究者关于学习策略的成分及组织层次的观点。总起来看，这些观点中都涉及直接影响学习材料的组织和加工的成分、涉及影响信息加工过程的成分以及管理学习环境、学习时间和学习工具的成分。至于在学习过程中使用哪些策略，则要根据学习的类型、学习的阶段、学习的环境特点和学生的个人特点而确定。

第二节　常用的学习策略

在知识的获得、领会与保持阶段，学生常常要用到以下一些学习策略：

一、复述策略

复述策略是指学习者为了保持信息在短时记忆中，对信息进行反复重复的过程。复述是保证信息处于活跃状态，保证信息转入长时记忆的基本条件，因而复述策略通常是学习过程中必不可少的环

节。但复述策略仅仅是一种识记策略，与其他学习策略相比，它的作用仅仅是保持信息，因而是一种比较低水平的信息加工策略。在学习和教学过程中，不能把复述与死记硬背画等号。复述是认知策略的一种形式，在学习过程中可以与其他认知策略结合在一起运用。死记硬背往往指学习者把复述作为获得知识的唯一认知策略，不分内容、不分条件、不分场合进行机械地重复。

为了保证有效地复述，学习者在学习过程中，要注意以下几方面：

(一)及时复习

德国著名心理学家艾宾浩斯(H，Ebbinghaus，1885)在系统研究的基础上，描述了人类遗忘的规律，即遗忘在学习之后立刻开始，遗忘的进程是先快后慢。在实验中，他记录了在学习后的不同时间内保持和遗忘的百分数，见表 10-1：

表 10—1　遗忘的进程

次序	时距(小时)	保持的百分数	遗忘的百分数
1	0.33	58.2	41.8
2	1	44.2	55.8
3	8.8	35.8	64.2
4	24	33.7	66.3
5	48	27.8	72.2
6	144	25.4	74.6
7	744	21.1	78.9

从表中可以看到，在学习 0.33 分钟以后遗忘就达到了 41.8%，1 小时后达到 55.8%，以后遗忘的速度逐渐减慢，8.8 小时后遗忘达到 64.2%。根据以上结果，艾宾浩斯绘制出著名的艾宾浩斯遗忘曲线，如图 10-3：

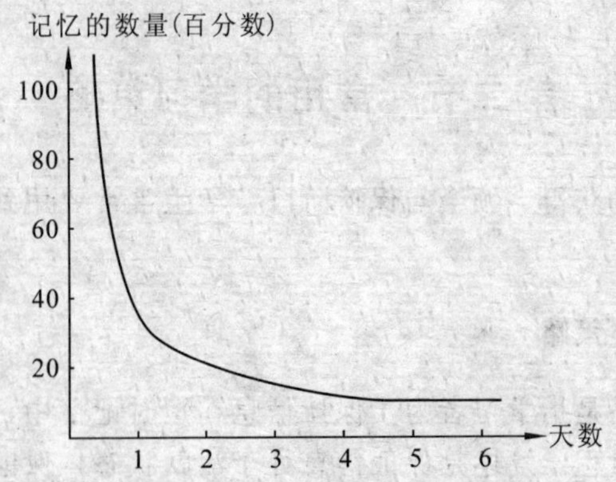

图 10-3　艾宾浩斯遗忘曲线

根据这一遗忘规律，学生有必要采取及时复习的策略，以便减少短时间内的大量遗忘。

（二）集中复习和分散复习

正确分配复习时间对复习效果具有很大影响。复习时间的分配一般有两种情况，一是集中复习，就是集中一段时间重复学习许多次，如期末总复习。二是分散学习，就是每隔一段时间重复学习一次或几次，如家庭作业和单元复习。对大多数学生和学习材料而言，分散复习的效果好于集中复习的效果。在一个实验中，让小学四年级的学生反复阅读一首诗，甲组集中复习，乙组每日复习两次，直到记住为止。实验结果表明，分散复习的效果优于集中复习。见表 10-2：

表 10-2　集中复习与分散复习比较

方式 / 次数	集中复习	分散复习
准确呈现的平均复习次数	18	7
错误的平均次数	9	4

虽然有时候我们发现考前突击复习也能取得高分数，但是这种效果是临时性的。因为突击复习并不能帮助学习者把所学知识与其原有的知识很好地、融会贯通地融合到一起，而分散复习则有助于学生消化吸收学习材料。因此能帮助所学新知识与原有知识紧密衔接的家庭作业、单元复习都是有效的复述策略。

（二）试图回忆

自问自答和尝试背诵就是将学习与重现交替进行，这样可以提高复习效率。学习者借助这种复述策略，可以根据自己回答或背诵的情况检查自己的学习效果和薄弱环节，从而在随后的学习中能够有的放矢地分配学习时间和注意力。在一项实验中，让被试识记无意义音节和传记文，各用 9 分钟进行识记，其中部分时间用于重现。研究者发现，由于阅读与重现时间的分配比例不同，记忆的效果有明显的差异。实验结果如表 10-3：

表 10-3　边阅读边重现的效果

时间分配	16 个无意义音节回忆百分数		5 段传记文回忆百分数	
	立刻	4 小时后	立刻	4 小时后
全部时间诵读	35	15	35	16
1/5 用于重现	50	26	37	19
2/5 用于重现	54	28	41	25
3/5 用于重现	57	37	42	26
4/5 用于重现	74	48	42	26

(四)利用情境和心境的相似性提高复述效果

我国有句俗话"触景生情，睹物思人"，在一定的情景下，人能够联想起这一情景下曾经发生的事情，这表明情境的相似性有助于回忆。斯密斯(S. M. Smith，1978)曾做过一个实验，在实验中，被试在不同的日期、不同的场合下分别学习两个配对联想的项目单。一次是被试在靠近密歇根大学校园的一间没有窗户的楼房里学习，当时主试衣着整洁，打着领结，把成对的联想项目用幻灯机放映出来；在另一次，被试是在一间窗户开向校园主楼的小屋里学习，还是原来那位主试，只是这次衣着随便，穿一件法兰绒衬衣，斜纹布工裤，配对联想项目是用录音机播放的。一天以后，让一半被试在原来的场合下进行回忆，另一半被试在另一种场合下回忆。结果发现，学习与回忆场合一致的情况下，被试能回忆出原来所学项目的59%，而在学习与回忆场合不一致的情况下，被试只能回忆出原来所学项目的46%。由此看来，学习与回忆情境的相似性有助于提高回忆成绩。

另外，学习与回忆时心境的相似，也能提高回忆成绩。因此，在学习过程中，教师可借助情境创设和心境诱导来帮助学生记忆学习材料。

二、精加工策略

精加工是指学习者主动把所学的新信息和已有的知识联系起来，增加新信息的意义，从而促进新知识的记忆和理解的过程。与复述策略相比，精加工策略是一种更高水平的更精细的信息加工策略。

研究发现，学习者对材料加工得越细致、越深入，他们对知识的掌握就越牢固。例如，在一项实验中，要求被试在两种情况下记忆简单的主语—动词—宾语句子。第一种情况是主试把现成的句子提供给被试，第二种情况是，主试把主语名词和宾语名词提供给被试，要求他们自己用一个动词把两个名词连接起来造一个句子。在两种情况下使用的主语名词和宾语名词是一样的。学过这些句子后，主试向被试提示主语名词，要求被试回忆出句子中使用的宾语名词，结果发现在第一种情况下能回忆出宾语名词的被试只有29%，而在第二种情况下有58%的被试回忆出来了。这其中的原因就在于，在第二种情况下被试通过自己造句子的过程，对两个名词的意义和彼此间可能存在的相互联系进行了仔细思考，这便是一种精加工的过程，精加工促进了他们在最后回忆中成绩的提高。

在教学中，教师可能不难发现这样的例子：教师为了让学生牢记生字词，就增加作业中抄写的遍数，尽管学生经过一遍又一遍地抄写完成了作业，但记忆效果并没有提高。这是因为学生为了完成作业而急于抄写，忽略了对字词意义和结构的精加工，因而没有收到教师预期的效果。相反，有些教师并不给学生留反复抄写的作业，而是要求学生在抄写生字词的同时，分析字的组合结构并组词，其结果是通过很少的作业，学生不仅记住了生字词，还学会了利用这些字词，真可谓是“事半功倍”。两种方法的根本区别在于前者只是简单地重复，而后者则使用了精加工策略。

有助于学习的精加工策略很多，其中有些属于记忆过程中的精加工策略，称作记忆术。还有一些是知识理解过程中的精加工策略。下面分别来介绍这两方面的精加工策略。

(一)记忆的精加工策略

1. 位置记忆法

位置记忆法是一种传统的记忆术。这种技术在古代不用讲稿的演讲中曾被广泛使用，而且沿用至今。

传说这一方法的起源归功于一位希腊诗人西蒙尼德斯(Simonnides)。有一次，这位诗人在一个大宴会厅里朗诵一首抒情诗，朗诵完后，他被诗中赞美的两位神叫出宴会厅外。正在这时，宴会厅倒塌了，厅内宾客无一幸免。尸体模糊，亲属难辨。而西蒙尼德斯却根据每个人在宴会厅里的座位把尸体全部辨认了出来。准确的辨认结果使西蒙尼德斯相信，把要记住的东西按次序安放在自己熟悉的位置上，是一种很有用的记忆方法。

位置记忆法实质上是一种视觉想象法，就是学习者在头脑中创建自己熟悉的一幅场景，在这个场景中确定一条明确的路线，在这条路线上确定一些特定的点，然后将所要记住的项目视觉化，并按顺序将这条路上的各个点联系起来。回忆时，按线路上的各个点提取记下的项目。

位置记忆法对于记忆按顺序排列的项目特别有效。古代罗马元老院的政治家常常用这种方法记住自己演说的要点。他们常常用自己身体器官的位置顺序、自己房间内的摆设作为建立联系的位置线索。

2. 首字联词法

这种方法是利用每个词的或每句话的第一个字组成缩写，例如“个人电脑”(personal computer)缩写为“PC机”。又如丹塞伦曾经把基本学习策略和辅助策略相互作用的运作过程简称为MURDER：代表心境设置(mood setting)——理解阅读(understand)——回想材料(recall)——矫正回忆，消化材料(digest)——扩展知识(expand)——复查(review)。这种方法简便易行，在材料很多时，还可以编成歌谣，如“五笔字型输入法”的口诀。

3. 谐音字法

生活中，人们常常利用谐音字法来记电话号码，所谓的“吉利”、“不吉利”号码很多是根据谐音确定的，如把“888”读成“发发发”等，其实它们并没有必然联系，只是谐音而已。然而在记忆中，谐音法能带来很好的记忆效果。

4. 意义识记

意义识记就是在所给定的信息间建立联系，寻找信息之间的内部联系。有研究者曾做过一个实验，实验以581215192226和293336404347两组数字为学习材料，被试分为两组，一组为意义识记，主试告诉被试，这些数字是有组织规则的，努力把规则找出来进行记忆；另一组被试为机械识记，主试告诉被试，学习这些数字的最好方法是以三个数一组来进行记忆。然后分两次测验其学习结果。结果表明，半小时后的第一次测验中，意义识记组的保持量为38%，而机械识记组的保持量为33%，两组差异并不十分显著；但在三周以后的第二次测验中，意义识记组的保持量为23%，而机械识记组的保持量为0%。这表明，经过精加工，能提高学习材料的意义性，有助于长时记忆。

(二)加深理解的精加工策略

为了更好地领会和理解学习材料，也有必要对材料进行精加工。最常用的精加工策略是提要法。这是一种去粗取精、删繁就简、提炼关键信息的方法。其中包括画线法和笔记法。

1. 画线法

画线能使学生快速找到和复习课文中重要的信息。有研究表明，如果学生画出课文中重要的和相关的信息，就能从课文中学到更多的东西。学生谨慎使用画线、并且只画出他们认为重要的信息，这一点很重要。在画线的旁边做些注释可能是一种更为有用的方法。在小学低年级，教师就可指导学生使用画线法，如把算术应用题中的问题画出来，把课文中的生字标出来或把学生自己认为用得好的词标出来。经验表明，画线法有助于学生牢固地掌握重点学习内容。

下面是一些常用的画线加注释方法：①圈出不知道的词；②标明定义；③标明例子；④列出观点原因或事件序号；⑤在重要的段落前面加上星号；⑥在混乱的章节前画上问号；⑦给自己作注释，如检查上文中的定义；⑧标出可能的测验项目；⑨画箭头表明关系；⑩注上评论，记下不同点和相似点；⑪标出总结性的陈述。

2. 笔记法

俗话说："好记性不如烂笔头"，记笔记是阅读和听讲中用得较为普遍的精加工策略。研究也表明，学生借助笔记可以有效地监控自己的学习过程，有助于发现新知识的内在联系和建立新旧知识之间的联系。有利于知识的概括、总结。美国康奈尔大学的研究者曾总结出一种有效的笔记方法，称为5R笔记法，又名康奈尔笔记法。该方法几乎适用于一切课堂自学场合。

5R即指由5个"R"字母开头的术语：①记录(Record)，在听讲或阅读过程中，在笔记本的主栏内尽量多记录有意义的概念、论据等；②简化(Reduce)，随后(或课后)将主栏中内容恰当概括，并简明扼要地写进辅栏(回忆栏)；③背诵(Recite)，即遮住主栏内容，以回忆栏中的内容为线索，叙述课堂上(或阅读中)学习过的东西。不要求机械地叙述，而是在充分理解的基础上用自己的话叙述。叙述过后，再核实叙述的正误；④反省(Reflect)，即把自己听课或阅读时的想法、意见等，写在卡片或笔记本的某一单独部分(与课堂记录内容分开)，并加上标题和索引，编制成提纲、摘要、分门别类；⑤复习(Review)，每周花一定时间快速浏览笔记，主要是看回忆栏。

三、计划和监控策略

计划和监控策略又称为元认知策略，是指学生对自己的学习过程进行有效监视和控制的策略。例如，学习者评价自己的学习或理解状况，估计自己的学习时间，选择解决问题的方法等都属于学习中的计划和监控策略。这些策略是学生未来发展的一个重要方面，也是教师在教学中需要为之努力的方面。下面对计划策略和监控策略进行概括地介绍。

(一)计划策略

计划策略包括设置学习目标、了解目前具备的学习条件、产生待回答的问题以及分析如何完成学习任务。成功的学生在开始执行学习任务之前，就会估计任务的难度、预测完成任务大约需要多长时间，完成这项任务将会遇到哪些困难，在遇到困难时如何解决等，这些估计和预测实际上是学习者在运用自己的计划策略，为学习活动做积极准备。

(二)监控策略

监控策略包括学习时控制自己的注意，对学习材料进行自问自答，考试时监控自己的速度和时间分配。监控策略使学习者警觉自己在注意和理解方面可能出现的问题，以便找出来，加以修改。学习一份材料时，成功的学习者通常能够意识到自己哪里懂了，哪里还不懂，如果自己还不懂，问题出在哪里？是把握的信息不够，还是方法或策略不得当等等。

1. 集中注意

科诺(L. Corno，1987)指出，注意力关系到自我管理的问题，教师要帮助学生对行为进行自我管理和自我调节，如注意此刻自己正在做什么、避免接触分散注意的事物等。为此教师要做的第一件事就是帮助学生挑选重要的材料，鼓励他们对其加以注意，减少能分散注意力的事物，并且教他们应对分散注意事物的技巧。

要做到这一点，教师可以采用以下五种方法来维持学生的注意力，所有这些方法都是为了“唤醒学生的兴趣”：①教师可以设置教学目标，告知学生本课的目标。在上课之前，告诉学生要注意的目标，学生会学得好一些。②使用标示重点的线索。有些教师通过提高或降低讲话的声音，表明他们正要说关键的信息，有些教师使用手势，重复表达同样的信息，课本常常用不同的颜色或不同字体的排版指明要点。教师要教会学生识别这些线索。③增加材料的情绪性。有些宣传媒体常常选择情绪色彩浓的词汇来赢得注意。因为使用情绪色彩浓的词，比使用中性的同义词更能赢得学生的注意力。教师应该借此吸引学生的注意。④使用独特的或奇特的刺激。例如，自然科学的教师上课时，经常可以做演示，以引起学生的好奇心，从而吸引学生的注意力。⑤提前通知学生后面讲的内容对他们非常重要。许多学生常常会预期在随后的测查中会有什么问题，以此来确定课中重要的信息。有研究表明，这种技能能增强学生对相关材料的注意。当然，教师有必要告诉学生哪些材料不重要，这可使学生能有效地使用学习时间。

2. 领会监控

领会监控是一种重要的监控策略。例如在阅读过程中，熟练的读者在阅读时自始至终都为了实现自己设定的学习目标而监督着自己的操作情况。

一些研究表明，从幼儿到大学生有许多人都缺乏这种领会监控技能，很多学生总是把重复(如再读、抄笔记等)作为他们的主要学习策略。

为了帮助这样的学生，德文(Devine，1987)建议他们使用以下策略来监控自己的领会过程：①变化阅读的速度，以适应对不同性质课文领会要求上的差异。对于比较容易的章节读快点，抓住作者的整体观点；对于较难的章节。则要放慢速度。②容忍模糊。如果某些事不太明白，继续读下去，不要中止，作者可能会在后面填补这一空隙、增加更多的信息、或在后文中会有明确说明。③猜测。当所读的某些事不明白时，养成猜测的习惯。猜测不清楚段落的含义，并继续读下去，看看自己的猜测是否正确。④重读较难的段落。重新阅读较难的段落，尤其是当信息仿佛自相矛盾或模棱两可时，最简单的策略往往是最有效的。

第三节　学习策略的掌握

一、影响学习策略的因素

学习策略的掌握和运用既受学习者的内部因素影响，也受学习者的外部因素影响。下面分别对两方面的因素加以说明。

(一)内部因素

1. 学习动机

国内外大量研究表明，学习动机影响着学习策略的掌握和运用，学生的成就目标、动机归因、自我效能感不同，其学习策略的掌握和运用情况往往不同。帕特里奇(P. R. Pintrich，1996)发现学生的成就目标定向与学习策略的联系密切。以掌握目标(任务目标)定向的学生倾向于采用深层认知和自我调节策略。例如，将新信息与先前的知识联系起来，与日常现象建立联系，监控自己的理解，并确定主要思想；成绩目标定向的学生倾向于使用表层加工策略。

例如，暗暗记住、猜测、或是为了快速地完成任务把最先出现在脑子里的东西写下来。李燕平、郭德俊(2001)发现个人掌握目标、学习兴趣与自我调节策略存在正相关，这意味着当学生关注学习任务的掌握和个人的进步与提高、对学习抱有浓厚兴趣时，他们就倾向于使用各种自我调节策略来促进学习。王振宏(2000)发现自我效能、内部动机和掌握目标与学习策略的使用呈正相关，而外部动机与学习策略的使用呈负相关。这些结果表明当学生受内部学习动机激发，有较高的自信心时，他们才倾向于运用各种有益的学习策略，而靠竞争、奖励、表扬等外部因素激起的学习动机不利于学习策略的掌握和运用。

2. 学习者的认知发展水平

学生的认知发展水平是其掌握和运用学习策略的前提。对于小学低年级学生而言，较低的概念发展水平、元认知发展水平都是制约其学习策略掌握和运用的重要因素。由于概念发展水平低，他们掌握和运用精加工策略和组织策略的能力就有很大的局限，由于其元认知水平较低，他们掌握和运用计划与监控策略就会有一定的难度。到了中学阶段，学生相对来讲能够比较有效地使用学习策略，学习和掌握学习策略的自觉性也提高了。例如，研究者发现，同样一个策略，年长和年幼的儿童用起来的效果就不一样。写阅读提要对于成人来说可能是一种有效的学习方法，但对小学低年级学生则可能相当困难，因为年幼的儿童反思他们自己思维过程的能力差。小学一年级的学生，知道某些学习任务比其他学习任务难，三年级的学生通常清楚自己哪些知识还没有弄懂，但年幼的学生在这些方面的能力是有限的。直到儿童晚期和青少年时期，学生才有能力评价某个学习问题、选择一个策略去解决这一问题，并且评价他们的成功(J. Flavell，1985)。这并不意味着学习策略对年幼的儿童不重要，这仅仅意味着针对学习者的发展水平，要确定哪些策略是最有用的。所以，教师要针对不同年龄阶段学生的认知发展特点，帮助学生发展和运用适合于他们特点的有益的学习策略。

3. 学习者原有的知识经验

丰富的知识经验为学习策略的形成提供了基础，同时又促进着学习策略的掌握和运用。以记忆策略为例，林得伯格(M. Lindberg，1980)曾要求小学三年级的学生和大学生分别记忆一组单词，如猫、狗等，共30个，结果大学生比小学生回忆的数量多，而且他们应用了归类策略。但当要求被试记忆另外30个有关周末的电视节目名称和儿童卡通任务名字时，小学生比大学生回忆出更多的信息，而且小学生也应用了归类策略。这一研究结果说明，在第一组材料上，大学生较好的知识基础促进了他们记忆策略的使用，从而提高了记忆成绩；而在第二组材料上，小学生的基础知识好于大学生，这促进了他们记忆策略的使用，并最终促进了较好的记忆成绩。

(二)外部因素

1. 学习策略的训练方法

学习策略训练是直接影响学生掌握和运用学习策略的主要外部因素。从已有的研究来看，策略的训练方式主要有两种：第一种是对学习策略进行直接的专门训练，单独开设学习策略训练课，教授一般的学习方法和思维技巧；第二种是对特定学科内的学习策略进行训练，即根据具体的学科内容教授适合特定领域的方法与思维技巧。研究结果表明，将一般性的策略训练与具体的学习内容结合在一起是比较好的训练方法。例如，在指导学生复习学过的生字时，就可以教给他们归类记忆的方法。比如：把学过的偏旁相同的字写到一起，把读音相同但意思不同的字放在一起进行比较。

2. 教师日常的教学方法

教学过程中，教师的教授知识技能的方式间接影响着学生学习策略的掌握水平和应用意识。如果教师经常采用发现式的、探究式的教学方式，学生就倾向于使用更高层次的认知策略；相反，如果教师经常采用灌输式的教学方式，学生就倾向于采用表层的加工策略，如简单的复述策略。

3. 学习氛围

有研究表明，强调掌握、自主与合作的学习气氛有助于促进学生使用发展和运用深加工策略和适宜的求助策略。而在一种强调竞争、超越他人，服从教师指令的学习环境中，学生更多地运用表层加工策略，并倾向于回避求助。

二、学习策略教学

现代教育心理学认为，学习策略是可以通过教学过程来发展的。但是在以往的教学中，教师在学习策略的教学上花费的时间极少。国外有一项研究发现，小学教师只用了3%左右的时间向学生提供记忆和学习策略方面的建议。在我国，教师在课堂上的绝大部分时间用于教授知识、技能，也同样很少向学生提供学习策略方面的指导，其结果是，学生只会跟在教师后面亦步亦趋地模仿，或把大量精力花在对所学知识的简单重复上，无从发展起自主学习的能力。因此，学习策略教学应当成为学校教学中的一项重要课程内容。但是，由于学习策略不同于一般的知识技能的学习，所以学习策略教学有其独特的原则、内容和技术。

（一）学习策略教学内容的选择

学习策略包括不同的要素，不同的层次。这些不同要素和层次的学习策略所具有的知识、技能、作用、效果和可教程度又不尽相同。因此我们很难笼统地确定学习策略教学的具体内容，只能就怎样选择和确定学习策略的教学内容谈一些基本的原则。

一些研究者提出，确定学习策略的教学内容，至少应考虑以下三个具体目标：

一是，教给学生大量可供提取或选用的学习方法和技能，如复述、记笔记、拟提纲等具体方法。面对所有课程中的所有任务，有些学生只会使用一两个自然而然学会的学习策略，面对复杂的材料时，缺乏可选择的有效学习策略，常常是导致一些学生学习失败的重要原因。

二是，训练学生知道如何确定学习目标，知道需要学什么（目标）。首先，要培养他们区别学习材料中主要观点和次要观点的能力，这是学生运用记忆术、笔记法、提问法、概要法及其他学习方法的前提技能；其次，学生能够确认自己应该学什么，也是策略性学习所必需的能力；最后，学生要善于根据学习目标的不同去选择合适的学习方法。

三是，帮助学生储存有关学习及学习方法或策略的信息，其中包括影响学习因素的知识、各因素与学习策略的关系，并且知道何时及如何使用这些策略性知识。

（三）学习策略的教学措施

学习策略与认知策略教学的目的是为了提高学生的学习能力，也就是促使其最终形成自觉、主动、灵活的学习调节与控制能力，从而有效地在各种实际情境中应用所形成的学习策略。

学习策略教学可以在两种教学情境下进行：一种是把它放在自然的学习情境下进行，即把它同具体学科知识的教学结合起来；另一种是把它从具体学科的教学中分离出来独立于学科教学内容，进行专门的训练教学。一般说来，较为具体的、适用于某类材料和学习情境的学习策略，适合于在第一种教学情境中学习。而更为一般的、适用范围较广的学习策略适合在第二种教学情境中学习。这两种方案各有利弊，策略教学应兼顾两者，而不要将两者对立起来。

在具体的教学过程中上，应该注意以下几点：

第一，明确地告诉学生如何使用具体的方法并示范。

第二，强调学生自己来管理策略学习，但教师要告诉学生在什么时候检查自己策略的使用效果以及如何进行检查。

第三，提供足够的教学时间。学习的调节与控制是否自动化、学习方法的使用是否熟练，是学习策略持续使用和迁移的条件之一。为此，提供给学生足够的策略训练的时间，使之达到自动化的程度也非常有必要。一些学者认为，只有当学生能够真正理解选择恰当学习方法的重要性的时候，他们才可能策略地学习。而要做到这一点，则必须提供足够的、长期的教学时间。

第四，教师根据学生的学习结果与策略学习之间的关系反思自己的策略教学实践，及时调整教学中存在的问题，以适应改进学生学习策略的要求。

第十一章　思维导图

思维导图作为一种学习的策略，能促进学生进行有意义的学习，促使他们整合新旧知识，建构知识网络，浓缩知识结构，从而使学生从整体上把握知识。还可以作为一种元认知策略，提高学生的自学能力、思维能力和自我反思能力。另外，由于不同的学生在学习了同一内容后，所形成的概念图不同，因而教师可以通过察看学生们所画的概念图的方式对学生的学习效果进行检查，并能准确找出错误之处。

第一节　思维导图概述

一、思维导图的定义

思维导图(Mind Map)是一种思维工具，由英国的记忆之父托尼·巴赞发明。他在《思维导图》一书中对思维导图是这样定义的："思维导图是放射性思维的表达，因此也是人类思维的自然功能。它是一种非常有用的图形技术，是打开大脑潜力的万能钥匙。思维导图可以用于生活的各个方面，其改进后的学习能力和清晰的思维方式会改善人的行为表现。"

思维导图有四个基本的特征：①注意的焦点清晰地集中在中央图形上；②主题的主干作为分枝从中央图形向四周放射；③分枝由一个关键的图形或者写在产生联想的线条上面的关键词构成。比较不重要的话题也以分枝形式表现出来，附在较高层次的分枝上；④各分枝形成一个连接的节点结构。

思维导图还可以用色彩、图画、代码和多维度来加以修饰，增强效果，以便使其更有兴趣，更美，更有特性。这些东西反过来会增大创作性、记忆力，特别是有利于调用信息。

思维导图帮助你在大脑存储能力和大脑存储效果之间作一个分别，思维导图会显示出存储能力，也可以帮助你达到存储效果。有效地存储数据会使你的能力翻倍。它就像是摆放整齐和不整齐的五金仓库之间的差别，或者一座有索引系统的图书馆和一座无索引系统的图书馆之间的差别。

二、思维导图的制作过程

本节将介绍制作思维导图的程序，从而"进入思维导图制作者内心"，可以让你从"内行人"的角度观察思维导图的过程。此外，你还可以看到大脑无限的连接潜力和创造能力的证据。

(一)驾驭整个范围的皮层技巧——图的力量

用一个中央图画，而不是一个中心词，可以发挥思维导图的全部潜力，只要有可能用图的地方就用图，而不用词汇。把词汇和图形这两个皮层技巧合并起来，可以使智力翻番，特别是当你制作自己的图形时。

1989 年，马特林通过描述一项实验说明了这一点。这项实验是由布尔和惠特洛克在 80 多年前年做的，目的是要找到图形对学习产生的效果。

布尔和惠特洛克让 9 到 10 岁的小孩学习"大脑"、"杂志"、"麻烦"和"真理"这样一些词汇。孩子们分成三组：第一组读词汇和它的意义，接下来，再把词和词的意义用图形创造性地画下来；第二组的孩子跟第一组的孩子做的事情一样，只是他们不是创造性地画图形，而是用线条描一张画的办法；第三组的孩子只是简单地反复抄写词和词的定义。

一星期后，对孩子们进行测试，看他们记得多少词和词的定义。创造性地画了图形的第一组的孩子们远远超出了其他组的孩子们，而第三组的孩子们，由于没有画任何图形，测试的效果最差。

这个发现支持这样一种说法，即思维导图是唯一合适的学习工具。它不仅使用到图形，它本身就是一个图形。

思维导图以一种与众不同和独特有效的方法驾驭整个范围的皮层技巧——词汇、图形、数字、逻辑、节奏、色彩和空间感。这样做的时候，它会给你畅游大脑无限空间的自由。

(二)层次和分类入门——基本顺序思想

为了控制和应用大脑无穷的能力，你需要用层次和分类来组织你的思想和思维导图。第一步是要确认你的基本顺序思想(BOLS)。

基本顺序思想是一些关键的概念，在这个概念之下，其他的一些概念才能组织起来。例如“机器”这个词，它包含许许多多的门类，其中的一种是“机动车”；这个词本身又派生出一个很大的范围，其中的一种是“小汽车”；“小汽车”本身又分出一大堆类型，包括福特车；而福特车本身又往下分出许多不同的车型来。

同样的，这个层次结构可以向上扩展到更高的分类级别。如“人工制品”这个词，就把“机器”包括在它的子项里面。这些有力的词汇，或者叫基本顺序词汇是形成并驾驭联想创造性过程的关键。换句话说，如果你就这个主题写一本书，它们就是各章节的提纲。

1969 年，由包威尔、克拉克、莱思高尔德和威姆会茨进行的一项研究，说明了层次作为对记忆力的一种帮助的重要性。在这项实验中，受试者分成两组，每组看四张图片，题张卡片上有 28 个字。

第一组看的字按组织好的层次排好。例如“乐器”这个词放在顶上，下面有一些分枝，如“弦乐”和“打击乐”；再下一层，又有一些分枝，在“弦乐”下面有“小提琴”、“大提琴”，而在“打击乐”下面有“定音鼓”、“钢鼓”、“小鼓”等。

第二组的人看到的字与第一组一模一样，只不过毫无顺序。然后再测试两个组调用这些字的能力。

结果很明显，第一组看到有顺序的词的那些人比第二组强多了。

(三)练习

思维导图制作者由表达概念的中央图形开始。这个图形必须包括维度和至少三种颜色。

第一个来到制作者心目中的基本顺序思想是“活动”。这个词用很粗的大写印刷体写在连接着中央图的弯曲线条上，线条长度与词平齐。

一连串的联想喷发——一艘帆船、一颗心、一个跑动的人和“共享”这个词都从“活动”这个词放射出去。

思维导图制作者的大脑现在闪耀着火花进入了另一个 BOI——“人”。这个词放在思维导图的左边，字也写得很大，也用一条粗线连在中央图上。有几种颜色来写这个词，反映了不同种族的肤色，甚至包括火星人！

又是一阵思想的喷发——“家庭”、“朋友”、“表演者”、“支持者”、“动物”都从这个关键词放射出来。

这些思想本身也生成了想法。“家庭”这个词加上“兄弟”、“妈妈”、“老爸”。“表演者”后面增加了“魔术师”、“滑稽小丑”。“支持者”后面生成了“医生”、“护士”、“教师”和“教练”。

下面的三个念头都是 BOl——“食物”、“环境”和“感觉”——在思维导图上也是这样给它们安排合适位置的。

接下来的两个想法是由“环境”这个词引发的。我们的主角还立即加上了一张群山的照片和“乡间”这个词。到这时，我们暂停一下，看看目前已经做的这些事有什么含义。

按照我们的主角所作的思维导图，很明显，任何一些关键词或者图形都可以放在一张思维导图的中央，而且还能够再一次向外放射。

(四)决策

思维导图在做个人选择时，对理清思路是一个特别有用的工具。先用思维导图把自己的需要和欲求、先后顺序和隐忧理出来，再根据所涉及的、已经看得很清楚的问题来做一个决定。

决策是理清秩序的第一个阶段。可以更为广泛地把它划分为评估性决定，包括这样一些简单的决定：是/不是，更好/更差，更强/更弱，效率更高/效率更低，效益更好/效益更差。

我们再一次来看看这位主人的内心，他或她现在是要决定买还是不买一幢房子。

根据思维导图的规则，在思维导图的中间放了一幢多维的彩色房子。因为这是一项评估决定，基本顺序思想就是二分法的买和不买。

画好了中心图和主干之后，我们的主人就根据思维导图方法，把所有与买房相关的念头全部捕捉起来。几条主干到位后，我们的主人就思维导图方法，让头脑中的一连串思想自由地流动起来。每个念头都恰如其分地安排在最好的位置上。并且让大脑自由奔放地想问题，这样一来，全部的思想和情感都会包容在越来越多的联想之网中。

一旦所有相关的信息、想法和情感都汇集到思维导图上的时候，就要用下述五种方法来做个二分法的选择：

(1)在画图的过程中产生

在许多情况下，画思维导图的过程中自身就会产生一个解决办法。当大脑看到收集到的全部数据后，突然就指出一个：“啊哈！我想到了!”一下子就为这个决策过程画上了句号。

(2)数字加减法

如果在思维导图画完时，办法还没有想清楚，就应该使用数字加减法。所谓数字加减法，是指给思维导图各边的每个关键词都编一个号码，按重要程度从 1 一直编到 100。

当一个词被编好了号码时，把“分数”加起来，先把“行”那一边加起来，然后再把“不行”那一边加起来，得分最高的一边“获胜”。

这个方法用于需要考虑一系列个人和职业上的因素，以决定是否要搬动公司总部，或者就留在原地。你可以看到哪一方取胜了！

(3)直觉

如果第一种和第二种方法都没有得出一个决定，还可以根据直觉或者“内心感觉”的办法来确定。思维导图对于这类超级思维特别有用，因为它给大脑更广泛的信息，其计算也是以此为基础的。

(4)沉思期

另一个方法说起来很简单，那就是大脑静静地想一个思想出来。换句话说，完成了决策思维导图以后，你可以让大脑放松下来。大脑往往在休息或者孤独之时达到和谐状态并把接受到的大量数据加以处理和整合。也正是在这样一些时候，我们往往可以作出最为重要和正确的一些决定，因为放松会把大脑未用的部分的巨大力量放松出来——即我们大脑当中99%未用的部分能量放松出来，包括经常被称作“下意识”的那部分力量。

第二节　思维导图的制作

思维导图规则和建议，加上辅助的实际练习，是要帮助你打破精神障碍，把思维导图中写下来的东西记住，并为各种各样的实际应用做好准备。最后，还要学会如何避免最为常见的一些思维导图初学者的误区。

一、制作思维导图的技法

这里所说的技法主要是指突出重点、使用重点、清晰明白。

(一)突出重点

强调重点，是改善记忆和提高创造力的重要因素之一。强调重点所使用到的一切技法都可以用在联想上，反过来亦然。下列规则使你能够取得思维导图中的最大成绩和最为合适地强调重点。

1. 一定要用中央图

图形可以自动地吸引眼睛和大脑的注意力。它可以触发无数的联想，并且是帮助记忆的一个有惊人效果的方法。另外，图形还很有吸引力——在许多层面上都是如此。它吸引你，它使你感到愉悦，它使你高兴，促使你注意它。

如果某个特别的词(而不是图形)对于思维导图是绝对要处于中央地位时，这个词也可以通过增加层次感、多重色彩和吸引人的外形来变成一个图形。

2. 整个思维导图中都要用图形

只要有可能的时候，都要用到图形，这会得到上述的种种好处，还可以在你的视觉和语言皮层技巧之间建立很有刺激性的平衡，改善你的视觉感触力。

如果你把害怕画得很差的担心放到一边去，再画比如一只蝴蝶，你对第一幅画可能不太满意。有时候，你可能画得不像个样子，可是，重要的在于，你已经试过了，下次你看到蝴蝶的时候，会想到更仔细地观察它，以便于记住它的样子并重新画出来。

这样一来，在思维导图中使用了图形后，你会更加注意现实生活，进而努力提高描述真实物体的能力。你会真的对周围的世界“睁开眼睛”。

3. 中央图形上要用三种或者更多的颜色

色彩会增强记忆力和创造力，使你避开单色引起的单调危险。它们会给图形带来活力，使其更为动人。

4. 图形要有层次感

层次使事物“凸显”出来，而任何突出的事物都会让人很容易地记住，也易于交流。这样，思维导图中最为重要的一些因素就可以通过三维的图形得以强调。如图 11-1 所示

现在

图 11-1　思维导图示例

5. 要用通感(多种生理感觉共生)

只要有可能，你就应该在思维导图中使用一些诉诸视觉、听觉、嗅觉、味觉、触觉和肌觉(生理感觉)的词或者图形。许多著名的记忆大师和伟大的作家和诗人们都曾用到过这种方法。

观察一下孩子们以各种感官来体验自然是很有趣的一件事。他们用双手触摸、用舌头品尝、用身体四肢移动来探索外在环境；然

后他们歌颂、歌唱、编歌谣并彼此讲故事，编造非常动人的思维导图幻想和白日梦。

运动也是一个主要的助记手段，可用来促进思维导图。你的词汇、图片、整个的思维导图都可以移动。为了让你的图形移动起来，你可以加一些合适的视觉动感符号。

6. 字体、线条和图形尽量多一些变化

变化大小是表明层次当中相对的重要性最好的一个办法。扩大一些尺寸可以增加重点，因而也就增大了想起它来的可能性。（图11-2）

1. 大　2. 中　3. 小

图 11-2　思维导图示例

7. 间隔要有安排

安排有序的间隔会增大图形的条理性，有助于层次和分类的使用，让思维导图"敞开"供人添加，看起来也美得多。（图 11-3）

图 11-3　思维导图示例

8. 间隔要合理

每个项目之间空出一定的地方，会使思维导图秩序井然，结构分明。从逻辑结论来看，各项目之间的空间可以与项目本身的重要性相比。例如，在日本插花艺术中，整个布置都是基于鲜花之间的间隔的。同样的，在音乐中，声音经常是围绕着无声而安排的。例如，贝多芬的第五交响乐实际上是从休止符或者静止符开始的。

(二)使用联想

联想是改进记忆力和创造力的另一个重要因素。它是人脑使用的另一个整合工具，目的是要让我们的生理体验产生意义，这是人脑记忆和理解的关键。

建立了中央图形和基本顺序思想后，联想的力量就可以进入大脑任何话题的深层次。如已经提到的一样，任何用于联想的方法都可以同样用作重点，反过来亦然。

1. 在分枝模式的内外要进行连接时，可以使用箭头

箭头可自动地引导你的眼睛，把思维导图中的另一个部分连接起来。它们可以是单向的，也可以多头的，大小形式和维度都可以变化。它们给你的思想一种空间指导。

2. 使用各种色彩

色彩是加强记忆和提高创造力的最为有用的工具之一。为了编码或者在思维导图的特别区域里加入特别的颜色，可以专门选择一种颜色，这会使你很快地进入信息，会改善你对这个信息的记忆效果，并提高创造力的数目和范围。

3. 使用代码

代码会使你在思维导图的各个部分之间建立快速的联系，不管这几个部分在纸上看起来有多么远。代码可以是对号和错号，圆圈，角形或者下划线。也许，它们还可以再精致一些。

代码可以通过简单地使用颜色、符号、形状和图形来巩固和强化层次和分类。它们还可以用来把一些资料来源与思维导图联系起来(如书目，参考资料等)。(图 11-4)

1. 代码　2. 连线　3. 连接　4. 记忆　5. 联想

图 11-4　思维导图示例

(三)清晰明白

模糊不清会妨碍感知力。如果你在笔记上乱画，那只会阻碍而不会帮助你记忆。

1. 每条线上只写一个关键词

每个单独的词都有若干个可能的联想。每条线上只写一个词会

给你带来联想的自由，如同给一个肢体装上了额外的关节。重要的词组并没有丢失。

2. 所有的字都用印刷体写

印刷体都有一个较为固定的字形，因此也更易于让大脑“拍照”。所额外花费的时间，由于快速的创造性联想和回忆而会得到更大的补偿。印刷体较为简洁，大写和小写字母可以用来显示词汇在思维导图上的相对重要程度。

3. 印刷体都要写在线条上

线条为词汇的“肉体”提供“骨架”。因此，它会有助于图形的组织和整洁，因而也就使得整个图条理清楚，有助于记忆。线条还会鼓励进一步的连接和修饰。

4. 线条的长度与词本身的长度一样

这个规则容易让词和词尽量靠近，因而也就有助于产生联想。另外，所节约的空间也让人能够包括更多的信息在一张思维导图上。

5. 线条与线条之间要连上

把思维导图中的线条彼此连上容易使思维也接上趟。线条、可以变成箭头、曲线、圆圈、闭路环、椭圆、三角形、多面形，或者从大脑这个无限的仓库里随便想出个什么形状来。

6. 中央曲线条要粗些

加以突出以后，粗些的线条立即向你的大脑发出一个信号，让你注意中心思想的重要性。如果你的思维导图是处在探索阶段，也许你会发现，在思维导图的过程中，一些周边思想实际上比中心思想更为重要。在这些情况下，只要合适，你就可以简单地把外围的线条加粗一些。有机和弯曲的线条会更大地增强视觉兴趣。（图 11-5）

1. 线条　2. 粗线　3. 向外　4. 拥抱　5. 连接

图 11-5　思维导图示例

7. 边界要能“接受”分枝概要

边界线“拥抱”一个完成的思维导图的分枝时，它会定下这个分枝的独特外形。这个独特的外形可以激发包含在这个分枝里的信息的记忆。对一些人来说，这些外形可以成为“活的图片”，可以强化回忆。

你的思维在根据随意的外形构造图像，因而也就让外形更易于记住。同样的，在思维导图中创造外形，会帮你在一个更为容易记忆的形式里组织许多的数据。这样收集信息，叫做“零打碎敲”，是非常有名的助记法。

根据心理学家的看法、我们的短期记忆平均只能够记作 7 个信息项目。零打碎敲可以帮我们更为有效地利用存储空间。

因此，在思维导图上划边界线有明显的助记长处。如果你希望在已经划了边界线之后再加上什么东西，那么，可以再加上几条新的分枝，加上新的边界线，就像一棵被锯掉的树干上露出的年轮。

8. 图形画得尽量清楚些

外部的条理性会有助于内部的思维条理。清楚明白的思维导图看起来也顺眼一些，好看一些，也更美。

二、绘制思维导图的建议

（一）打破精神障碍

1. 增加空白线条

如果暂时出现了阻碍，可以先继续在思维导图上加上一些线条。这会对大脑提出挑战，刺激大脑去完成尚没有完成的东西，在你无限的联想能力帮助下“茅塞顿开”。

2. 提出问题

提问是大脑借以积累系列知识的主要方式。给自己提一些合适的问题，会引起一些打破思维障碍的反应。

3. 增加影像

在思维导图上增加影像，可以增大触发进一步的联想和易于回忆的可能性。

4. 保持无限联想的能力意识

保持这个意识，会让大脑处于自由状态，而不是习惯于受到旧的抑制。比如，可以从你的大脑里随便取两个数出来，从逻辑角度也好，从充满幻想的角度也好，把它们与随机选择的一个物体联系起来。也可把一幅思维导图中使你思维“受阻”的那一部分取出来，作为新的思维导图的中心，进行一次快速的思维联想速射，让思维重新活起来。

（二）反复强化

1. 复习思维导图

研究显示，复习之后的记忆力根据特定的时间曲线而有所变化。如果要积极地（与消极相对）记住自己的思维导图，比如出于考试或者特殊项目的目的，可以做好计划，在一定时间内进行复对。这会使你能够完善或者修改某个图区，在任何可能遗漏的地方加入内容，强化特别重要的联想。

2. 做一些快速的思维导图检查

复习思维导图的时候，应该时不时快速地做一些思维导图简图（只花几分钟时间），总结出你可以记起来的思维导图原图。这样做的时候，你实际上是在重新创造和更新自己的记忆，表明创造力和记忆力是一枚硬币的两面。

如果你只检查思维导图原图，你的大脑会持续依赖思维导图的外部刺激才能辨认出已经做过的事情。而另一方面，制作一个新的思维导图，会使你在没有外界刺激的时候检查出你能够记忆的东西。然后，你可以把结果与原图进行比较，并调整任何错误、不一致或者遗漏的地方。

（三）注意危险区

1. 弄出一些实际上不是思维导图的思维导图

一些初学者还没有完全掌握思维导图规则。他们绘制的思维导图，初一看都像是思维导图，而且好像遵守了思维导图的基本原则。可是，有好几处是不一样的。当两个图都往下发展时，它们会越来越乱，越来越单调。另外，所有的想法都归结到了同一个层次上，成了彼此互不相关的一些思想。

因为忽视了条理清晰、重点突出和联想丰富的规则，看起来好像会往秩序和结构上发展的东西，事实上导致了混乱、单调和没有条理。

2. 认为"乱七八糟"的思维导图不好

在某些情况下，比如你没有时间，或者在听一个令人困惑的讲座时，你可能会画一张看起来"乱七八糟"的思维导图。这并不是说这张图就很"差"，它只是反映了你当时的思维状态，或者大脑当时所接受到的东西。

你那"乱七八糟"的思维导图可能缺少清楚的条理，看上去也不美，可是，它还是准确地反映了你在制作这个导图时的思想过程。

画得清清楚楚的笔记看起来也许很诱人，很好看，可是，它们会给你一种什么样的信息检索呢？如我们已经看到的一样，有些笔记看上去很准确也组织有序，可是——由于缺少重点和联想——它们几乎没法让人一眼看清楚要表达的意思。

意识到这一点，会使我们减少负疚和自我轻贱。看着自己画的思维导图，会使自己意识到，思路不清晰、乱七八糟和混乱无序的，不是你自己，而是你在听他讲课的人，或者一本书的作者。

3. 对任何思维导图都产生一种消极的情感反应

有时候，你可能想一次就画好“最终”的思维导图，可结果还是画出了个“初稿”。如果你对自己画的思维导图水准不满意甚或大为失望，你应该提醒自己，这只是第一稿，还需要进行修改才能到达成熟境地。

第三节　思维导图的应用

一、学生用于准备考试的思维导图

如果在整个学习阶段都做过思维导图，并且按照所推荐的时间间隔定期进行复习，你应该有通过考试的坚强信心。你仅需要把极好的知识转换成极佳的考试行为即可，这就是正确的方法。

1. 第一步，要仔细地阅读考试内容，挑出你要回答的问题，阅读问题的时候，要用微型思维导图把马上跳入脑海的想法记下来。

2. 第二步，你得决定按照什么顺序来回答问题，回答每个问题约需要多少时间。

3. 要抵挡立即详细回答第一个问题的诱惑。要对全部准备回答的问题进行快速的思维导图速射。按照这个步骤. 你就使自己的思想准备好在整个考试期间去探索所有问题的各个细节和分枝，不必计较各个时候正在回答的某个具体问题。

4. 现在，回到第一个问题，并做一个思维导图，让它起到答案框架的作用。中央图形与简要的评论相对应，而每个主要的主干都可以提供一个主要的分枝标题或者文章的部分。对于每个从主要分枝展开的部分，你都应该能够写一两个章节。

5. 当你建立起自己的答案时，就会发现，你可以开始自由穿插于所有的知识结构了，而且能够增加自己的思想、联想和解释，以作出结论。这样一个答案应该能够向考试官展示一个综合的知识，一种分析、组织、整合和交叉参考的能力，特别是用自己对这个题目富于创造力和求新精神的理解所展示的能力。换句话说、你应该能够得高分!

二、思维导图用于教学

除了让学生熟悉思维导图的理论和实践以外，教师还可以利用思维导图进行一系列实际活动，以使教学和学习变得更容易和更有趣。

1. 准备讲课笔记

使用思维导图最有效的办法是记备课笔记。以思维导图的形式备课比写出来更快，而且还可以让讲课的人和学生始终都能掌握全盘的内容。用思维导图备出来的讲座很容易一年一年地更新，而不会把备课本弄得乱七八糟。它所具有的助记特点意味着，在上课之间快速地浏览一遍备课材料会很快把讲课的话题带入焦点。因为讲课者自己的知识会融入同一幅思维导图。因此，在一年接一年的教学当中，它会触发相当不同的讲课内容。这就避免了陈旧的讲课笔记带来的单调无聊，又不要求增加工作量。它使讲课变成更有趣的事情，学生和教师双方都皆大欢喜。

因为思维导图用作了讲课的框架，它就使讲课人一方面能够在一个即兴讲演与自由谈话之间保持相对的平衡，另一方面又可以进行结构相当严谨的讲话。它使讲课者能够精确地把握讲课时间，或者，如果事先安排好的时间因故发生变化，它会让讲演人就地进行编辑，以调整讲话内容，使其变得更长或更短。如果讲演开始时刚刚接到新的信息(一个新故事，或者前面出现了一个讲演人)，这个编辑功能还可以表现更大的用处。

2. 年度计划

思维导图可以用来让教师掌握整个学年度的学习计划，把一学期的分段和所有课程的内容都画出来(例如，地理课教师可以掌握全年进行野外实习和放幻灯片相对于标准教学的频率)。

3. 学期计划

这是年度计划的细分，经常是以更小些的思维导图的形式，记录下来的。它从年度计划的一个主干或者数个主干上分下来。学期计划也许会显示出教学课程当中有哪些话题是教师准备包括在教学计划中的，大约以什么方式包括进去等。

4. 每日计划

这里要记录一些课程的具体细节，比如上课及下课时间，教室、要讲的课题等等。

5. 课堂与讲演

教师可以用一张大黑板、白板和活动挂图，或者用悬挂投影机在课程进行当中画出相应的思维导图部分。把思想过程的回忆用外部设备表现出来，有助于把课程的结构弄清楚。它还能保持学生的注意力，并加强他们的记忆能力和对课题的理解。"骨架"思维导图也可以分发给学生，让他们去完成，或者用黑白照片让学生填上色彩。

6. 考试

如果考试的目的是要检验学生的知识和理解力，而不是他们的写作能力，思维导图是最为理想的解决办法。它可以让教师一眼看到学生是否总体上把握了所讲的内容以及各个学生单独的长处和短处。思维导图还显示联想链因为某种原因而发生断裂的区域。这个方法可以给教师一个清晰而客观的图景，可以了解学生的知识状态，而不会因为在其他一些如语法正确程度、拼写能力和书法是否整洁等方面受到牵制。另外，它还能节省一大片的时间，而不会把它们浪费在阅读和批改试卷上面。

我们不难发现，思维导图能够极大地提高学生的学习能力、理解能力和记忆能力，它有助于学生逻辑思维能力的培养以及学生空间智能的开发。不仅使师生双方从新的视角对所学知识进行系统梳理、深化拓宽从而实现知识的活学活用，而且还有助于教师的科研和学生的自学。

第五编

教学心理

第十二章　教学设计

教学设计在教育科学体系中起着连接诸学科的作用，它是连接教育理论、学习理论与教学实践的桥梁。教学设计以教学系统作为研究对象，将系统论作为基本方法，以学习者为出发点，以教学理论，学习理论和传播学理论作为理论基础，以教学效果最优化作为目的与归宿。

第一节　教学设计概述

一、教学设计的概念

所谓设计，是指在创造某种具有实际效用的新事物或者解决新问题之前所进行的探究式的系统计划过程，即为了实现预定的目标，预想今后可能会出现的情况，并观念性地操作构成要素，明确部分与整体之间关系的行为。

在教育领域，最早提出教学设计的原始构想的是美国哲学家、教育家杜威和心理学家桑代克，20 世纪 60 年代末，教学设计作为一种理论和新兴的应用性教育学科，已经形成一个成果丰富的专门研究领域。教学设计经历了构想、理论形成和学科建设三个阶段。30 多年来，随着对教学设计理论的探索和发展，人们对教学设计的认识得到进一步深化。

根据教学系统的特性，布里格斯(Leslie J. Briggs)认为，“教学设计是分析学习需要和目标以形成满足学习需要的传送系统的全过程”。在此基础上，瑞达·瑞奇(Rita Richey)认为教学设计是“为了便于学习各种大小不同的学科单元，面对学习情景的发展、评价和保持进行详细规划的科学”(戈登·罗伦德，1997)。这两个定义，描述了教学设计的根本特性。

教学设计就是以获得最优化的教学效果为目的，以学习理论、教学理论和传播学理论为基础，运用系统方法分析教学问题、确定教学目标、建立解决教学问题的策略方案、尝试解决方案、评价试行结果和修改方案的过程。从内容上看，广义的教学设计包括课程设置计划、课堂教学过程、媒体教学材料等教学系统中的不同层次的所有内容；狭义的教学设计仅指某一门课程、某一课时或某一项目培训计划的设计。依据师范院校的特点，本书所涉及的教学设计侧重狭义的教学设计定义。

二、教学设计的功能

教学设计是课堂教学的基础环节和必要阶段，其主要功能包括以下几个方面：

（一）教学设计有助于突出学习者的主体地位

在教与学的双边活动中，学习者发挥着主体作用。因为，学习者是学习活动的主体，学习者是有意识的人，学习的内在动力源于学习者。教学设计是在对学习者进行全方位的了解和分析，获取大量信息的基础上，才着手进行设计的。教学设计必须以学习者的学为出发点，遵循学习的内在规律性。教学设计者要站在学习者的立场上，进行教学目标的确定、教学策略的选择、教学媒体的应用、教学过程的描述。总之，教学设计是以学习者为中心，围绕着学习者在学习过程中遇到的学习问题而展开教学设计的。

（二）教学设计有助利于提高教学的艺术性

教师如果在教学设计中充分考虑学习者的特点，运用相应的教学策略，采取有效的教学方法和教学形式，更好地解决学习者的学习方法问题，灵活地应用教学媒体，就会设计出富有吸引力的教学活动。通过这一系列措施，减轻了学习者的学习负担，使学习者乐学、会学、主动学。在轻松愉快、巧妙安排、精心策划的教学活动中，学习者的学习兴趣被充分调动起来，提高了学习的积极性。同时，寓教于乐的教学活动有利于开发学习者的智力，挖掘他们的潜能，培养他们的创新意识和创造精神，并使其形成良好的个性品质。

（三）教学设计有助于增强教学工作的有效性

20 世纪 80 年代兴起的教学设计理论，是从教学规律出发，应用系统的观点和分析的方法，客观地分析教学工作的规律和特点，突破了传统教学工作环节的局限性，设计了新的教学工作程序和环节。教学设计从教学工作中的问题和需求入手，来确定目标，建立解决问题的步骤，选择相应的策略和方法等。所以，建立在系统观点和分析方法基础上的教学工作，其科学性、有效性得到了进一步增强。

（四）教学设计有助于提高教学效率和教学效果

教学设计的主要目的就是要设计出高效的教学过程，在教学设计中，需要对学习需要、学习内容和学习者进行客观地分析。在分析的基础上，减少了许多不必要的内容和活动，清晰地阐明教学目标，有效地制订教学策略，合理地选用教学媒体，科学地拟定教学进度，准确地测定和分析教学结果，使教学活动在人员、时间、设备使用等方面取得最佳的效益。

（五）教学设计强调了目标、活动和评价的一致性

教学设计采用的是系统方法，它把教学设计本身看成是一个系统，而教学目标、教学活动和教学评价是其子系统。各子系统之间和子系统各要素之间相互配合、相互协调、共同发展，才能确保整个教学设计系统的优化运行。因此，教学设计十分重视并强调各子系统及各子系统要素之间的最佳配合。教学目标是教学活动的出发点和归宿，教学目标也是教学评价的依据。这样，才能使教学设计系统形成良性运行的机制，使教学达到最佳的境界。

第二节　教学设计的内容

一、教学背景分析

教学设计的首要任务就是了解情况和分析问题，这是教学设计的出发点，也是教学设计的最终目的。教学设计中需要分析的问题很多，应根据实际情况确定。在此，主要对学习需要、学习内容、学习者进行分析。

（一）学习需要的分析

在教学设计中，学习需要是指学习者学习的目前状况与所期望达到的状况之间的差距，即学习者目前水平与期望学习者达到的水平之间的差距。期望主要是指社会发展对学习者提出来的要求，学校和班级对学习者提出的要求以及学习者对自身的要求等方面。对于学校教育来说，这种期望具体体现在课程标准中。目前状况是指学习者群体或个体在知识、技能、能力、态度等方面的不足，同时也指出了要解决的问题，规定了教学任务和目标。

教学设计者在分析学习需要时，分析和研究当前教学中存在的问题是进行学习需要分析的重要内容，问题分析主要有以下六个方面：①学习者是否达到教学目标的要求；②教师所采用的教学策略是否有效；③所使用的传送信息的方法是否准确；④教学能否使学习获得成功；⑤学习内容的难易程度如何；⑥学习者起点的分析是否正确。

（二）学习内容的分析

学习内容分析的基本步骤是：

1．熟悉课程标准，确定教学的基本目标

课程标准是国家制定的指导教学工作的重要文件。它具体确定了学科的性质、教学目的、任务、内容范围和各年级教学要求以及总的教学基本原则、方法等。

通过对学习需要的分析，已基本确定了教学设计的基本目标。基本目标将指明学习者应该完成的学习任务，或者希望学习者通过进一步的学习，获得什么样的学习结果。

2．首次评估学习内容

要依据教学的基本目标、课程理论、认知理论、学习分类理论等，对学习内容做初步的考察和论证，了解教学任务的背景和类型、教材的体系和结构、组成部分及主要内容。

3．确定单元教学目标

现行中小学教材已经将课程划分为若干单元。因此，教师在设计教学活动时，要确定单元教学目标，以便将基本目标进一步具体化。要特别注意，学习任务的类型不同（认知的、技能的、态度的等），其教学目标也要有所区别。确定单元教学目标，是要了解学习者在完成这一单元学习后，其认知的、行为的、情感的等方面有何变化以及变化的程度和水平。

4．学习内容的具体分析

为了实现单元教学目标，还要对学习内容作详细的分析。例如，学习者需要学习什么知识，学到什么程度，掌握哪些技能，达到什么水平，培养什么态度，态度会有怎样的改变，需要哪些条件，知识与技能的关系怎样等一系列问题，都要作具体详尽的分析。

5．再次评价学习内容

在上述基础上，收集必要的资料和数据，考察单元教学目标的效度。效度是指每一类型学习任务和单元教学目标符合总目标的程度，要删除与单元教学目标无关的部分，同时补充可能遗漏的学习内容。

(三)学习者分析

教学设计的目的是为了突出学习者在学习过程中的主体地位，调动和发挥学习者学习的积极性和主动性，有效地指导学习者获得学习上的成功。为使教学设计具有较强的针对性和实用性，就必须重视对学习者的分析。对学习者的全面分析主要包括了解学习者的起点能力、一般特点、学习风格等方面的情况。

学习者的起点能力分析主要包括：学习者知识起点能力的分析；学习者技能起点能力的分析；学习者态度起点的分析。

学习者的起点能力是教学的起点，对教学将产生直接的影响。学习者的一般特点将对教学产生间接的影响，教学设计者为了向学习者提供适合各自特点的个别化教学，必须了解有关学习者的学习风格，即学习者持续一贯的带有个性特征的学习方式。

对学习者进行了解和分析，对教学方法、教学媒体的选择也是有帮助的。例如，学习者的阅读能力较差，可以考虑使用视听资料；城市和农村的文化背景不同，选择的实例应有所区别；学习者对新学习的课程的学习准备程度不同，特别是具备的有关直接经验不同，可以在教学内容呈现过程前使用录像等手段，给学习者提供共同的经验基础。教师可以通过观察、访谈、填写学习者情况调查表、进行态度量表调查等方法了解学习者的一般特点。

学习者的特点包括许多方面，可以从多方面、多角度进行分析。应根据教学的实际需要，根据特定的学习内容的要求，判断学习者的哪些方面必须加以分析，并能采用恰当的分析方法。

二、教学目标设计

(一)教学目标的概念

教学是人类所从事的一种特殊的培养人的社会实践活动，这种活动有明确的目的性。即通过教学活动，要达到一个预期的目标。因此，在教学设计时，必须明确通过有目的的教学活动，期望达到的教学目标是什么，即期望学习者通过学习，在起点能力基础上，获得什么样的终点能力。确定教学目标要以教学总目标为依据，制订出符合学习内容和学习者实际的具体确切的执行目标。教学总目标体现在课程标准和教科书中，教学设计者要根据课程标准的要求，学习者的实际情况，科学准确地制订教学目标。

教学目标是指教学活动预期所要达到的最终结果，是人们对教学活动结果的一种主观愿望，是对完成教学活动后，学习者应达到的行为状态的详细具体的描述，它表达了学习者学习后的一种结果。

教学目标的表述应是明确的、具体的、可以观察和测量的。因此，应使用明确的语言表述教学目标。表述不清，将影响教学策略、教学媒体的安排和采用，将影响教学质量和学习者的学习水平。

（二）教学目标分类

在教学目标分类研究中，最著名的是美国教育家布卢姆(B. S. Bloom)的目标分类和加涅的学习结果分类。我国学者根据我们的实际情况，对于布卢姆目标分类作了一些改造与发展，将教育目标分为认知、情感、动作技能三个主领域，每一主领域又分为若干亚领域。

1. 认知领域

认知领域的5个亚领域是：记忆，理解，简单应用，综合应用，创见。

“记忆”是最低层次的知识掌握目标，包括知道、了解、感知；

“理解”是将学习的材料从一种形式转换为另一形式，理解学习材料，对学习材料做简单判断；

“综合应用”所包含的内容是：对具体综合问题各组成部分的辨认，部分之间各种关系的分析，识别组合这些部分的原理、法则，综合运用解决问题；

“创见”所包含的内容是：突破常规的思维模式，提出独到的见解或解题方法，按自己的观点对学习过程的材料整理分类，自己设计方案解答一些实际问题，这里，想象有了一定的地位，含义上也比“评价”更具体、更确切。

2. 情感领域

情感领域包括接受、反应、态度、领悟、模仿、习惯六个层级的目标。

“接受”是内化过程的第一层级，是指学生对新课中的学习内容感兴趣，有学习新课的强烈愿望。从教育的角度看，要达到这一层级的目标，就是要吸引学生对学习目标的注意；从评价角度看，需要判断学生是否愿意注意这课学习目标。

“反应”是内化过程的第二层级，是指学生对教学内容中的道德形象或道德现象产生的满意、愉快、喜悦或愤怒、厌恶、悲痛的情绪，这种情绪表现了一种道德感。

“态度”是内化过程的第三层级，是指学生将道德感转化为内心的道德需要形成的某种价值观或责任感。

“领悟”是指学生能以教学内容中的知识为依据，说出正确的行为方式。

“模仿”是指学生能依据一定的行为规范，进行模仿或操作，并达到正确。

“习惯”指学生经过反复练习，能按正确的行为规则在相应的情景中，自觉、独立地行动，并达到正确。

3. 动作技能领域

动作技能涉及骨骼和肌肉的使用、发展和协调。在实验课、体育课、职业培训、军事训练科目中，这常是主要的教学目标。它分为四个层次：

全身运动。它包括上下肢或部分肢体的运动，要求臂和肩、脚和腿的协调。

细微协调动作。它包括手和手指、手和眼、手和耳、手、眼、脚的精细协调动作。

非言语性表达。它包括脸部表情、手势和身体的动作等。

言语行为。它包括发音、音词结合、声音和手势协调等。

这个分类系统将全身运动和细微协调动作加以区别，阐明学习目标时，可根据这种分类，先确定全身运动的技能目标，然后逐步列出细微协调动作技能目标。体育运动、艺术表演、工具操作技能等，一般都可以用一个或综合使用几个上述分类系统来加以分类，从而确定相应的学习目标。动作技能的行为通常外显化，容易观察、描述和测量。

通过两个案例，理解教学目标的分类。

[案例]

“植物的生长”教学目标

在“植物的生长”这一单元的教学中，一般教学目标是“了解植物生长的条件”。教师还应提出更为具体的目标，即指出行为目标，使学生明白必须学会“做”什么，才能表明达到了这项目标。可以按下述方式表述。

(1)正确说出影响植物生长的四个因素。

(2)解释为什么黑暗的地方不长青草？

(3)设计一个在月球上培育植物的实验。

目标(1)表明，要求学生获得的知识类型是“事实性知识”；知识掌握的水平是“正确”；智力操作方式是“记忆”；智力活动水平是“再现”。如果要求学生的知识掌握水平达到“熟练”而不仅仅是“正确”的话，还可以对上面的作业目标稍加修正。

目标(2)要求学生不仅要“记忆”植物生长的条件，还有“分析”“推理”，属于简单运用。如果教师还试图通过作业培养学生的创造性，在提出作业目标时也可以考虑这方面的要求，可以提出更高水平的作业目标。

目标(3)属于“综合运用”，如果完成的好可以达到培养创造力的目的。

这样的目标要求学生动员不止一门学科的知识，并且要充分发挥想象力，创造性地综合应用现有的全部有关知识，使用除教科书以外的多种资料和工具。完成这样的作业就不应该过分限制完成时间和其他条件。质量标准上也可以有较大的差异。

[案例]

小学思想品德课第二册《学习礼貌用语》的道德情感目标的表述

接受：喜欢使用礼貌用语。

反应：体验到使用礼貌用语的好处及喜悦感。

态度：愿意效仿课文中使用礼貌用语的同学的言行，自觉使用礼貌用语。

领悟：知道什么情况下使用“你好、再见、请、谢谢、对不起、没关系”等礼貌用语。

模仿：在日常生活中使用“你好、再见、请、谢谢、对不起、没关系”等礼貌语言。

习惯：做到在日常生活中经常使用礼貌用语。

三、教学过程设计

(一)教学过程的内涵

教学过程即指教学活动的启动、发展、变化和结束在时间上连续展开的程序结构。是学生在教师有目的、有计划的指导下，积极主动地掌握系统的文化科学基础知识和基本技能，发展能力，增强体质，并形成一定的思想品德的过程。

教学过程的概念有几个层面的指称：一是指以一节课为时间单位、从开始上课到下课的教学过程；二是指为完成一个教学单元或一个相对独立的教学课题的教学任务，从开始到结束的整个教学过程；三是指在一个教育阶段里，比如小学期间、初中期间等，从开学到毕业的教学过程；四是指贯穿在从幼儿园到大学的整个学校教育系统中的教学过程；五是指在人类历史发展进程中的教学过程。本书以第一层面作为探讨的重点。

教学过程包含许多要素：教师、学生、教学管理人员；教材、设备、媒体；教学目标、教学方法、教学手段、教学评价等等。如何使这些要素做到有机配合、有序运用，促使教学效果最优化，只能运用系统论的观点和方法对教学过程进行科学的设计，即“教学过程设计”。

(二)教学过程设计的模式

教学过程是由一定的基本阶段组成的，是教师和学生按照一定的目标和时间顺序依次展开教学活动的过程。

国内外关于教学过程设计模式的主要观点有：

1. 以传授和学习知识为主要目标的教学过程

这种类型的教学过程的探索历史最为悠久，也较为成熟，在我国的影响也最大。其中关于4个阶段的划分具有较强的普遍性，反映了这种类型教学过程的某些本质和规律。这4个阶段是：

①感知。学生感知事物和现象，可以通过在观察、实验和实际作业过程中的直接感知，通过表征事物和现象的符号以及教师的语言信息的间接感知等不同的途径。教师的任务在于使学生的感知领域广泛一些，适度地依靠他们的生活经验，把物体的直观与符号的直观结合起来，并注意指导学生周密地观察，引导他们在感知过程中划分出主要的、基本的、本质的东西，促使学生尽量运用自己的力量掌握新的教材。

②理解。理解就是要引导学生了解现象与本质之间的联系，了解它们的结构、成分和意义等，它是教学过程中的中心环节。在这一过程中，教师要善于引导学生恰当地运用思维方法和推理形式，并在这个过程中培养他们的逻辑思维能力。特别需要指出的是，理解绝不意味着只是认同，也包括求异、怀疑和逆向思维。

③巩固。巩固就是引导学生采取适当的方法把所学知识适度地保持在记忆中并内化为自身的素质。知识需要一定的积累，但巩固并不意味着只是对所学知识的巩固，更重要的还应该是对掌握知识过程中所习得的获取知识的方法和认知方式的巩固；并不意味着简单重复和机械训练，因为训练超过一定的度不仅已没有什么意义，反而降低了学生的学习兴趣，也压抑了学生学习过程中创新意识的萌发，应该鼓励学生在理解基础之上通过创造性的思维和对知识的运用去获得知识的巩固。

④运用。教学不仅要保证知识的深刻性和理解性，而且要保证知识的实效性，即能够把所学知识运用于学习和生活的实践。运用知识不能只是复制和简单的迁移，应该鼓励创造性地和灵活地运用

知识。

当前，以美国教育心理学家加涅的信息加工理论为代表的新教学设计阶段理论在我国受到广泛重视。加涅认为学生的学习包括动机、了解、掌握、保持、回忆、迁移、作业、反馈 8 个基本阶段，与此相对应，教学活动可分为相互连接的 9 个基本阶段。

①引起注意

这是用以唤起和控制学习者注意的活动，保证学习者接受刺激和学习的发生。常用的方式有：突然改变刺激；激活学习兴趣；用手势、表情等体态语引起注意；利用与上课内容有关的媒体。

②告诉学习者目标

教学开始时，应明确告诉学习者学习目标，并使其了解当目标达到后，将学会什么，从而激发学习者对学习的期望。这不仅能提高学习动机，而且能起到“先行组织者”的作用。

③刺激对先前学习的回忆

在学习新内容前，指出所需先决知识和技能，以此刺激回忆起学过的有关知识和技能。还应使学习者充分利用原有的认知结构中合适的观念来同化新知识。

④呈现刺激材料

呈现刺激材料应具有鲜明的特征，以促进选择性知觉的内部过程。教材呈现要注意：一是顺序的安排；二是每次呈现教材的分量。决定分量要考虑学习者的类型、知识准备和年龄。

⑤提供学习指导

旨在促进语义编码的内部过程，语义编码是为信息的长期储存作准备的加工过程，应从外部或通过教师、教材为学习者提供指导，学习指导的程度随学习目标的性质而定。

⑥诱导行为

目的是促进学习者作出反应的活动。即在教学过程中，使学习者对呈现的信息以各种方式作出积极的反应。通过情感，思维、行为的参与，更好地理解信息。

⑦提供反馈

在学习者作出反应、表现出行为之后，应及时让学习者知道学习的结果。通过反馈信息，学习者能肯定自己的理解与行为正确与否，以便及时改正。

⑧评定行为

评定行为的目的是促进回忆和巩固学习成果，即促进检索与强化的过程。测试是评定行为的重要方式，与评定行为有关的测试可分为三种：插入测试(教学过程中插入的小测验)、自我检查、后测(完成一个单元的学习后进行的测试，也可称为单元测试)。

⑨增强记忆与促进迁移

这些活动是促进检索和归纳的内部过程，使学习者牢固地掌握所学内容，培养其应用所学知识与技能解决新问题的能力。要提供有意义的结构和安排各种练习机会。

2. 以培养智能为主要目标的教学过程

布鲁纳的发现学习过程：①教师创设一定情境，使学生在这个情境中产生矛盾；②教师提出问题(课题)，并提供一定材料，引导学生自己去分析探究，提出假设；③学生从理论上或实践上检验假设，如有不同看法，可以展开辩论；④对问题作出结论，获得理论知识。

萨其曼的探究训练模式：①遭遇问题。教师呈现问题情境或矛盾事件，并向学生说明探究程序；②搜集资料与验证。学生就所见或所经历事件搜集资料，据此验证问题情境之发生及对象与条件的实质；③搜集资料与实验。学生在情境中区分出相应变量并进行假设与验证因果关系，或增加新的因素以观察有什么不同；④形成解释。教师要学生作出解释，开展讨论，逐渐得出完整的说明；⑤分析探究过程。要求学生分析其探究策略，检查所提出问题的适宜性或资料搜集的必要性，用以改进探究过程，发展更有效的探究策略。

杜威的“问题解决学习”模式：①从实际生活经验的情境中形成问题；②观察、调查问题，认清问题症结所在；③收集解决问题所需之资料(数据、信息)；④考虑各种解决方案，加以研究并作出假设；⑤实际应用并验证假设。

施良方等提出的发现学习一般步骤：①教师设置问题情境，引导学生把注意集中于某个中心点；②引导学生提出假说并加以验证，推导出概括性结论。③引导学生将获取的新知识即自通过自己的发现得出的结论纳入到自己认知结构中的适当位置，并运用于新的问题情境中，使其得以巩固和深化，形成迁移能力。

专题系列教学：“专题系列教学”，就是顺次提出引导学生去掌握知识技能，而且能够紧紧抓住学生的注意、使之展开积极的探究活动的学习问题或学习课题的系列，并以解决这些问题为主轴，引导学生展开具体的一连串的学习活动，以达到一个明确的活动目标、获得一定的学习结果。专题系列教学的过程：①提出问题与课题，使学生直面矛盾与障碍(困难)，引起学习动机；②使之分析问题与课题的目标与条件，认清矛盾与难点所在，抓住真正意义上的问题，理解课题；③使之探讨适当的解决原理、可能的解决方法及手段，计划解决活动；④实施解决活动的计划，实现问题与课题的目标；⑤检验、评价、总结学习的结果，使之进一步进行反复练习与应用练习。

3. 着眼于培养学生的学习能力和创造能力的教学过程

学导式教学法倡导者提倡以学生自学为主，教师启发引导贯穿其中的新教学方法。

卢仲衡的数学自学辅导教学实验，主要教学阶段为：①启(启发诱导)；②读(阅读课文)；③练(做练习)；④知(当时知道结果，即及时反馈、及时强化)。

邱学华的尝试教学法："尝试教学"是由学生用尝试的方法，去发现所学的知识，这是一种有指导的发现学习。同西方的发现学习有所不同，它更重视教师的主导作用和教科书的示范作用，不会让学生无序地去探索而花费太长的时间。尝试学习的特征是"先试后导、先练后讲、先学后教"。具体操作是"从尝试入手，从练学开始"，采用灵活多样的尝试策略。其主要过程如下：①提出尝试问题(一般由教师根据教科书的要求提出，到高年级可让学生自己提出)；②寻找解决问题的策略。问题提出后，让学生先尝试来解决。尝试解决问题的策略有自学课本、使用讨论、动手操作、提问请教、网上查询；③解决问题。

胡克的培养创造性的教学过程：①使动/需要——创造过程的初步认识阶段；②精选/吸摄——创造过程的准备阶段；③提供/储备——创造过程的酝酿阶段；④设场/模仿——创造过程的仿造阶段；⑤外向/移用——创造过程的创造阶段；⑥点拨/创造——创造过程的创造阶段；⑦评价/报偿——创造过程的验证、修改阶段。

吴盘生的小组教学研究。小组教学的操作程序为：①决策(意向、内容、转换、步骤)；②导引(展开内容、激励启动、交待步骤、引入讨论)；③观察；④调整(控制进程、理顺思路、指导互助、中止讨论、组织发言)；⑤评价；⑥接续(小结、激疑、布置作业)。上述六个步骤构成了一个封闭回路，周而复始。

(三)教学过程设计的一般环节

教学过程的具体形态是无法穷尽的，但教学过程发展的一般规律是存在的。人作为有意识的存在物，教学活动作为一种有意识、有目的的能动的实践活动，其特点就在于活动前的谋划和活动后的反思。依据时间顺序和教师、学生活动的性质，可以将教学过程归纳为“教学准备——教学实施——教学反思”三个基本阶段。

1. 教学准备阶段

教学准备就是教学实施前的教学谋划。它通过预测、估计、设想、计划、组织、安排等，预设教学活动发展的方向和前景，并根据教学活动实施的需要做好必要的事先准备。这是教学过程的第一个基本阶段，它对于顺利开展教学实践活动具有十分重要的影响。

教学准备包括教师、学生和教学条件三个方面。

教师的准备主要是，研究课程标准和教材提供的教学要求和教学材料，研究学生的学习和发展情况，研究教学环境的实际与可能，研究自身条件和以往的教学经验，并在上述基础上确定教学的目标、内容、策略与方法，预测教学中可能发生的各种情况及应对措施，了解教学相关信息，准备相关的教学资料，布置学生开展相应的活动并完成一定的任务。

学生的准备主要是：与新的学习任务相关的知识前提的完善，建立在对以往学习反思基础上的学习心态和学习方法的调整，完成自主的和教师布置的准备工作，准备好学习新内容所必需的资料和学具。

教学条件的准备主要有实施教学活动所需要的设备、物质等方面的准备。这三个方面的准备为教学活动的实际操作提供了必要的保证和基本的前提。

2. 教学实施阶段

教学准备反映的是人们的某种主观需要或愿望，这种主观需要和愿望必须通过一定的现实化、实际化的操作活动才能变为现实。这个阶段主要包括以下几个环节：

(1) 定向激发

教学过程的第一个环节，是教师组织和引导学生设计和确定学习目标，激发学生的学习动机。在教师方面，明确教学目标，就是要通过诸如创设问题情境等途径，提出适于学生身心发展水平的具体教学任务，使教学任务在问题情境中鲜明地表现出来，激发学生学习的需要、动机和兴趣。在学生方面，就是要思考教师所提出的学习要求，根据自己的情况确定自己的学习目标，并在教师创设的问题情境中进行判断、探索和设想，产生足够的求知欲和学习动机。

这个环节所明确的学习目标，可以是教学准备阶段教师确定的教学目标进一步确认，包括具体化、丰富化和和特殊化；也可以是在意外变化情境下的变通和调整。

(2) 展开活动

这是教学实施阶段中最重要、最复杂也是最丰富的环节。在这一环节中，教师要遵循学生学习活动的规律和学习对象的特点，科学而艺术地选择教学内容，组织教学活动，优化教学方法，指导学生掌握知识和技能技巧，并在此基础上培养和发展学生的观察、想象、思维等方面的能力，培养一定的态度、情感和价值观念。在学生方面，就是要在教师的指导下，积极、主动而又富于个性地开展多种学习活动，认识、掌握和内化学习的对象，在解决问题性任务的过程中积累创造性活动的经验，获得成功的愉悦和发展的体验。

教学实施中主体(教师和学生)的自觉活动可以归纳为控制、反馈、调节三个方面。"控制"基于教与学效果的多种可能性、教与学方向的可选择性和教与学状态的可改变性，教师和学生应该掌握的教学控制手段主要有预先控制、随机控制、反馈控制和模式控制。"反馈"，就是将控制作用的结果再传送到控制者，以作为以后调节控制的依据。教学反馈包括正反馈和负反馈，如鼓励就是正反馈，纠正错误就是一种负反馈。"调节"是调整教与学运行与教与学目标之间的关系，使教学活动在教学目标的轨道上运行。调节以一定的教学目标为依据，调整教学计划、教学进度、教学方法等。教学实施中的控制、反馈、调节不是教师单方面的事，学生也应该和必须在教师的指导下，对自己的学习活动进行主动的、积极的控制、反馈和调节。

教学实施不仅是控制、反馈和调节的过程，更是引导、开发、转化的过程。为了适应素质教育的要求，有的研究者提出教师应当练好"五功"。一是感染功，即用科学知识、美好事物美好情感感染和熏陶学生；二是开发功，即开发学生的智力因素和非智力因素；三是通融功，即在教学过程中师生关系达到一种心相通而情相融的境界；四是转化功，即使知识转化为素质，使情感转化为理想，使天真纯洁的心灵转化为良好的道德品质，使智力转化为智慧，使自然需要转化为人生价值；五是展望功，即高瞻远瞩人类的发展趋势、科学文化的大趋势，而且能够由远及近，由趋势到具体发展动向来确定自身的教育实际内容和方法、途径，来促进学生的发展。

在教学实施过程中，教师的教学操作实际上也由事先预定的和临机决断的两类。教师的作用和任务是在先进的教育理念指导下，科学而艺术地进行教学操作，营造师生互动、教学共振、情知相谐的课堂状态，引导学生主动地实现自我建构、自我发展、自我超越、自我生成。而这些预定的和随机的控制、反馈、调节以及引导、开发、转化的教学操作，只有在与上述任务与作用结合在一起，并受其启动、为其服务、促其优化的时候，才真正获得了其应有的意义。

(3) 检查评定

所谓检查评定，就是依据一定的目标和原则，对教学操作活动进行质和量两方面的检验、分析和评估的活动。教学活动的检查和评价具有多种层次和水平，表现在许多方面。如学生的自我检查和评价，学生之间的相互评定，教师测评和评定教学效果，班主任调查和评估学生的操行等。分析学生在各方面的进步，要包括认知、情感和技能发展的状况，特别是必须了解学生的智力发展水平，查明尚未解决的问题及原因，以便更好地促进学生掌握知识和提高学习能力。检查评定应当遵循客观性、目标性、调节性和适时性原则，选择采用观察、测验、调查、统计、分析等方法。

3. 教学反思阶段

反思是教学过程的一个非常重要的阶段。反思的主体是教学过程的参与者，即教师和学生；反思的对象主要是教与学的理念、目的、内容、过程、策略、方法、手段、行为、习惯、效果以及师生关系、生生关系等，在教育学以及道德伦理上的适应性、恰当性和合理性；反思的程序主要由描述(回答"我在干什么")、领悟(回答"这意味着什么?")、正视(回答"我怎么会这样?")和改造(回答"我怎样才能用不同方式做这些事情?")构成；反思的方法主要有借助自传，借助学生、同事的感觉和经历以及借助文献等。教学反思以探究和解决教与学问题为基本点，以追求教与学的实践合理性为动力，将"学会教学"与"学会学习"结合起来，在发展学生的同时也使教师得到全面发展。

立足于研究问题，教师要学会对自己的教学行为进行反思。通过一节节课的观察评析，研究教师是如何进行教学设计的，是否合理组织学生实践活动，是否尊重学生个体差异，让不同的学生都得到发展。还要研究教师是如何引导学生积极思考、质疑、争论和辩论，课堂上师生的互动活动，练习作业的探索性、实践性、开放性以及如何体现教学的创新点。同时研究学生的学习行为是否体现了自主选择、自我调控、自动探索以及交往与合作。

教学准备→教学实施→教学反思，前一环节是后一环节的前提和基础，后一环节是前一环节的延伸和深化，三者构成教学过程的一个完整的循环，并成为下一个循环的基础、前提和条件。教学就是这样一个螺旋上升的过程。

第十三章　教学评价

教育的主渠道是教学，教学评价在教育评价中居于核心地位。教育评价具有反映教育实际状态，考察教育目的的实现程度，评定师生教学质量，衡量学校办学水平，帮助不断反思教育教学过程等多种用途，教学评价则是教育评价的核心部分，对课程内容选择、组织教学实施起着诊断、鉴定、导向、激励的作用。

第一节　教学评价概述

一、教学评价的定义

评价是主体在事实基础上对客体的价值所做的观念性判断活动。教学评价包括教师教的评价和学生的评价两个方面。具体阐述教学评价概念时，世界各国评价学者的见解仍有不同。

教学评价是指在一定课程与教学价值观的指导下，依据确定的课程与教学目标，通过使用一定的技术和方法，对所实施的关于教学的活动、过程、要素、结果进行科学判定，以期不断完善，达到价值增值的过程。

教学评价，既是对学生学习能力和学习成就上的变化作出估价的过程，也是对教师教授能力和教授效果作出估价的过程，也就是说是对教学目标实际实现程度的过程作出价值判断。

二、教学评价的对象

教学评价的对象十分广泛，从广义上讲，教学活动的范围也就是教学评价的对象，主要包括三方面：

1. 教学的结果

对教学结果的评价，是教学评价最传统的、最主要的工作对象，教学结果的评价是总结性评价，它着重衡量学生对知识、技能的掌握及其提高程度，一般能力(包括智力)和学科能力的发展程度，有的还包括学习的创造性。教学结果的评价总是根据课程标准所规定的学习目标和学习内容进行的，所采用的主要测量工具为掌握性测验、标准参照性测验、成就测验等。教学结果的评价可以帮助人们从整体上了解教学的质量，全面检查教学任务的完成程度和教学目标的达成程度。

2. 学生学的行为

在传统的教学评价中，评价的对象往往局限于教学的结果。这是对教学评价的误解，不仅窄化了理应广泛和丰富的评价范围，而且影响了教学评价功能的发挥和教学评价的结果。科学的教学评价需要对学生的过程予以充分关注。学的过程蕴含着影响教学结果的丰富信息，是提高教学质量的重要一环。学的过程中，学生的行为丰富多样并不断变化，表现出明显的差异性、倾向性和导向型，他们既受到教师教学行为的影响，也直接影响着教师的行为。通过对学生行为的评价，评价者能更全面、准确地获取关于学生学习的信息，从而能科学地评价学生的学习，并为有效地改进教和学提供有针对性的真实材料。

3. 教师教的行为

教学活动的直接责任者是教师，教师教的行为直接影响人才的培养质量。教师教的行为包括很多方面，如教学设计行为、组织实施行为、课堂管理行为、人际交往行为等。对教学设计行为的评价主要看教师是否深入钻研课程标准和教材，是否深入了解学生实际；所订教学目标是否确切、全面、具体；教材处理是否符合科学性、思想性，学生易于理解，是否突出重点，抓准关键，注意新旧知识的内在联系，讲究系统性、整体性；能否理论联系实际，并使教学密度和教材处理深度恰当。对教学方法的设计是否重视启发、引导，灵活多样地选择各种教学方法，重视学法指导和因材施教。对组织实施行为的评价主要看课的结构是否科学合理，富有新意，能否注重组织学生的思考、探索、练习活动，是否有严密的计划性、组织性，还有言语表达、提问和板书的技巧、教学方法和现代教学技术手段的使用等。对课堂管理行为的评价主要看课堂教学的气氛，学生是否有高涨的学习热情，能主动投入或参与学习活动，思维活跃，教学过程生动活泼。对人际交往行为的评价主要看师生间是否形成了民主、平等的关系，具有开放和接纳的心态，达到配合默契，情感交融。总之，教师教的行为的评价是教学评价不可或缺的一个方面。恰当地评价教的行为将为全面改善教学评价奠定重要的基础。

第二节　教学评价的类型

由于不同的评价目的和功能，致使教学评价涉及的范围广、内容多。教学评价工作是十分复杂的，根据不同的划分标准，可以将教学评价分为不同的类型。

一、按评价的功能分类

这是由美国教育心理学家布卢姆提出的影响较大并被广泛使用的分类法。

布卢姆根据评价在教学中实施的时间和发挥的作用(机能)不同，把教学评价分为诊断性评价、形成性评价和终结性评价三种，并结合实际对它们进行了系统的研究，从而在教学评价领域产生了极大的影响。现在世界各国学者基本上也都采用了这种分类，各国实践中所实施的也主要是这三种评价。

(一)诊断性评价——学习前的评价(确保学生学习前具备必要的认知的前提能力和情感的前提特性)

布卢姆强调指出，如果所有的学习者都具有必要的认知和情感方面的先决条件，如果教学的质量适合于学生的背景和特性，那么所有学生或大多数学生都应该能够掌握这门新的功课。学生之所以在学习该功课上存在差异，很多是由于学生在成绩、动机和态度等方面不同的"履历"造成的。为此，在教学之前，必须把这些不同的"履历"诊断出来。当然，进行诊断的目的，并不是给学生贴标签，而是为教师设计一种可以排除学习障碍的教学方案，从而使教学适合学生的特性和背景。这是由于这种诊断性评价能够识别不同学生认知情感方面的先决条件的程度和水平，从而把他们"分置"在最有益的教学序列之中。这种分置有助于使那些程度较高的学生感到不能松懈，有新东西可学，从而不感到厌倦和没有兴趣；也能够帮助那些缺乏先决条件的学生学得了，消化得了，避免产生沮丧和受挫之感。

在教学中，为"分置"而进行诊断的对象一般包括：①学习该课程所必须具备的入门知识、行为和学习技能、习惯；②对有关学科的兴趣，对自己、对学校的态度；③一般的认知能力。

为诊断这些内容而借助的手段(工具)主要有以下一些：①以前有关成绩的记录。由于中小学许多基础科目具有连续性，在学期初为分置目的而对先决知识和行为进行的诊断性评价，在很大程度上常常取决于有关学科前一年的成绩。不过对前一年的成绩，教师不应只单纯看一个单一的分数，单一的分数等级没有标明对某一教程不同内容和目标各达到了何种水平，教师必须具体分析这一分数等级所揭示的在不同学习目标和内容上的差异，从而为明智的分置提供充足的诊断性信息。②前提条件测验。以前有关成绩的记录不能很好地为分置提供有价值的信息，教师就必须制订和设置合适的前提条件测验(也称准备测验)，以检查对新学习有直接联系的旧知识掌握得怎样。③学习技能、习惯调查表。这是对前一年成绩诊断的深入，前一年的成绩水平之所以参差不齐，原因之一是有些学生具备适当的学习技能和习惯，而另一些则不具备。因此，新学年一开始，教师就应尽量确定在这些必备的基础性学习技能方面，学生已达到了什么程度，以便在需要的时候，就能采取措施去培养和提高这些技能。④情感先决条件调查表。布卢姆研究指出：认知成绩中多达四分之一的差异，是由入学时的情感特点所造成的。可见情感对于学习的成果有很大的影响，教师应该确定学生入学时的情感状况(对有关学科的兴趣，对学校、对自己的态度)，以便设计一些适合于改进情感的实践方式，从而使学生获得和保持应有程度的学习动机。⑤有关的能力倾向测试。这对于那些独立性较强的学科(如历史、文学等)尤为重要。对这些课程，一般的认知能力如阅读领会能力，可被认为是一项先决条件。

当然，诊断性评价并不只是局限在学科教学开始的时候，教师在教学过程中的任何时候，如果感到有些问题妨碍了学生的学习，那就必须设计和采取某种特殊的手段来诊断这个问题。此外，在教学过程中，还可利用诊断性评价来分析一直不能从教学中获益的可能原因以及鉴别那些需要特别加以关心的天才学生。

诊断性评价作为学生信息的重要来源，是良好教学工作的一个必要开端。它使学生自己心里有底，从而有助于学生从自己实际水平出发，制订切实可行的学习计划。它对教师的作用更大：一方面，它供给教师备课的资料，使教师有可能在课堂教学中采用适应各种差异的教学方法，以保证程度不一的学生皆有较大收益；另一方面，它使教师有可能针对不同学生的具体情况，给予不同的任务、机会和指导，从而使所有学生都得到最合适的帮助。通过在教学之初的诊断评价，首先取得每个学生有关科目学习的变量，作为制订教学方案和教学措施的依据，体现了教学观的一大转变，它从以往挑选学生去适合既定的僵化的教学方式转变为开创适合学生特点的灵活的教学方式，从而达到最大限度地开发每个儿童的聪明才智。

布卢姆的诊断性评价思想，有助于我们正确处理好班级授课制中统一的目标要求与学生个别差异之间的矛盾，切实地贯彻因材施教的原则。尽管我们也一直强调在教学中贯彻因材施教原则，但因对学生的个别差异尤其是学习有关科目的可变因素缺乏科学的诊断和分析，从而在实际教学中也无法采取切实有效的措施。教师往往凭感觉、凭经验对学生进行随意的分等，抑或是想当然地假想所有学生在一门学科开始时都从“零点”一起进步。这两种错误倾向给教学带来许多不良后果。

在教学中，要真正贯彻因材施教原则，首先必须采取科学的、可行的诊断性评价，如实把握并准确界定诊断性评价的对象，从而根据评价对象的不同性质选用适当的评价手段，以保证收集资料的全面和准确。教师在分析这些资料时一定要坚持全面和发展的观点，切勿片面化或用固定不变的眼光看待学生。其次，针对不同学生的特性、基础和需要，给予不同的指导、机会和帮助，无论在课堂还是在课外都要有所体现，从而将因材施教真正落实到每个学生身上。

诊断性评价的结果一般只供教育领导者或教师安排教学作参考，不记作学生的成绩；也可以作为学生原有学习水平的资料，与学习后的结果相比较，作为确定教学效果的依据。

（二）形成性评价——学习中的评价（反馈和因人而异地帮助纠正错误）

生成性评价是指在教学或学习过程中评价活动本身的效果，用以调节活动过程，保证目标顺利完成而进行的评价。一般以学习内容的一个单元为评价点，以测验或检查等形式及时反馈和根据学生个体的差异进行有针对性的矫正，从而随时修正和调节教学和学习活动。与其他两种评价类型相比，它测试的次数较频繁，概括的水平较低，其目的并不是单纯地考查学生，而是为了控制教学过程，使全体学生都能达到教学目标。

形成性评价又称“即时评价”，其优点是能及时反馈信息，适时调整改进，缩小工作过程与目标之间的差距。形成性评价主要通过测验来判断，同时辅以日常作业和评价者的观察共同完成。在实施过程中，一般步骤如图 13-1 所示。

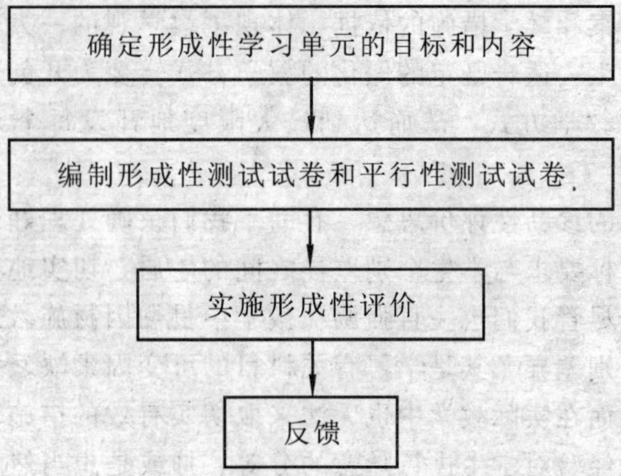

图 13-1　形成性评价的实施过程图

形成性评价是在教学过程中每个形成性学习单元之间进行的评价，目的是改进这一过程，使这一过程能顺利进行，并取得最大效益。形成性评价与掌握学习理论是相吻合的，它是掌握学习策略的基本措施。它的基本思想是采取频繁的反馈和根据每个学生的需要引入相关测验帮助进行纠正。反馈通常采用各种简单的形成性进度测试的形式，这些测试将会表明每一个学生已经掌握的内容以及为了完成学习任务还需要学习的内容，因人而异地帮助进行改正，从而帮助每一个学生去学习那些还没有学会的要点。通过这种反馈改正，可以弥补群体教学所必然引起的学习误差，使全体学生都达到合格水平。其基本方法和步骤如下：

1. 确定每一个形成性学习单元的内容和目标，制成规格明细表，详细分析表内所包含的要素，以及各要素的层次结构关系，确定各个要素的重要性程度。

2. 编制形成性测试试卷和平行性测试试卷，两份试卷都必须包括本单元所有重要因素，并在原则上要求等值。

3. 在单元学习后实施形成性测试。

4. 给学生第二次机会，并在随后两三天举行平行性测试。一般来说，测试答案(一次或两次之和)的准确程度达到85%就表示学生对该单元达到掌握水平。在实施形成性测试之后，教师应对其结果进行分析，以确定学生对教材的掌握情况，并以此来改进教学，或者复习那些学生感到特别困难的概念。特别困难的概念是指大多数学生出现差错的地方，一般是由教材中的难点或教学过程本身引起的。教师必须通过群体教学加以纠正，而且应力求找到解释这些概念的不同途径。

形成性评价更重要的价值是给学生提供帮助，这种帮助突出表现在以下方面。①矫正。形成性测试为学生揭示了他们答错的特定问题和需要补充学习的各种概念、技能。布卢姆通过实践发现最有效的纠正程序是让学生小组(每组 2—3 名学生)讨论半小时左右，检查各自的形成性测试结果，并互相帮助克服测试中所出现的困难。掌握性学习的成果取决于改正过程的有效性，所以矫正是形成性评价的最根本职能。②强化。对于已达到掌握程度的学生，测试结果对他们可起到有效的奖励和强化作用，使他们在后续新单元的学习过程中，会表现出更强烈的决心，更浓厚的学习兴趣。在那些循序渐进的序列性学科中，由于学生掌握了学习新单元所必备的认知输入(对前一单元的掌握)，又对新的学习充满了信心，所以也可预测他们同样会在新单元的学习中取得好成果，这样各个形成性学习单元就可形成良性循环，从而可望在最终的评价中取得优异的成绩。③定步。由于形成性评价排定了每一单元的学习时间表，从而迫使学生在规定的时间内必须为测试作好足够的准备。所以可用它来为学生的学习定步，以促使他们抓紧时间，及时学习。

(三)终结性评价——学习后的评价(证明和必要的分等)

终结性评价是指在某项活动完成后对一个完整的教育过程的最终成果作出价值判断。它是对教学全过程的检验，又称为“终结评价”。在教学中，一般在学期中和学期末进行评价，它的测验内容和程度都要多于前两种评价的要求，其成绩记入成绩单，作为某种资格认定或升、留级或就业的依据。因此，总结性评价最关注的问题是测验的准确性和可靠性，即试卷的信度和效度。为满足这两个基本要求，在编制终结性测验时，一般步骤如图 13-2 所示。

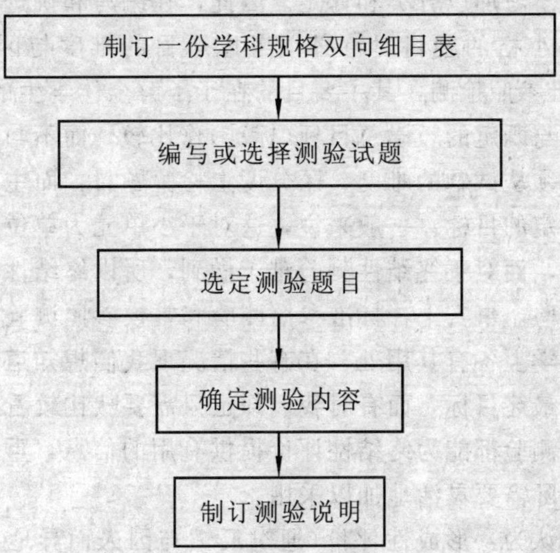

图 13-2 终结性评价的实施过程图

终结性评价是在一门学科结束的时候进行的，主要针对总的教学效果，关心的是最终的目标达到与否，目的是确定不同学生各自所达到的不同水准或彼此间的相对地位。正如布卢姆所说的：终结性评价的这种判断活动的确在师生中间引起极度焦虑和抵触情绪，但这类评价活动同样也为教学所必需。这一方面是因为教学的总目标无法在形成性评价中全部体现，需要终结性评价来考查各单元知识的横向联系和综合以及在这个基础上提高的难度和深度。此外终结性评价还涉及情意领域的效果；另一方面是由于终结性评价在教学中有其独特的重要地位和功能，它除了主要用于评定学生成绩外，还有下列用途：预言在随后的教程中能否取得成功；确定随后教程的教学起点；对学生进行反馈；对技能和能力作证明。

正由于终结性评价常常是用来为重要决定提供证据，所以特别强调终结性测试必须具备两个绝对必要的特点：可据性(效度)和可靠性(信度)，而为了满足这两个基本要求，在编制终结性测试时，一般必须采取以下步骤：①制订(或借用、或改编)一份学科规格明细表(即双向细目表)；②为双向细目表诸小格编写和挑选测试题目；③通过合理的方式进行抽样，从而选定测试各种小格的题目；④系统安排选定的题目；⑤设计一套客观的评分标准，以提供所需要的那类信息；⑥为学生编写明确的说明；⑦检查成品。

值得注意的是，由于终结性测验有标准和常模参照测验两种，这两种测验的目的、性质不同，在编选测验题目时，其考虑的角度也不同。作为常模参照测验，它试图联系其他学生的学习状况来对每个学生的学习加以分类和评定。因此，在编写和挑选代表规格明细表中特定小格的题目时，必须考虑题目的难度与区分度(鉴别力)。而标准参照检测，其主要目的在于了解全体学生的达标程度，每个学生只与既定的教学总目标(标准)作比较，而不与其他同学相比，所以无须从试题的难度、区分度上检验题目，而主要考虑试题能否反映既定的目标。一般来说，这对于小单元为单位的形成性测试容易做到，而对于终结性测验难于做到，所以终结性测验常采用常模参照测验。事实上，标准参照测验和常模参照测验各有优点和不足，在教学上各有其用处，在有些情况下我们想知道学生是否掌握了教学的最终目标，而有时我们却也只需要从比较看一个学生的成绩。两种测验都能为终结性评价提供有用的信息，重要的是我们必须根据实际需要灵活地加以采用。

布卢姆认为：形成性评价(通过反馈与因人而异地帮助进行改正)的确能在一定程度上保证大部分学生都达到单元掌握水平，但这并不意味着学生之间在学业成绩上就不存在差异了。实际上，不可能当然也没必要让每个学生都达到完全一致的成绩，学生学业成绩之间的差异永远是客观存在的。所以，既要借助形成性评价来实现掌握学习，又要采用终结性评价来鼓励冒尖，识别优秀学生。这既可防止学生因单元掌握而沾沾自喜，放松努力；更可激励学生在学业上的竞争，使天才学生脱颖而出，并以此带动其他学生的进步。

三种评价在功能上的划分只是相对的，诊断性评价常借助有关终结性评价的结果；而终结性评价既可确定随后有关教程的适当起点，又可像形成性评价那样为学生提供反馈；在最终给学生作学业成绩评定时，除了主要依据终结性评价外，往往还需要参照平时的形成性评价。由于三种教学评价的固有功能及其联系，使它们成为教学的内在需要和有机组成部分。

二、按评价的基准分类

所谓基准就是评价的价值标准。由于它的不同，其评价方法一般可分为下面几种。

(一)相对评价

它是指在被评价对象的集团中(所处班级、学校、城镇等)选取一个或若干作为基准(即常模)，然后把各个评价对象逐一与基准进行比较，从而确定集团中每一个成员所处的相对位置(或名次)，以达到在这个集团中对每个个体进行评价的目的。

图 13－3 中 Aa、Ab、Ac……An 为评价对象整体中的单一个体，Mo 为选定的评价基准。相对评价即通过 Aa、Ab、Ac……An 与 Mo 作比较，从而确定它在这一整体中所处的相对位置。

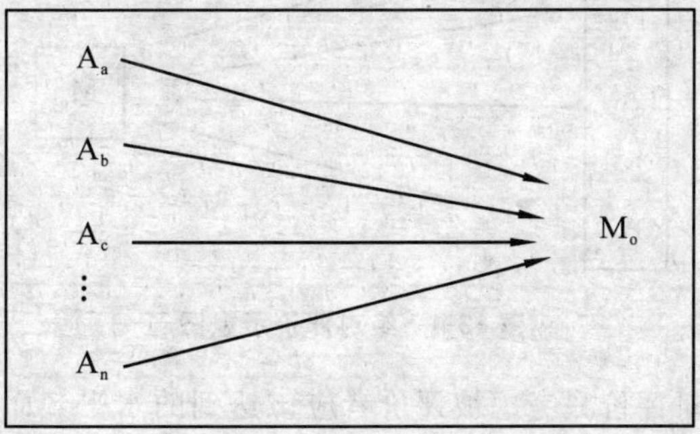

图 13-3　相对评价示意图

相对评价又称常模参照评价或相互参照评价。相对评价的特点是根据被评价对象的整体状态确定基准，其基准只适用于所选定的评价对象的集团，对于其他集团就未必适用。例如，某学校对教师的教学效果进行评价，选择了以学生的学习成绩作为评价指标之一，先选定了一个学生（或班级）分数作基准，其他分数与之相比较，高出的为合格，低于的为不合格。

相对评价适用面广，不受整体水平的限制，无论这个集团的整体水平如何，都可比较出优劣。同时，集团中的每个个体都可以找到自己在集团中的相应位置，找出努力方向。这种评价特别适合于定额选拔，可作为编班、分组和升级等决定人选的依据。但这种方式也存在缺陷：它选定的基准，只适用于特定群体，超出这个范围它就不可能作为基准，所以容易降低客观标准；这种评价的结果不一定能表示被评价者的实际水平，只表示他在这个集团中的位置，并不表明他是否已达到了特定的客观标准，也不能对个人努力程度和进步状况作出适当评价。

（二）绝对评价

绝对评价是指在被评价对象的集团之外预先确定一个基准（这个基准为客观标准），将评价对象与客观标准进行比较，判断其达到标准的程度，作出价值判断。它主要用于合格性和达标性活动，如高中学生的毕业考试，凡达到国家合格标准的高中毕业生都可获得毕业证书。所以绝对评价又称到达度评价或客观标准评价。

图 13-4 中 Aa、Ab、Ac……An 为评价对象整体中的单一个体，Mo 为独立于被评价者的客观标准。绝对评价即通过 Aa、Ab、Ac……An 分别与 Mo 的比较，从而确定其达到 Mo 的程度。

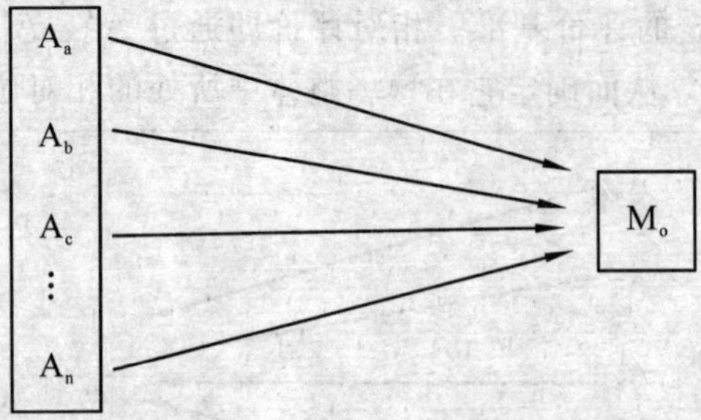

图 13-4　绝对评价示意图

由于绝对评价只考虑被评价者应该达到的水平，而不考虑他在特定整体中的位置，所以通过评价可使被评价者明白自己和标准之间的差距，促进被评价者积极上进。它的缺点是客观标准的制订比较困难，容易受到评价者的教育观及其经验的影响，很难做到完全客观、合理。

（三）个体内差异评价

个体内差异评价是指把被评价者的过去和现在相比较，或者被评价者的若干侧面进行比较。

图 17-5 中 Aa、Ab、Ac……An 为各个被评价者，Aa′、Ab′、Ac′……An′为以各个被评价者自身某一时期的发展水平构建的标准。

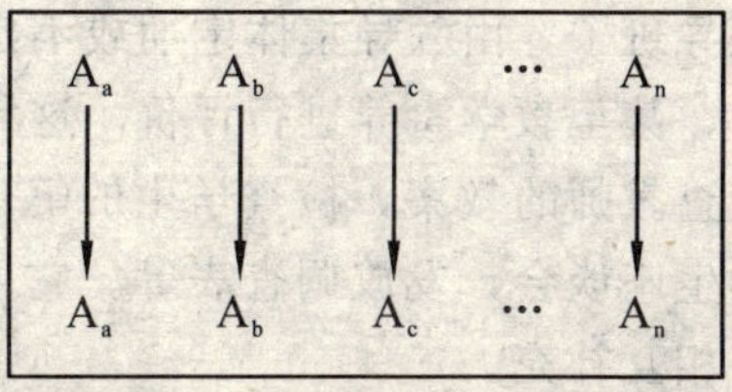

图 13-5　个体内差异评价示意图

个体内差异评价不同于相对评价和绝对评价，相对评价和绝对评价都有衡量的共同标准，而个体内差异评价则是依个人的标准进行评价，个人有个人的标准，而无团体共同的标准。

个体内差异评价是从被评价者的实际出发，最大优点是尊重学生的个体差异。但由于没有团体共同的标准，又不与他人作比较，因此，使被评价者难以找出自己的差距。

第三节　教学评价的过程与方法

教学包括“教”与“学”两部分，是师生共同参与而产生交互影响的动态过程。教学评价是教学历程中的一项重要活动，其主要目的在于衡量、促进和提高教师的教学效率与学生的学习效果和学习行为。前面我们谈过教学评价的对象包括教学的结果、学生 学的行为和教师教的行为。若作进一步的划分，不难看出，它们实际分为两个层面，即教师教的效果和行为、学生学的结果和行为。下面，我们就从这两个层面探讨具体的教学评价方法。

一、教的评价

在教学工作，教师起主导作用，教的质量的高低直接影响学生学习的效果和身心发展的质量。对教师的教进行科学的评价，及时获得信息反馈，是提高教师教学水平和课堂教学质量的有效手段。

(一)教师评价的方法

教学活动时一个由多种因素组成的复杂的活动系统，在这个发系统中，各因素相互联系、相互作用。因此，不能孤立地看待教的问题。对教的评价需要通过多种途径，采取多种方法进行。教学评价的策略与方法主要包括领导评价、教学档案、学生评分、同行评价、个别信访、课程档案和课堂评价等形式。

1. 领导评价

即通过组成领导班子，由领导集体定期或不定期地对教师的教学效果、教学行为、甚至教学素养进行评价。这种评价采取的主要方法包括听课，检查教师的教案，检查学生的笔记、作业、考试情况，召开教师、学生座谈会，发放调查表等。它可以和学生、同行的评价相互参照、相互补充。

2. 教学档案

学校为每位教师所建立的“教学档案”是对该教师教学成就的真实记载。它包括所有对该教师教学内容、质量及效果等方面进行评议的相关文件，不但可用于对教师进行教学评价和奖励的依据，还可为其他形式的教学评价提供相关的背景，并为教学研究提供研究平台。

3. 学生评分

学生对教学的评分是形成性和终结性两种教学评价中最常用的研究数据的来源。学生评分时所采用的问题一般都是有关教学活动方面的概述性问题，而且各门课程都需定期进行学生评分，这样有关人员可通过这些累计的数据对整个教学发展过程进行持续的观察研究，教师也可通过比较和自己相类似的其他课程的评分，发现自己教学中的不足，以期达到进一步改进的目的。

在诸多评价途径中，学生评价是较有说服力的，但又常常是令一些教师感到不舒服的，有的甚至对之缺乏信任。少数不当的评价还可能导致师生关系的恶化，使教师产生消极、反感情绪。因此，需要对学生的评价加以规范，把学生的评价范围限制在仅描述教学活动，使他们的评价着重分析教师的教学质量，而不是评价他的专业水平；对教的评价要与学生的学习结果联系起来；要注意教学的系统性与完整性。

学生评价采取的方法有：座谈，对教师的教给予口头的描述和评价；问卷调查，对教师的教给予书面的描述和评价，甚至对教的效果进行打分或划分等级。

4. 同行评价

“同行评价”是指同行教师通过听课、评议会等形式对授课教师在教学活动中的表现进行的评价。这种评价不但是对“学生评分”评价形式的补充，而且也是一种更加全面、更加准确的评价形式。因为同行教师比学生更有能力对教材的难易度、教授内容的完整性以及教学目标是否实现等方面进行全面的评价，而且同行还能够把教学活动放在更加宽泛的背景下，对授课教师教学形式及方法等方面提出更实际有效的建议。有研究表明，同行评价是教学质量评价中最合适、最不可缺少的形式。

由于教师相互间彼此了解，对本专业或本学科具有一定的专业知识，熟悉相关的课程标准，有教学实践经验，对师生的背景情况如教师的专业水平、责任心、工作习惯、学生的基本学力、学习热情等有类似的体验。因此，同行评价易于作出恰如其分的判断，易于发现问题和提出合理的建议。同行评价的主要内容有：教师对本门学科的掌握程度；能否对本门学科的最新研究成果保持接触；是否尽到课堂教学所承担的责任等。同行评价采取的基本方法是听课和座谈。

5. 自我评价

即教师自己对自己的教学活动进行评价。自我评价是自我认识的基本手段，科学地进行自我评价，可以使每一个教师对自己专业素质、责任心、潜能、教学中的问题等各方面有更清楚和准确的认识。自我评价一般采用自我分析的方法和自我反思的方法。教师在授课后对自己的教学工作进行分析，寻找教学的成功之处和薄弱环节，或者教师根据别人对自己的评价来反思自己，或者通过与他人的对比来评价和反思自己。

自我评价是一个理性的过程，不免会出现与实际的误差，需要教师在进行自我评价时采取客观的态度，并正确对待别人对自己的评价，正确地选取常模，学会把别人的评价与别人的类比和自我分析统一起来，进行综合比较分析。

6. 个别信访

对学生进行个别采访所得到的评价是“学生评分”评价形式的补充，目的是为了得到有关教学活动的更加具体和详细的信息，而且通过这种评价形式得到的信息是其他形式所得不到的。例如，学生对教学的一些新观点新看法，或某位教师成功教学的案例分析等。而对于那些不愿在“学生评分”中回答问题的学生，在面对有技巧的采访人员或教师时常常会回答得更真实、更客观。

7. 课程档案

“课程档案”是“教学档案”的一种补充形式，它集中体现了某一课程学生的学习状况，反映了该课程授课教师特定的教学目的和效果以及学生在课堂上学什么、怎样学和为什么学等问题。课程档案通常包括4项内容：①课程目的以及教学方法和结果关系的说明；②学生学习表现的分析报告；③通过课程评价手段收集到的学生反馈信息分析说明；④基于分析学生学习状况及是否到达课程预期目标基础上的本课程的总结报告。对于教师而言，“课程档案”为继续改进教学进行批评性的反思提供了平台；对于学校而言，可从宏观上观察整体课程相互间的关联与差异，从而决定对某些课程进行改进和取舍。

8. 课堂评价

“课堂评价”是检查教师课堂教学效果的策略之一。教师可随时采用“课堂评价”来及时收集学生对每次课的意见，这些意见可帮助教师认清教与学之间的差异，及时调整自己教学的内容、速度、进度、方法等可能影响教学效果的因素，以便使学生的学习效率更高。“课堂评价”包括一分钟问卷、一句话概要、重要相关事件问卷等形式。这一方法可以鼓励教师成为自己教学活动的监控者，从而促进教学反思活动的展开。

(二)课堂教学评价标准的设计

综观现有的研究文献，有关课堂教学评价标准的设计主要有两种策略：一种是课堂教学要素分割策略。这种设计策略是依据课堂教学的主要要素，把其分为教学目标、教学内容、教学过程、教学方法、教学效果等几个部分，然后，将每个部分进一步划分为若干子项目。如黄大龙从教学过程的结构要素出发，认为评价新课程理念下的课堂教学，主要看教学目标的设计、教学内容的组织以及教学方法的选择是否有利于学生素质的提高。另一种是教学行为分析策略。这种设计策略是依据课堂教学中人的具体行为来进行分类，把课堂教学分为教师教的行为、学生学的行为和师生互动行为，具体评价项目依据上述3种行为而展开。这种设计策略可以从下文“好课”标准中得到说明。

美国“教育多元化与卓越化研究中心”(CREDE)提出的“有效教学”的标准包括：①学习共同体：教师和学生共同参与创造性活动；②语言发展：通过课程发展学生的语言能力，提高学生的文化素养；③情境性学习：教学联系学生真正的生活，促进创造性学习的理解；④挑战性教学：教学应具有挑战性，发展学生的认知思维；⑤教育性对话：教师通过对话进行教学，特别是进行教育性对话。

这些标准与我们上面讲的“好课”标准具有相当的一致性，如都强调教学过程中师生之间的积极对话，重视评价学生的发展水平等。与“好课”的标准相比，“有效教学”的标准更加具体，更具有操作性。

从上述标准中可以看出，“好课”的标准是相对的。不同的评价主体与客体、不同的理论基础与价值取向，都会形成不同的评价标准。但在差异中又有共性，这种共性反映出课堂教学评价标准研究的趋势。

二、学的评价

学生学的评价即对学生个体学习的进展、变化和成效的评价。学的评价在教学过程中具有重要的作用。它不仅有助于教师了解教学的得失，及时调整教学设计，改进教学方法，有助于教师了解学生学习中存在的问题，找出原因，使问题得以解决，而且有助于使学生明确学习的目标，了解自己的学习状态，有针对性地选择学习策略。

(一)基本的评价方法

学的评价的最传统的、基本的方法是考查和考试。

考查一般是指对学生的学习情况和成绩进行的一种经常小规模或个别的检查与评定。具体的方法包括以下几种：口头提问、检查作业和书面小测验。

考试是对学生的学习进行的阶段性或总结性的检查与评定。虽然纸笔测验只是检测知识的方法之一，另外还有操作、创作、制造等其他的方法，但从目前的情况看，对学生的评价基本以纸笔测验为主。

纸笔测验具有较大的灵活性，可以用于教学的各个阶段。纸笔测验如果编制得当，实施得法，能够在很大程度上了解学生学习的水平，把握学生的学习变化状态。

传统的纸笔测验方式有多种，从评价时使用的测验的来源不同，可以将测验分为标准化成就测验和教师自编测验。

1. 标准化成就测验

标准化成就测验是指由学科专家和测验编制专家按照一定标准和程序编制的测验，该测验的目的是评价经某种教学或训练后学生的实际表现，具有客观性和可比性的突出优点，被视为评价学生学业成绩的重要工具之一。这种测验在国外使用比较普遍。

标准化测验的命题、施测、评分和解释，都有一定的标准或规定。由于测验条件的标准化，测验的结果比较客观一致，适用的范围和时限也较宽广。一个标准化测验的首要条件是具备较高的信度和效度。通过使测验和评分过程标准化，并根据标准来对照和解释测验结果，就可以有效地改进测验的信度和效度。

(1) 标准化测验的程序

标准化成就测验是由专门的测验机构编制的。以美国教育测验中心(ETS)为例，在那里，测验的编制工作是在一个由学科和测量专家组成的顾问委员会指导下进行的。他们提出一般的原则：需要哪种类型的测验？用于什么目的？测量哪些知识和技能？相对重点是什么？适用于哪个年龄范围？需要多少题目？本测验和成套测验中别的测验以及市面上流行的测验的关系是什么？采用哪种形式的题目？需要几种分数或分测验？等等。他们对这些问题的决定，便成为编制测验的总纲和准则。

测验的实际编制工作，是由学科专家与测验编制专家共同完成的，在编订标准化测验时，一般应遵循下列步骤：①仔细分析有关的课程标准、教学计划、教材，听取并参考这一领域内其他专家的意见，具体的编题计划通常采用内容和行为目标双向细目表。②根据目标，编订和修改测验项目，并改善测验的信度与效度。由学科专家和测验专家进行评论、修改、再评论，如此反复，直至得到一套满意的题目为止。编写的题目应比需要的多出几倍(通常为三四倍)，然后通过试测进行项目分析。项目分析可以用经典测量理论方法，也可用项目反应理论方法。成就测验一般多用复本信度和分半信度作信度指标，以年级为样本的测验应该给出各年级的单独的信度。成就测验的效度指标主要是内容效度。用于预测的成就测验，实证效度很重要。除常模分数外，有时还需要提供内容参照分数。③把已完成的测验在更大的人群样本中进行施测。这个标准化样本，与测验所针对的总体在所有重要的方面都应保持相似。④确定测验的常模，即从特定的年龄或年级水平的标准化样本中获得的代表性分数。编写测验说明书(测验手册)，并制作各种辅助材料(如作答纸格式、剖析图、记分键等)，必要时还要为学生编写测验指南并提供一些模拟试题，这些对测验的有效使用是必不可少的。

(2) 典型标准化成就测验介绍

①成套成就测验

成套成就测验有时也称作一般教育发展测验，测量内容包括阅读、数学、语言等方面的基本技能以及相应年龄水平的学习能力。这种测验涉及的学科广泛，适用于各个不同的学校，便于了解学生的教育发展的一般状况。它主要用于学生分班(安置)、教学计划评估及安排、特殊学生鉴别等，对教师、家长、教育管理人员及学生都有用。但成套成就测验可能与各个学校具体的教学目标不很一致，这是它的不足之处。

成套成就测验的内容和范围：在小学阶段，各个学校在教学方面的一致性较大，成套成就测验通常实施于这一年龄阶段。这一阶段的成套测验包括测量词汇、阅读理解、语言使用、拼读、算术运算及算术理解等。这种测验有时还包括学习能力、自然科学和社会科学知识的测量，但在小学水平通常更强调基本言语和数量技能的测量。

在中学阶段，各个学校在教学进度上的差异增大，成套成就测验的使用相对减少。虽然继续重视阅读、语言和算术方面的基本技能，但在其他方面的知识和技能的测量越来越普遍，如读书技能、书籍参考技能、资源利用技能如字典或研究技能。

[案例]

常见的成套综合成就测验

目前我国还没有理想的标准化成就测验，以下所举的是在心理测验文献中经常涉及的几个在内容和统计上较好的测验样例。

1. 都市成就测验(Metroplitan Achievement Test，简称 MAT)

都市成就测验是一套在美国广泛使用的成套测验。初版于 20 世纪 30 年代，第五版由贝罗(I. H. Balow)等人编制。这个版本的测验使用范围由幼儿园延续到高三，总共由 8 个重叠的测验组组成，所有的测验组都有两个平行的版本可供使用，并有一份含有例题的练习手册，在正式施测前数天使用。

下面以测验组的初级层次(包括 3 年级中到 4 年级末的范围)为例，来说明 MAT 的内容。在此层次的测验组包含10 个分测验，可以得到 5 个内容领域的分数。

(1)阅读：

①字词：了解文章里的字词的意义。

例如：选出最适合下面句子中空格的词

Terry ________ to the park today.

A. likes　　B. teaches　　C. home　　D. fast

②字的辨识：包括字形、字音(元音及辅音)以及以字的一部分为线索。

例如：选出最适合下面句子中空格的词

Mrs. King is our reading

A. teaching　　B. teaches　　C. teacher　　D. teach

③阅读理解：由按难度分等级的文章段落组成，利用一些问题来评估对文章的细节及前后因果的理解、文章的推论、原因及影响、中心大意、角色分析以及归纳结论等方面的能力。

(2)数学：

①概念：评估数字、几何及度量概念，包括千位以上的数字、小数及分数、形状、金钱、时间及惯用度量与公制度量。

②问题解决：回答口述的问题，有些题目要求解出数学问题并选择正确答案，有些仅要求选出正确的数学表达式。

例如：挑出能表示以下问题的数学表达式

美玲有3支铅笔，她送给朋友1支，请从下面的式子中选出能显示美玲剩多少支笔的表示式。

A. 3－1＝□　B. 3＋1＝□　C. 4－1＝□　D. 1＋1＝□

③计算：要求做整数、小数及分数的加、减、乘、除运算。

(3)语言：

①拼字：要求选出口述的句子里某个字的正确拼法。②语言：选出正确的标点符号、大小写或文法格式，辨认出句型的各个结构部分，按字母顺序排列及查字典的技能。

(4)科学：用来测验知识、理解力、询问技巧以及对物理、地球与太空及生命科学问题的分析能力。

例如：选出最佳解答

You are most likely to find a battery in a

A. thermometer　B. refrigerator　C. flashlight　D. toaster

(5)社会研究：将上面“科学”一项所列的3个认知技巧运用于地理、经济、历史、政治科学及人类行为(人类学、社会学、心理学)上。

本测验组还可求出一项“研究技能”分数，它的题目藏在这10个分测验内。在小学层次题本里，书籍参考、字母排序及字典使用技能被安排在语言分测验；图表及统计技能安排在问题解决分测验；询问及科学分析技能则在科学及社会研究分测验里均有包括。不论在哪一个年级层次，这整份调查测验组被分在几个时段里施测。以小学层次而言，它在8个35～50分钟的时段施测。

MAT包括8个常模参照水平，还有“教育阅读水平”中所有检查测验的参照标准的解释方法。基本型包括阅读理解、算术、语言测验；复杂型除包括这3个测验外，再加上社会研究和科学测验。

其常模建立于70年代后期，80年代重新进行了标准化。表示方法有年级当量、百分位数、量表分数和标准九分等。该测验的信度、效度指标都较完备。在内容效度方面，MAT手册还提供所有题目所包含的每一项教学目标，查阅这份手册里有关各测验层次及主题的概要说明，可帮助各级学校就他们的使用目标来判断测验的内容效度。

②基础教育及基本技能最低限度测验

20世纪70年代末期到80年代初期，美国心理学家开始高度关注高中毕业生在阅读、写作及算术方面能力水平的高低，针对不同用途，为儿童或成人所编制的很多基本技能测验被开发出来。许多成套测验开始应用于测量成人应该掌握的高中毕业生的基本技能，其中较为著名的是基本技能评定(Basic Skills Assessment)、USES基本能力读写测验(Basic Occupational Literacy Test，简称BOLT)和成人基本学习测验(Adult Basic Learning Examination，简称A-BLE)。

以基本技能评定为例说明。

基本技能评定专为初一至高三学生设计，由美国教育测验中心与全国各区域的学校、协会联合编制。整个测验组包含4部分，一份模拟真实情况的写作样本，要求一些实际的写作，如填一份表格，写一封求职信等，另外还有三份关于阅读、写作技巧以及数学方面的选择题。该测验的测量学指标均达到极高的水准。

[案例]

基本技能评定测验举例

1. 阅读：

以下①～③题与下面的药品标签有关

雷密妥：

可暂时解除您轻微的喉咙痛

剂量：3～6岁，每6小时1/4茶匙

6～12岁，每6小时1/2茶匙

12岁以上，每4小时1茶匙

注意：

严重及持续的喉咙痛，或是喉咙痛伴随着发烧、头痛、反胃、恶心、呕吐等症状，请立刻找医生，若发生出疹或兴奋等现象，停止使用并找医生。

①根据以上提示，如果您现在喉咙痛、发烧和头痛，您应该

A. 使用雷密妥两天以上　　B. 尽快找医生

C. 增加雷密妥的药量　　D. 使用其他药物以消除痛苦

②7 岁小孩该服用多少剂量的雷密妥

A. 每 6 小时 1/4 茶匙　　B. 每 6 小时 1/2 茶匙

C. 每 4 小时 1/2 茶匙　　D. 每 4 小时 1 茶匙

③如果您有下列哪种情形便应立刻停止使用雷密妥

A. 头痛　B. 发烧　C. 出疹　D. 喉咙痛

2. 写作技能：

第④～⑥题说明：选择最佳的句子填入以下空白处

④Whenever Hackie rides her bicycle, ________ beside her.

A. and her dog runs　　B. her running dog

C. her dog runs　　D. then her dog running

My music teacher

⑤ My music teacher thinks that Marian Anderson sings ________

A. more well than　　B. better than

C. the most good of　　D. more better over

⑥Never use cleaning fluids of polish on a television screen because

A. of this harming the glass

B. the glass can suffer from it

C. of the reason of injury to the glass

D. they can damage the glass

3. 数学：

⑦王小姐必须在 8 点 45 分开始工作，如果她花 1 小时 20 分才能到达工作场所，她最迟可在什么时候离家出发？

A. 7 点 45 分　B. 8 点 5 分

C. 7 点 30 分　D. 7 点 25 分

大拍卖 超大型电视每台 400 元，免付现金， 只需一个星期缴 1 元。

⑧如果你买这台电视机，你必须付款几年？

A. 1　B. 2　C. 4　D. 8

⑨如果州政府的税率是5%，那么一台价值400元的洗衣机要缴多少税？

A. 2　B. 5　C. 20　D. 50

③单科成就测验

成套成就测验包含广泛的学科领域，但当我们对某一学科领域的成就感兴趣时，成套成就测验就不能很好地满足这种需要，因此，很有必要发展单科成就测验。单科成就测验相对于成套测验中类似的分测验，有许多优点，例如，它们所包含的题目较多，学科内容更全面。这些测验有阅读、数学、语言、自然科学、社会科学、商业、专业课程等，此外，还有书法、健康、家政、工业技术、图书查阅、音乐、演讲、拼读等方面的标准化成就测验。美国心理测量年鉴相当完备地收集了这些测验，并按各种主题做了适当的分类。值得注意的是，最近一些年来，有很多使用录音带来测量读、写及听的能力的现代外语测验开始发行。

单科成就测验也有很多不足，主要反映在它只测量被试学习某种科目或接受某项专门训练的成效，被试在各科目间的成就不易互相比较，难以了解被试的长处和短处。

成就测验旨在考查学生的学业成效，所以成就测验的编制必须配合学校的课程。我国从上世纪初就开始编制配合小学课程的成就测验，至今已有相当丰富的这类测验。

以标准参照水平考试和语文学科测验为例。

标准参照水平考试又称基本限度测验。近年来，西方出现了强调对高中毕业生能力最低限度进行评估的趋势。在这种力量的推动下，各种具体学科领域的标准参照测验发展起来，例如，对高、初中学生的阅读、写作和数学知识及技能进行评定的“熟练测验”，各种大学同等学力的鉴定考试，大学程度鉴定计划（College－level Examination Program，简称CLEP）等都属于这种测验。

我国的各种水平考试也发展很快，最有影响的是国家公派出国人员的英语水平考试（WSK），大学生的英语四、六级考试，计算机水平考试，汉语水平考试，中学毕业会考和成人自学考试等。

语文测验其实是一门综合的学科测验，它可以细分为阅读测验、词汇测验、语句测验、语法测验、作文测验、书法测验。前三种考查学生的阅读能力，后三种考查学生的表达能力。这些测验又可分为三大类：检查测验（数量最多）、诊断测验和准备性测验。

中国的语文有其独特的语法、文字意符、语音和音调等多种特点，很有研究价值，同时为配合教育的实际需要，也很有必要探讨语文测验的编制。

阅读测验

阅读测验可分为朗读测验(Oral Reading Test)和默读测验(Silent Reading Test)，朗读测验多用于小学低年级，用来了解学生认字的能力，诊断阅读的困难以及检查儿童对内容了解的程度。这类测验在我国编制较少，下面只介绍默读测验。

【案例】

艾伟、王金桂合编的小学国语默读测验

艾伟是我国研究儿童阅读问题的先驱，他对小学儿童对语文的阅读、理解及其测量做过多年系统研究，用 20 年时间完成了《阅读心理：国语问题》(1948)一书。

艾伟、王金桂合编的小学国语默读测验分低、中、高三组。低组测验适用于二年级上至三年级上，中组测验适用于三年级下至四年级下，高组测验适用于五年级上至六年级下。每组有复份三至四个。

它的选题原则是：①测验材料包括故事、时事、通讯以及各种叙事的文章，不包括诗歌等韵文；②每组文字是逐渐加长，低组从十几个字至五十几个字，中组从七十余字到二百多字，高组从二百多字到四百多字；③每段文章，自成一段，有头有尾；④不适于小学生阅读的材料，均设法避免。

测题的格式为四择一选择题。每类测验有 10～20 段，每段后面有 3～5 个问题。每类测验共有 50 个问题，测验时间为 35 分钟。

现以中组第一类的一个测题为例来说明。

一个秋天的早上，陈儿同着父亲到乡村去玩。那里虽然没有什么名胜，但是有山有水，风景倒也很好。尤其是看着碧油油的水，倒映着带有秋色的山峰，真有一个说不出的美丽。

①陈儿游玩的地方是________。

A. 山上　　B. 乡村　　C. 水里　　D. 名胜

②水里倒映着____________。

A. 树木　　B. 小船　　C. 小屋　　D. 山峰

③碧油油的是________。

A. 水色　　B. 山色　　C. 秋色　　D. 景色

标准化测验是由测验专家根据测验原理编制的，具有高信度和高效度。但在很多情况下，难以找到适合特定地区、特定学校、特定班级的标准化成就测验，因此，在教育工作中大量使用的测验多是教师自编的测验。我国学校进行的各种考试大多属于教师自编测验。

2. 教师自编测验

教师自编测验是指教师根据教学需要自行设计与编制的，作为考查学生学习情况的测验。教师自编测验是在学校教学评价中应用最多，也是教师最擅长使用的测验。因为教师自编测验操作过程容易，教师可根据学科特点和教学检查的需要随时编制，并在本年级或本班的小范围内施测，灵活方便。

学校教学评价中使用最多的是教师自编测验。为了保证教师自编测验的信度和效度，在课堂测验的编制、准备、实施及分数解释等方面必须遵循一定的方法和原则。

传统的课堂测验通常采用纸笔考试的形式来测量学生对课程内容的掌握情况，典型的纸笔测验题包括论文式问题、多重选择题、匹配题、是非题和填空题。

(1)论文式问题

论文式问题是指要求学生用文字论述方式回答的题目，其目的在于评价学生的表达能力、组织能力以及对各种不同领域的知识的综合能力。

论文式问题的优点是：第一，提出问题很容易而且很便捷，不像客观测验题需要很长时间去考虑和设计；第二，可以使教师评价学生对所学知识的组织、分析、综合、评价等较高级的认知能力，而不仅仅是对知识的简单记忆。

论文式问题也有许多缺点：首先，论文式问题的最大缺点是评分困难，费时太多。学生对一个问题的回答常常不是一两句话，而是一大段或几大段话。教师阅卷时，不仅要考虑回答内容和观点的准确性，还要考虑表达观点的方式妥当与否，卷面是否整洁，书写是否漂亮，文字和标点是否正确等等。教师还要考虑和决定如何处理回答中的错误的观点或不准确的观点。其次，论文式问题评分主观性较强、信度较差。两个不同的评分者对于一份相同的论文式答卷的评分可能是差异巨大的。即使是同一个评分者，对于同一份论文式答卷的评分在不同的情况下给的分数也可能不同。评分可能会受到先前答卷的质量的影响，还会受到评分者对学生成绩的期待的影响。学生的卷面特征、所属班级、性别等因素均会影响评分的客观性。第三，论文式问题的取样范围较窄，只能涵盖教学内容中较小的百分比，仅仅通过论文式测验无法考查和评价学生应该掌握的所有知识点。

(2)多重选择题

多重选择题是指针对某一问题，让学生从多个可能的答案中选择一个正确答案作为回答的试题形式。

选择题由题干和选项两个部分组成。题干是要求学生回答的问题，通常用直接问句或不完全陈述句来表达；选项包括一个正确答案和几个干扰项(错误答案)，干扰项一般为3—5个。干扰项越多，学生猜测正确答案的概率越小。例如，若有三个干扰项，学生猜对的概率是1/4(0.25)；若有四个干扰项，学生猜对的概率下降为1/5(0.20)。选择题可适用于文字、数字、图形、表格等各种形式的信息资料。

一般认为，多重选择题只能让学生完成一些较低水平的认知活动，此类问题通常要求学生再认在课堂上或书本中学过的概念、定义。

然而，多重选择题并非只能评价学生对定义的再认，教师也可以通过设计多重选择题来评价学生高级的思维技能，提出布卢姆教育目标分类学中较高层次的认知问题。比如，让学生比较不同点、寻找相同点、应用知识作出因果关系的预测或推论等。在数学、物理等学科中，学生大多要首先在题干中解决一个问题或完成一个计算任务，然后从选项中选择一个正确答案。

多重选择题的优点：第一，评分客观、可靠。每一问题都有客观的标准答案，避免了论文式问题在评分时的主观性和信度较低的缺点。第二，试题取样范围广、能够涵盖课程的主要内容、保证测验的有效性。第三，答题和问卷均较方便、高效。在较短的时间里就可以施测较多的项目，学生答卷时只需在几个选项中作出一个选择，教师阅卷时只需判断学生选择的正误即可，因而效率很高。正因为有这样一些优点，多重选择题应用广泛，被认为是客观测验中最好的一种方法。

多重选择题的缺点：第一，编写困难、费时。将课程内容设计成一个又一个的多重选择题，仔细考虑选项中正确答案与各干扰项之间的各种微妙的关系，是一项费时而困难的工作。第二，由于选择题的答案是固定的，因而不易测量学生的创造力、组织和综合能力。

(3)匹配题

匹配题是选择题的一种变式，让学生将一栏前提项(通常是左侧的一栏单词或短语)与一栏反应项(右侧的一栏单词或短语)相互匹配。

匹配题是评价某种类型的事实性知识(例如，人物与他们的业绩、日期和历史事件、范畴和实例等）的一种可靠的、客观的、有效的方式。

【案例】

例如，从下面右栏所列的书名中找出左栏所列的每位作者的作品，并把相应的字母填在括号中：

1. 柏拉图 （ ） A.《爱弥儿》
2. 夸美纽斯（ ） B.《理想国》
3. 卢梭 （ ） C.《民本主义与教育》
4. 赫尔巴特（ ） D.《普通教育学》
5. 杜威 （ ） E.《大教学论》
F.《童年的秘密》

编制匹配题时，既要注意减少学生寻找的时间，提高答题效率，又要注意降低学生猜测的可能性，因此要运用适当的命题技术。

编写匹配题的技术要点：①在前提项与反应项中均需采用同类的资料，如用人名时都用人名，用书名时都用书名。②在项目的数目上，提供的反应项目一般要多于前提项。③题干必须清楚明确，并对匹配的方法作出适当的说明。④要讲清每一选项可用一次还是可用多次。⑤前提项或反应项的数量一般不应超过10个或12个。⑥题干与前提项及反应项的文字必须出现在同一页上。

(4)是非题

是非题是要求学生对一则陈述的命题给予是非（正误）判断的一种试题形式，也叫正误题或判断题。

是非题的优点：编写容易、回答和评分都很方便，取样范围较广，可以有效地测量学生对一些知识点的掌握情况。

是非题的缺点：第一，是非题测量的常常是一些较低水平的细节性的知识点，而不易测量一般原理或对知识的应用、分析、综合、评价等。第二，是非题的猜测正确的概率是50%，因此，它的可靠性较差。有时教师要求学生将判断为错误的题改正过来，但这样做使是非题答起来更加困难而且评分也更费时间。

编写是非题的技术要点：①语言陈述要简单、明确。②每一个问题中只包含一个论点，避免由两个以上的论点在同一题中出现，而造成题目本身的歧义性或似是而非。③在题目数量上，使属于“非”的题目稍多于属于“是”的题目，因为学生猜测时倾向于选“是”的机会较多。④尽量采用正面的肯定的陈述，避免采用否定性陈述。⑤使属于“是”的题目与属于“非”的题目随机排列。⑥题目的文字避免直接抄录教材内容，因为抄录教材上的原话，学生可能会出现再认正确但不理解其含义的情况。⑦避免使用一些具有暗示性的特殊用词，如“总是”、“从不”、“每一个”、“全部”、“所有”等等。

(5)填空题

填空题是要求学生在一个留有空白的未完成句子中填上适当的词或短语以构成一个完整的句子。

填空题的优点：比选择题容易编写，凭猜测作答的机会也较少，答案规范、简短、使得评分可靠而容易。

填空题的不足之处与是非题一样，测量的是较低水平的对知识的记忆，而不易测量较高水平的认知能力。一些教师用填空题测验词汇知识或者用于平时的形成性测验中寻找学生经常填错的答案，然后将这些错误的答案作为编写多重选择题的干扰项，最后将编好的多重选择题用于期末的总结性测验中，这不失为一种巧妙的方法。

编写填空题时要注意以下几点：①填空题让学生填的应该是一些关键字句，并与上下文有着密切的关系。②在一个题内不要留有过多的空白，否则会失去意义上的连贯性，使学生无法理解题意。一般留有一个或两个空白为宜。③各题留出的空白的长度应相符，而不要有长有短，以免空白的长度对正确答案的字数产生暗示作用。④避免直接引用教科书中的词句。⑤为每题准备一个正确答案和可接受的变式的标准，并具体规定是否答案部分正确也可适当给分。

(二)评价方法的多元化发展

对学生的学习，传统的评价方法一向以纸笔测验为主，这样的测验十分客观、批阅迅速，而且便于进行大范围的团体性的评价，在一定程度上，具有公平、客观、省时、高效的功能，有利于促进学生的认知学习。但与人性化的、多元化的教学评价方法相比，其存在的问题也是值得引起重视的。

纸笔测验的本质是量化评价。量化评价依据心理学的研究典范，以事先拟定的教学目标评价学习的成效，并以数量来表示评价结果。在测验中往往强调容易操作、量化和可观察的目标，一些教师在编制测验题时，重记忆层次的题目，忽略思考型的问题。有的测验甚至以认知为尊，无视对技能与情意的评价。事实上，许多测验测量的仅仅是学生对大量结构化情景的反应。

但是，“现实生活是非结构化得，没有现成的答案让我们选择，教育的最终目的是要让学生成为一个主动探索者，展示其判断力和创造力。”

正是在这种情况下，人性化的、多元化的评价方法开始兴起。如实作评价、动态评价、学生成长记录袋评价、直接的评价、真实的评价，等等。

1. 实作评价

实作评价是要求学生完成一项活动，或制作、创作物品、作品以证明其知识与技能，此评价让学生在真实情境中去表现其所知与所能。

实作评价具有下列特点：①强调实际生活的表现。实作评价的取材大多与实际生活有关，以真实或虚拟的实际生活问题来评价学生，评价强调实际操作与解决问题。②着重思考与解决问题的技巧。实作评价强调让学生建构答案，而不是像传统的纸币测验侧重于确认与回忆。③重视学生学习的个别差异。实作评价强调的是学生本身的学习特质与能力、现有的想法和技能，尤其是因个别差异造成的表现差异，激励学生主动表现。④促进学生自我决策、自我负责。实作评价中，学生能自由选择应用于何种日常生活，自由决定完成时间及成果呈现方式。⑤实现评分、标准与人员的多元化。主持评价活动的人不一定是教师，学生、同学、家长亦可参加。⑥强化沟通与合作学习的能力。实作评价不仅重视思考、解决问题的能力，更重视沟通与合作学习的能力。⑦兼重结果的评价与过程的评价。实作评价不仅分析学习结果，而且分析学习过程。

实作评价分为两种类型，一种是限制性的实作评价，一种是扩展性的实作评价。前者要求学生的表现较为狭隘，且明确提出希望学生表现的形式与限制，如写一封求职信、用五块直的塑料片随意连接构成三角形。后者要求学生真正展现其才能，重视“做”而非“知”，需要从不同来源收集资料分析资料，实施调查，使用电脑或其他设备，如构建一个模型、修理一台机器、创作一部作品。

2. 动态评价

动态评价以维果茨基的社会发展认知理论为基础，维果茨基从社会文化层面来探讨学习与发展的交互关系，提出认知发展乃至社会互动过程，学习是一种建构。

动态评价的涵义是，评价应侧重于学习的过程和认知的改变，建立评价者与被评价者的互动关系，重视评价与教学的结合。因此，动态评价乃教师运用“前测——教学介入——后测”的主动介入模式，通过充分沟通的互动过程，持续地评价学生的反应与学习的过程，剖析教学前后认知能力的发展与改变，进而提供发展或改变所需要的教学介入的评价方法。

动态评价包括下列四项行为：①支持。体现于师生对话中，表示教师注意并认同学生的言语或行动，如点头、鼓励的眼神或是诸如“这是个有趣的观点”之类的评语。②连接。即将学习的主要概念紧密地联系起来，教师提供概念框架使学生能建立自己的知识结构，如指出某方面新知识与另一方面新知识或已有知识的关系。③挑战性。就是将学生的注意力引向矛盾、冲突、不一致处，以挑战和谐状态，也可以说是制造困境以求突破。④范例。即给学生一个模式、启发或提示，以引导其学习活动。

与传统的纸笔测验相比，动态评价表现出与之不同的特点，它不仅重视对学习结果的评价，还进一步强化对学习过程的评价，正如坎皮恩(J. C. Campione)指出的“动态评价不仅评价过去的、既有的知能或经验的静态结果，更在于评价成长、改变的动态历程与学习预备度”。动态评价将回溯性评价与前瞻性评价有机地结合起来，它既重视学生当下表现与成就，亦不忽视学生未来的发展及最大的可能表现水准。动态评价较好地发挥了鉴定、诊断与处方三方面的功能，对学生的学习作出正确的判断，同时探寻存在的问题，并提出可能的对策。动态评价关注的是学生认知能力的可塑性，与传统评价视智力的本质是天生的、不可改变的形成鲜明的对照。动态评价体现了师生间双向沟通的互动关系，在评价中教师不是中立的观察者，而是学生学习的协助者、帮助者、交流者。动态评价的最大特色是“评价”、“教学”融为一体，不是“先教学后评价”，而是“在教学中评价，在评价中教学”。

3. 学生成长记录袋评价

对学生学业成就的评价出现了许多新的途径和方法。这些新的途径和方法从根本上改变了以往教学评价对所谓“客观性”和“量化”的追求，而把全面、真实地反映学生的发展状况作为评价的基本任务，教学评价由此转入了“质性评价”时期。其中，最为著名和最为常用的方法是“学生成长记录袋评价”。

(1)学生成长记录袋评价的概念

学生成长记录袋是指用以显示有关学生学习成就或持续进步信息的一连串表现、作品、评价结果以及其他相关记录和资料的汇集。而学生成长记录袋评价则是指通过对成长记录袋的制作过程和最终结果的分析而进行的对学生发展状况的评价。

学生成长记录袋评价是从实践中涌现出来的一种评价方法。由于它具有灵活多样性和高适应性而受到教育者的欢迎。20 世纪 90

年代初期，这一评价方法为世界许多国家的教育者所广泛采用，成为对传统评价方法的很重要的一种补充。近几年来，它受到我国教育研究者和实践者的重视、研究和应用。

(2)学生成长记录袋的类型

以不同的功能为标准，可以把学生成长记录袋分为：理想型、展示型、文件型、评价型和课堂型5种类型：①理想型：包括作品产生和入选说明，系列作品以及代表学生分析和说明自己作品能力和反思。目的是提高学习质量。通过一段时间的成长，帮助学习者成为自己学习历史的思索者和非正式的评价者。②展示型：主要是由学生选择出来的自己最好和最喜欢的作品集。自我反思与自我选择比标准化更重要。目的是给包括家长和其他人参加的展览会提供学生作品的范本。③文件型：根据一些学生的反映以及教师的评价、考察、考查、轶事、成绩测验等得出的学生进步的系统性、持续性记录。目的是对学生的作品以量化和质性评价的方式，提供一种系统的记录。④评价型：主要由教师、管理者、学校所建立的学生作品集。评价的标准是预定的。目的是向家长和管理者提供学生在作品方面所取得成绩的标准化报告。⑤课堂型：由三个部分组成：一是根据课程目标描述所有学生取得的成绩的总结；二是教师的详细说明和对每个学生的观察；三是教师的年度课程和教学计划及修订说明。目的是在一定情境中与家长、管理者及他人交流教师对学生成绩的判断。

以入选材料性质的不同，可以把学生成长记录袋分为：最佳成果型、精选型和过程型三种：①最佳成果型：是指通过收集学生在某一领域的最佳成果，对学生在这一学科或这一领域的达到的水平做出评定。这种记录袋材料的形式是多种多样的，只要能反映出学生在这一学科或这一领域的最高水平即可。②精选型：与最佳成果型相比，要求了解最广泛的学生成果。它要求学生提交的不只是标志他们已经达到的最高水平的成果例证，还包括他们感到最困难的典型成果例证。这种记录袋可以深刻地反映学生成长的概要，高度揭示学生取得的一般成绩。收集这种记录袋材料的时间往往要持续一年以上。③过程型：其突出特点是致力于寻求发展性成果证据，而不是最终达到结果的证据。它要求学生一步一步地收集能够反映他们在一定领域中从起始阶段到完成阶段所取得的进步的成果证据。

(4)制订学生成长记录袋评价的方法

为了充分发挥学生成长记录袋的评价功能，使它真成为教师教育学生的有效手段和学生发展成长的有效工具，需要对学生成长记录袋进行认真设计。设计的基本步骤如下：

①确定评价对象

即确定涉及的学科、年级、学生范围等。有许多问题要认真考虑：成长记录袋评价是否适合所有的学科？是否学科中的所有的教学领域都适合用成长记录袋？评价的对象是不是要涉及各年级的学生？是不是班级中的所有学的作品。

②明确评价目的

学生成长记录袋有三种不同的目的：展示。学生将其最好的或最喜欢的作品装入展示性成长记录袋，反映进步的作品不包括在内；反映学生进步。这种评价是一个形成性评价的过程。装入记录袋的作品不一定是学生最好的；评价工具。这种评价是一个终结性评价的过程，通常是作为学生升学、留级与否的参与，也可用于一定时期的总结报告。其内容通常是标准化的，是根据特定的评价任务而设计的。

③确定要收集的材料的类型以及收集的时间和次数

确定收集材料的类型时，应注意以下几点：一是要与评价的目的联系起来考虑；二是要与评价的内容结合起来；三是既要面向全体，又要照顾个别；四是要考虑到底应该把谁的评价放进成长记录袋中。

④制订调动和指导学生积极参与的有效办法

在实施成长记录袋的初期，教师首先要想办法巧妙地向学生介绍成长记录袋的作用，激发学生的兴趣，调动学生积极参与。学生有了积极性之后，还要及时地对学生的参与进行指导。

⑤确定给成长记录袋评分的办法及注意事项

成长记录袋的评分包括两个方面：一是给成长记录袋中所收集的材料评分，即分项目评分；二是对成长记录袋进行总体评分，即综合评分。第一个方面的评分一般在收集材料时进行，第二个方面的评分是在记录袋中所需的材全部收集完以后进行的。综合评分的设计要注意以下问题：一是评分项目的选定应与教学目标相结合；二是评分方式宜采用等级制，对每个等级都应制订详细的评分标准；三是评分者的选择，课堂教学评价用记录袋主要由教师来评分，如果是在学区或更大范围内的评价有记录袋，则由教师组成的工作小组或网络来评分；四是权重的确定，成长记录袋评分最好只作课程的一小部分，在学生总分中所占的比例不宜太大。

⑥制订评价结果交流与分享的计划

这是发挥成长记录袋的发展性功能的关键环节。一般来说，评价结束时应把评价结果及时告知学生本人和家长。告知时，应将收集的所有材料和评分的等级同时告知，提醒家长和学生应以不同于对待分数通知单那样的方式来对待记录袋中所收集的材料和得到的等级。

第六编

学生、教师与
课堂管理心理

第十四章　个体差异

关注差异，承认差异，发展学生个性，是近几年教育理论界讨论的热门话题之一。从人的特性来看，学生是有着个体差异的群体，要求教育要尊重差异、承认差异、利用差异培养各种人才；从社会对人才的需求来看，多元化的社会，要求多元化的教育为之培养具有创新意识和创新能力的各种人才；从教育理论本身来看，立足于学生差异来研究教育教学是教育理论进步的表现。

第一节　个体差异概述

一、心理个别差异的内涵

个体差异是指个体之间在稳定的心理特点上的差异，包括性格、能力或兴趣等方面的差异。在学校环境中，学生的个体差异主要表现为学生家庭文化背景的差异、志向水平的差异、智力的差异、学习风格的差异，等等，所有这些差异都直接或间接地影响着教育教学活动。

关于个性差异问题，心理学界研究很多，有从遗传角度研究，有从社会文化背景角度研究，现在较认同的观点是个性差异是遗传和社会文化环境相互作用的结果。这种观点也给教育提供了可塑造学生个性的平台，多年以来，教育家们进行了多种探讨，在教育过程中，是承认学生个性差异还是试图找出减少或消除个别差异的途径？由于心理学家对学生学习上的个别差异所持的观点不同，例如，个别差异形成的主要原因是什么？教育的任务是消除个别差异还是因势利导，针对不同情况使每个人都得到充分发展？因此，到目前为止仍争论不休。

二、差异教学

“差异教学”简单地说依据学生差异实施有差异的教学。其理论假设是：学生是有差异群体，在先天、后天以及生理，心理、社会等方面都存在着明显的个体差异，这些差异不仅表现在儿童的主要实践活动即学习活动中，而且深刻影响着教学活动，即学生在获取知识、理解和表达所学内容方面均存在着依据学生自身准备状态作出多种选择的现象，这种差异必然要求教育为他们提供适合其状态的教学。由此，必须敢于承认学生差异，敢于根据学生差异而教，敢于教出“差异”来，不能按照一个标准搞“一刀切”的教学。

“差异教学”不仅承认差异，更重视利用和照顾差异。它立足于我国学生众多的国情，重点解决在班级课堂教学的条件下，如何针对学生差异实施教学的问题。将学生差异看作教学资源，并将其列入教学的组成部分，而不把学生差异看作必须加以克服的消极因素和教学负担，而教师如何利用学生资源，照顾学生差异，促进学生发展是差异教学能否成功的关键；必须摆正是教师适应和满足学生的差异和需求，还是学生适应教师的差异和要求的关系；要彻底改变现在学校教学中只照顾有望获得高分的学生，忽视或放弃低分学生的做法。“教学从学生不同的准备水平、兴趣和风格出发来全方位设计多元化的教学目标、教学内容、过程与结果”。差异教学非常强调学生的合理安置，给每个学生提供发展的平台和机会，学生可以在“弹性学习小组”中获取教学内容，处理加工信息和评价学习成果，并相互促进。弥补了班级授课制的“一刀切”和个别化教学的“全有”或“全无”的不足，真正实现共性与个性的统一，提高教学效益。

第二节　智力差异

智力差异是心理差异的一个重要方面，也是差异心理学中研究最多、资料最丰富的一个领域。

一、智力差异概述

（一）智力的性质

众所周知，智力反映了一个人的聪明程度。但要给智力下一个明确的令人满意的定义却十分困难。多少年来，研究者从各自不同的角度对智力作出了不同的解释。

归纳起来，对智力的性质大致有以下几种不同的界说：①智力是一种适应新情境的能力；②智力是指抽象的思维能力；③智力是一种学习能力；④智力是一个人能为着某些目标而行动、能理智地思考和有效地适应环境这三种能力的综合表现；⑤智力就是智力测验所测量的东西，也就是解决某种智力问题的能力。

在我国，较多的心理学家则认为，智力是使人能顺利地从事某种活动所必需的各种认知能力的有机结合，其中以抽象思维能力为核心。

把智力看作是人的一种潜能是较为合适的，智力发展就是这种潜能得到发挥的过程。智力无疑与人的先天禀赋有关，但每个人在有利的环境下都可能使自己的潜能得到进一步发展。因而从先天禀赋和环境因素的影响来看，智力问题是一个差异问题。

(二)智力差异的成因

人的智力差异是什么原因造成的？这是一个争议颇多的问题。19 世纪英国人类学家和心理学家高尔顿调查了 1768－1868 一百年间英国的首相、将军、文学家以及科学家共 977 人的家谱后，出版了《遗传与天才》(1869)一书，断言天才是遗传的。有些心理学家则认为，人的智力差异是由后天的环境教育决定的，他们用"狼孩"等被野兽掠去哺育的儿童作为典型的说明依据。但是多数人认为，对智力差异的原因分析，不能以单因果论的方法论去说明遗传与环境谁起决定作用的问题，主张遗传所赋予智力方面的发展还需视人所处的环境和人同环境相互作用的情况而定，个体的智力差异是遗传与环境相互作用的结果。

二、智力水平差异

智力水平差异是指个体之间智力水平高低不同的程度。

(一) 智力发展的常态分布

心理学的研究表明，人的智力发展水平是呈常态分布的(见图 14-1)，有些人智力发展水平较高，有些人智力发展水平较低，而大部分人的智力属于中等水平。

为了衡量智力发展的水平，心理学家引进了智商这一概念。智商是智力商数的简称，是用来表示智力高低的一种相对指标。最初智商是用智力年龄除以实足年龄后再乘以 100 计算而得，现在一般改用离差智商。根据智力测验的有关资料，我们按照智商可将人的智力划分为不同的等级。从表中可以看到，智力超常和低常的各占

2.2%，智力优秀和偏低的各占 6.7%，智力中上和中下的各占 16.1%，智力中等的人数比率最高，占 50%。

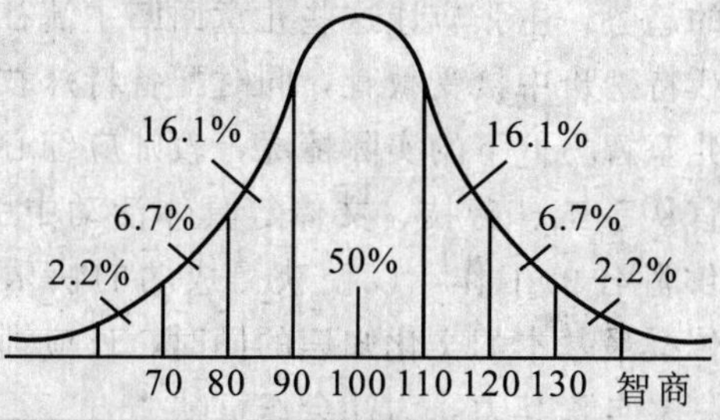

IQ	智力等级	百分比
130 以上	超常	2.2
120－129	优秀	6.7
110－119	中上	16.1
90－109	中等	50.0
80－89	中下	16.1
70－79	偏低	6.7
70 以上	低常	2.2

图 14-1　人的智力发展水平分布

处在智力分布两个极端的超常和低常儿童，虽然他们人数比例较低，但是由于他们各自具有与一般儿童显著不同的特点，常常引起教育和心理学工作者的重视。

（二）智力低常儿童的特点与教育

智力低常多数是由遗传、疾病、损伤等原因造成的。智力低常可分为若干等级，较早采用的名称是“迟钝”（智商在 50－69）、“愚笨”（智商在 25－49）“白痴”（智商在 25 以下）。近年来采用的名称分别是“轻度的”、“中度的”和“重度的”智力低常。

1. 轻度的智力低常

智力低常儿童中多数人属轻度智力低常。他们生活能够自理，成年后也能从事简单的劳动，有连贯的语言，但是学习有困难。这些儿童的智力有如下特点：①知觉方面。知觉的速度缓慢，范围狭窄，内容笼统、贫乏。②记忆方面。识记缓慢，遗忘快，再现不正确。③言语方面。言语出现较迟，发展慢，词汇贫乏，意义含糊，缺乏连贯性。④思维方面。思维带有很大的具体性，只能认识客体的表面特点，缺乏概括能力，很难形成抽象概念，数字概念差，计算困难。

轻度智力低常儿童是可以教育的。通过特殊教育，他们在较大年龄时可以掌握小学程度的知识和技能。这些儿童的教育和训练原来主张在特殊学校或班级中进行，如有些地区设立的育能院等。近年来有一种新的趋势，主张应让这些儿童回归主流社会，在正常学校的正常班级或特殊班中接受教育，同时配备特殊教育教师加强辅导。根据这些儿童智力低下的实际情况，教师应细心发掘其兴趣或特长，利用感官从手工、劳技、文体等具体活动中引导他们学习；让他们担任能够胜任的工作，以便获得成功的快乐，恢复其自信心；在对他们传授最基本的文化知识的同时，还应训练他们学习一技之长，以便将来自食其力，为社会作贡献。

2. 中度的智力低常

这些儿童的智力缺陷较严重，其特征是：只能掌握简单的生活用语，吐字不清，词不达意，词汇贫乏；动作基本正常或部分有障碍，生活能半自理；很难掌握抽象概念，入学学习有明显困难。通过适当训练，这些儿童可以生活自理，但一般不能参加工作。

3. 重度的智力低常

这类儿童不会说话，只会发出不成句的个别单词，也不会数数；情感反应很原始，受到刺激只能叫喊或发怒；动作也不正常，除摆头、叫喊或走动外，不能进行有目的的活动，也不知躲避危险。这类儿童生活完全不能自理，需要成人特殊的照料，也很难进行教育或训练。

智力低常可用智力测验方法进行诊断。

(三)智力超常儿童的特点与教育

我们一般将智商超过130的儿童称为智力超常儿童。这类儿童具有以下特点：①求知欲强，兴趣广泛；②注意集中，能较长时间全神贯注地从事紧张的学习或其他活动。③观察力特别敏锐，能发现一般儿童很难发现的问题。④记忆力强，善于在理解基础上进行记忆。⑤思维敏捷，理解力强。善于掌握事物的本质，抓住问题的关键。⑥富有独立性和创造性。往往不迷信教师和书本，常有自己独立的见解，喜欢用新的方法解决问题。⑦强烈的好胜心和顽强的意志。往往充满自信，在各项活动中争强好胜，富有进取心，为了达到预定目标，能克服种种困难，表现出坚毅顽强的意志品质。

对超常儿童的教育采取的措施一般有以下几种：一是设立天才学校；二是在普通学校设立特殊班；三是采取特殊措施，如对那些留在普通学校普通班级中的超常儿童采用充实课程、单独布置一些有难度的作业、允许跳级、举办超常儿童学习班等形式，指导他们超前学习。许多国家还举办各种形式的科学竞赛，激励青少年充分发挥聪明才智。我国对超常儿童的培养也十分重视，根据现代化建设对拔尖人才的需求，中国科技大学自 1978 年起创办少年班，对智力超常儿童进行系统、严格的培养，为他们早日脱颖而出，成为科技精英创造条件。中国科技大学少年班自创办以来，培养了一批优秀人才。少年班毕业生 80%左右考取国内外研究生。

三、智力结构差异

智力结构差异主要指由于构成智力的基本因素和组合方式不同而产生的不同智力类型、认知风格和特殊才能。

根据人们智力活动的不同特点，我们可将其分为不同的类型。

1. 分析型、综合型与分析一综合型

这是根据人们在知觉过程中的特点而划分的类型。属分析型的人，在知觉过程中，对细节感知清晰，但概括性和整体性不够；属综合型的人，富于概括性和整体性，但缺乏分析性，对细节不大注意；属分析一综合型的人集以上两种类型的优点于一身，既具有较强的分析性，又具有较强的综合性，是一种较理想的知觉类型。

2. 视觉型、听觉型、运动觉型与混合型

这是根据人们在记忆进程中某一种感觉系统记忆效果最好而划分的类型。视觉型的人视觉记忆效果最好；听觉型的人听觉记忆效果最佳；运动觉型的人有运动觉参加时记忆效果最理想；混合型的人用多种感觉通道识记时效果最显著。

3. 艺术型、思维型与中间型

这是根据人的高级神经活动中两种信号系统谁占优势而划分的类型。艺术型的人，第一信号系统(除语词以外的各种刺激物)在高级神经活动中占相对优势，而思维型的人则第二信号系统(语词)占相对优势，中间型的人两种信号系统比较均衡。

属于艺术型的人在感知方面具有印象鲜明的特点，在记忆方面易于记忆图形、颜色、声音等直观材料，在思维方面富于形象性想象丰富，而且具有高度的情绪易感性。具有上述特点的人，比较容易发展艺术活动的能力。

属于思维型的人在感知方面注重于对事物的分析、概括，在记忆方面善于记忆词义、数字和概念等材料，在思维方面倾向于抽象、分析、系统化、逻辑构思和推理论证等。具有以上智力特点的人，有利于发展数学、哲学、物理、语言学等学科的学习和研究的能力。

第三节　学习方式差异

教师了解学生个别差异，主要目的是因材施教，这是古今中外教育家都赞成的教学原则，而这个“材”，过去我们考虑比较多的是学生在智力、性格、兴趣和知识基础等方面的差异。近些年来，心理学家们发现学习风格直接影响学习活动，由此研究学生在学习风格方面的差异，并在此基础上施教是不可忽视的问题。

一、学习方式

(一)学习方式的含义

“学习方式”(1earning style)这一概念最早是由塞伦(H Thelen，1954)提出的。学者虽对此有争议，但其核心是相同的，学习风格是指学习者所具有或偏爱的学习方式以及表现出来的相应的学习特征。这个定义至少表述了三个问题：其一，学习风格是学习者擅长或习惯了的学习方式；其二，学习风格是指在学习者擅长和习惯性的学习方式基础上所表现出来的学习特征；其三，学习者在学习时所表现出来的某种习惯性的特征，一般不会随学习环境、学习内容的变化而变化，因而成为学习者个性的重要特征。

学习风格是学生在长期的学习过程中逐渐形成的，一经形成，具有持久性和稳定性。它们与智力或能力不同，智力或能力可以有高低、好差之分，而学习风格则无高低、好差之分。不能说某种学习风格就好于另一种学习风格，学生是以不同的方式进行学习的，任何一种学习风格都有其优势与不足。根据学生在学习风格上的差异进行因材施教，就是要采取相应的教学方法和策略去“扬长”和“补短”，真正做到个别化教学。邓恩(Dunn，1978)发现，当一个学生的学习风格与教师的教学风格及学习环境中的其他因素较好地吻合在一起的时候，这个学生的成绩会更好。

由此看出，面对学生独特的学习风格差异，教师如果对学生学习风格能作出准确的诊断，就能帮助教师调整教学策略，促进教与学的相互适应，帮助每个学生充分发挥他们的学习潜能，提高学习效果。

(二)学习风格的分类

奈欣斯(Nations，1967)的分类

奈欣斯把学习方式描述为感觉定向、反应方式和思维模式这三

者的结合：①感觉定向，是指学习者主要是依赖于视觉、听觉，还是与环境的触觉接触来学习。②反应方式，是指学习者是单独工作最好，还是在一个组里工作最好；是一个主动的参加者还是被动的参加者(一个观察者)；是喜欢依赖教师，还是倾向于自主行动；对某一结论、作业、建议、指导是支持的，还是质疑的。③思维模式，指学生是首先收集、积累许多细节材料，再把它们组织到一种形式中，还是首先有一个总的轮廓，然后再去收集有关信息去证明这个概念；是喜欢深思熟虑地有条有理地收集信息，还是喜欢作出巨大的直觉式的跳跃。

2. 邓恩夫妇和雷诺等人(Reynollds & Gerein，1992)的分类

邓恩夫妇(Price，Dunn & Donn，1982)将学习方式分为四大类，每一类又包含4—6种要素，构成20种影响学习过程的学习方式的特征。雷诺等人(Reynolds & Gertein，1992)在他们的理论基础上，提出了一个多维度的学习方式分类的概念模式，包含了六个类别：知觉偏好、物理环境需要、社会环境偏好、认知方式、最佳时间以及动机和价值观等。这六个方面构成了一个人独特的学习方式特征。

(1)物理环境类要素。指在学习环境中，习惯不同的学生对环境的条件，表现出不同的心理需要。包括：对学习环境安静或热闹的偏爱；对光线强弱的偏爱；对温度高低的偏爱；对坐姿正规或随便的偏爱。

(2)社会性要素。指在学习时学生个人对他人的心理需要。包括：喜欢独立学习；喜欢结伴学习；喜欢与成人一起学习；喜欢与各种不同的人一起学习。

(3)动机、情绪类要素。指在学习时学生个人心理上的需要与心理状态。不同的心理需要与心理状态形成了不同的学习风格。包括：成就动机的强弱；学习坚持性的强弱；学习责任感的强弱；对学习内容组织程度的偏爱。

(4)生理性要素(包括时间要素)。指在学习时学生个人反映出的生理上的需要。包括：喜欢听觉刺激；喜欢视觉刺激；喜欢动觉刺激；学习时是否爱吃零食；清晨学习效果最佳；上午学习效果最佳；下午学习效果最佳；晚上学习效果最佳；学习时是否喜欢活动。

(5)认知方式。包括：场依存型－场独立型；具体体验的－抽象概括的；主动实验的－反省性观察。

3. 凯夫的分类

美国中学校长联合会主席凯夫(Keefe)将学习方式分为为三大类，并分析了每类的要素。

(1)认知风格。主要包括接受风格和概念化与保持风格。

①接受风格，包括：对感知觉通道的偏爱(视觉、听觉、动觉)、场依存与场独立、扫描与聚焦(scanning & focusing)、功能固着与变通、对非现实体验的容忍性(高容忍性者能接受与现实或与原有经验不相一致的事物，而低容忍性者则不能)、自动化程度(操纵简单重复任务的能力)、感性与理性活动。

②概念化与保持风格，包括：概念速度(即在假设形成或信息加工过程中所表现出的快速冲动或缓慢沉思)、概念化风格、归类的宽窄、认知的复杂性与简约性(有人称这一维度为抽象与具体)、齐平化与尖锐化。

(2)情感风格。是指注意、情绪表露、价值判断等活动的方式及其个性特征。它无法被直接观察，而须从个体与环境的相互作用过程中推论而加。在凯夫的分类中，情感风格包括注意风格和期望与动机风格。

①注意风格，包括：理性水平(conceptual level，学生学习的自觉主动性、独立性或需要教师对学习内容予以组织安排的程度)、好奇心、坚持性、焦虑水平、挫折耐力。

②期望与动机风格，包括：控制点(locus of control，内控或外控)、成就动机、自我实现的动机、模仿(imitation，模仿的产生取决于学习者的个性特征、被模仿对象的特征及两者的相互作用)、冒险与谨慎(risk taking and cautiousness，个体为达到目标选择机会时表现比的个性差异。冒险者喜欢可能性小但获益大的选择；谨慎者喜欢可能性大但获益小的选择)、竞争与合作、抱负水准(1evel of aspiration)、对强化的反应(reaction to reinforcement)、社会性动机(因社会政治、经济、价值文化或民族等因素而造成的行为倾向上的差异)、个人兴趣。

(3)生理风格。包括以生理特性为基础的性别差异、个人营养与健康状况以及对物理环境所作的习惯性反应。

①男性一女性行为。通常认为男孩进取性强，对事物的空间关系较为敏感，长于计算；女孩则言语能力较强，擅长精细运动。

②与健康有关的行为。个体因营养不良、饥饿或疾病而导致生理失衡后所作的不同行为反应。该要素在邓恩的表述中即为“吃零食”。

③时间节律。个体在一天的不同时间内学习效果不同，因而对

时间节律有不同偏爱，或早晨，或上午，或下午，或晚上。

④活动性。学习过程中学习者需要改变姿势或起身活动的程度。

⑤环境因素，包括对声音、光线、温度的不同偏爱。

4. 科尔勃(Kolb，1984)的研究

科尔勃对学习方式中的认知方式也进行了综合性探讨，认为可从这两组维度来考虑：具体体验相对于抽象概括，反省性观察相对于主动实验。然后从两组维度构成的坐标系中，确定出四种学习方式：具体体验、抽象概括、主动实验和反省性观察。

科尔勃还发展了一套学习方式测验量表，以便用于评定个人的四种学习方式。他的测评方法是将学生组织成研讨班，把测验和教学结合起来，最终促使学生不仅认识自己的学习方式，也能够找到适用于自己的学习策略。整个测评活动包括四个阶段，而每个阶段是与一种学习方式对应的。

第一阶段是与发散者学习方式相对应的。这种学习方式的学习者关注发散的思想，富有想象力。针对这种学习方式的教学策略是自由发言和小组讨论，用以激发他们的创造性思想。研讨班的做法是把学生分为小组，先由小组成员聚集在一起，畅谈较为积极的学习感受或体验，并且每个小组列出一份清单，然后全班就其中的异同点进行深入讨论，目的是让大家认识到学习方式的各种表现。

第二阶段是与同化者学习方式相对应的。这种方式的学习者喜欢处理抽象的观点和概念，具有理性或逻辑性，讲座是较为适宜的教学方法。这时，教师将向学生讲解有关学习方式的知识，例如向大家解释图中六类学习方式的含义、界定及其相互关系，使学生对学习方式建立起一个清晰、全面的理论框架。

第三阶段是和聚合者学习方式相对应的。这种方式的学习者擅长把理论用于实践，即对理论在实际中的应用更感兴趣。学生在这个阶段将接受一系列学习方式测验，他们自己做答、计分和解释结果，教师还启发他们把测验结果和自己的经验对比。通过这些活动，学生能够确定出自己的学习方式。

第四阶段是和顺应者学习方式相对应的。这种学习方式的学习者强调主动探索和具体体验，比较适合的教学策略是实验室工作和现场调查研究。学生们在这一阶段又回到小组，主要讨论学习策略，具体说来就是：对于自己特定的学习方式应采用何种学习策略。通过学生的合作与交流，大家都可以找到自己适宜的学习策略，成为更有效率的学习者。

从上述这四个分类看，学习方式是多维的概念，包括诸多内容。教师应注意学生学习方式的各个方面的情况，由此看来，教师教学适应学生的学习方式并能调整学生的学习方式，涉及的因素很多，是件很不容易的事情。

二、认知方式

(一)认知方式的内涵

认知方式是指学生加工信息时(包括接受、储存、转化、提取和使用信息)所习惯采用的不同方式。其主要特征是：①持久性，即在时间上是一个相对稳定的过程；②一致性，即在完成类似的任务时始终表现出这种稳定性。这两个特征与学生的个性、情感和动机特征等相关联。

(二)几种典型的认知方式

1. 场依存性和场独立性的认知方式

(1)场依存性和场独立性的认知方式概述

美国心理学家赫尔曼·威特金(Herman Witkin)提出反应在个体认知过程中的倾向性上存在着场依存与场独立两类差异。

威特金针对空军飞行员靠什么线索来确定自己是否坐直的问题，设计了一种可以倾斜的房间，让被试坐在一张椅子上，椅子可以通过转动把手与房间同向或逆向倾斜。当房间倾斜后，要求被试转动把手使椅子转到事实上垂直的位置。结果发现，有些被试在离垂直差35度的情况下，仍然坚持认为自己是完全坐直的；而有些人则能在椅子与倾斜的房间角度明显不正的情况下，仍能使椅子非常接近于垂直状态。

威特金由此得比结论，有些人知觉时较多地受他所看到的环境信息的影响；有些人则较多地受来自身体内部的线索的影响。他把受环境因素影响大者称之为场依存性，把不受或很少受环境因素影响者称之为场独立性。场依存性者是“外部定向者”，基本上倾向于依赖外在的参照(身外客观事物)；场独立性者是“内部定向者”，基本上倾向于依赖内在的参照(主体感觉)。这种个别差异，是个体在周围视觉场中看到的东西与他身体内部感觉到的东西产生冲突的结果。场依存性的人不能将一个模式(或图式)分解成许多部分，或者只能专注于情景的某一个方面；场独立性的人善于分析和组织(witkin et al.，1977)。

(2)场依存性和场独立性的认知方式的特征

威特金等人做了大量实验，研究表明，场依存性—场独立性认知方式具有以下几个特征：

①场依存性—场独立性认知方式是认知过程的而非内容的。

②场依存性—场独立性认知方式具有普遍性。场依存性—场独立性认知方式不仅存在于知觉领域，而且存在于记忆、思维、问题解决以及人格领域。在这些领域，相对场独立性的人表现出较大的独立性和较少的受暗示性(相对场依存性的人则相反)，对于那些需要找出问题的关键成分并重新组织材料的任务，容易完成。在社会行为上，相对场依存性的人喜欢并善于社交，较易受他人影响，社会工作能力较强，他们是社会定向的；相对场独立性的人较不善于社交，较独立自主，对抽象和理论的东西更感兴趣，他们是非社会定向的。另一项研究发现，场独立性强的六年级男生比场依存性强的男生具有更强的领导能力。尽管场依存性者看来更为社会定向，但这并不能保证他们具有领导的素质。

③场依存性—场独立性认知方式具有稳定性。人们在场依存性—场独立性连续体上的位置一般是稳定的。威特金等人(1977)追踪10年的纵向研究证实了这一点。他们追踪研究某大学学生1584人(男女各半)。在入学时举行个体镶嵌图形测验确定每人的认知方式。以后一直追踪到研究院或专业学院。结果发现，在大学入学初选到最后的大学选科以及在研究院或专业学院中，场独立倾向的学生往往偏爱需要认知改组技能的、与人无关的学科领域(如各种自然科学)，场依存倾向的学生往往倾向于不重视这种技能而重视人与人之间关系的学科领域(如初等教育)。大学入学选科与认知方式不符合的学生，在大学毕业或研究院往往转到与其认知方式比较一致的学科领域，而学科符合其认知方式的学生，则往往一直留在原来选择的学科领域。学生在与他们认知方式一致的学科领域中有成绩比较好的倾向。研究还表明，一个人在判断事物时依赖环境线索的程度，是随着年龄增长而发生变化的。从8岁至17岁，学生依赖环境线索的程度呈下降趋势，年龄大些的学生能较快地从镶嵌图形中提出简单图形。而且，男生比女生在场依存性方面要少些。

④场依存性—场独立性认知方式的两极性。若将场依存性—场独立性作为有着两极的连续体来看，偏向于场独立性的人在认知改组技能和人格自主性方面高，在社会敏感和社会技能方面却低。偏向于场依存性的人在社会敏感和社会技能上高，而在认知改组和人格自主上却低。集聚在场依存性—场独立性连续体两极的特征是反相关的。

(2)场依存性和场独立性的测量。心理学家现在采取“身体适应测验”等实验方法来测量场依存性一场独立性。在身体适应测验中，被试坐在一间小型斜屋内，要求他把身体调正，场依存性的被试往往把身体调到与斜屋看齐，表明在确定身体位置时，把环境作为主要参照。相对场独立性的被试在调正身体时，则不大考虑屋子的位置，而更多地考虑利用从身体内部来的经验作为主要参照。

2. 慎思性和冲动性的认知方式

学习方式中研究较多还有冲动性一慎思性问题。杰罗姆·凯根(Jerom Kagan)据学生寻找相同图案和辨认镶嵌图形的速度和成绩来对学生的认知方式作对比区分的实验研究，提出来的一种认知方式。所谓冲动型，是指当个体处于不明情境中时，倾向于用自己想到的第一个答案来回答问题；所谓情思型，是指当个体处于不明情境中时，倾向于仔细考虑所观察到的现象及所面临的问题，在行动前致力于把问题考虑清楚。

图 14-2　匹配相似图像

实验者根据匹配相似图形测验确定冲动型和慎思型认知特征。第一个图形是标准图，要求儿童从以下 8 个相似的图形中找出一个与标准图完全一样的图。计分时考虑两个方面：一个是判断的正确性；一个是作出判断所花的时间。其中时间是主要的考虑方面。具有冲动型认知方式的小学儿童，往往倾向于用自己想到的第一个答案来回答问题，想到什么就立即回答，但错误也可能较多。具有慎思型认知方式的小学儿童则与此相反，当他们处于不明情境而难以作出行为抉择时，常常过分小心地对待所面临的问题，因而在完成细致的任务时，作出认知决定所需的时间长，但错误少。这样两种学习方式中，哪种学习效果好呢？

海瑟林等人(Hethering & Mcintyle，1975)在一个对许多研究的综述中总结说，慎思型的儿童表现出更成熟的解决问题的策略，而且比起冲动型的学生，表现出更多可能去考虑不同的假设。罗林斯等人(Rollinsh & Genser，1977)发现，虽然慎思型的儿童解决较少维度的问题比起冲动型的孩子要快得多，但是冲动型的儿童解决具有许多维度的任务比起慎思型的儿童要快得多。

有些研究表明，对于需要进行详细分析才能学好的材料，慎思型学生的认知方式更有利于学习；但对于不太需要注意细节或应急的任务，冲动型学生的认知方式往往更有利于完成。解决问题的能力，冲动型学生并不一定低于慎思型的学生。冲动型的思考者，具有抓住总体与快速概念化相结合的特点。这里所讲的概念化方式，是指学生在对事物进行分类时采取的各种方式的总称。冲动型学生能根据事物之间的共同的关键特征进行分类。在解决简单问题时，往往慎思型学生比冲动型学生更快。

冲动一慎思型认知方式差异的起源同教养方式有联系，这对学校教育特别有意义，因为这就意味着冲动一慎思型认知方式是可以训练的。假如学校教师认为慎思对于完成某些学习任务来说是更合适的认知方式，就可以训练儿童慎思，特别是训练认知上比较冲动的儿童怎样更慎思一些。一些实验研究表明训练还是比较容易奏效的。有的训练程序只不过要求冲动型儿童在一开始要反应的时候就抑制这一反应，过一会儿再说。结果受过训练的冲动型儿童要比未受过训练的冲动型儿童在解决问题时显得相对“慎思”了，作业表现也明显好转。有的训练程序指导冲动型儿童观察慎思型儿童的行为，然后模仿之，也能取得一定的效果。正是从这个角度看，在所有的认知方式中，冲动一慎思型是最有教育意义的。

3. 整体性和系列性

这是英国心理学家戈登·帕斯克(Gordon Pask)提出来的两种对立的认知方式。他对学生怎样学习作了大量的调查研究。他要学生对一些想象出来的火星上的动物图片进行分类，并形成自己分类的原则。在学生从事完分类任务后，要学生报告他们是怎样进行这项学习任务的。结果是在学生使用的假设的类型以及建立分类系统的方式上，都表现出一些有趣的差异。有些学生把精力集中在一步一步的策略上，他们提出的假设一般来说比较简单，每个假设只包括一个属性。这种策略被称之为“系列性策略”。而另一些学生则倾向于使用比较复杂的假设，每个假设同时涉及若干属性。这种策略被称为“整体性策略”。

所谓整体型，是指个体在研究一篇学习材料时，通过使用说明性例子和类比的方法，达到对学习材料的总体把握。所谓系列型，是指个体在研究一篇学习材料时，通过连续地或相继地注意一系列材料细节，达到对学习材料各个部分的把握。采用整体型学习方式的人从整体上研究学习材料，如果阅读材料中的题目有不同的层次，他们往往比别人更快地往下读，阅读注意的范围更大。他们的信念是“整体大于部分之总和”。这好比说，即使准确地掌握许多孤立的细节，也不一定能领会总体的意思或意义，而一旦确立了总体的意思或意义，则把握细节也就不难。这样的信念表现在处理信息的行为上就往往是先根据自己的理解建构总的意义框架，建立“大图景”，把握主要意思，然后再确定细节的位置，分析细节的意义对整体意义的关系。典型的整体型学习方式的人突出地显示比“领会性学习”的特征。

采用系列型学习方式的学习者在阅读理解一篇材料时，直线地从一个题目走向下一个题目，注意力往往集中在操作性细节和程序上，步步为营地留心一连串的细节，聚沙成塔地学完整个材料。他们的信念是：既然整体是由部分连接起来的，则准确地把握部分，尤其是把握细节间承转启合的方式，就必然能够准确地把握整体意义。典型的系列型学习方式的人突出地显示出“操作性学习”的特征。

研究表明，这两种学习方式的人都可以达到同样好的理解水平。但是若过分坚持自己偏爱的学习方式就会产生弊病。过分地坚持采用整体型学习方式容易犯走马观花、浅尝辄止、轻易下结论的毛病；表现为不审查取用的例子或类比运用是否恰当、概括是否失度，仅仅根据少量证据就匆忙作出结论。过分地坚持采用系列型学习方式的人易犯缺乏远见、只见树木而不见森林的毛病；表现为不敢使用类比，不尝试建立总体图景，不善于提出自己的假设，害怕认识上的风险。

帕斯克在他对学习材料与学生习惯采取的策略匹配与否的实验中证实了整体性和系列性策略在教学上的意义。帕斯克在前面的实验中确定了哪些学生倾向于采取整体性策略，哪些学生倾向于采取系列性策略之后，他要求所有学生学习一组程序学习的材料，然后进行测验，以检验他们学到了多少内容。这组学习材料有两个版本：一个版本适合于采取整体性策略的学生，材料中有许多类推和图解；另一个版本适合于采取系列性策略的学生，是按逻辑顺序一步一步地呈现内容，不穿插任何其他类比或说明材料。帕斯克把采取整体性策略的学生分成两组：一组学习第一个版本(在匹配条件下学习)；另一组学习第二个版本(在不匹配条件下学习)。把习惯采用系列性策略的学生也分为两组：一组学习第一个版本(在不匹配条件下学习)；另一组学习第二个版本(在匹配条件下学习)。

实验结果表明，匹配组与不匹配组学生的分数几乎没有任何重叠。这说明，在匹配条件下学习的学生，都能够回答有关他们学习过的内容的绝大多数问题；而在不匹配条件下学习的学生一般都不及格。这一研究表明，教师需要为学生提供一种适合于学生自己偏好的学习方式来学习。如果教师采取与学生学习偏好相反或相差太远(这种方法可能是教师习惯采取的策略)，必然会有一些学生感到这种教学方法与自己学习方式相距甚远，而影响这些学生的学习。

4. 内倾和外倾

内倾和外倾的性格与学生学业成绩有联系吗？这也是心理学家关注的一个问题。卡尔·荣格(Carl Jung)根据长期的临床经验，认为存在着两种不同的心理类型——内倾的和外倾的，它使得人们用这两种相反的方式来看待世界。外倾者的行为主要指向外部世界的各种事件，他们的思维是受客观事物支配的；内倾者往往是根据个人的价值观和标准来评判外部事件，思维常局限于个人对事物的理解和看法。

荣格认为这两种极端的思维方式是有危害的。极端的外倾者的思维，往往因纯粹经验性事实的堆积而致使思维瘫痪，也影响对这些事实的意义的理解；极端的内倾思维则表现出另一种危险的倾向，即强迫种种事实置于它的映像的阴影之下，或完全忽视这些事实，自由地展现它奇妙的主观映像。荣格认为，每个人都具有内倾和外倾的倾向，只不过是某一种特征在个人的行为和有意识思维中占主导地位，而与此相对的那种特征处于无意识中，像阴影一样继续存在。个体选择某种特定的看法，或注重这种看法的某一方面，都部分地反映了他的个性，根据个体思维方式可判断他的内倾与外倾性格。

艾森克(H. J. Eysenck)等人对内倾与外倾的一些实验结果表明，在学术性方面，内倾明显优于外倾，因为内倾者很可能不为他们对社会活动的兴趣而分散精力，保持注意的时间更长些，长时记忆也比外倾者更强些。其他的一些研究结果也发现，内倾者在大学入学考试时比外倾者的成功率高。

正如陈琦、刘儒德教授主编的《当代教育心理学》一书中所述：“这些实验主要是在年龄大些的学生中和在某些学科领域中进行的。后来，有些心理学家发现，在小学里，外倾者成绩始终比内倾者好些，而到13岁后，这种关系就不大明显了。此外，内倾的男孩和外倾的女孩在学习上往往比较成功。”

经过上述的介绍，教师如何适应学生的学习方式呢？我们可以在总体上获得这样的认识：传统的教学理念是学生要适应教师的教学，跟上教师的教学步骤；差异教学的教育理念是，教师要尽最大可能适应学生的差异需求，也包括提供适应学生不同的学习方式的教学风格。

第十五章　心理健康

随着人们对心理健康的认识和重视，心理健康教育已逐步成为学校教育中的一项重要内容。开展学生心理健康教育，不仅对提高学生的心理素质，促进其人格健全发展有着重要意义，而且对学生整体素质的提高和发展都具有重要的作用。

第一节　心理健康概述

一、心理健康的概念

关于人的健康，传统的观念认为是身体没有生理方面的疾病。随着人类对自己心理生活认识的不断深化，健康的概念也有了新的含义，它既包含生理健康，也包括心理健康。世界卫生组织确定了健康的 10 项标准：①有充沛的精力，能从容不迫地担负日常繁重的工作；②处事乐观，态度积极，勇于承担责任；③善于休息，睡眠良好；④身体应变能力强，能适应外界环境的变化；⑤能抵抗一般性感冒和传染病；⑥体重适当，身材匀称，站立时头、肩、臂位置协调；⑦眼睛明亮，反应敏捷，眼和脸不发炎；⑧牙齿清洁，无龋齿，不疼痛……；⑨头发有光泽；⑩肌肉丰满皮肤富有弹性。1984 年，世界卫生组织还把健康定义为：身体、心理及社会适应的良好状态。可见，一个人的健康不仅是身强力壮、没有器质性疾病，还必须在心理上健康，并对社会环境有良好的适应能力。

心理健康运动是 1908 年由美国人比尔斯首先倡导的。比尔斯曾因心理失常而自杀，经过抢救后被送入精神病院治疗。在住院期间，他遭受到非人的待遇，同时也体验到社会对精神病人的歧视，于是决心为精神病人呼吁写了《一颗失而复得的心》一书，书中以生动的文笔揭露了精神病院的残酷、凶暴和精神病人的痛苦。此书出版后，得到了当时著名心理学家詹姆士和精神病学家梅旦尔的同情和支持，于是心理健康运动开始在世界各国相继展开。近年来，心理健康工作在我国日益受到重视，心理健康的观念也更加普及。

二、心理健康的标准

研究者从不同的角度出发，对心理健康提出了各自不同的观点。

具体而言，我们可以从以下 6 个方面来评价青少年学生心理健康的标准：

(一)现实地认识自我，承认自我，接受自我

这个标准是指要有正确的自我观念、并对自己采取现实主义的态度。一个人对自己的认识与自己的实际情况越相符、就越有利于适应环境，表明其心理处在正常健康的状态。心理健康的人会现实地接受自己。他能了解自己，接受自己，有自知之明，即对自己的知识、能力的水平、性格的优缺点等能作出恰当、客观的评价，自己确定的生活目标、理想较为符合实际，对个人的前途、未来充满信心，热爱生活、乐于学习。心理健康的人，常常自我知觉较为良好。能体验到自己存在的价值，能悦纳自己，对人生、未来持有乐观的态度。

(二)对现实合乎常理地认识与反应，有效地控制自己的观念与行为

所谓合乎常理地认识客观现实，是指对一些人人皆知的常识性东西不要有悖于常理。心理健康者对外界刺激的反应是合乎常理的，适度的，该大喜则大喜、该小愠则小愠。并且积极的情绪即愉快、高等情绪多于消极情绪(痛苦、不满，悲伤等)，自身经常保持一种乐观、积极、向上的心态。个体情绪的产生有引发原因，情绪反应适度，情绪体验的强度及个体反应强度与引发情境相称，能有效地控制和调节自己情绪的类别、体验的时间及强度，使其能在适当时间、场合，恰如其分地表达，既能克制约束，又能适度宣泄，不过分压抑。

(三)对挫折有承受力，具有正常的自我防御机制

个体在活动过程中遇到障碍或干扰，使其需要得不到满足，在心理学上称为“挫折”。心理健康的人遇到挫折时，会自觉或不自觉地运用一些自我防御的方法将由于需要得不到满足而产生的内心紧张消除掉，从而表现出对挫折有较好的耐受力；相反，如果有小问题、小挫折而焦虑不安，烦闷异常，或暴跳如雷，则表明其心理承

受力极低，处于不健康状态。在挫折面前，个体的活动不是缺乏主见或盲目、一意孤行的，而是有一定自觉的目的，并能随环境的变化作出适当调整。在行动或活动过程中，不是害怕困难，知难就退或半途而废，而是表现出一定的坚持性、毅力，在对自己的心理与行为的调节、控制方面有一定的自制能力。

(四)行为方式与社会角色相一致，符合常规

社会对各种角色有相应的要求和规范。个体的行为与其充当的角色的规范基本一致，则是其心理处在健康正常状态的表现。某些不良的习惯也是一种不合常规的行为模式，如咬指甲、拔头发、吮手指等。在明确的行为动机、目的的支配下，人们的行为应当表现出方向明确，思维符合逻辑，言语表述清晰，有条理，行为有条不紊，思想与行为一致，言语与行动一致。

(五)正常健康的交往

能够以正常的方式与周围的人交往，没有诸如社交恐怖症、极端的自我中心之类不正常的交往行为。人际交往是人的一种正常需求与行为，心理健康的人乐于与人交往，并通过交往形成各种良好的人际关系。在正确的交往动机驱使下，个体在集体或群体中结成的伙伴、同学、师生之间的关系较为和谐，在社会交往中也会形成良好的亲情关系、朋友关系等。正常的交往与良好人际关系的建立常常会给人带来满意感、归属感和安全感，个人常常能维持正常的生活、学习和工作，会减少或避免一些心理疾病和心身疾病。

(六)统一的人格，心理保持延续性

心理健康的人格是统一的、因此行为表现出一贯性与统一性。如果人格缺乏统一性，则行为表现出不连贯，时而这样，时而那样，变化无常甚至自相矛盾，心理学上称之为双重人格或多重人格。一个心理健康的人其个性是较为健全的。即气质、性格、能力和理想、信念、动机、兴趣、人生观等能平衡发展。人的整体精神面貌具有较为完整、和谐、协调的表现。

第二节 青少年的心理健康

一、青少年常见的心理障碍与心理疾病

青少年受到的挫折和焦虑状态过于强大，并采用不适当的防卫方式，就会出现心理障碍。

(一)意识障碍

意识障碍主要表现在对外界的意识清晰度或意识范围的障碍以及自我意识的障碍。对外界的意识障碍如昏睡状态、意识模糊、谵妄状态，意识朦胧等，表现为对环境中的复杂事物及环境与自己的关系缺乏认识。自我意识障碍表现为对自身当前的主观状态不能正确认识，包括不能感知自身的存在，不能意识到自己是独立的个体，不能把当前的“我”和过去的“我”联系起来，失去自我支配感。

(二)智力障碍

智力障碍主要表现在智能活动的不协调。例如，感知障碍，对外界刺激反应过于敏感或迟钝，知觉出现错误或幻觉等。记忆障碍，表现为记忆力衰退，遗忘症、不识症等。思维障碍主要表现在联想障碍和思维内容障碍。联想障碍通过言语和文字反映出来，常见的有思维迟缓、思维中断、思维贫乏、思维奔逸、思维破裂及思维不连贯等。思维内容障碍称为妄想，如被害妄想、嫉妒妄想、关系妄想、罪恶妄想、疑病妄想和钟情妄想等这些荒谬的观念既不能实现又不能被说服和纠正。

(三)情感障碍

情感障碍主要表现为情绪极不稳定，机体的反应与刺激强度、性质不相称，自我调节和控制能力低下，情感过程反常，无法理解。如情感抑制、情感过分高涨、焦虑、恐惧、病理性激情。还有的表现为性敏感或对异性拒绝接触或热衷于性的引诱，想入非非，不能自拔。

(四)意志障碍

意志障碍主要表现为行为受直观感知和简单动机或情感冲动所支配，缺乏行为的目的性和一致性。如意志缺乏、强迫行为、固执行为、排斥行为和运动障碍等。

(五)人格障碍

人格障碍也称病态人格或异常人格，主要指人格发展的内在不协调，人格特征的强度超出了正常范围，其情绪反应、动机和行为活动均为异常。

青少年人格发展的内在不协调，有的表现为认识能力、情绪反应和意志行为三个方面活动发展不协调，有的表现为抽象思维和形象思维之间发展不协调。例如有的学生本能、情绪和意向活动过分地畸形发展，导致理智活动发展不足，以至高级情感活动发生缺陷，因而缺乏情感活动和行为活动的调节能力，会变成一个放荡不羁、缺乏自制力、偏离正轨、低级趣味浓厚的人。由于人格内在发展的不协调，具有人格障碍的青少年常难以估价和社会环境形势对自己的要求，难以评定自己缅行为的反应方式，难以正确处理复杂的人际关系，难以对周围环境刺激作出恰如其分的反应，因而他们与周围环境之间是不协调的。

青少年常见的人格障碍类型有：

(1)偏执性人格。主要表现为固执，敏感，多疑，情感不稳定，暴躁易怒，心胸狭隘好嫉妒，自我评价过高，看问题主观片面，学习上常言过其实，失败时迁怒他人原谅自己，往往把别人友好的或善意的表示看作是敌视或蔑视自己的行为，在待人处事中显得比较死板，缺乏人情味，难与同学相处。这种人格障碍多见于男学生。

(2)爆发性人格。主要表现为情绪不稳，容易无节制地发生愤怒、仇恨和暴力行为，常因微小的精神刺激而突然爆发出非常强烈的愤怒和冲动，甚至会出现十分暴力的攻击性行为，自己几乎不能控制。

(3)强迫性人格。表现为时常有个人的不安全感和不完善感，因而焦虑、紧张、过分地自我克制，过分地自我关注。他们事事追求完美但又缺乏自信；做事刻板固执、墨守成规，缺乏随机应变能力；处事谨小慎微、优柔寡断，常常顾虑小事而忽略大事。具有强迫性人格的青少年易产生强迫性症状和焦虑忧郁反应。

(4)分裂性人格。表现为退缩、孤独、胆怯、沉默和怪癖、不爱社交，不关心别人对他的批评、赞扬，缺少知己，几乎没有朋友，经常沉湎于幻想之中，缺乏进取心，回避竞争性处境，对事对人采取漠不关心的态度。他们很难表现出敌对情绪，很难适应需要交际往来的环境。

(5)癔病性人格。表现为人格发展不成熟，情绪不稳定且很浮夸，常常用戏剧性行为寻求刺激和注意。他们既自负又自我中心，有很强的受暗示性相依赖性，富于幻想，常把想象当做现实，好炫耀自己，喜欢成为大家注意的中心。他们在人际关系上对别人的要求也很过分。具有这种人格的青少年在应激状态下易发生癔病症状。

(6)依赖性人格。表现为幼稚驯顺，常常怀疑自己可能被别人拒绝，他们在任何方面都很少表现出积极性，常需要依靠一些坚强、有主见的人为他们作出各种决定。在某些情况下，他们甚至改变自己的信仰去适应一种支配人格。

(7)衰弱性人格。表现为能力低下，缺乏主动精神，被动地服从别人的愿望。他们常感到精力不足，易疲劳，情绪易波动，缺乏生活乐趣，常为小事而伤感。具有这种人格障碍的学生易发生神经衰弱和焦虑性神经症。

(8)无情性人格。表现为对人不真诚、不坦率、不可信赖、不肯尽社会义务，是极端的利己主义者。他们冷酷无情，容易冲动，行为受偶然动机驱使，还常常与社会、周围环境发生冲突，做出触犯法纪的事情，而且在受到批评和惩罚后，并无悔恨羞惭之意，不能从生活中吸取教训，对挫折的耐受力很差，往往推诿于别人而为自己开脱。

(六)歇斯底里

歇斯底里又叫癔病，发病时，最为常见的精神症状是自我意识和情感失调，患者意识朦胧，心理活动范围缩小，常常产生把想象当真实的“仿真”现象。有的呈现昏睡状态，对外界刺激反应迟钝，有的情感失调，强烈而不稳定，一不如意，就大喊大叫，嚎啕大哭或狂笑不止，还有些病人可出现梦游症。发病时的机体症状表现为运动机能失调，肢体震颤，肌肉痉挛、抽搐，言语障碍，重者四肢瘫痪。

歇斯底里的引起主要由于受刺激或不良暗示，如遭受惊恐、侮辱、委曲，或要求过高不能达到以及父母离异与亲属死亡等。此病与性格有直接关系，患癔病的学生有如下性格特征：①情绪强度高且易变，情绪反应过于强烈，经常带有夸张的色彩，情绪不稳定，常常感情用事。②暗示感受性高，容易受别人的影响，也容易受自我暗示的影响。③高度的自我显示性，喜欢夸耀自己，愿意成为人们注意的中心。④心胸狭窄，任性。

(七)精神分裂症

精神分裂症是一种严重的心理变态，主要表现为精神活动的“分裂”，即认识过程，情感过程、意志过程和个性特征等诸方面统一性的失调。病人联想散漫，情感淡漠，言行怪异，脱离现实。

精神分裂症最早发病年龄在16岁左右。根据病情的发展可分为早期、发展期和晚期。早期以性格逐渐改变为特征，病人日益孤僻、懒散、精神萎靡不振，学习能力降低，对什么事情都不感兴趣，对同学、老师态度冷淡，消沉、语少，经常追问一些无意义的问题，并附带有头昏、头痛、睡不好觉、记忆力下降、心情烦躁、疑心等症状。以后，随着病情的发展，会出现知觉障碍、思维障碍、神态怪异、动作受幻想支配等症状。

精神分裂症的临床症状可分为单纯型和青春型两种类型。单纯型精神分裂症多发生在青少年期，患者多数是性格孤僻、不喜欢交往、遇事退缩的学生。早期有失眠、头昏、头痛、注意涣散、全身不适、精神萎靡等症状。随后个性逐渐改变、孤僻、懒散，不与人来往，不关心个人卫生，不修边幅，对任何事物皆不感兴趣，对生活没有理想和追求，不愿上课，学习成绩下降，能力减低，对人冷淡，不负责任，对别人的批评和规劝毫不介意。

青春型精神分裂症多发生在 20 岁以下的青春期，病前性格乖戾，情绪波动大，敏感而多疑，富于幻想，起病急骤，发展快。发病期间思维紊乱，词句不连贯，很难与人交谈，情感波动极大，变化无常，性色彩明显，时而大哭大闹，时而又突然止哭大笑，意志努力表现极差，行动幼稚愚蠢，动作无意义，幻觉丰富多变，荒谬而不固定。

二、学校心理健康教育的意义及途径

(一)学校心理健康教育的意义

心理健康教育广义地说，就是通过开展维护和增进人的心理健康的教育活动，帮助和鼓励人们树立增进心理健康的愿望，知道如何达到这样的目的，从而采取有益于健康的行为，并学会在必要时如何寻求适当的帮助，以达到保护和增进心理健康的目的。

作为学校中的心理健康教育，则是指教育者遵循一定的心理健康要求，通过对所有学生的心理卫生知识和技能的教育，培养学生良好的心理品质与健全的个性，增强其面对未来可能受到心理冲击的适应力，促进其心理健康发展的过程。详言之，就是认知、情绪、意志、个性、人际关系等各心理内容教育的有机结合。它是以开发学生身心潜能，完善和提高新一代合格公民应具有的心理素质为目的的教育。

心理健康教育和心理卫生都是旨在维护和增进人们心理健康的实践活动。但心理健康教育更着重心理卫生的积极意义方面，即更关注如何塑造健全人格，提高社会适应力，充分发挥人的潜能和创造性，提高人的心理健康水平。而且心理健康教育是以面向全体学生的发展性目标为主，旨在提高全体学生的心理素质。虽然也不排斥对存在心理问题的人进行必要的辅导和咨询，但这不是其主要的活动内容。也就是说，学校完整的心理健康教育运动系统虽然是应该既包括心理教育也包括心理咨询，但学校的教育特点决定了它应以教育为主。如果单靠心理咨询，使学校心理健康教育“咨询化”。就违背了学校教育的性质，也不适应当前我国学校的实际情况。

心理健康教育是一项非常艰巨、复杂的实践活动。在人的社会生活环境中。影响心理健康的因素很多，又因心理的内在性，其健康与不健康的表现不是那么容易判断。心理健康的维护、预防和治疗工作都有一些特殊的困难。心理健康教育也有别于学校其他教育活动，有其自身的特殊性。心理健康教育是帮助学生成长发展的自我教育活动。它主要不是依靠教育者的说教和社会规范的灌输，而是通过教育者与学生积极的人际互动、引导他们自觉主动地参与，经自我体验、自我实践，树立起自尊、自信，从而达到自助。

心理素质的内在性，也决定了心理健康教育过程中必须充分重视学生的主体地位，发挥自身的调节作用。学生是心理素质的负荷者，是自身发展变化的内因。教育工作者如不能激发起学生的内部因素，使之产生一种主动性和积极性，使教育过程成为学生主体性的自觉展开过程，心理健康教育则难以收到实效。

(二)学校心理健康教育的途径

心理健康教育不能像知识教育那样主要通过教师的传授来完成，它需要渗透到学生日常生活的各个方面，通过多种方式进行。上海市普教研究所的吴增强总结了近十年来学校开展心理健康教育的经验，提出了学校心理辅导的三种主要形式，实际上也是学校心理健康教育的三种途径，即心理辅导课程、教育教学渗透、心理咨询。

1. 心理辅导课程

心理辅导课程即指促进学生心理健康发展的系列专题活动。包括心理知识讲座、心理训练、专题辨析、情境设计、角色扮演、游戏辅导等等。它以一定的心理学理论与技术为指导，以活动为中介，以个体经验为载体，使学生获得学习、生活的技能，增强社会适应的能力。教师在辅导课程中，不仅使学生掌握有关的心理卫生知识和技能，树立学生心理健康的意识。更重要的是创设一种情境、气氛，为学生的人格发展及其自律性提供经验。

心理辅导课程实际上也是一种集体辅导的综合形式，它通过小组活动的设计，把个体的动机需求与团体目标结合起来，依靠团体的内聚力．借助团体的动力，使成员对团体内部所建立起来的一定规范和价值产生遵从，使团体行为有力地影响个体行为，并促进个体逐步达到自我认识、自我成长。

2. 教育教学渗透

心理健康教育具有长期性和广泛性，不限于心理辅导活动课程，而是应该渗透到学校的一切教育教学活动中，可以说，学校的一切工作都应当包含着深刻的心理健康教育的意义。教学工作是学校教育工作的中心环节，心理健康教育不能脱离学校的中心工作一味地孤立进行，应寓于有关学科的教学中。担任各学科教学的教师在向学生传授知识的同时，都可以通过自己的教学对学生进行心理教育，渗透心理健康教育的目标、内容和方法。何况学生的各种心理品质也是在学习过程中表现出来并得到发展的。教师应该通过课堂气氛的营造、学习策略的训练、学习动机的激发、学习行为的指导、学习习惯的培养等方面有意识、有目的地进行心理教育。

3．心理咨询

按咨询的对象，心理咨询分为个别咨询和团体咨询。个别咨询指咨询者和咨询对象一对一的咨询关系，它具有针对性强、双方沟通多、容易建立良好的关系等特点。个别咨询的基本要点是咨询者与咨询对象必须建立一种平等的信任关系，以利于咨询对象自己发现问题、解决问题。

个别咨询的程序一般包括鉴别、诊断、干预这三个环节。①了解鉴别。即指发现和鉴别学生的心理问题，并决定哪些心理问题可以在学校里解决，哪些心理问题需要转介到专门的心理咨询机构去解决。②诊断分析。即指对学生心理问题的特征、性质和原因作出诊断和分析。③教育干预。找到学生心理问题的病症和原因后，下一步就是通过教育干预矫治学生的心理与行为问题。

团体咨询是指一个或一个以上的咨询者同时对多个咨询对象进行咨询的方式。其特点是咨询面广、效率高，团体内部成员可以互相交流意见和感情，利用团体成员的相互影响、启发和帮助以及良好的心理暗示效应，使学生认识、领悟自己的问题，进而改变自己的态度与行为。但是团体咨询方式有时难以兼顾每个人的特殊需求，尽管团体咨询的对象是具有同类心理困扰的学生，但各个学生的心理及问题的原因难免有所不同。所以，团体咨询往往辅以个别咨询。

第十六章　教师心理

教师，是教育系统中知识经验的所有者和传授者。其职能在于把人类社会所积累的经验知识传授给教育系统中的接受者—学生，从而使他们获得一定的知识、技能和行为规范，形成一定的心理结构。

教师心理，是教育心理学的一个组成部分。主要研究教育、教学过程中的教师心理活动特点及其规律。它的内容包括教师的心理特征、角色心理和心理品质，教师的自我定向作用，教师在课堂行政管理中的作用，教师的学生观，教师的职责、威信，教师的教育指导态度与教师类型、教师的身心健康与心理卫生等。

第一节　教师的心理特征

一、教师的心理素质

教师应有既能使学生也能使自己充分享受人类文明与幸福的一系列的良好心理素质。

(一)认知敏锐深邃

教师要把学生教得聪明起来，自己必须具备良好的认知—智能素质。如观察具有敏锐性和准确性，想象具有丰富性和新颖性，记忆具有迅速性和持久性，思维具有深刻性、批判性和独创性；能极为敏锐地捕捉信息，善于甄别、处理信息，能见微知著，由已知推及未知；特别是具有科学的头脑，相信事实、尊重规律，敢于据理质疑，追问“为什么”，既不盲目相信，也不无端怀疑；对现实要善于理性分析，能迅速而准确地分辨真与假、美与丑、善与恶。

(二)自我意识健全

自我意识就是对自己的存在和身心活动的觉察，即自己认识自己的一切，包括认识自己的生理状况、心理特点、自己与他人的关系以及由此而产生的对自己的情感和言行的控制。良好的自我意识是当好一名教师的必要条件。自我意识健全主要表现在以下四个方面。

一是自知。有正确的自我观念，能客观地评价自己，特别是在任何时候都能看到自己“比上不足，比下有余”之处，既不狂妄自大，也不妄自菲薄。

二是自尊。不卑不亢，维护自己的人格尊严，绝不因种种诱惑而忘乎所以，甚至任人摆布；同时平易近人，而不盛气凌人。

三是自信。相信自己有存在的价值，相信可以实现自身的价值，并积极为实现自身的价值而自我选择、自我奋斗，具有奋力拼搏，敢于取胜的心态。传统观念不讲自我实现，认为自我实现就是逞能，就是骄傲。

四是自律。能节制自己的欲望，规范自己的言行，使之符合社会要求，符合“身教”的需要。严明的自律意识，包括纪律意识、政策意识、道德意识和法律意识。无论何时、何处，都以此作为自己言行的调节器。自律意识强还表现为善于自我监督、自我反省、自我评价和自我纠正。

（三）情绪积极乐观

一是有丰富而健康的情绪，对本职工作充满热忱，对追求未来抱有必胜的乐观精神；对人的积极情绪（友爱、信任、尊重）多于消极情绪（轻蔑、怀疑、憎恶），乐于与人交往，有知心朋友，人际关系和谐，热爱工作对象。表情总是和颜悦色、面带微笑。教师的微笑值得赞美，它是美丽的衣裳、心灵的彩霞，蕴涵着无限的魅力，可使强硬变得温柔，可使困难变得容易。

二是善于排除各种有损个人身心健康、有损人际关系的消极情绪，如烦恼、焦虑等，善于苦中求乐。

三是能控制自己情绪的速度、强度和表情方式，善于随时间、场合的不同而灵活变通。教师也有悲伤、苦恼、忧愁的时候，但千万不要在课堂上显露出来，也最好不在学生面前表现出来。

（四）性格豁达开朗

性格是表现在对现实的稳定态度和习惯化的行为方式方面的心理特征。包含的内容十分丰富。豁达开朗是健全性格的一种标志，表现为胸怀开阔、度量宽宏、心地坦诚，能体谅和理解别人，常以“将心比心”的态度，把自己放到对方的位置着想。学生最喜欢这种性格的老师。

性格具有相对完整统一的特征，各个要素不存在明显的偏差，表里如一，言行一致。没有思想、言语、行为脱节或彼此矛盾、变化无常的现象。

（五）意志坚忍不拔

教师的行为要有很强的自觉性、果断性，当行则行，当止则止，而不优柔寡断或者轻率、鲁莽；对复杂的、需要长期进行的工作能坚持不懈，绝不半途而废；在困难面前，能采取积极的反应予以克服. 坚持实现既定的合理目标。

二、教师的情感特征

教师独特的情感，主要表现在对教育事业的热爱，对学生的热爱，对所教学科的热爱及教师的道德感。其中热爱学生则是教师情感生活的核心。刘兆吉等对 120 名优秀教师、模范班主任的优秀事迹材料进行了分析，从中发现所统计的中、小学和幼儿园 4 名优秀教师和中、小学 46 名模范班主任 100%“对学生有深厚的情感”。

教师爱的作用的心理机制：不少古今中外的教育家用自己爱生的行动为后人留下了师德风范，反复证明：爱学生是教育学生的起点和基础，没有爱就没有教育。这一成功的教育经验的心理机制是什么？教师的爱就是学生的需要，而且是学生动力性需要，即是认知心理学成就动机理论中的附属内驱力。对年幼的儿童来说，附属内驱力往往还是主导性的动机，对各个年龄阶段的学生也都是学习动机之一。据袁三立、王灿明对 4800 名初中学生进行关于“初中生对教师人格特质期望”的研究发现，在初中学生期望的理想教师 121 项人格特征中，优势选择的十项教师人格特征依次为：①不偏爱优生；②能听取学生意见，知错就改；③关心学生，理解学生的心情；④工作负责；⑤不歧视学生；⑥上课教学有方；⑦布置作业适量，批改及时认真；⑧和蔼可亲，平易近人；⑨知识渊博，兴趣广泛；⑩耐心辅导，诲人不倦。十项之中①、②、③、⑤、⑧、⑩六项都是教师的爱。学生期望得到这种爱，用行动来赢得这种基本需要的满足，这是一般学生的心理特点，如果教师把学生这种期望转化成教师对学生的良好期望，就会出现皮戈马利翁效应。这已为美国心理学家罗森塔尔(1968)著名实验所证实。

教师爱学生，转换成学生爱教师，因而导致学生爱教师所任教学科知识的学习，在教育心理研究中已得到证明。南京师范学院曾就“学生对教师的态度与学习兴趣、成绩的关系”问题对小学生和中学生进行了调查，调查结果如下。

表 16-1 被学生选作喜欢的教师所教的学科与被学生选作兴趣的学科的关系：

	人次	比例
一致的	177	69.69%
不一致的	77	30.31%

表 16-2 被学生选作不喜欢的教师所教的学科与被学生选作兴趣的学科的关系：

	人次	比例
一致的	159	71.3%
不一致的	64	28.7%

在教学中“爱屋及乌”现象的心理机制仍然是心理定势的作用。学生产生了对教师的积极的态度倾向可迁移到对教师所任教学科的学习兴趣，从而提高对该学科的学习的成绩。对此，心理学称之为“晕轮效应”。

教师对学生的爱还是一种示范，是教师为使儿童身心健康发展建立起的一种良好气氛和环境。苏霍姆林斯基说：“如果孩子在冷漠无情的环境长大，他就会变成对善与美无动于衷的人。”教师爱的道德示范作用巨大的心理机制，一则是符合情感心理学“培养情感要通过情感”的规律，再则也符合儿童“爱模仿”的年龄特征。

以上对爱的教育的心理机制的揭示，目的就是更将人们千百年来积累的爱的教育的经验，提到规律的高度，自觉地对学生进行爱的教育。

据研究认为，真正的师爱的内容应包括：①深入了解学生，特别要发现后进生身上的“闪光点”。②要真心实意地关爱学生。③充分尊重、信任学生。④严格要求学生。⑤爱的自觉性。这种爱有着明确的目的性，那就是要把青少年塑造成具有共产主义理想和道德品质、具有高度文化科学知识的新一代。⑥爱的原则性。要坚持不懈地要求学生沿着教育方针规定的方向发展。⑦爱的普遍性，对学生一视同仁。⑧爱的恒常性。

第二节 教师的能力

一、教师的能力特征

教师的职业要求使教师形成独特的能力特征。

(一)教师的能力结构

我国教育心理学研究一般认为，教师的能力主要包括：①全面掌握和善于组织运用教材的能力；②善于口语和书面的表达能力；③善于了解学生个性心理特征和学习情况的能力；④敏感、迅速而准确的判断能力；⑤善于组织领导课外活动的能力；⑥善于独立思考和创造性地解决问题的能力；⑦善于估计教学效果的想象力；⑧善于进行政治思想教育的能力。

(二)西方心理学家对教师能力的研究

邵瑞珍主编的《教育心理学》较全面地介绍了西方教育心理学对教师能力的实验研究。

1. 教师的智能

粗一看，教师的一般智力水平似乎同教学的成功有高相关，但事实表明，教学的有效性，如果从学生在学习成绩上的进步，从校长和监督人员的评定来看，同教师的智力水平仅只有微小的相关，其原因，一是由于教师主要来自智力分布上端25%的这部分人中间，因而智力与教学成效应有的相关大为减小；二是智力在对教学成效的影响中，多半只是作为一个有限的因素而起作用的。最低限度的智力水平显然是有效教学必不可少的，笨人当不好教师，这是不言而喻的。但是，超过了某一临界点以后，教师的智力水平与学生学习的结果没有重大的关系，而其他一些认知因素，却是影响教学成功与否的更重要的原因了。所罗门等人1964年的研究表明，学生的知识学习同教师表述的清晰度有显著的相关，这可能是由于在教学中最初呈现观念和随后提供的有效反馈，都有赖于教师表述的清晰性和流畅性。希勒等人1971年的研究也指出，教师讲解得含糊不清与学生的学习成绩呈负相关，与这些研究所揭示的事实相一致的其他研究，如诺尔1953年同样发现，教师思维的流畅性与他们教学效果的等级有显著的相关。

2. 教师的学科知识

教师表述的清晰性以及为学生提供适当的反馈以澄清含糊与清除误解，在很大的程度上取决于他对自己所教的这一学科知识是否真正掌握。可是，目前的一些研究尚未做到按下述的一些方面，如理解力，稳定性，概念的清晰与精确性，该学科领域各部分关系的整合性，对重大理论问题与基本哲学假设的了解以及对方法论问题的鉴别力等等，来适当地测量教师对教材的掌握。因此，尽管我们有理由认为这些方面会影响学生掌握教材，并影响学生对该门学科的一般兴趣和智慧上的激励，但其重要意义系迄今还了解得不够，不能作出完全肯定的判断。显然，在测量教师认知变量上存在困难，在测量学生相应的学习结果方面也同样存在困难，因而在师生对教材掌握方面的研究，比较流于形式、内容肤浅。

3. 教师在学术方面的准备

一般说来，教师在学术方面的准备程度和品质(按他学习时的年级平均成绩分数、主要科目的学习量与成绩测验而定)，同学生学习的好坏以及同监督人员对成功教学的评价，只有低的正相关。从理论上来说，教师的学术准备同成功教学没有较高的相关似乎不太可能，但是经验证实了这种低相关。我们认为，这可能在某种程度上反映了对师生掌握教材测量上的表面性和低效应，也可能反映了学术上准备状态同智力一样，只有当它低于某一关键值时，才会影响教学的有效性。

4. 教师的其他一些能力或知识

如果教师在组织学习活动和控制学习变量中能表现出较好的技能、想象力和敏感性的话，就会促进学生获得优良的学习结果，这是合乎情理的。教师的这种能力对学生的学习既有如此的作用，那么，理应看作是教学专业能力的一个指标。斯波尔丁 1963 年的报告说，教师的条理性与学生的阅读成绩呈正相关。科根 1958 年的报道也认为，教师安排学习活动有条理、有组织，学生的学习收获就较大。在小学阶段教师的这些特征对学生学习结果的影响，尤为明显。

了解儿童的发展。学习以及动机等影响学习诸变量的原理，有助于教师对教学的全面安排，并使教学适应学生的个别差异。因此，教师在这方面的知识也应当同学习的结果有关。有人发现，教师对儿童的发展与所学知识的了解程度，同学生学习代数与几何的成绩有明显的相关。此外，费塔 1963 年发现，善于诊断学生学习上的困难，并善于鉴别某种教材对获得某种学习结果的教师，要比这方面不擅长的教师，更能成功地提高学生的成绩。最后，使思想的交流适合学生智慧的成熟水平，适合他们在学科方面所达到的复杂程度，也是教师教学有效性的一个重要特征。特别是在小学和较低的教学水平的情况下，这种能力同学生获得清晰、稳定、明确的意义，会有显著的相关。

在教师的能力直接关系到学生学习成效方面，有待我们借鉴国外的研究，不断深化我们自己的研究。

二、教师的教育能力

(一)了解学生的能力

教育的对象是学生，作为教师，应具备了解自己所教学生的能力，这样才能因材施教、对症下药。

了解学生的能力，与以下两个心理因素有关，一是教师的观察力；二是教师的注意分配能力。首先，教师要具有了解学生个性和学习情况的敏锐而精细的观察力，既能找出某类学生共同具有的典型特点，又能发现每个学生的个性特点；既能从学生的听课、提问、回答问题中发现他们掌握了哪些知识，又能从学生的作业、考试中找出他们学习上的薄弱环节。其次，教师要善于分配自己的注意力，以了解学生的反应。在课堂教学中，教师除了将主要精力放在授课上外，还要随时注意学生的听课情况，从学生的眼神、表情、动作等方面发现他们难以理解的地方，及时调整教学，并用眼神或声调去提醒那些思想开小差的学生。

(二)处理教材的能力

教师要有分析教材、处理教材的能力。教师要善于将新的教学内容和学生已有的知识经验紧密结合起来，新旧知识联系越密切，学生就越感兴趣，越容易接受、保持和运用。教材的呈现顺序要遵循渐进分化和综合贯通两个教学原则。

1. 备课

备课是教师教学活动的一个重要组成部分，是上课的前提和重要保证。教师要上好课，首先必须备好课。

(1)备课的种类

备课是一项深入细致的工作。备课分为学期备课、单元备课、课时备课、课前备课和课后备课五种类型。

学期备课和单元备课是为课时备课打基础的。这个基础打不好，课时备课就会割断教材体系的联系，顾此失彼，手忙脚乱。如果只靠学期备课，单元备课，而不认真进行课时备课，也会前功尽弃，上不好课。课后备课是对教师依据课时备课(教案)进行课堂教学的效果的分析和评估。对于下一次的课时备课有重要的意义。因此，这几种备课都不可忽视。

(2)备课的要求

①熟悉课程标准和教材，掌握教学内容

课程标准是国家制定的指导教学工作的重要文件。它具体确定了学科的性质、教学目的、任务、内容范围和各年级教学要求以及总的教学基本原则、方法等。为此，每个教师必须认真理解和领会课程标准，以此为准绳，安排教学，组织教学活动。否则，教师的教学活动就是盲目的，杂乱而又孤立的，传授给学生的知识也就会缺乏系统性，没有连贯性。

②掌握教学目的要求和重点

课程标准中对每一学科、每一册教材都规定了明确的教学目的要求，教师必须牢牢地把握。备课的过程中，在接触每一节教学内容时，必须根据课程标准中总的目的要求，确立本节课的教学目的要求。如果一节课没有正确的教学目的要求，这节课的教学活动就失去了方向，失去了灵魂。

③了解学生

备课，在吃透教材的基础上，必须考虑学生的实际，教是为了学，所以，教师的备课应当在怎样引导学生理解内容，掌握知识，提高能力上下工夫。要想实现这一目的，备课就必须从学生实际出发。

④研究和恰当选择教学方法

教学工作和其他任何工作一样，要顺利地完成任务，必须讲究方法。教师如何教和学生如何学是密不可分的。在教学活动中，教师起主导作用，学生如何学，在很大程度上取决于教师如何教和教师如何指导学生学。实践证明，教学方法对教学质量具有重要意义。教学效果好坏，学生的知识、技能的质量高低，往往是和教师采用的教学方法恰当与否密切相关的。

⑤编写教案，掌握教案，熟悉教具

教案是教师进行教学的脚本，是教学的建筑图样。教案和教材有很大不同，教案里包括教材里的部分内容，还要包括教材里没有的内容。教案里包括教学目的要求、教学补充内容、教学组织过程和教学方法等，而这些都是教材里没有的。教案不仅要指明教什么，还要指明为什么教，怎样教。教案起备忘录作用，它可以作为检查教学的依据，也可以总结教学经验和为教学研究提供材料。

2. 说课

(1)说课的涵义

狭义地说课，就是教师以教育教学理论和教材为依据，向同行、专家或领导有准备地就某一节课来分析教材的地位、作用和学生现有的认知基础，阐述教学目标，选择恰当的教学方法和学习指导方法，讲解教学方案的设计思路的一种教学研究和交流的形式。它既可以是课前对教学方案的阐述和讲解，也可以是课后对教学设计的介绍与分析。

广义地说课有备、说、评、验四个环节。首先，说课人按照说课的内容和要求准备好说课稿。其次就是“说”，教者在一定范围内，或备课组、或教研组、或年级组、或全校教师以及评课组、教学检查组等进行说课。再次是“评”，大家畅所欲言，对说课人的观点、思路、方法进行评议讨论。最后是“验”，用课堂教学实践来检验“说课”。再好的想法，再好的设计，再好的理论，只有用于实践，指导实践才是最可宝贵的。

(2)说课的要求

①说教材

教材是学生学习的对象和内容，是实施课堂教学的最基本的依据，是教与学之根本。说课质量的高低，取决于对教材分析的深度和广度。说教材应着重以下几个方面：

教材的地位与作用。主要介绍这段教学内容是在学生学了哪部分知识基础上进行的；是前面所学的哪些知识的应用，又是后面学习哪些知识的基础；它在整个知识系统中所处的地位；它在学生的知识、能力方面有哪些重要作用，对将来的学习还会有什么影响等。

教学目标是教学设计时确定的该课教学所要达到的目标，它对课堂一切教学活动起到宏观的调控作用，也是对课堂教学评价的重要依据。说教学目标首先展示本课的教学目标，展示时注意目标的完整性、即目标要包括知识要求、智能训练和思想教育三个方面，然后阐述确定目标的依据。

教材重点是教师认为教学中需要着力讲解或讨论的部分。其确定的依据要从教材内容、教学目标、学生的基础和年龄等方面来说明。教学难点的依据，要从造成学生难懂的原因来说明。学生难懂得原因，一种是教材内容较深或概念比较抽象；一种是学生缺乏这方面的感性认识或基础知识。

教材处理是指教学过程中，教师对教学内容(包括知识、技能、方法、观点等)，由书面文字形式加工、转化为课堂教学“导”的形式的创造性行为。说教材处理应说教材内容的取舍和重点的选择，说出如何依据教学目的的要求，教材特点和学生实际，确定哪些内容应总结概括，哪些内容需解释发挥，哪里需详讲，哪里需略讲以及这样处理的理由等。

②说教法

恰当的教学设计，利于教学内容的传授，利于学生对知识内容的理解和掌握，可以引起学生积极思维，提高分析问题和解决问题的能力，较好地完成教学任务。

说教法包括：介绍所选用的教法；说明课时安排；说明为突破重点和难点内容所选用的方法和理论依据；说明所使用的演示实验；说明习题的选用原则和训练的方法；说明调动优生思维积极性和激发潜能生学习兴趣的具体方法；其他辅助教学手段的使用和作用。

教师说“教法”，不仅要说选择哪些教法，还要说清选择的理由和原则。教学方法是保证完成教学任务，达到预期的目标的决定性因素。因此，要根据本节课的教学内容、教学目标、学生实际来选用教学方法。对所选的教学方法，教师事先要反复钻研分析，优点在哪里，缺点在哪里，还应结合具体的教学重难点进行阐述。

说教法这一环节的关键在于教师对教材特点和学生认知特点的把握，不论选用什么样的教学方法，都要贯彻启发式的教学原则，实现课堂教学的最优化。

③说学法

说学法包括说出如何让学生理解本节课的学习过程？结合教学内容说出通过什么方式，培养学生哪些学习习惯和学习方法？说出通过哪些途径，培养学生哪些能力？说出如何调动优生的积极思维和激发潜能生的学习兴趣，最终实现教是为了不教，学是为了会学的目的。

学法指导是重要的教学内容，在教学中，学生对于知识的获得和学法的掌握应该是同步的，做到学会某种知识的同时，掌握学习这类知识的学习方法。现代教育教学理论已从重教法转向重学法的研究，也就是要求教师不仅要对学生授之以鱼，更要授之以“渔”，变教学生“学会”为“会学”。

学法是指学生学习知识、掌握知识的方法和途径。正确的学习方法应该具有科学性、目的性、程序性、功效性、实践性和独立性这六个相互联系的基本特征。学生的学习方法必须包括：学习的准备状态(动机、态度、意志、性格)，学习原则(由浅入深、循序渐进、手脑并用、读思结合)，学习规律(感知、理解、巩固、应用)，学习过程(预习、听讲、复习、应用)和学习技能(观察、阅读、笔记、训练)。

学法改革的核心是充分发挥学生的主体性，主体性发挥得愈充分，学法愈主动、愈灵活，创造性就愈强，学习效果也就愈佳。而学生掌握学法必须具备以下能力：掌握独立探求新知的方法，获得不断深造的能力；具有与集体合作的品质，学会认真听取别人的意见，与他人合作解决问题的能力；具备自如表达思想的能力。这些正是说课时教师所反映出来的学法指导水平。

④说教学程序

说教学程序包括说出本节课的课堂结构和教学环节；说出学生的活动安排和调控；说出本节课的板书设计意图；说出本节课的课堂练习及练习意图；说出课后作业的布置和练习意图；预计教学中可能遇到的问题及对策。

说教学程序是说课的重点。说教学程序要注意两点，一是结构清晰，衔接紧密，过渡自然，让人听后对整节课的脉络很清晰；二是要抓住重点部分，切忌繁杂和琐碎。

教学过程是教师传授知识的过程，也是学生完成认知的过程。说课中的说程序，并不是像教案那样只详细说明教学的具体过程，而是说出的对教案中几个主要过程安排的理论依据和组织者对它的理解，从而使备课建立在严密的理论基础之上。学生能否积极地参与课堂教学活动在很大程度上与教学过程有关，更与执教者对教学过程的理解有关，只有教师真正理解了教学过程，才有可能通过教学过程来有效地实施教学内容，在课堂上挥洒自如，达到教学目标，完成教学任务，也才有可能根据教学内容来精心安排设计好教学程序，优化教学过程。

（三）教学监控能力

1. 什么是教学监控能力

教学监控能力是指教师为了保证教学的成功、达到预期的教学目标，而在教学的全过程中，将教学活动本身作为意识的对象，不断地对其进行积极主动的计划、检查、评价、反馈、控制和调节的能力。

2. 教学监控能力的构成要素

可以从不同方面分析教学监控能力的构成要素。

(1)根据教学监控的对象来划分教学监控能力

根据教学监控的对象，可以把教学监控能力分为自我指向型和任务指向型两类。所谓自我指向型的教学监控能力主要是指教师对自己的教学观念、教学兴趣、动机水平、情绪状态等心理操作因素进行调控的能力；而任务指向型的教学监控能力主要是指对教学目标、教学任务、教学材料、教学方法等任务操作因素进行调控的能力。这两类教学监控能力之间是相互联系、相互影响的。例如，自我指向的教学监控能力不仅直接影响教师教学的积极性水平、努力程度以及对教学效果的情绪反应，而且也间接地影响着教师教学计划的制订、教学材料的使用、教学方法的选取以及教学效果的评价和补救等。相反，任务指向型的教学监控能力不仅直接作用于教师教学的具体过程，而且它对教师的教学观念、教学积极性等也存在间接的影响，进而影响到教师的自我指向型教学监控能力。

(2)根据教学监控作用的范围来划分教学监控能力

根据教学监控作用的范围，可以把教学监控能力分为一般型和特殊型两类。一般型的教学监控能力是指教师对自己作为教学者这种特定角色的一般性的知觉、体验和调控能力，它是建立在教师所具备的有关教学的必要知识、技能和方法的基础上的，是一种超越具体教学活动、具有广泛概括性的整体性的知觉、体验和调节能力；而特殊型的教学监控能力是指教师对自己教学过程中的各个具体环节进行反馈和调控的能力。它决定教师在具体教学活动中的自我调节和控制的行为。

(3)根据教学监控的过程来划分教学监控能力

根据教学监控的过程，可以把教师的教学监控能力分为三个有机联系的部分：自我检查、自我校正和自我强化。所谓自我检查是指教师对自己教学活动进行有意识、自觉的检查、审视和评价的过程，它是教师对自己教学活动的一种敏感反应，是教师对自己的教学活动进行有意识监控的开始阶段；自我校正是指教师在自我检查的基础上对自己教学活动中存在的问题所进行的主动的改进、纠正和调节的过程，它是教师教学监控能力的外在体现；自我强化是自我校正过程的延续，在这个过程中，教师主动地寻找自我强化的方式和手段，以期巩固自己已经出现的好的教学行为，防止原有问题的重新出现，这是教师教学监控过程一个环节的结束。值得注意的是，教师的教学监控过程是一个螺旋式发展的过程，在这种发展中，教师的教学监控能力得到不断提高，教学效果会越来越好。

(4)根据教学过程不同阶段的表现形式来划分教学监控能力

根据教学监控在教学过程不同阶段的表现形式，可以把教学监控能力分为如下4个方面：①课前的计划与准备性。即在课堂教学之前，明确所教课程的内容、学生的兴趣和需要、学生的发展水平、教学目标、教学任务以及教学方法与教学手段，并预测教学中可能出现的问题和可能的教学效果，这是教师进行教学监控的前提；②课堂的评价与反馈性。指教师对于课堂的状况、学生的反应的敏感性与批判性，或者说是教师对课堂教学过程中的问题性的敏感程度以及对所发现问题的解释与分析。可以说评价和反馈性是教师教学监控能力的基础，教师的教学监控过程都是从他对教学活动的反思、评价与反馈开始的；③课堂的控制与调节性。如果说评价与反馈性是教师教学监控能力的基础的话，那么课堂的控制与调节性则是教学监控能力的目的。教学监控能力的根本作用就在于使教师能够有意识地、自觉地对自己的教学活动进行调节和修正，使之达到最佳效果，最大限度地促进学生能力的发展；④课后的反省性。在一堂课或一个阶段的课上完以后，教学监控能力高的教师会对自己已经上完的课的情况进行回顾和评价；教学监控能力差的教师一般就不认真考虑这些问题。

第十七章　课堂管理心理

教师要顺利完成各个教学环节的任务，必须自始至终对课堂进行有效的管理。有效的课堂管理主要具备两个功能：一是促进功能，二是维持功能。

第一节　课堂管理概述

一、课堂管理的概念

15 世纪以前，学校采用的是个别教学形式，即教师分别对个别学生进行教学。一起学习的学生的年龄和知识程度都不相同，也无固定的修业年限和上课时间。16 世纪，一些欧洲国家创办的古典中学里出现了课堂教学的尝试，课堂教学开始萌芽。17 世纪，捷克著名教育家夸美纽斯总结了前人和自己亲身的教学实践经验，在其所著的《大教学论》中首次系统地论证了课堂教学制度，奠定了课堂教学的理论基础。此后，课堂教学很快在欧洲各国普遍推广，并日趋完备。我国的课堂教学是在清末兴办学堂以后开始的。一般认为始于 1862 年清政府在北京设立的京师同文馆。直至今日，课堂教学始终是世界各国学校教学的基本教学组织形式。

夸美纽斯曾经说过：个别教学好比“手工抄写”，效率不高；课堂教学好比是“印刷术”，大大提高了效率。这是因为它具有以下的优点：①由于课堂教学按照学生年龄和知识程度编成固定的教学班，教师同时对几十名学生上课，扩大了教学对象，加快了知识传授的进度，提高了教学效率。②由几十名年龄相近的学生组成班级，他们在班集体里相互竞争、相互促进、相互切磋、共同提高。③不同学科按课程表和作息时间表轮流交替上课，既扩大了知识面，又可以提高学习兴趣，减轻学习疲劳，有利于学生的身心健康。

课堂教学上述三个优势的发挥，取决于教师、学生和课堂情境等三大要素的相互协调，即课堂管理。课堂不同于教室，教室只是由桌椅、讲台、黑板和门窗等所组成的房间，其本质是教师和学生上课的场所，它是构成课堂的情境因素之一。但教师和学生并不是教室的必备条件，当学生下课时，教室里可能空无一人，教室已经不再是课堂。课堂也不等于班级，班级是学校里由一定人数的学生所组成的正式群体，是学校里教育活动的基本单位。它既不包含教师，也不包含教室，其活动范围比课堂教学活动广泛得多。班级活动既包括课堂教学活动，也包括课外文娱、体育、学科和科技兴趣小组等活动，甚至还包括各种社会公益活动等等。在我国，中小学的课堂教学通常是以班级为单位在教室里进行的，但是，课堂教学也可以由几个班级在同一个教室里进行。

课堂是由教师、学生和课堂情境三大因素所构成的进行教学活动的场所。教师是课堂教学活动的组织者和领导者，在教学过程中起主导作用。学生是学习的主体，课堂教学活动的各种条件和方案都是为他们而设计的，并对他们起作用。课堂功能的发挥和实现，都是通过学生的心理变化来反映的。而教师和学生的活动又都是在课堂情境里进行的，离开了一定的课堂情境，教师和学生便无法相互影响、相互制约，也就难以取得理想的教学效果。由于在这三大要素中，教师始终处于主导的地位，就要求教师在课堂里采取有效的措施，协调三者的关系。这样的协调，从某种意义上可以说就是课堂管理。因此，课堂管理就是指教师通过协调课堂内的教师、学生和课堂情境三者之间的关系而有效地实现预定教学目标的过程。

二、影响课堂管理的因素

(一)定型的期望

人们对教师在学校情境中执行教育任务往往持有一种比较固定的看法，即使某一位教师的实际表现并不符合这种固定的看法，人们还是会按照这种固定的看法去看待和解释教师的行为，这就是定型的期望。它包括人们对教师理应表现的行为及其所具有的动机和意向的期望。学校领导、家长和学生对教师都有定型的期望。如果学校领导期望教师自由发表意见，允许教师创造性地管理课堂，就会形成和谐、恬静和活跃的课堂气氛；如果学校领导期望教师严格遵循学校意志，防止行为越轨，就有可能使教师将紧张不安的情绪以微妙的方式传递给学生，造成紧张呆板、死气沉沉的课堂气氛。

课堂里的学生总是期望教师以某种方式进行教学和课堂管理。

迪尔凯姆等人研究了学生在不同阶段对教师的知觉，结果发现这些知觉反映了学生对教师行为持有不同的期望。比如，有的学生理想化地期望教师是德、才、学、识方面的楷模，有的学生幼稚性地期望教师外部行为和表情像父母一样，也有的学生现实地期望教师公正客观地对待学生，尊重和爱护学生。如果教师的实际行为与学生们的定型期望不一致，课堂里就会出现不满。所以，教师接受教学任务后，首先必须知道学生对自己的期望是什么，尽量使自己的课堂管理与学生的期望相一致。如果发现自己的管理方式与学生们的定型期望不一致，就应该采取措施，努力使两者协调一致。

(二)教师的学生观

教师的学生观是指教师对学生本质特征和培养方式所持有的基本看法。一般而言，教师持有评价性学生观和移情性学生观。持有评价性学生观的教师总是排除个人情感因素的影响而客观地评价学生，主张与学生保持适当的心理距离，以保持师道尊严来控制学生，因而在课堂管理中习惯于指手画脚和发号施令，容易满足于学生表面上的唯唯诺诺，动辄强制和压服，偏爱评价好的学生而歧视评价差的学生。持有移情性学生观的教师则认为学生总是能接受教育的，教师应该设身处地为学生着想，尊重学生的人格和意愿，因而在课堂管理中容易以真诚、友善、热情和关怀的态度对待聪明的或笨拙的、成绩好的或成绩差的、听话的或顽皮的学生。

(三)教师的人格结构

加拿大的柏恩在1964年提出人格结构的PAC理论。他认为人格是由PAC三态所组成的，P是父母态，A是成人态，C是儿童态。以父母态为主的教师有明显的优越感和权威感，往往凭主观印象办事，独断专行，滥用权威，学生没有主动参与课堂活动的积极性。以成人态为主的教师具有客观和理智的特征，善于根据过去的经验，估计各种可能性，然后作出必要的决策。在他们管理的课堂内，虽然没有严格限定的框框，却有明确的指南。以儿童态为主的教师则常像儿童那样冲动，经常感情用事，在活动中常表现出服从和任人摆布，教育学生无主见，遇事畏缩，优柔寡断。十分明显，P型和C型人格结构的教师都不利于学生成功地介入课堂活动，只有A型人格结构的教师才有可能灵活地驾驭课堂。

(四)教师的影响力

教师的影响力是指教师在与学生的交往中影响或改变其心理和行为的能力。根据影响力的性质，可以将影响力分为权力性影响力和非权力性影响力。权力性影响力是一种带有强迫性的，并以外部压力的形成而起作用的影响力。它主要来源于教师在课堂里的地位，即教师拥有职权范围内的规划、决策、控制和指挥的权力。一方面教师掌握有能够满足学生需要的物质手段和精神手段，另一方面教师也掌握有使学生不愉快的手段。非权力性影响力是指由教师自身的良好品质和表现而受到学生的敬佩所产生的影响力，它主要取决于教师的品格、才能、学识和情感等因素。一般而言，权力性影响力使课堂里的学生接受强制性影响，学生的行为反应常常是被动的服从，而非权力性的影响力对学生的影响则是自然的，能够收到通情达理的效果。

第二节　课堂管理艺术

一、导课艺术

良好的开端，是成功的先导。导课的根本目的，在于激发起学生的兴趣和情感，启发和引导学生的思维，让学生用最短的时间进入到课堂教学最佳状态中去。教师精心设计导课环节，可以起到先声夺人的效果，为整堂课的进行打好基础，是教学成功的重要一环。

(一)导课的要求

能否抓好上课的开始环节，即在上课一开始就集中学生的注意力，引起学生的兴趣和求知欲，对一堂课的管理至关重要。一般的要求是：教师应避免上台就讲的做法，应该以严肃庄重的态度走上讲台，先用专注的目光环视全体学生，察看学生精神是否集中，并示意学生讲课就要开始了。如果遇到学生处于课间活动的兴奋状态，教师不能急于讲课，而应先平静、沉默片刻，等待学生准备，或者采用其他方式平静学生的情绪。这是因为，课间的休息活动使学生的思想已经放松了，因此刚上课时，每个学生都有独特的心境。这时帮助学生收敛思想，集中注意力是非常重要的。如果教师在刚打铃后就急于上课，往往由于学生注意力不集中、情绪不安定而效果不佳。

对导课环节的管理，还可以用引人入胜的故事、诗词、板书、教具等方式进行，亦能起到迅速安定情绪和集中注意力的作用。尤其是采用讲一段幽默的故事、谜语等方式，既能吸引学生的注意力，又能扩大学生的知识面，并顺理成章地导入新课，取得很好的教学效果。

教学导课就好比小提琴上弦、唱歌定调，第一个音定准了，就为整个演奏或歌唱奠定了良好的基础，具体来说要求注意如下几点：

1. 导课要有针对性，具有针对性的导课才能满足学生的听课需要

导课应当针对的是教学实际，首先是要针对教学内容。

有位教师在讲《说谦虚》时的导课就设计得很精致——举世闻名的球王贝利在回答人们哪个球踢得最好的问题时，他的回答是："最好？下一个吧！"对于自己成绩的这种态度，不是非常发人深思的么？

其次，要针对学生的年龄特点、心理状态、知识能力基础、爱好兴趣的差异程度。

比如小学一、二年级最好多从讲点故事、寓言，做游戏入手。中学生多从联想类比，启发谈话，设置疑难入手等等。

2. 导课要有启发性，富有启发性的导课可以发展学生的思维能力

当学生求知的欲望调动起来后，这种带有感情的脑力劳动不但不易疲劳，而且反应敏捷，所以教师在上课开始时就要运用启发性教学来激发学生的思维活动。

启发性的导课设计应注意给学生一个适当的想象余地，让学生能够由此想到彼，由因想到果，由表想到里，由个别想到一般，收到启发思维的教学效果。

3. 导课要有新颖性，具有新颖性的导课能够吸引学生的注意指向

新颖性导课往往能出奇制胜，但切忌为导课而导课，如果离题万里，只会适得其反。

4. 导课要有趣味性，具有趣味性的导课可以激发学生学习的兴趣

趣味导课，既要有情趣，又要有意味才好。让学生笑过之后，要能引起进一步的深思，而不仅仅是一笑了之。

5. 导课要有简洁性，具有简洁性的导课能够节约学生的听课时间

莎士比亚说：简洁是智慧的灵魂。课堂教学的导课要精心设计，力争用最少的话语、最短的时间，迅速而巧妙地缩短师生间的

距离以及学生与教材间距离。

(二)导课的方法

导课艺术的具体形式与方法是多种多样的，关键在于教师灵活运用、精心设计。这里我们介绍一些常见的导课方法。

1. 温故导课。具体做法是通过温习以前学过的知识，带出新内容来。

2. 释题导课。就是教师通过具体分析、解释课题词语，引发题意，调动学生学习的注意力和积极性，为进入新课作铺垫。

3. 激情导课。激情导课就是指教师用生动的、富有感情色彩的语言，营造一种情绪氛围，从感情上叩击学生的心弦，使学生自觉地进入学习的轨道。

4. 设疑导课。设疑导课是利用思维对问题的敏感性，在导课的时候精心设计悬念，诱发学生的探究心理，调动学生思维的积极性。

5. 故事导课。就是采用寓意深刻又幽默轻松的故事，把抽象的内容以浅显的形式引出来。故事导课所用的故事宜短忌长。

6. 创造导课。教师在导课时根据教材特点，创设一定的情境，渲染课堂气氛，让学生置身于特定的情境之中，自然从情绪上过渡到新课上来。

7. 演练导课。在新课伊始，教师通过展示挂图、实物、标本、模型，或做一些启发性强的实验、练习，使知识直观形象地进入学生头脑，把学生的注意力导入新课。

8. 机变导课。指有时在课堂教学之前，突然发生或出现了有利于设计导课的事件或情景，教师注意充分利用，即兴应变，以调动学生学习新课的主动性和积极性。

9. 幽默导课。就是根据教学内容的特点和需要，使用幽默手段导入新课，增强教学的趣味性，吸引学生的学习兴趣。

10. 冥想导课。就是在上新课前，先让学生闭上双目，进入冥想状态，放松心情，消除紧张情绪，以平和愉快的心境迎接新课。

二、结课艺术

一堂生动活泼的、具有教学艺术魅力的好课犹如一首婉转悠扬的动听乐曲，“起调”扣人心弦，“主旋律”引人入胜，“终曲”余音绕梁。导课是“起调”，结课是“终曲”，完美的教学必须做到善始善终，结课艺术和导课艺术一样，是衡量教师教学艺术的重要标志。

恰到好处的结课，不仅使整堂课结构完整，而且还含有不尽之意、韵外之致，将学生的思绪从课内延伸到课外，给学生以美的遐想、有益的启迪。

古人写文章讲究设计一个坚强有力、发人深思的结尾，并形象地称作“豹尾”。教师也应注意课堂教学结尾的设计，好课的结束能“回味无穷”，给人以美的遐想，有益启示。

教学结课的形式与方法丰富多彩，常用的有：

1. 自然式结课。这种结课，是在下课铃响时自然结束课程。

2. 总结式结课。即用准确简练的语言把整个课的主要内容加以总结概括归纳，给学生以系统、完整的印象，促使学生加深对所学知识的理解和记忆，培养其综合概括能力。这是一种比较常用的结课方式。

3. 悬念式结课。教师在结课的时候，用设置悬念的方法，给学生留下一个有待探索的问题，使学生急切地等着下一节课。这种结课方式很好地把上、下两节课联系起来，为上好下一节课做好了铺垫。

4. 回味式结课。在结课的时候，教师用含蓄隽永、耐人寻味的语言引发学生对所学的东西展开想象、回味再三。

5. 激励式结课。教师以充满激情、意味深长的话语寄厚望于学生，打动学生的心扉，结学生一个深刻的印象。

6. 延伸式结课。在结课的时候，教师注意把课堂教学和学生的课外学习结合起来，将课堂上的内容延伸到课外，激发学生课外学习和探索的兴趣。

7. 游戏式结课。指在结课的时候，为了使结课生动活泼，增强教学效果，教师根据教学内容和学生特点设计一些游戏来检验和巩固所学知识。

三、课堂组织艺术

教师在课堂上具有教学与管理的双重任务，优秀的教师往往又是优秀的课堂管理者。一堂好课，不仅表现在讲授内容和结构的精心设计上，而且表现在教师高超的组织管理才能和创造良好的教学氛围上。

(一)形成积极的课堂气氛

建立良好的师生关系，形成积极的课堂气氛，是课堂管理的重要内容之一。要使课堂管理取得良好的成效，必须注意建立良好的师生关系，并在此基础上形成积极的课堂教学气氛。只有这样，才能避免课堂纪律问题的出现，保证教学质量。

优秀教师的课堂教学，课堂气氛生动活泼，学生表现出兴致勃勃的情绪，大胆思维的神态，跃跃欲试的举止，师生感情融洽，配合默契。究其原因，就是因为这些教师善于建立良好的师生关系，充分发扬教学民主，尊重、热爱、信任学生，不偏爱优生，不冷落潜能生，做到公正处理问题，力戒嘲讽、训斥和惩罚学生。这样，教师和学生之间相互信任，相互尊重与合作，就自然形成了积极的课堂气氛，从而避免了许多课堂纪律问题的发生。

对课堂气氛的研究表明，课堂气氛是影响教学效果的重要因素。课堂气氛可分为两种基本类型：一种是积极、健康、生动活泼的气氛，一种是消极、冷漠、沉闷的课堂气氛。积极的课堂气氛的基本特征是课堂情境符合学生的求知欲和心理特点，师生之间、学生之间关系正常和谐，学生产生了满意、愉快、羡慕、互谅、互助等积极的态度和体验；消极的课堂气氛的基本特征与此相反。由此可见，课堂管理要注重建立良好的师生关系并形成积极的课堂气氛。为此，教师要注意做到：尊重学生，信任学生，发扬教学民主；注意课堂讲授、提问等的语气和态度；对学生成绩的评价要公正、客观，善于运用鼓励；要让学生成为学习的主人，讲课注意启发、引导；妥善控制自己的情绪，经常用愉快、高兴的情感教学。

（二）正确引导学生注意，提高注意分配能力

心理学认为："注意是心理活动对一定事物的指向和集中，它是心理活动的一种积极的状态。注意可分为有意注意和无意注意两种。注意还可进行分配和转移。"注意是有规律可循的，"凡是具有下列特点的事物都容易引起注意：相对强烈的刺激；不断变化的刺激；在背景中突出的刺激；新异刺激；感兴趣的事物。"（章永生，1984）

1. 正确运用无意注意

心理学把注意分为无意注意和有意注意两种。无意注意是没有预定目的，也不需要做意志努力的注意。它往往是由周围环境的变化引起，不是由人自觉控制的。

课堂中有许多能引起学生无意注意的刺激，如老师提出一个学习课题，使用一个新的教具，语言的生动形象，手势的比划、夸张等，都能引起学生的注意。教师要充分利用无意注意的积极作用，力求做到：教学内容新颖有趣，教学方法灵活多样，教学语言生动形象等，以引起学生的无意注意。

但是，在利用无意注意时，要注意正确运用，克服它消极的一面。无意注意消极的一面往往会干扰课堂教学，如教师经常变换服

装和发型，教师上课的语病，教师不适当的习惯动作，教室的布置过分华丽，教具出示或使用不当等，这些新奇的情况引起学生的无意注意，就会影响教学效果的。为此，教师要设法利用无意注意的积极作用，克服其消极的影响，如教学环境应注意安静、简朴，教师讲课的声调要适中，表情、姿态要恰当，直观教具要标准等。

2. 运用各种有效方法，引起学生有意注意

有意注意是自觉的、有预定目的的、需要做一定努力的注意。课堂上单靠无意注意是不行的，因为教学内容和任务不可能都是学生感兴趣的，而又必须掌握，这就要求教师要引起和培养学生的有意注意。

引起和培养有意注意，需要做到：①要把教学目的教育渗透到授课内容中去。一般来说，学生对教学目的理解越深，学习需要越迫切，求知趣味越浓，这种学习的渴望会驱使学生以顽强意志把注意集中到被感知的事物上。②不断提出新的任务和要求，给予新的刺激，使学生大脑神经常处于兴奋状态，防止注意力的分散或转移。③运用短暂的沉默引起学生的注意，如讲完一课的重点问题后停顿一下，然后轻声细语地重复一遍，或向全班学生提出问题后，有意地停顿，以引起学生的有意注意。④运用提高音量引起注意。对一部分学生来说，高声教学有力且富有刺激性，有时提高音量可以压住教室外突然传来的干扰声，但高声要柔和，而且不要持续过久。⑤运用提问、指出重点或暗示的方法引起学生注意。当学生注意力不集中时，采用提问唤起学生的有意注意。当讲到关键地方时，指出重点和难点引起学生注意。当个别学生精力分散时，可采用暗示的方法，予以提醒。⑥培养学生同注意分散作斗争的能力，养成专心致志的好习惯。

（三）处理课堂问题行为

1. 课堂一般问题行为的处理

没有一个课堂不会发生问题，在高年级尤其如此。面对出现的问题，教师切不可视而不见、不理不睬。作为一个有效的管理者，并不有意公开纠正每一个小的犯规，这种公开的注意，实际上反而会强化这种不良行为。经常纠正学生犯规的教师，其班级并不一定就规规矩矩的。关键在于教师要知道发生了什么？为什么会发生？什么才是重要的？这样就能防止问题。教师必须处理的大多数不良行为问题都是一些小乱子，如做小动作、交头接耳、不遵守课堂规则和程序、注意力不集中、四处张望、擅自起立等等。这些事并非真正严重，但为了保证学习的正常进行，这些行为必须被消除。教

师在考虑对策时，最好想想自己的意图，并不只是为了保证纪律而处理纪律问题。一个温暖、支持和接纳性的课堂环境对培养这样的态度是至关重要的。如果学生不尊重老师，老师也不尊重学生，是不可能建立一个良好的课堂环境的。教师要对全班学生的利益负责。例如，教师可能不得不在检查个别学生作业的同时，还要兼顾对小组学生的鼓励。在组织课堂时，应让学生一起设置班级规则，并且要考虑学生的需要或接受学生的建议，但教师始终是建立和强化规则的领导，学生必须遵守这些规则。班级规则和程序应当成为学生的第二天性，一个教师如果没在班上建立自己的权威，他就得花很长时间来处理问题行为，一个课堂的结构和日常程序愈严明，教师就能给学生以越大的自由。

在处理日常课堂行为问题时，最为重要的就是要以最少干预为原则，就是要用最简短的干预纠正学生的行为，许多研究发现，花在保证学生纪律上的时间量与学生的成绩呈现出负相关。处理日常不良行为时，教师要尽量做到既有效又无须打断上课。如果有可能，在处理不良行为时，课还应照常进行。下面我们来讨论处理典型纪律问题的策略。这些策略是根据中断上课的程度排列的，前面的策略中断程度最小，后面的策略中断程度最大。

(1)预防

对待课堂问题行为的最好办法，是防止问题行为的发生，而不是消极地等其出现后才去处理。美国一项研究表明："课堂管理得好的教师与一般的教师在处理纪律问题上所采取的方法大体上没有什么不同，他们之间的主要区别在于，前者往往能够尽量避免产生纪律问题，而不是被动地等待出了纪律问题再想办法去如何处理。"为此，我们应该尝试掌握以下预防技能：

①具备良好的注意分配能力，能够全面准确地观察课堂上所有学生的动态，掌握课堂上的各种情况。

教师在讲课的同时，要把全班学生的举止都纳入自己的注意范围。教师的眼睛决不能仅仅盯住教案或某个学生，而是随时注意发现问题、解决问题。这样，就使有小动作或其他纪律问题的学生无可乘之机，就会有效地维持课堂秩序。

②调动每一个学生参与课堂教学活动。

教师力求使全体学生都参与课堂上的学习活动，使他们都有事可做。许多问题行为的发生往往是由于学生在课堂上无事可做或不知如何去做而造成的。因此，教师应善于安排课堂活动，善于安排学生的学习。

③要给学生表现的机会。

教育心理学研究表明，学生喜欢“表现自己”，以取得老师和同学的尊重与注意，这是一种正常的心理需求，如果长期得不到表现的机会，有的学生就会产生压抑、自卑、消沉的心理。有的学生就可能采取淘气、恶作剧及“捣乱”的方式来“表现自己”，以获得注意。因此，教师在课堂上要善于安排每个学生的表现机会，尤其是在进行课堂提问、讨论发言、板演板画时，一定要照顾多数学生。有的教师提问、板演等，总是那么几个学生，这样就冷落了大多数学生特别是潜能生，使他们有机会有时间滑向问题行为的边缘，寻找机会以违反纪律的方式“表现自己”。

(2)非言语线索

许多课堂不良行为，不必中断上课去处理，只用非言语线索就能消除。这些非言语线索包括目光接触、手势、身体靠近和触摸等。与表现不良的学生保持目光的接触就能制止其不良行为。

①语言、声调是教师组织教学、处理某些问题行为的重要手段

教师要善于运用语言和声调的变化，包括语音的高低、强弱、速度和停顿来组织、调动学生的注意力，处理课堂问题行为。

例如，当学生注意力不够集中时，教师可加重语气和提高声调，以引起学生的注意。当某些学生有违纪行为、小动作迹象时，教师可突然停顿讲课，或者降低声音，给这些学生以暗示性的提醒。教师讲课的声音不要过大，过大的声音会给某些学生造成窃窃私语的可乘之机。

②动作、表情是教师组织教学、处理课堂问题行为的有效途径之一

动作、表情、眼神等非言语行为在课堂教学管理中具有重要的作用。教师通过它们，及时发出各种表示满意与不满意，鼓励与制止等信息，有效地进行课堂管理。

对待破坏纪律的学生时，教师可流露出不满意、殷切希望其改正的神色，或者做一个巧妙的手势，示意其立即停止活动。

(3)表扬与不良行为相反的行为

对许多学生来说，表扬是强有力的激励。教师要想减少学生的不良行为，不妨表扬他们所做出的与不良行为相反的行为。这就是说要从这些学生的正确的活动入手。如果学生常擅自离开座位，教师就要在他们坐在座位上认真学习的时刻表扬他们。

(4)言语提示

如果没法使用非言语线索，或者非言语线索不能奏效，那么简

单的言语提示将有助于把学生拉回到学习上来。教师在学生犯规之后要马上给以提示，延缓的提示通常是无效的。如有可能，应当提示学生遵守规则，做你想要他做的事，而不是纠缠他正在做的错事。这就是说，如果学生违反了课堂程序，就应向学生提醒这一程序并让他跟上。例如，说“张某某，请注意你应自己做作业”就要比说“张某某，别抄李某某的作业”要好一些。与给反面提示相比，给正面提示表达了对未来行为的更积极的期望。

(5)反复提示

在大多数情况下，一个非言语暗示或提示，一般足以抵消小小的不良行为。但是，有时，学生有意无视老师的要求或者向教师请求，想以此试一试教师的意志。如果学生认识到教师立场坚定，并且要采取适当的措施加强有序的和有建设性的课堂环境时，这种试验将会慢慢消失。当一个学生拒绝听从简单的提示，教师就要反复地给以提示，无视任何无关的请求和争吵。教师应确定他们想要学生做的行为，并且清楚地告诉学生，可以反复重复直到学生屈服为止。

2. 课堂严重问题行为的矫正

(1)不良行为的原因分析

学生的不良行为一定是受到了某些强化的维持，要想减少课堂不良行为，教师就一定要理解一开始是什么强化物在维持不良行为。课堂不良行为最常见的强化物就是注意来自教师、同学或者两者，另一个原因是学生想从挫折、烦躁和不愉快的活动中解脱出来。

①教师的注意

有时候，学生表现出不良行为是为了赢得教师的注意，哪怕是消极的注意。这一原因比许多老师想象得要更普遍，其解决方法也相当容易，尽量地忽视他们，当他们表现不良时只注意那些表现好的学生。如果实在无法忽视他们的不良行为时，只好暂时请出去。例如，让学生站在一个安静的角落或者送到校长办公室，这将比斥责有效一些。事实上，斥责对其他学生而言起到了强化作用。

②同伴的注意

学生表现不良除了赢得教师的注意外，另一个普遍的原因就是为了获得同学的注意和赞赏。青少年时期这一原因就更为普遍，刚才所讲的处理方法在这里行不通。对于受同伴强化的不良行为，教师可以作出以下两个反应：一个就是将犯规者从班上驱逐出去，以剥夺同伴的注意；另一个就是使用集体连坐，这一策略是指根据全班(或小组)中所有成员表现予以奖励，如此则可消除同伴对不良行为的支持。逃避不愉快的状态或活动不良行为第三个重要的强化是逃避烦闷、挫折、乏味和不愉快的活动。根据行为主义学习理论，我们知道，逃避或避开不愉快的刺激就是一种强化，有些学生把学校里发生的许多事都看作是不愉快的、烦闷的、挫折的和疲惫的，对于那些在学校里反复遭受失败的学生尤其如此。但是甚至最有能力的或动机最强的学生，有时也会感到烦闷和挫折。学生经常表现不良，只是为了逃避不愉快的活动，这在学生频繁请求上厕所、削铅笔时可以清楚地看出。这些学生在自习或做作业时比听讲时更容易提出这些请求，因为对于那些对自己的学业能力不大自信的学生而言，对课堂作业更会感到挫折和焦虑。解决由这一原因引起的不良行为的最好方法就是防患于未然。一个积极参与上课的学生是不会因为问题乏味而做出不良行为的。使用合作学习的方法或其他使学生积极参与学习的方法，都有助于防止不良行为，研究发现，不管是只用表扬还是表扬加奖品，对大多数学生都很有效，但对成绩差的学生无效，不过当给他们提供特殊的指导时，他们的不良行为基本消失。

(2)行为矫正

前面所讲的非言语暗示、提示等可以看做是行为主义学习理论的非正式应用，在大多数课堂上，足以创造一个良好的学习环境。但在有些课堂则需要用较为系统的行为矫正方法。在课堂上，大多数学生表现良好，但总有少数几个学生有顽固的行为问题，对他们采用个别行为矫正将会奏效。此外，根据前面的原因分析，班上有些学生的行为问题，尤其是受到同伴的支持的行为问题，则可能需要全班行为矫正策略或集体连坐，当一个班上有许多成绩差或学习动机低的学生时，最需要这样的策略了。建立和使用任何行为矫正程序，都需要遵循由行为观察到程序完成、到程序评定等一系列步骤。这里所讲的只是全部行为矫正程序的一部分。

①识别目标行为和强化物

完成一个行为矫正程序，第一步就是观察行为不良的学生，以识别一个或少数几个行为作为目标行为，第一个被定作目标的行为应当是最严重、最容易看出、最重要、发生的频率较高的行为，并且看看是什么强化物在维持这一行为；观察的另一个意图就是设立一个基点，以便比较出后来的改进。

②设立基点行为

在后面的几天里(至少三天)观察学生，看看其目标行为发生的频率有多高。在此之前，教师需要明确界定这一行为的构成。例如，如果目标行为是“打扰同伴”，那么教师就得决定什么具体行为构成了“打扰”(或许是逗乐、伸头、打断)。可以根据频率(如张某某擅自离座位多少次)或时间(离座位多少分钟)来测量行为基点。频率记录较容易保持一些，教师只需在讲桌上放一些纸，在纸上作一个标记就行。

③选择强化物和强化的标准

行为主义学习理论和行为矫正实践，都赞成强化适当行为而不是惩罚不当行为，这当然也有伦理道德方面的原因。惩罚往往会制造仇恨，这样，即使用惩罚解决了一个问题，但却又产生了另一些问题，并且，惩罚还必须始终如一地使用。相反，成功的强化程序过一段时间后就会逐渐消失，在行为矫正程序的开始阶段，需要始终一致地强化适当的行为，但随着行为的改进，强化就可以给的越来越少。最后，从伦理方面来考虑，即使用惩罚和强化同样奏效，但应当避免使用惩罚，因为惩罚不利于建立一个快乐健康的课堂环境。在某些情况下可能需要一两种惩罚，但只有在无法使用强化策略或强化策略不管事时才予以使用。

典型的课堂强化物包括表扬、权利、奖品等。在一个结构严密的行为矫正程序里，表扬对改善学生的行为是极其有效的，有意忽视不当行为与表扬适当行为效果常常相当。当然，这种策略只是在不良行为靠教师的注意维持时奏效。除了表扬以外，许多教师发现，给学生以红星、微笑或其他小的奖品也是很有用的。有些教师在学生的作业上盖橡皮章，以象征其学习不错。这些小小的奖品使教师的表扬更具体化，并且能使学生把作业带回家，接受父母的表扬。

④如有必要，选择惩罚及确定标准

当使用强化程序也无法解决某一个严重的行为问题时，就需要使用惩罚了。惩罚就是任何不愉快的刺激，个体都试图避开它。学校里常见的惩罚有申斥、逐出教室、停止学习等。

奥勒利等人提出了7条有效而人道地使用惩罚原则：偶尔使用惩罚；使儿童明白为什么他要受惩罚；给儿童提供一个可选的方法以获得某种积极的强化；强化儿童与避免在你非常愤怒或问题行为相反的行为；避免使用体罚；在某个行为开始而不是结束时使用惩罚，情绪不好时使用惩罚。

许多研究提示，必然而轻微的惩罚能有效地减少不当行为。有一个有效的惩罚手段称之为“请出去”，它是指把学生从强化其不良行为的情境中逐出去。教师应当尽量少用“请出去”，但是一旦使用，就应当平静而坚定地去做，学生要到指定的地方待着，直到时间满了为止。逐出去的时间应当简短，通常以5分钟为宜。学生应当被告知教师为什么要逐他出去，在脱离期间教师不要斥责该生。

⑤观察行为并与基点作比较

评价程序的有效性是非常重要的。一个行为矫正程序往往要持续好几天，如果一周以后行为并未得到改善，那么就要尝试其他系统或强化物了。

⑥减少强化的频率

一个行为矫正程序一旦实施了一段时间，学生的行为得到了改善，并且稳定在某个新的水平上，强化的频率就可以减少了。一开始，适当的行为每出现一次就予以一次强化，随着时间的推移，出现几次适当行为才给一次强化，减少强化的频率有助于长时间维持新的行为，并且有助于把行为延伸到其他情境中。

第三节　师生互动与人际沟通

一、教师的领导风格与课堂管理

(一)构成教师领导的条件

在教学情境中，教师之所以能够有效地扮演领袖角色并领导学生的行为，学生之所以服从教师的领导，主要是因为教师具备了以下的条件：

1. 奖惩权力

教师能有力量影响学生的动机和行为，第一个条件是他具有以奖赏或惩罚来控制学生的权力。教师在教学情境中，可以用分数或其他方式，依照强化原理，来奖赏学生的良好行为，使之出现或继续出现。教师也可以惩罚学生的违规行为，使之不致发生或不再发生。

2. 法定资格

所谓教师的法定资格，是指教师有资格行使一些权力来影响并控制学生的行为，而这个资格是根据法令规章或习俗所赋予的。

3. 认同楷模

有时候人之所以能够影响别人，是因为别人对他倾慕，而愿意向他看齐，甚至企图超越。学生对老师就是如此，常将老师作为模仿认同的对象，老师就自然能够领导和影响学生。

4. 专家权威

在低龄学生的心目中，老师是学问的化身，老师是无所不知无所不能的，因而对老师的领导表现了绝对地服从。但对年龄稍长的学生，老师也许不再是万能的，但他仍是某方面的专家而具有某些特殊智能，这种专家威望最容易激起学生的景仰而服从老师的领导。

(二)领导方式与班级气氛

一个班级就是一个小型社会。班级的成员因特定的工作目标而聚集在一起，所以它也是一个工作团体。在这个工作团体中，如何领导才能促进学生的人格正常发展？如何领导才能使学生所进行的计划、决策和行动变得有效？这就是所谓“领导方式”的问题。班级在不同方式的领导之下，所产生的班级情绪气氛也不一样。所谓“班级气氛”，有广义狭义两种意义。狭义的班级气氛指的是教师的领导方式不同所造成的情绪气氛；广义的则包括班级里师生的交互作用和班级中同伴关系所形成的情绪气氛。教师对班级的领导方式大致可分为下列三种：

1. 权威式领导

所谓权威式领导是领导者自己作出决定，计划班级的学习活动，安排学习情境，指导学习方法，控制学生行为，学生没有自由，只是听从教师的命令。

2. 民主式领导

教师花很多时间来建立团体成员间的良好关系，鼓励儿童对工作的目的和方法表示个人的看法和意见。因为成员对目的和方法已取得某种程度的一致意见和了解，领导者只需鼓励每一个成员对团体的任务尽量奉献自己的力量。这种共同决定目的和方法作为共同遵守的准则的方式，称为民主式领导。

3. 放任式领导

放任式领导，事实上是不具任何方式的指导，教师只笼统地说明工作的目的，不参与也不干预儿童的工作过程，一切由儿童自作决定自由活动。

关于领导方式对学习成果及情感表现的影响究竟如何，美国社会心理学家勒温等人进行了研究，其结果从团体是否达成预期的目标和儿童是否喜欢该项团体经验的情感表现两方面分析发现：在权威式领导下的儿童，工作成果最好；他们很快而且很有效率地达成预期目标。然而，他们却表现出紧张、故意和侵犯等消极的情感。

在民主式领导下的儿童，其情感表现最佳，成员与领导者之间或成员与成员之间的情感温馨而和谐。就工作成果而言，他们虽然不像权威式领导组那样有效，却比放任式领导组要优秀。至于放任式领导下的儿童，无论在工作成果和情感表现方面，结果均不理想。因为在需要成人领导的情境下缺少必要的领导，儿童花大部分时间在摸索、彷徨和纷扰不安中，使他们既无成果可言，又对这种团体产生消极的情感。

不过，我们必须知道的是：强调民主式领导，并非完全否定权威式领导的价值。事实上，在某些情境下，权威式领导确乎有其必要。例如学生参与的初期，在团体中，既无明确的目标又无积极的方向，往往产生迷失的困扰，此时权威领导极具功能。又如在不同能力、不同目标及不同经验的工作团体中，权威领导也最能适合不同的需要。

二、教师的期望效应

(一)皮格马利翁效应

1968 年，罗森塔尔和雅各布森对小学生作了一次所谓的潜力测验，实际上是一般的智力测验。然后，随机在各个班级抽取少数学生，故意告诉老师，他们是最有发展潜力的学生，要求老师注意观察，但不要告诉学生本人。8 个月后发现，这些学生的学习成绩真的比其他的学生进步快。十分明显，由实验者提供的假信息所引起的教师对学生的期望，产生了自我实现的预言效应。也就是说，教师的期望或明或暗地传递给学生，学生也会按照期望的方式来塑造自己的行为，这样教师的预言似乎自动实现了。罗森塔尔借用古希腊神话中的典故，把教师期望的自我实现预言效应称为皮格马利翁效应。

(二)教师期望实现的过程

在课堂里，教师期望的实现过程可能是这样的：①教师对某个学生的行为与成绩寄予某种期望；②鉴于这些不同的期望，教师对不同的学生会作出不同的反应；③教师对他们的行为与成就寄予什么样的期望，从而影响他们的自我观念、成就动机和志向水平；④如果这种对待持续不变，学生也不以某种方式抵制或改变它，那么它将会使学生的成就和行为定型：被寄予高期望的学生，其成就水平将会提高，而被寄予低期望的学生，其成就水平会下降；⑤随着时间的推移，学生的成就和行为将越来越接近原来对他们的期望。以上这一模式清楚地表明，教师的期望不会自动地自我实现，要使期望得以实现，一定要使它们见诸行动，从而将期望传递给学生，并按期望的方式来塑造他们的行为。教师可能对每个学生并无明确的期望，或者他的期望经常在变，学生本身也可能会阻碍期望得以自我实现。

（三）教师的适当期望

课堂里的教师如何来使用教师的期望产生自我实现预言效应呢？下面是几条建议。教师只应有积极的期望，当教师低估了学生的潜力时，学生会出现低成就。但这一点并不容易做到，教师对那些爱捣乱、成绩差的学生往往不会有积极的期望。教师的期望要适当。有期望但不一定很高，而且必须要以适当的行为来扩大其效果。这意味着，规划小的进程要符合学生现有的水平，然后按照他们能够掌握的速度前进。只要学生正在逐步发挥自己的潜力，而且是按稳定的速度前进，教师就应当满意。只有学得慢的学生按照比他们能够掌握还要慢的速度前进，才有批评的理由。适时改变期望。教师应当使自己的期望留有余地，如果让期望完全一成不变，它们一开始就会使看法和行为发生歪曲。教师一开始可能就只注意符合自己期望的事而采取不良的教育行为。期望一旦形成，往往很难改变，这种情况无论对学生还是教师都是如此，因为期望会支配双方各自的观点和行为。教师应当对期望不断作出检测和调整，使学生发生日新月异的变化。

三、课堂的组织目标结构

人际交往是指人与人之间传递信息、沟通思想和交流情感等方面的联系过程。在课堂上，师生之间、学生之间不断地进行人际交往，并在此基础上形成师生之间和学生之间的各种人际关系。

（一）吸引与排斥

每个学生都从各自的交往需求出发，通过相应的言语或非言语的行为与他人交往，发生相互作用。有时，交往双方会出现相互亲近的现象，称为人际吸引；也有的交往双方出现关系极不融洽、相互疏远的现象，称为人际排斥。人际吸引以认知协调、情感和谐及行动一致为特征；人际排斥以认知失调、情感冲突和行动对抗为特征。现有的研究表明，距离的远近、交往的频率、态度的相似性、个性的互补性以及外形等因素是影响人际吸引和排斥的主要因素。在一般情况下，学生的居住地和座位等越邻近，交往的频率越高，态度和外形越相似，个性特性越能相互取长补短，学生之间就越容易相互吸引；相反，彼此就越容易排斥。人际吸引和人际排斥使学生在课堂上处于不同的地位，出现人缘好的学生、被人嫌弃的学生和遭受孤立的学生。课堂管理中必须重视被嫌弃者和被孤立者。一方面，针对这些学生的弱点，帮助他们改变不利于人际吸引的个性特征和不利因素，让他们摆脱窘境，增强吸引力。另一方面，除了教师自己热情关心这些学生外，也要引导全班学生主动接近他们，增加交往的频率，产生共同的话题和体验，结束不相往来的状况。

(二)合作与竞争

1. 合作

合作是指学生们为了共同目的在一起学习和工作或者完成某项任务的过程。合作是实现课堂管理促进功能的必要条件。首先，在解决新的复杂问题的时候，往往需要提出各种可供选择的假设情况，学生间的合作显然要胜过个人的努力。如果作业任务还需要进行评价或作出决定、合作讨论而形成一致的意见，通常是可取的。第二，合作能促进学生智力的发展，例如，通过对尚无定论的和有争议的问题的相互探讨，可以开阔学生的眼界，激发思考，促进学生根据别人正确的观点来检验和修正自己的观点。第三，合作能使能力较差的学生学会如何学习，改进学习方法。第四，合作有助于学生发展良好的个性，增强群体凝聚力，形成和谐的课堂气氛。但是，课堂里的合作也有不足之处。首先，如果学得慢的学生需要得到学得快的学生的帮助才会有进步，那么，对于学得快的学生来说，在一定程度上就得放慢学习进度，影响自身的发展。其次，能力强的学生或活泼好动的学生有可能支配能力差或沉默寡言的学生，特别是在规模较大的班级里更是如此。因而，有可能造成沉默寡言的学生更加退缩，能力强的学生反而更加不动脑筋。第三，合作容易忽视个别差异，影响对合作感到不自然或焦虑的学生的进步。

2. 竞争

竞争指个体或群体充分实现自身的潜能，力争按优胜标准使自己的成绩超过对手的过程。竞争必须具备三个基本条件：一是有共同争夺的目标；二是竞争的各方必须争夺同一对象；三是竞争的结果必使一方获胜。竞争是一种普遍存在的社会心理现象。课堂里的竞争包括群体内的竞争和群体间的竞争两大类。在一个班级或小组内部，学生之间的相互竞争属于群体内的竞争。这样的竞争一般能激发个人的努力，提高成就动机和抱负水平，缩小个人的能力与成绩之间的差距，提高学习效率。其次，竞争也能使学生较好地发现自己尚未显示出来的潜力和自己的局限性，有助于自觉地克服某些不良的人格特征。此外，竞争还可以增加学生学习与工作的兴趣，使集体生活更富有生气。

但是，如果群体成员的态度与情感都属于自我定向，对工作与学习本身又缺乏直接兴趣，竞争就有可能使一部分学生过度紧张和焦虑，抑制学习和竞争的积极性，从不胜任的活动中退缩下来，降低他们在集体中的地位。此外，由于优异成绩总是与某个具体的人联系在一起，因而参加竞争的学生往往把别人的成就看作是对自己的威胁，千方百计想胜过对方，导致竞赛动机过于强烈，因而造成对学习和工作的不利影响。

学校之间、班级之间和小组之间的竞争属于群体间竞争。一般来说，群体间竞争的效果取决于群体内的合作。如果群体内各个成员能够合作共事，会增加该群体与其他群体的竞争力。反之，群体内部竞争激烈，就会削弱与其他群体的竞争力。有人曾将大学生分为两组，一个是群体内竞争的小组，实验者告诉被试，期末评分将视每个成员在组内的相对名次而定。也就是说，别人的成绩高了，自己的成绩就会相对降低。这样安排的目的在于使同一小组的成员相互竞争。另一个是群体内合作的小组，实验者告诉被试，期末成绩将以小组为单位评定，小组成绩的高低将视该组在各组中的相对位置而定。目的在于使组内成员相互合作。结果发现，合作组不但在学业成绩方面优于竞争组，而且组内的人际关系也比较融洽。竞争与合作是对立统一的，它们都以能否满足各自的利益而转移。如果利益相斥，即一方的需要满足会阻碍他方需要的满足，往往出现竞争。如果利益一致，人际交往中的相互作用有助于各方需要的满足，则往往出现合作。在课堂的人际关系中，有时还可能同时发生合作与竞争，有时则交替地引起合作与竞争。我们不能片面地强调合作而忽视竞争，也不能强调竞争而忽视合作。

四、增进沟通的策略

教学情境是一种社会互动的情境，在此情境中，教师与学生之间要不停地交互作用，彼此沟通才能促进团体成员的发展。

(一)师生社会互动关系的分析

教师在课堂中与学生进行社会互动时，要注意是否有所偏倚。在大部分班级里，都是教师先引发师生互动；而且大部分教师上课时所说的话，都是属于讲课、命令和批评学生的，这种不对称的互动，也一样有不利的影响。研究班级内师生互动的客观方法，最有名的是法兰德斯所创用的“社会互动分析法”，该方法可以帮助教师评估他们在教室情境中与学生社会互动的情形。他将教师在课堂中与学生的语言沟通分为十大类别，让训练有素的观察者将教师或学生在上课时所说的话加以记录和判断，然后适当的划分类别。由分类的结果，教师可以看出自己和学生所说的话有没有偏倚，从而改进自己的教学。

（二）沟通的原则

班级的教学活动事实上是一种沟通的过程，而良好的沟通又是教学成功的基本条件，教师必须善于运用沟通的原则和技巧。

1. 教师的角色

前面在讨论教师的社会权力来源时曾说过，教师通常具有所谓的“专家权力”。因此，对学生而言，他是一个有威望的人，学生通常认为教师的话具有较高的可信性，为保持沟通的有效，教师应珍惜这种权威性，不可言而无信，使学生对自己失去信心。

教师的话对学生是否具有高度的可信性呢？这一问题与学生的年级、教师的修养、师生关系等都有密切的关系。对幼儿园与小学低年级的儿童，教师的话具有很高的可信性，随着年级渐高，这种影响力也随之降低，到中学阶段，教师对学生的说服力已没有多大的权威性。

2. 沟通的内容与方法

使用间接影响的教师，通常采用的是民主式领导，班级气氛也较为和谐，容易引发师生间的双向沟通，不但教师的看法容易传递给学生，学生的疑难也较容易反映给教师，从而达到真正沟通的目的。

社会心理学家对沟通技巧的研究已有不少，教师可以将这些研究发现应用到教室情境中。例如，当学生对讨论中的某一问题一无所知或尚无成见时，教师应尽量阐述有利和好的一面，即提供单面论证。但是，如果学生对该问题已有相当的认识或某种成见时，教师则应详细说明利弊得失，让学生自己去衡量。又如，要呈现正反两面的材料且企图使正面材料的印象加深时，应先呈现正面材料，然后立即呈现反面材料，使学生对正面材料产生先入为主的印象。

（三）增进沟通的策略

1. 述义

述义是指听完对方说话以后，我们再按自己所了解的，用自己的话将对方的意思说出来。这样，可以帮助我们确定了解对方的真正意思，可以使他知道我们对他的话感兴趣，更可以使他愿意继续和我们沟通。

例：(良好的沟通)

甲："李方实在不应该当老师。"

乙："你是说他对儿童管教太严……甚至太苛刻?"

甲："不是！我是说他喜欢挥霍，教师的待遇恐怕不够他开支。"

乙："原来如此，你认为他应该找薪水较高的工作。"

甲："正是，他实在不适合当老师。"

例：(不良的沟通)

甲："李方实在不应该当老师。"

乙："你的意思是说他不适于当老师?"(只重述对方的话)

甲："就是嘛！他实在不适合当老师。"

2. 行为描述

行为描述是指说话时只客观描述可观察到的可能改变的对方的行为。对不可能改变的行为不要去描述，对对方的动机、态度、人格特质不宜作价值判断，更不能加以批评，以免对方产生防范心理，以致使沟通中断。

例：(良好的沟通)

教师："张华！今天在讨论的时候，你讲得比别人多得多，而且好几次别人还没讲完你就插嘴。"

例：(不良的沟通)

教师："张华！你不懂讲话的礼貌。"(人格的判断)

教师："张华！你真喜欢出风头。"(动机的推论)

3. 情感描述

情感描述是指清楚而具体地描述自己的感情，好让对方了解自己现在内心的感受，这样可以避免对方的不了解或误解。

例：(良好的沟通)

"你忘了我的生日，我很不高兴。"

例：(不良的沟通)

"你根本不关心我。"(指控，没描述内心的情感)

4. 印象检核

对方不说明，我们很难了解他内心的感情，所谓印象检核就是根据对方的表情或语言来推测他的感情，并向对方检核是否推测对了。这样不致因为猜测错误影响双方的人际关系。

例：(良好的沟通)

"我觉得你是在跟我生气，对吗?"

例：(不良的沟通)

“你为什么生我的气”

（具威胁性，而且对方不一定生气）

教师如能经常练习这些技巧，并且真正以关心的态度来对待学生，师生间的沟通将变得有效率，对良好师生关系的建立将有很大的帮助。除了上述的方法外，如果教师受过辅导方面的专门训练，则他也可以安排“敏感训练团体”来训练学生，使他们对人际关系、别人的需要、同学间的冲突和沟通技巧、甚至对自己的觉察能力更为敏感，更能体谅别人。

参考文献

[1]陈琦，刘儒德．当代教育心理学．北京：北京师范大学出版社．1999.7

[2]冯忠良，伍新春．教育心理学．北京：人民教育出版社．2004.12

[3]潘菽．教育心理学．北京：人民教育出版社，1980

[4]莫雷．教育心理学．广州：广东高等教育出版社．2005.11

[5]韩进之．教育心理学纲要．北京：人民教育出版社 2003

[6]陈琦，张建伟．论教育心理学研究方法的改进[J]．教育研究与实验，2000，(1).

[7]董奇，申继亮．心理与教育研究方法．杭州：浙江教育出版社．2005.3

[8]吴小叶．试论教育心理学研究方法的新发展[J]．衡水师专学报(综合版)，2004，(2)

[9]胡韬，张大均．教育心理学研究方法体系的发展历程与新取向[J]．西华师范大学学报(哲学社会科学版)，2006，(3)

[10]邵瑞珍．浅谈加涅的教育心理学思想[J]．外国心理学，1981，(2).

[11]史建华，张旭东．加涅的学习理论及其对教学的影响[J]．内蒙古民族师院学报(哲学社会科学汉文版)，1996，(1)

[12]李丹．评述发展心理学中的习性学观点．心理科学，1998，21(3)：250—253

[13]托马斯·费兹科，约翰·麦克卢尔，(2008)．教育心理学—课程决策的整合之路．上海：上海人民出版社．

[14]Santrock. John W ，(2007)．教育心理学．北京：世界图书出版公司

[15] 托尼·巴赞，(1999)．思维导图：放射性思维．北京：作家出版社

[16]谭顶良，(1995).《学习风格论》. 南京：江苏教育出版社

[17]若兰．老年人免疫力与保健常识．北京：中国纺织出版社，2005

[18]陶学训，赵刚．医学遗传学．武汉：湖北科学技术出版社，1991

[19]R·普洛明等．行为遗传学．上海：华东师范大学出版社，2008

[20]衣新发，林崇德．成人学习不良的神经心理与行为遗传研究．心理科学进展，2005.13(5)：581－585

[21]格兰特·斯蒂恩．DNA和命运—人类行为的天性和教养．上海科学技术出版社，2001

[22] Wertheimer Max，Productive thinking. Harper (New York)，1959.

[23]George Katona，Organizing and Memorizing：Studies in the Psychology of Learning and Teaching. Coumbia University Press，1940.

[24]GR Lefrancois. Psychological Theories and human learning. Brooks/Cole Pub. Co. 1982

[25]K Lewin. Field theory and learning. West Publ，1975